2025年版全国一级建造师执业资格考试辅导

建设工程法规及相关知识

章 节 刷 题

全国一级建造师执业资格考试辅导编写委员会　编写

中国建筑工业出版社

中国城市出版社

图书在版编目（CIP）数据

建设工程法规及相关知识章节刷题／全国一级建造
师执业资格考试辅导编写委员会编写．--北京：中国城
市出版社，2025.3.（2025.8重印）--（2025年版全国一级建造师执业
资格考试辅导）.-- ISBN 978-7-5074-3800-0

Ⅰ. D922.297-44

中国国家版本馆 CIP 数据核字第 20250JOP93 号

责任编辑：牛　松
责任校对：芦欣甜

2025年版全国一级建造师执业资格考试辅导

建设工程法规及相关知识章节刷题

全国一级建造师执业资格考试辅导编写委员会　编写

*

中国建筑工业出版社、中国城市出版社出版、发行（北京海淀三里河路9号）
各地新华书店、建筑书店经销
建工社（河北）印刷有限公司印刷

*

开本：787毫米×1092毫米　1/16　印张：$23\frac{1}{2}$　字数：570千字
2025年3月第一版　2025年8月第二次印刷
定价：**68.00**元（含增值服务）
ISBN 978-7-5074-3800-0
（904812）

如有内容及印装质量问题，请与本社读者服务中心联系
电话：（010）58337283　QQ：2885381756
（地址：北京海淀三里河路9号中国建筑工业出版社604室　邮政编码：100037）

出 版 说 明

为了满足广大考生的应试复习需要，便于考生准确理解考试大纲的要求，尽快掌握复习要点，更好地适应考试，根据"一级建造师执业资格考试大纲"（2024年版）（以下简称"考试大纲"）和"2025年版全国一级建造师执业资格考试用书"（以下简称"考试用书"），我们组织全国著名院校和企业以及行业协会的有关专家教授编写了"2025年版全国一级建造师执业资格考试辅导——章节刷题"（以下简称"章节刷题"）。此次出版的章节刷题共13册，涵盖所有的综合科目和专业科目，分别为：

- 《建设工程经济章节刷题》
- 《建设工程项目管理章节刷题》
- 《建设工程法规及相关知识章节刷题》
- 《建筑工程管理与实务章节刷题》
- 《公路工程管理与实务章节刷题》
- 《铁路工程管理与实务章节刷题》
- 《民航机场工程管理与实务章节刷题》
- 《港口与航道工程管理与实务章节刷题》
- 《水利水电工程管理与实务章节刷题》
- 《矿业工程管理与实务章节刷题》
- 《机电工程管理与实务章节刷题》
- 《市政公用工程管理与实务章节刷题》
- 《通信与广电工程管理与实务章节刷题》

《建设工程经济章节刷题》《建设工程项目管理章节刷题》《建设工程法规及相关知识章节刷题》包括单选题和多选题，专业工程管理与实务章节刷题包括单选题、多选题、实务操作和案例分析题。章节刷题中附有参考答案、难点解析、案例分析以及综合测试等。为了帮助应试考生更好地复习备考，我们开设了在线辅导课程，考生可通过中国建筑出版在线网站（wkc.cabplink.com）了解相关信息，参加在线辅导课程学习。

为了给广大应试考生提供更优质、持续的服务，我社对上述13册图书提供网上增值服务，包括在线答疑、在线视频课程、在线测试等内容。

章节刷题紧扣考试大纲，参考考试用书，全面覆盖所有知识点要求，力求突出重点，解释难点。题型参照考试大纲的要求，力求练习题的难易、大小、长短、宽窄适中。各科目考试时间、分值见下表：

序　号	科目名称	考试时间（小时）	满　分
1	建设工程经济	2	100
2	建设工程项目管理	3	130
3	建设工程法规及相关知识	3	130
4	专业工程管理与实务	4	160

　　本套章节刷题力求在短时间内切实帮助考生理解知识点，掌握难点和重点，提高应试水平及解决实际工作问题的能力。希望这套章节刷题能有效地帮助一级建造师应试人员提高复习效果。本套章节刷题在编写过程中，难免有不妥之处，欢迎广大读者提出批评和建议，以便我们修订再版时完善，使之成为建造师考试人员的好帮手。

中国建筑工业出版社

中国城市出版社

购正版图书　享超值服务

　　凡购买我社章节刷题的读者，均可凭封面上的增值服务码，免费享受网上增值服务。增值服务包括在线答疑、在线视频、在线测试等内容，使用方法如下：

1. 计算机用户

2. 移动端用户

　　读者如果对图书中的内容有疑问或问题，可关注微信公众号【建造师应试与执业】，与图书编辑团队直接交流。

建造师应试与执业

目　　录

第1章　建设工程基本法律知识

1.1　建设工程法律基础

复习要点

1. 法律部门和法律体系

法律体系通常指由一个国家现行的各个部门法构成的有机联系的统一整体。在我国，根据所调整的社会关系性质不同，法律体系的基本框架由宪法及宪法相关法、民法商法、行政法、经济法、社会法、刑法、诉讼与非诉讼程序法等构成。

2. 法的形式和效力层级

法的形式是指法律创制方式和外部表现形式。它包括四层含义：（1）法律规范创制机关的性质及级别；（2）法律规范的外部表现形式；（3）法律规范的效力等级；（4）法律规范的地域效力。我国法的形式是制定法形式，具体分为七类：宪法，法律，行政法规，地方性法规、自治条例和单行条例，部门规章，地方政府规章，国际条约。这七类法的形式，由于制定的主体、程序、时间、适用范围等不同，具有不同的效力，形成法的效力等级体系。

1）法的效力层级

宪法至上	宪法是具有最高法律效力的根本大法
上位法优于下位法	效力等级：宪法——法律——行政法规——地方性法规和部门规章——地方政府规章
特别法优于一般法	同一机关制定的法律、行政法规、地方性法规、自治条例和单行条例、规章，特别规定与一般规定不一致的，适用特别规定
新法优于旧法	同一机关制定的法律、行政法规、地方性法规、自治条例和单行条例、规章，新的规定与旧的规定不一致的，适用新的规定

2）需要由有关机关裁决适用的特殊情况

同一机关制定的新的一般规定与旧的特别规定不一致时	制定机关裁决
地方性法规与部门规章之间对同一事项的规定不一致时	由国务院提出意见，国务院认为应当适用地方性法规的，应当决定在该地方适用地方性法规的规定；认为应当适用部门规章的，应当提请全国人民代表大会常务委员会裁决
部门规章之间、部门规章与地方政府规章之间对同一事项的规定不一致时	国务院裁决

3）法律的备案和审查

国务院、中央军事委员会、最高人民法院、最高人民检察院和各省、自治区、直辖市的人民代表大会常务委员会认为行政法规、地方性法规、自治条例和单行条例同宪法或者法律相抵触的，可以向全国人民代表大会常务委员会书面提出进行审查的要求，由常务委员会工作机构分送有关的专门委员会进行审查、提出意见。其他国家机关和社会团体、企业事业组织以及公民认为行政法规、地方性法规、自治条例和单行条例同宪法或者法律相抵触的，可以向全国人民代表大会常务委员会书面提出进行审查的建议，由常务委员会工作机构进行研究，必要时，送有关的专门委员会进行审查、提出意见。有关的专门委员会和常务委员会工作机构可以对报送备案的规范性文件进行主动审查。

全国人民代表大会专门委员会、常务委员会工作机构可以对报送备案的行政法规、地方性法规、自治条例和单行条例等进行主动审查，并可以根据需要进行专项审查。国务院备案审查工作机构可以对报送备案的地方性法规、自治条例和单行条例，部门规章和省、自治区、直辖市的人民政府制定的规章进行主动审查，并可以根据需要进行专项审查。

一 单项选择题

1. 在法律体系中，按照一定的标准和原则所制定的同类法律规范总称是（   ）。
   A．法律形式　　　　　　　　　B．法律体系
   C．法律规范　　　　　　　　　D．法律部门

2. 下列各项文件中，属于行政法规的是（   ）。
   A．《建筑法》　　　　　　　　B．《招标投标法实施条例》
   C．《北京市建筑市场管理条例》　D．《必须招标的工程项目规定》

3. 下列可由行政法规规定的事项是（   ）。
   A．非国有财产的征收、征用　　B．诉讼制度
   C．建设工程质量管理规定　　　D．行政拘留

4. 地方政府规章可以作出规定的事项是（   ）。
   A．限制人身自由的强制措施　　B．历史文化保护事项
   C．仲裁制度　　　　　　　　　D．行政许可

5. 下列各项文件属于部门规章的是（   ）。
   A．《北京市建筑市场管理条例》
   B．《市政公用设施抗灾设防管理规定》
   C．《城市房地产管理法》
   D．《重庆市建设工程造价管理规定》

6. 下列有关法的效力说法，正确的是（   ）。
   A．特别规定与一般规定不一致时，应适用一般规定
   B．根据授权制定的法规与法律规定不一致，不能确定如何适用时，由全国人民代表大会裁决
   C．部门规章的效力高于地方政府规章
   D．新法、旧法对同一事项有不同规定时，新法的效力优于旧法

7. 下列有关法律效力的说法，正确的是（　　）。

A. 同一机关制定的新的一般规定与旧的特别规定不一致时，由制定机关裁决

B. 地方性法规与部门规章之间对同一事项的规定不一致时，国务院认为应适用地方性法规的，应提请全国人民代表大会裁决

C. 地方性法规与部门规章之间对同一事项的规定不一致时，国务院认为应适用部门规章的，应提请全国人民代表大会裁决

D. 部门规章之间、部门规章与地方政府规章之间对同一事项的规定不一致时，由地方人民代表大会裁决

8. 下列有关行政法规、地方性法规、自治条例和单行条例备案的说法，正确的是（　　）。

A. 行政法规、地方性法规、自治条例和单行条例应当在公布后的 60 日内报有关机关备案

B. 省、自治区、直辖市的人民代表大会及其常务委员会制定的地方性法规，只需报全国人民代表大会常务委员会备案

C. 地方政府规章应同时报国务院和上一级人民代表大会常务委员会备案

D. 设区的市、自治州的人民政府制定的规章应当同时报省、自治区的人民代表大会常务委员会和人民政府备案

9. 下列有关行政法规、地方性法规、自治条例和单行条例、规章的审查的说法，正确的是（　　）。

A. 国家监察委员会认为行政法规、地方性法规、自治条例和单行条例同宪法或者法律相抵触，可向全国人民代表大会常务委员会书面提出审查建议

B. 最高人民法院、最高人民检察院认为行政法规、地方性法规、自治条例和单行条例同宪法或者法律相抵触，可向全国人民代表大会书面提出审查要求

C. 地方政府认为行政法规同宪法或者法律相抵触，可向全国人民代表大会常务委员会书面提出进行审查建议

D. 某社会团体认为地方性法规同宪法或者法律相抵触，可向省、自治区、直辖市的人民代表大会常务委员会提出审查建议

10. 关于行政法规、地方性法规、自治条例和单行条例、规章的审查，下列说法正确的是（　　）。

A. 提出进行审查要求的机关包括国务院、中央军事委员会、最高人民法院、最高人民检察院和各省、自治区、直辖市的人民代表大会常务委员会

B. 如果地方政府认为某一行政法规同宪法或者法律相抵触，可以向国务院书面提出进行审查的建议

C. 如果某社会团体认为某一地方性法规同宪法或者法律相抵触，可以向省、自治区、直辖市的人民代表大会常务委员会提出进行审查的建议

D. 某自治州人民政府认为某一地方政府规章同宪法或者法律相抵触的，可以向省、自治区、直辖市的人民政府提出进行审查的建议

二　多项选择题

1. 下列法的形式中，属于我国法的形式的有（　　）。
    A. 风俗　　　　　　　　　　　B. 判例
    C. 规范性法律文件　　　　　　D. 宗教法
    E. 国际条约

2. 下列有关法的效力的说法，正确的有（　　）。
    A. 法律之间对同一事项的新的一般规定与旧的特别规定不一致，不能确定如何适用时，由全国人民代表大会常务委员会裁决
    B. 地方性法规与部门规章之间对同一事项的规定不一致，不能确定如何适用时，由国务院作出裁决
    C. 根据授权制定的法规与法律规定不一致，不能确定如何适用时，由全国人民代表大会常务委员会裁决
    D. 部门规章之间、部门规章与地方政府规章之间具有同等效力，在各自的权限范围内施行
    E. 同一机关制定的法律、行政法规、地方性法规、自治条例和单行条例、规章，特别规定与一般规定不一致时，适用特别规定

3. 下列事项只能由法律规定的有（　　）。
    A. 民事基本制度　　　　　　　B. 基层群众自治制度
    C. 限制人身自由的强制性措施　D. 生态文明建设事项
    E. 历史文化保护事项

【答案与解析】

一、单项选择题（有答案解析的题号前加 *，以下同）

1. D；　2. B；　*3. C；　4. B；　5. B；　6. D；　7. A；　8. D；
9. C；　10. A

【解析】

3.【答案】C

依照《立法法》第 11 条的规定："下列事项只能制定法律：（一）国家主权的事项；（二）各级人民代表大会、人民政府、监察委员会、人民法院和人民检察院的产生、组织和职权；（三）民族区域自治制度、特别行政区制度、基层群众自治制度；（四）犯罪和刑罚；（五）对公民政治权利的剥夺、限制人身自由的强制措施和处罚；（六）税种的设立、税率的确定和税收征收管理等税收基本制度；（七）对非国有财产的征收、征用；（八）民事基本制度；（九）基本经济制度以及财政、海关、金融和外贸的基本制度；（十）诉讼制度和仲裁基本制度；（十一）必须由全国人民代表大会及其常务委员会制定法律的其他事项。"选项 A、B、D 均需由法律规定，选项 C 正确。

1．C、E；　　　　2．A、C、D、E；　　*3．A、B、C

【解析】

3．【答案】A、B、C

依照《立法法》第 11 条的规定："下列事项只能制定法律：（一）国家主权的事项；（二）各级人民代表大会、人民政府、监察委员会、人民法院和人民检察院的产生、组织和职权；（三）民族区域自治制度、特别行政区制度、基层群众自治制度；（四）犯罪和刑罚；（五）对公民政治权利的剥夺、限制人身自由的强制措施和处罚；（六）税种的设立、税率的确定和税收征收管理等税收基本制度；（七）对非国有财产的征收、征用；（八）民事基本制度；（九）基本经济制度以及财政、海关、金融和外贸的基本制度；（十）诉讼制度和仲裁基本制度；（十一）必须由全国人民代表大会及其常务委员会制定法律的其他事项。"因而选项 A、B、C 正确。

1.2　建设工程物权制度

复习要点

物权的特征和种类以及设立、变更、转让和消灭：

物权是指权利人依法对特定的物享有直接支配和排他的权利，包括所有权、用益物权和担保物权。

所有民事主体都能够成为物权权利人，包括法人、非法人组织、自然人。物权的客体一般是物，包括不动产和动产。不动产是指土地以及房屋、林木等地上定着物，动产是指不动产以外的物。

物权的特征	物权是支配权。物权是权利人直接支配的权利，即物权人可以依自己的意志就标的物直接行使权利，无须他人的意思或义务人的行为介入
	物权是绝对权。物权的权利人可以对抗一切不特定的人。物权的权利人是特定的，义务人是不特定的，且义务内容是不作为，即只要不侵犯物权人行使权利就算履行义务
	物权是财产权。物权是一种具有物质内容的、直接体现为财产利益的权利。财产利益包括对物的利用、物的归属和就物的价值设立的担保
	物权具有排他性。物权人有权排除他人对于自身行使物权的干涉。而且同一物上不许有内容不相容的物权并存，即"一物一权"
物权的种类	所有权，包括占有权、使用权、收益权、处分权
	用益物权，权利人对他人所有的不动产或者动产，依法享有占有、使用和收益的权利。用益物权包括土地承包经营权、建设用地使用权、宅基地使用权、地役权和居住权
	担保物权，权利人在债务人不履行到期债务或者发生当事人约定的实现担保物权的情形，依法享有就担保财产优先受偿的权利
物权的设立、变更、转让、消灭	不动产物权的设立、变更、转让、消灭，应当依照法律规定登记，自记载于不动产登记簿时发生效力。经依法登记，发生效力；未经登记，不发生效力，但法律另有规定的除外
	动产物权以占有和交付为公示手段。动产物权的设立和转让，应当依照法律规定交付。动产物权的设立和转让，自交付时发生效力，但法律另有规定的除外

1．下列权利属于用益物权的是（　　）。
  A．留置权　　　　　　　　　B．居住权
  C．抵押权　　　　　　　　　D．质权

2．物权人可以依自己的意志就标的物直接行使权利，无须他人的意思或义务人的行为介入，体现了物权的（　　）。
  A．绝对性　　　　　　　　　B．排他性
  C．支配性　　　　　　　　　D．财产性

3．权利人依法对自己财产（包括不动产和动产）所享有的占有、使用、收益和处分的权利是（　　）。
  A．所有权　　　　　　　　　B．留置权
  C．抵押权　　　　　　　　　D．地役权

4．动产物权的权利变动，通常以（　　）为公示方法。
  A．交付　　　　　　　　　　B．占有
  C．登记　　　　　　　　　　D．合意

5．下列有关不动产登记的说法正确的是（　　）。
  A．当事人之间订立有关设立、变更、转让和消灭不动产物权的合同，除法律另有规定或者当事人另有约定外，自合同成立时生效
  B．预告登记后，未经预告登记的权利人同意，处分该不动产的，不发生法律效力
  C．不动产权属证书记载的事项，应当与不动产登记簿一致；记载不一致的，应以权属证书为准
  D．预告登记后，债权消灭或者自能够进行不动产登记之日起60日内未申请登记的，预告登记失效

6．下列有关占有的说法，正确的是（　　）。
  A．占有是指占有人对不动产或者动产享有的权利
  B．占有的不动产或者动产被侵占的，占有人有权请求返还占有物
  C．占有物返还请求权，自侵占发生之日起3年内未行使的消灭
  D．占有的不动产或者动产毁损、灭失的，产生的保险金、赔偿金或者补偿金无法弥补权利人的损害的，善意占有人还应当赔偿损失

7．土地承包经营权自（　　）时设立。
  A．土地承包经营权合同成立　　B．土地承包经营权合同生效
  C．土地承包经营权登记　　　　D．取得土地承包经营权证

8．由于工程建设的需要，施工企业甲需经过乙公司内部的道路运送建筑材料，甲乙之间订立合同，约定甲向乙支付一定的费用，便可通过乙的道路运送材料，在此合同中，甲拥有的权利是（　　）。
  A．土地租赁权　　　　　　　　B．建设用地使用权

C．地役权　　　　　　　　　　　D．相邻权

9．下列关于建设用地使用权的说法，正确的是（　　　）。

　　A．建设用地使用权存在于公有的土地上，包括全民所有制和集体所有制土地

　　B．设立建设用地使用权，可以采取出让或者划拨等方式

　　C．国家严格限制以出让方式设立建设用地使用权

　　D．严禁农用地转为建设用地

10．下列有关地役权的说法，正确的是（　　　）。

　　A．设立地役权，当事人应采取书面形式

　　B．地役权自办理登记时设立

　　C．地役权是所有权的延伸与限制

　　D．地役权以不动产毗邻为条件

11．下列有关居住权的说法，正确的是（　　　）。

　　A．设立居住权的，当事人可以采用书面形式订立居住权合同

　　B．设立居住权的住宅不得出租，但是当事人另有约定的除外

　　C．居住权人死亡的，居住权可由其继承人继承

　　D．居住权自居住权合同生效时设立

12．下列有关建设用地使用权的说法，正确的是（　　　）。

　　A．建设用地使用权存在于国家所有和集体所有的土地上

　　B．国家严格限制以出让和划拨方式设立建设用地使用权

　　C．设立建设用地使用权的，应当向登记机构申请建设用地使用权登记

　　D．以划拨方式取得建设用地使用权的，不得将建设用地使用权转让

13．下列财产中，可以抵押的是（　　　）。

　　A．宅基地使用权　　　　　　　B．正在建造的房屋

　　C．被查封的财产　　　　　　　D．公立学校的教学设备

14．某建设单位与银行于12月1日订立建设用地使用权和汽车的抵押合同，并于次年1月1日对汽车的抵押进行了登记，下列关于抵押权设立时间的说法正确的是（　　　）。

　　A．建设用地使用权的抵押于12月1日设立

　　B．汽车的抵押权于1月1日设立

　　C．汽车的抵押权于12月1日设立

　　D．建设用地使用权的抵押未经登记，不得对抗第三人

15．某施工企业与运输公司签订了货物运输合同，在合同履行过程中，该企业未按照合同内容履行合同，则运输公司可将其货物（　　　）。

　　A．质押　　　　　　　　　　　B．抵押

　　C．扣押　　　　　　　　　　　D．留置

二　多项选择题

1．下列各项中，属于物权的保护方法的有（　　　）。

　　A．返还原物　　　　　　　　　B．赔礼道歉

C. 消除危险　　　　　　　　D. 恢复原状

E. 损害赔偿

2. 下列权利中，其客体可以是不动产的有（　　　）。

A. 所有权　　　　　　　　　B. 抵押权

C. 地役权　　　　　　　　　D. 留置权

E. 质权

3. 下列有关所有权的说法，正确的有（　　　）。

A. 财产所有权的权能包括占有权、使用权、收益权、处分权

B. 占有权只能由物的所有权人享有

C. 收益因为使用而产生，因此要享有收益权必须享有使用权

D. 处分权是所有人的最基本的权利，是所有权内容的核心

E. 使用权是所有人才能享有的一项独立权能

4. 建设用地使用权的取得方式有（　　　）。

A. 出让　　　　　　　　　　B. 转让

C. 划拨　　　　　　　　　　D. 先占

E. 添附

5. 下列关于地役权的说法，正确的有（　　　）。

A. 地役权属于用益物权

B. 土地上已设立土地承包经营权，土地所有权人仍可自行决定是否设立地役权

C. 地役权自地役权合同生效时设立

D. 地役权未经登记，不能设立生效

E. 供役地以及供役地上的建设用地使用权部分转让时，转让部分涉及地役权的，地役权对受让人具有约束力

6. 下列担保方式中属于约定担保的有（　　　）。

A. 抵押　　　　　　　　　　B. 质押

C. 定金　　　　　　　　　　D. 留置

E. 保证

7. 下列有关留置权的说法，正确的有（　　　）。

A. 留置权人有权收取留置财产的孳息

B. 留置权的标的物包括不动产和动产

C. 留置权不具有追及力，留置权人丧失对留置财产的占有，即丧失留置权

D. 债权人留置的动产，应当与债权属于同一法律关系

E. 同一动产上已经设立抵押权或者质权，该动产又被留置的，留置权优先受偿

【答案与解析】

一、单项选择题

1. B;　　2. C;　　3. A;　　4. A;　　5. A;　　6. B;　　7. B;　　8. C;

9. B；　　　 *10. A；　11. B；　　12. C；　　 *13. B；　　14. C；　　15. D

【解析】

10.【答案】A

地役权是指为使用自己不动产的便利或提高其效益而按照合同约定利用他人不动产的权利。设立地役权，当事人应当采取书面形式订立地役权合同。所以选项 A 正确。地役权自地役权合同生效时设立。当事人要求登记的，可以向登记机构申请地役权登记；未经登记，不得对抗善意第三人。所以选项 B 错误。地役权与相邻关系存在相似之处，但地役权是一项独立的用益物权；相邻关系体现的是所有权的延伸与限制，且地役权不以不动产相邻为条件，相邻关系则以此为条件。所以选项 C、D 错误。

13.【答案】B

我国《民法典》规定，下列财产不得抵押：（1）土地所有权；（2）宅基地、自留地、自留山等集体所有土地的使用权，但是法律规定可以抵押的除外；（3）学校、幼儿园、医疗机构等为公益目的成立的非营利法人的教育设施、医疗卫生设施和其他公益设施；（4）所有权、使用权不明或者有争议的财产；（5）依法被查封、扣押、监管的财产；（6）法律、行政法规规定不得抵押的其他财产。故选项 B 正确。

二、多项选择题

1. A、C、D、E；　　2. A、B、C；　　　3. A、D；　　　　　4. A、B、C；

*5. A、C、E；　　　6. A、B、C、E；　　7. A、C、E

【解析】

5.【答案】A、C、E

地役权是用益物权的一种，土地上已设立土地承包经营权、建设用地使用权、宅基地使用权等权利的，未经用益物权人同意，土地所有权人不得设立地役权，因而选项 B 错误。地役权自地役权合同生效时设立。当事人要求登记的，可以向登记机构申请地役权登记；未经登记，不得对抗善意第三人，因此选项 D 错误。

1.3　建设工程知识产权制度

复习要点

1. 著作权制度

著作权是指作者及其他著作权人依法对文学、艺术和科学作品所享有的专有权。在我国，著作权等同于版权。

著作权主体及权利归属	单位作品	由法人或者其他组织主持，代表法人或者其他组织意志创作，并由法人或者其他组织承担责任的作品，法人或者其他组织视为作者。如招标文件、投标文件，往往就是单位作品	单位作品的著作权完全归单位所有

著作权主体及权利归属	职务作品	公民为完成法人或者其他组织工作任务所创作的作品是职务作品	一般情况下，职务作品的著作权由作者享有，但法人或者其他组织有权在其业务范围内优先使用。作品完成两年内，未经单位同意，作者不得许可第三人以与单位使用的相同方式使用该作品。 下列情形之一的职务作品，作者享有署名权，著作权的其他权利由法人或者非法人组织享有，法人或者非法人组织可以给予作者奖励：（1）主要是利用法人或者非法人组织的物质技术条件创作，并由法人或者非法人组织承担责任的工程设计图、产品设计图、地图、示意图、计算机软件等职务作品；（2）报社、期刊社、通讯社、广播电台、电视台的工作人员创作的职务作品；（3）法律、行政法规规定或者合同约定著作权由法人或者其他非法人组织享有的职务作品
	委托作品	委托人向作者支付约定的创作报酬，由作者按照他人的意志和具体要求而创作的特定作品	受委托创作的作品，著作权的归属由委托人和受托人通过合同约定。合同未作明确约定或者没有订立合同的，著作权属于受托人
著作权的保护期		著作权的保护期由于权利内容以及主体的不同而有所不同：（1）作者的署名权、修改权、保护作品完整权的保护期不受限制。（2）自然人的作品，其发表权、使用权和获得报酬权的保护期，为作者终生及其死后 50 年，截止于作者死亡后第 50 年的 12 月 31 日。如果是合作作品，截止于最后死亡的作者死亡后第 50 年的 12 月 31 日。（3）法人或者非法人组织的作品、著作权（署名权除外）由法人或者非法人组织享有的职务作品，其发表权、使用权和获得报酬权的保护期为 50 年，截止于作品首次发表后第 50 年的 12 月 31 日，但作品自创作完成后 50 年内未发表的，不再受《著作权法》保护	

2．专利权制度

专利权是指权利人在法律规定的期限内，对其发明创造所享有的制造、使用和销售的专有权。

专利权的保护对象	发明	应当具备以下条件：（1）必须是一种能够解决特定技术问题作出的创造性构思；（2）必须是具体的技术方案；（3）必须是利用自然规律的结果
	实用新型	必须具有一定的形状或者结构，或者两者的结合
	外观设计	必须具备以下条件：（1）是形状、图案、色彩或者其结合的设计；（2）是对产品的外表所作的设计；（3）具有美感；（4）适合于工业上应用的新设计
授予专利权的条件	授予发明和实用新型专利权的条件	（1）新颖性。新颖性是指该发明或者实用新型不属于现有技术，也没有任何单位或者个人就同样的发明或者实用新型在申请日以前向国务院专利行政主管部门提出过申请，并记载在申请日以后公布的专利申请文件或者公告的专利文件中。但是，申请专利的发明创造在申请日前 6 个月内，有下列情形之一的，不丧失新颖性：① 在中国政府主办或者承认的国际展览会上首次展出的；② 在规定的学术会议或者技术会议上首次发表的；③ 他人未经申请人同意而泄露其内容的
		（2）创造性。创造性是指与现有技术相比，该发明或该实用新型具有突出的实质性特点和显著的进步。所谓现有技术，是指申请日以前在国内外为公众所知的技术
		（3）实用性。实用性是指该发明或者实用新型能够制造或者使用，并且能够产生积极效果。取得专利权的发明或者实用新型必须是能够应用于生产领域的，而不能是纯理论的。需要注意的是，实用性并不要求发明或者实用新型已经产生积极效果，而只要求将来有产生积极效果的可能性

授予专利权的条件	授予外观设计专利权的条件	授予专利权的外观设计，应当同申请日以前在国内外出版物上公开发表过或者国内公开使用过的外观设计不相同和不相近似，并不得与他人在先取得的合法权利相冲突。除了新颖性外，外观设计还应当具备富有美感和适于工业应用两个条件
专利权人的权利和期限、终止、无效	专利权人的权利	发明和实用新型专利权被授予后，除《专利法》另有规定的，任何单位或者个人未经专利权人许可，都不得实施其专利，即不得为生产经营目的制造、使用、许诺销售、销售、进口其专利产品，或者使用其专利方法以及使用、许诺销售、销售、进口依照该专利方法直接获得的产品。 外观设计专利权被授予后，任何单位或者个人未经专利权人许可，都不得实施其专利，即不得为生产经营目的制造、销售、进口其外观设计专利产品
	专利权的期限	发明专利权的期限为 20 年，实用新型专利权的期限为 10 年，外观设计专利权的期限为 15 年，均自申请日起计算
	专利的申请和审批	申请专利应当提交的文件：申请发明或者实用新型专利的，应当提交请求书、说明书及其摘要和权利要求书等文件
		专利申请日：国务院专利行政主管部门收到专利申请文件之日为申请日。如果申请文件是邮寄的，以寄出的邮戳日为申请日
		专利审批制度

3. 商标权制度

商标是指用来区别一个经营者的品牌或服务和其他经营者的商品或服务的标记。任何能够将自然人、法人或者其他组织的商品与他人的商品区别开的标志，包括文字、图形、字母、数字、三维标志、颜色组合和声音等，以及上述要素的组合，均可以作为商标申请注册。经商标局核准注册的商标为注册商标，包括商品商标、服务商标和集体商标、证明商标；商标注册人享有商标专用权，受法律保护。

商标专用权是指自然人、法人或者其他组织对其注册的商标依法享有的专用权。由于商标有表示质量和信誉的作用，他人使用商标所有人的商标，有可能对商标所有人的信誉造成损害，必须严格禁止。

《商标法》规定，自然人、法人或者其他组织在生产经营活动中，对其商品或者服务需要取得商标专用权的，应当向商标局申请商标注册。不以使用为目的的恶意商标注册申请，应当予以驳回。

商标专用权的内容	同其他知识产权不同，商标专用权的内容只包括财产权，商标设计者的人身权受著作权法保护
商标专用权的保护对象	经过国家商标管理机关核准注册的商标受法律保护，未经核准注册的商标不受商标法保护。商标注册人有权标明"注册商标"或者注册标记。任何能够将自然人、法人或者其他组织的商品与他人的商品区别开的标志，包括文字、图形、字母、数字、三维标志、颜色组合和声音等，以及上述要素的组合，均可以作为商标申请注册
注册商标的有效期	有效期为 10 年，自核准注册之日起计算。但是，商标与其他知识产权的客体不同，往往使用时间越长越有价值。商标的知名度较高往往也是长期使用的结果。因此，注册商标可以无数次办理续展手续，其理论上的有效期是无限的。注册商标有效期满，需要继续使用的，应当在期满前 12 个月内办理续展手续；在此期间未能办理的，可以给予 6 个月的宽展期。每次续展注册的有效期为 10 年，自该商标上一届有效期满次日起计算。期满未办理续展手续的，注销其注册商标

注册商标的转让		指商标专用人将其所有的注册商标依法转移给他人所有并由其专用的法律行为。转让注册商标的，转让人和受让人应当共同向商标局提出申请。受让人应当保证使用该注册商标的商品或服务的质量。转让注册商标的，商标注册人对其在同一种商品上注册的近似的商标，或者在类似商品上注册的相同或者近似的商标，应当一并转让
注册商标的使用许可		指商标注册人通过签订商标使用许可合同，许可他人使用其注册商标的法律行为。许可人应当监督被许可人使用其注册商标的商品或者服务的质量。被许可人应当保证使用注册商标的商品或服务的质量。经许可使用他人注册商标的，必须在使用该注册商标的商品上标明被许可人的名称和商品产地
建设工程专利权的保护	保护范围	专利权的保护范围以其权利要求的内容为准，说明书及附图可以用于解释权利要求的内容。 外观设计专利权的保护范围以表示在图片或者照片中的该产品的外观设计为准，简要说明可以用于解释图片或者照片所表示的该产品的外观设计
	保护措施	专利权人或者利害关系人有证据证明他人正在实施或者即将实施侵犯专利权的行为，如不及时制止将会使其合法权益受到难以弥补的损害的，可以在起诉前向人民法院申请采取责令停止有关行为的措施。申请人提出申请时，应当提供担保；不提供担保的，驳回申请。 人民法院应当自接受申请之时起48小时内作出裁定；有特殊情况需要延长的，可以延长48小时。裁定责令停止有关行为的，应当立即执行。当事人对裁定不服的，可以申请复议一次；复议期间不停止裁定的执行
建设工程商标权的保护	保护范围	按照《商标法》的规定，注册商标的专用权，以核准注册的商标和核定使用的商品为限
	侵权行为	(1)未经商标注册人的许可，在同一种商品上使用与其注册商标相同的商标的；(2)未经商标注册人的许可，在同一种商品上使用与其注册商标近似的商标，或者在类似商品上使用与其注册商标相同或者近似的商标，容易导致混淆的；(3)销售侵犯注册商标专用权的商品的；(4)伪造、擅自制造他人注册商标标识或者销售伪造、擅自制造的注册商标标识的；(5)未经商标注册人同意，更换其注册商标并将该更换商标的商品又投入市场的；(6)故意为侵犯他人商标专用权行为提供便利条件，帮助他人实施侵犯商标专用权行为的；(7)给他人的注册商标专用权造成其他损害的
	保护措施	县级以上工商行政管理部门根据已经取得的违法嫌疑证据或者举报，对涉嫌侵犯他人注册商标专用权的行为进行查处时，可以行使下列职权：(1)询问有关当事人，调查与侵犯他人注册商标专用权有关的情况。(2)查阅、复制当事人与侵权活动有关的合同、发票、账簿以及其他有关资料。(3)对当事人涉嫌从事侵犯他人注册商标专用权活动的场所实施现场检查。(4)检查与侵权活动有关的物品；对有证据证明是侵犯他人注册商标专用权的物品，可以查封或者扣押

一 单项选择题

1．关于知识产权，下列说法正确的是（　　　）。

A．知识产权为权利人所专有，不能随意转让

B．知识产权具有财产权和人身权的双重属性

C．知识产权如无设定期限，则永久有效

D．企业的注册商标不属于其知识产权

2．关于商标及商标专用权，下列说法正确的是（　　　）。

A．商标专用权的内容只包括财产权

B．未经核准注册的商标也可以受商标法保护

C．商标专用权，即商标注册人对其注册商标充分支配和完全使用的权利

D．注册商标的有效期为 10 年，自申请之日起计算

3．受委托创作的作品，著作权应当归属（　　　）。

A．委托者　　　　　　　　　　B．受托者

C．委托者和受托者共同享有　　D．委托者和受托者合同约定

4．关于注册商标，下列说法正确的是（　　　）。

A．注册商标的有效期为 20 年

B．注册商标的有效期自申请之日起计算

C．注册商标有效期满，需要继续使用的，应当在期满前 12 个月内申请续展注册

D．未在期满前 12 个月申请续展注册，可给予 3 个月宽展期

5．关于著作权的保护期限，下列说法正确的是（　　　）。

A．作者的署名权、修改权、保护作品完整权的保护期不受限制

B．公民的作品，其发表权、使用权和获得报酬权的保护期，为作者终生

C．如果是合作作品，截止于最先死亡的作者死亡后第 50 年的 12 月 31 日

D．法人或者其他组织的作品，其署名权的保护期为 50 年

6．关于实用新型的说法，下列说法正确的是（　　　）。

A．实用新型专利审查实行实质审查

B．对液态产品可以授予实用新型专利权

C．实用新型专利的期限为 10 年，自授权公告之日起计算

D．授予专利权的实用新型应当具备新颖性、创造性、实用性

二 多项选择题

1．关于商标，下列说法正确的有（　　　）。

A．声音可被注册为商标

B．商标注册申请人通过一份申请只能就一个类别的商品申请注册同一商标

C．同中央国家机关的名称、标志相同的，不得作为商标使用

D．经营者不得将驰名商标字样用于商品的广告宣传当中

E．数字不能注册为商标

2．根据《著作权法》及相关规定，著作权人对其下列作品享有出租权的有（　　　）。

A．电影作品

B．以类似摄制电影的方法创作的作品

C．美术作品

D．摄影作品

E．小说作品

3．甲电视台获得了某明星演唱会的现场直播权，乙电视台未经许可将甲电视台播

放的节目录制在音像载体上以备将来播放，并复制该音像载体。观众安某未经许可将甲电视台的该节目复制一份供其儿子观看。根据《著作权法》及相关规定，下列说法正确的有（　　）。

    A．甲电视台有权禁止乙电视台的录制复制行为

    B．乙电视台侵犯了该歌星的作为表演者的权利

    C．安某的行为侵犯了甲电视台的复制权

    D．安某的行为侵犯了该歌星作为表演者的权利

    E．丙电视台可以不经许可将现场演唱制作成光盘销售

4．关于授予专利权的条件，下列说法正确的有（　　）。

    A．授予专利权的发明和实用新型，应当具备新颖性、创造性和实用性

    B．申请专利的发明创造在申请日前6个月内，在中国政府主办或者承认的国际展览会上首次展出的，丧失新颖性

    C．实用性要求发明或者实用新型已经产生积极效果

    D．创造性是指与现有技术相比，该发明或该实用新型具有突出的实质性特点和显著的进步

    E．授予专利权的外观设计，只要同申请日以前在国内外出版物上公开发表过或者国内公开使用过的外观设计不相同和不相似即可

【答案与解析】

一、单项选择题

1．B；　　2．A；　　3．D；　　*4．C；　　*5．A；　　6．D

【解析】

4．【答案】C

注册商标的有效期为10年，自核准注册之日起计算。但是，商标与其他知识产权的客体不同，往往使用时间越长越有价值。商标的知名度较高往往也是长期使用的结果。因此，注册商标可以无数次提出续展申请，理论上的有效期是无限的。注册商标有效期满，需要继续使用的，应当在期满前12个月内申请续展注册；在此期间未能提出申请的，可以给予6个月的宽展期。宽展期满仍未提出申请的，注销其注册商标。每次续展注册的有效期为10年。故C项正确。

5．【答案】A

著作权的保护期由于权利内容以及主体的不同而有所不同：（1）作者的署名权、修改权、保护作品完整权的保护期不受限制。（2）公民的作品，其发表权、使用权和获得报酬权的保护期，为作者终生及其死后50年。如果是合作作品，截止于最后死亡的作者死亡后第50年的12月31日。（3）法人或者其他组织的作品、著作权（署名权除外）由法人或者其他组织享有的职务作品，其发表权、使用权和获得报酬权的保护期为50年，截止于作品首次发表后第50年的12月31日，但作品自创作完成后50年内未发表的，不再受著作权法保护。故A项正确。

二、多项选择题

*1. A、C、D；　　　　2. A、B；　　　　3. A、B；　　　　4. A、D

【解析】

1.【答案】A、C、D

根据《商标法》的规定，任何能够将自然人、法人或者其他组织的商品与他人的商品区别开的标志，包括文字、图形、字母、数字、三维标志、颜色组合和声音等，以及上述要素的组合，均可以作为商标申请注册。因此，声音也可以作为商标注册。选项 A 正确，选项 E 错误。根据《商标法》规定，商标注册申请人可以通过一份申请就多个类别的商品申请注册同一商标。因此，B 选项错误。根据《商标法》规定，下列标志不得作为商标使用：同中华人民共和国的国家名称、国旗、国徽、国歌、军旗、军徽、军歌、勋章等相同或者近似的，以及同中央国家机关的名称、标志、所在地特定地点的名称或者标志性建筑物的名称、图形相同的。因此，选项 C 正确。根据《商标法》规定，生产、经营者不得将"驰名商标"字样用于商品、商品包装或者容器上，或者用于广告宣传、展览以及其他商业活动中。因此，选项 D 正确。

1.4　建设工程侵权责任制度

复习要点

1. 侵权责任主体和损害赔偿

侵权是指公民或法人没有法律依据而侵害他人的财产权利或人身权利的行为。

归责原则	（1）过错责任原则，是指行为人因过错侵害他人民事权益造成损害的，应当承担侵权责任。（2）无过错责任原则，是指行为人造成他人民事权益损害，不论行为人有无过错，法律规定应当承担侵权责任的，依照其规定。（3）过错推定责任，是指一旦行为人的行为致人损害就推定其主观上有过错，除非其能证明自己没有过错，否则应承担民事责任。（4）公平责任原则，是指损害双方的当事人对损害结果的发生都没有过错，但如果受害人的损失得不到补偿又显失公平的情况下，由人民法院根据具体情况和公平的观念，要求当事人分担损害后果
承担方式	侵权行为危及他人人身、财产安全的，被侵权人有权请求侵权人承担停止侵害、排除妨碍、消除危险等侵权责任
共同侵权	二人以上共同实施侵权行为，造成他人损害的，应当承担连带责任
教唆侵权、帮助侵权	教唆、帮助他人实施侵权行为的，应当与行为人承担连带责任。教唆、帮助无民事行为能力人、限制民事行为能力人实施侵权行为的，应当承担侵权责任；该无民事行为能力人、限制民事行为能力人的监护人未尽到监护职责的，应当承担相应的责任
共同危险行为	二人以上实施危及他人人身、财产安全的行为，其中一人或者数人的行为造成他人损害，能够确定具体侵权人的，由侵权人承担责任；不能确定具体侵权人的，行为人承担连带责任
分别侵权	分别侵权承担连带责任，二人以上分别实施侵权行为造成同一损害，每个人的侵权行为都足以造成全部损害的，行为人承担连带责任。分别侵权承担按份责任，二人以上分别实施侵权行为造成同一损害，能够确定责任大小的，各自承担相应的责任；难以确定责任大小的，平均承担责任
受害人有过错或故意	被侵权人对同一损害的发生或者扩大有过错的，可以减轻侵权人的责任。损害是因受害人故意造成的，行为人不承担责任
第三人过错	损害是因第三人造成的，第三人应当承担侵权责任

自甘风险	自愿参加具有一定风险的文体活动，因其他参加者的行为受到损害的，受害人不得请求其他参加者承担侵权责任；但是，其他参加者对损害的发生有故意或者重大过失的除外
自助行为	合法权益受到侵害，情况紧迫且不能及时获得国家机关保护，不立即采取措施将使其合法权益受到难以弥补的损害的，受害人可以在保护自己合法权益的必要范围内采取扣留侵权人的财物等合理措施；但是，应当立即请求有关国家机关处理。受害人采取的措施不当造成他人损害的，应当承担侵权责任

2．产品责任

因产品存在缺陷造成他人损害的，生产者应当承担侵权责任。

被侵权人请求损害赔偿的途径	因产品存在缺陷造成他人损害的，被侵权人可以向产品的生产者请求赔偿，也可以向产品的销售者请求赔偿。产品缺陷由生产者造成的，销售者赔偿后，有权向生产者追偿。因销售者的过错使产品存在缺陷的，生产者赔偿后，有权向销售者追偿。因运输者、仓储者等第三人的过错使产品存在缺陷，造成他人损害的，产品的生产者、销售者赔偿后，有权向第三人追偿
流通后发现有缺陷的补救措施	产品投入流通后发现存在缺陷的，生产者、销售者应当及时采取停止销售、警示、召回等补救措施；未及时采取补救措施或者补救措施不力造成损害扩大的，对扩大的损害也应当承担侵权责任。依据规定采取召回措施的，生产者、销售者应当负担被侵权人因此支出的必要费用
产品责任惩罚性赔偿	明知产品存在缺陷仍然生产、销售，或者没有依据前述规定采取有效补救措施，造成他人死亡或者健康严重损害的，被侵权人有权请求相应的惩罚性赔偿

3．建筑物和物件损害责任

（1）建筑物、构筑物或者其他设施倒塌、塌陷致害责任

建筑物、构筑物或者其他设施倒塌、塌陷造成他人损害的，由建设单位与施工单位承担连带责任，但是建设单位与施工单位能够证明不存在质量缺陷的除外。建设单位、施工单位赔偿后，有其他责任人的，有权向其他责任人追偿。因所有人、管理人、使用人或者第三人的原因，建筑物、构筑物或者其他设施倒塌、塌陷造成他人损害的，由所有人、管理人、使用人或者第三人承担侵权责任。

（2）建筑物、构筑物或者其他设施脱落、坠落致害责任

建筑物、构筑物或者其他设施及其搁置物、悬挂物发生脱落、坠落造成他人损害，所有人、管理人或者使用人不能证明自己没有过错的，应当承担侵权责任。所有人、管理人或者使用人赔偿后，有其他责任人的，有权向其他责任人追偿。

（3）不明抛掷物、坠落物致害责任

禁止从建筑物中抛掷物品。从建筑物中抛掷物品或者从建筑物上坠落的物品造成他人损害的，由侵权人依法承担侵权责任；经调查难以确定具体侵权人的，除能够证明自己不是侵权人的外，由可能加害的建筑物使用人给予补偿。可能加害的建筑物使用人补偿后，有权向侵权人追偿。物业服务企业等建筑物管理人应当采取必要的安全保障措施防止上述情形的发生；未采取必要的安全保障措施的，应当依法承担未履行安全保障义务的侵权责任。发生上述规定的情形的，公安等机关应当依法及时调查，查清责任人。

（4）堆放物倒塌、滚落或者滑落致害责任

堆放物倒塌、滚落或者滑落造成他人损害，堆放人不能证明自己没有过错的，应

当承担侵权责任。在公共道路上堆放、倾倒、遗撒妨碍通行的物品造成他人损害的，由行为人承担侵权责任。公共道路管理人不能证明已经尽到清理、防护、警示等义务的，应当承担相应的责任。

（5）公共场所或者道路上施工致害责任和窨井等地下设施致害责任

在公共场所或者道路上挖掘、修缮安装地下设施等造成他人损害，施工人不能证明已经设置明显标志和采取安全措施的，应当承担侵权责任。窨井等地下设施造成他人损害，管理人不能证明尽到管理职责的，应当承担侵权责任。

一　单项选择题

1. 承担侵权责任的方式不包括（　　）。
   A. 排除妨碍　　　　　　　　B. 消除危险
   C. 停止侵害　　　　　　　　D. 查封场所
2. 民事责任分为违约责任和（　　）。
   A. 侵权责任　　　　　　　　B. 行政责任
   C. 刑事责任　　　　　　　　D. 财产责任
3. 关于损害赔偿，下列说法正确的是（　　）。
   A. 侵害他人造成他人死亡的，只需要支付死亡赔偿金即可
   B. 被侵权人死亡的，其近亲属和朋友有权请求侵权人承担侵权责任
   C. 赔偿费用只能一次性支付
   D. 因同一侵权行为造成多人死亡的，可以以相同数额确定死亡赔偿金
4. 下列关于侵权损害赔偿的说法，正确的是（　　）。
   A. 甲的房屋发生大火，乙在救火中被烧伤，甲应赔偿乙的损失
   B. 甲在登机时往发动机投掷硬币致航班延误，应赔偿乘客的损失
   C. 乙在与甲争吵打闹中猝死，甲对乙的死亡应承担损害赔偿责任
   D. 甲将乙的照片制作成表情包供大家娱乐，侵害了乙的名誉权，应承担损害赔偿责任

二　多项选择题

1. 下列属于侵权责任的情形有（　　）。
   A. 李某在路边捡到一条金手链
   B. 建设单位未按时支付工程款
   C. 张某被小区外墙脱落的墙皮砸伤
   D. 施工单位夜间施工噪声超标影响居民休息
   E. 施工单位未按合同约定支付项目经理王某的工资
2. 下列可以解决民事纠纷的途径有（　　）。
   A. 调解　　　　　　　　　　B. 仲裁
   C. 诉讼　　　　　　　　　　D. 和解

E．复议

3．甲是乙装饰公司的员工，负责外出购买装饰材料，某日骑电动车购买材料途中，路上不慎将行人丙撞伤，受害人丙将甲及乙公司一同告到法院，对此下列说法正确的有（　　）。

A．甲侵害了丙的健康权　　　　B．甲侵害了丙的身体权

C．甲的行为系违法行为　　　　D．乙公司应承担赔偿责任

E．丙是诉讼中的被告

【答案与解析】

一、单项选择题

1．D；　　2．A；　　3．D；　　4．C

二、多项选择题

1．C、D；　　　　　2．A、B、C、D；　　　*3．A、D

【解析】

3．【答案】A、D

甲将丙撞伤，侵犯了丙的健康权，但没有破坏身体的完整性，选项 A 正确，选项 B 错误。甲的行为系侵权行为，选项 C 错误。《民法典》规定，用人单位的工作人员因执行工作任务造成他人损害的，由用人单位承担侵权责任。选项 D 正确。丙是诉讼中的原告，选项 E 错误。故选 A、D。

1.5　建设工程税收制度

复习要点

1. 企业所得税

1）企业所得税的概念和特点

概念	企业所得税是对我国境内的企业和其他取得收入的组织的生产经营所得和其他所得征收的所得税
特点	纳税人分为居民企业和非居民企业两大类
	征税以量能课税为原则，税负公平。企业所得税实行比例税率
	计税依据为应纳税所得额

2）纳税人和征税对象

居民企业	依法在中国境内成立，或者依照外国（地区）法律成立但实际管理机构在中国境内的企业
	居民企业应当就其来源于中国境内、境外的所得缴纳企业所得税
非居民企业	依照外国（地区）法律成立且实际管理机构不在中国境内，但在中国境内设立机构、场所的，或者在中国境内未设立机构、场所，但有来源于中国境内所得的企业

非居民企业	非居民企业在中国境内设立机构、场所的，应当就其所设机构、场所取得的来源于中国境内的所得，以及发生在中国境外但与其所设机构、场所有实际联系的所得，缴纳企业所得税。非居民企业在中国境内未设立机构、场所的，或者虽设立机构、场所但取得的所得与其所设机构、场所没有实际联系的，应当就其来源于中国境内的所得缴纳企业所得税

3）税率

税率为 25%	企业所得税实行比例税率。企业所得税的税率为 25%，适用于居民企业和在中国境内设立机构、场所且取得的所得来源于中国境内或者所得发生在中国境外但与其所设机构、场所有实际联系的非居民企业
税率为 20%	非居民企业在中国境内未设立机构、场所的，或者虽设立机构、场所但取得的所得与其所设机构、场所没有实际联系的，应当就其来源于中国境内的所得缴纳企业所得税，适用税率为 20%
减按 20% 的税率	符合条件的小型微利企业，减按 20% 的税率征收企业所得税
减按 15% 的税率	国家需要重点扶持的高新技术企业，减按 15% 的税率征收企业所得税

4）应纳税所得额

企业每一纳税年度的收入总额，减除不征税收入、免税收入、各项扣除以及允许弥补的以前年度亏损后的余额，为应纳税所得额	
收入总额	企业以货币形式和非货币形式从各种来源取得的收入，为收入总额。包括：（1）销售货物收入；（2）提供劳务收入；（3）转让财产收入；（4）股息、红利等权益性投资收益；（5）利息收入；（6）租金收入；（7）特许权使用费收入；（8）接受捐赠收入；（9）其他收入
支出	企业实际发生的与取得收入有关的、合理的支出，包括成本、费用、税金、损失和其他支出，准予在计算应纳税所得额时扣除。在计算应纳税所得额时，下列支出不得扣除：（1）向投资者支付的股息、红利等权益性投资收益款项；（2）企业所得税税款；（3）税收滞纳金；（4）罚金、罚款和被没收财物的损失；（5）超出规定标准的捐赠支出；（6）赞助支出；（7）未经核定的准备金支出；（8）与取得收入无关的其他支出
不征税收入	收入总额中的下列收入为不征税收入：（1）财政拨款；（2）依法收取并纳入财政管理的行政事业性收费、政府性基金；（3）国务院规定的其他不征税收入
免税收入	企业的下列收入为免税收入：（1）国债利息收入；（2）符合条件的居民企业之间的股息、红利等权益性投资收益；（3）在中国境内设立机构、场所的非居民企业从居民企业取得与该机构、场所有实际联系的股息、红利等权益性投资收益；（4）符合条件的非营利组织的收入

2．企业增值税
1）增值税的概念和特点

概念	增值税是以商品和劳务在流转过程中产生的增值额作为征税对象而征收的一种流转税
特点	增值税只对商品在生产流通过程中的价值增值额征收
	实行价外税制度
	征税范围具有普遍性

2）增值税的纳税人

在中华人民共和国境内销售货物或者加工、修理修配劳务，销售服务、无形资产、不动产以及进口货物的单位和个人，为增值税的纳税人。根据纳税人的经营规模以及会计核算的健全程度，我国将增值税的纳税人分为一般纳税人和小规模纳税人。

3）增值税的征税范围

征税范围的一般规定	销售货物
	提供加工和修理修配劳务
	销售服务
	销售无形资产
	销售不动产
	进口货物
视同销售的行为	单位或者个体工商户的下列行为，视同销售货物：（1）将货物交付其他单位或者个人代销；（2）销售代销货物；（3）设有两个以上机构并实行统一核算的纳税人，将货物从一个机构移送其他机构用于销售，但相关机构设在同一县（市）的除外；（4）将自产或者委托加工的货物用于非增值税应税项目；（5）将自产、委托加工的货物用于集体福利或者个人消费；（6）将自产、委托加工或者购进的货物作为投资，提供给其他单位或者个体工商户；（7）将自产、委托加工或者购进的货物分配给股东或者投资者；（8）将自产、委托加工或者购进的货物无偿赠送其他单位或者个人

4）增值税的税率

一般纳税人的增值税税率	（1）纳税人销售货物、劳务、有形动产租赁服务或者进口货物，除下述第（2）项、第（4）项、第（5）项另有规定外，税率为13%。（2）纳税人销售交通运输、邮政、基础电信、建筑、不动产租赁服务，销售不动产，转让土地使用权，销售或者进口下列货物，税率为9%：粮食等农产品、食用植物油、食用盐；自来水、暖气、冷气、热水、煤气、石油液化气、天然气、二甲醚、沼气、居民用煤炭制品；图书、报纸、杂志、音像制品、电子出版物；饲料、化肥、农药、农机、农膜；国务院规定的其他货物。（3）纳税人销售服务、无形资产，除上述第（1）项、第（2）项和下述第（5）项另有规定外，税率为6%。（4）纳税人出口货物，税率为零；但是，国务院另有规定的除外。（5）境内单位和个人跨境销售国务院规定范围内的服务、无形资产，税率为零
小规模纳税人适用的征收率	小规模纳税人增值税征收率为3%

5）应纳税额的计算

小规模纳税人应纳税额的计算	应纳税额计算公式：应纳税额＝销售额×征收率
一般纳税人应纳税额的计算	应纳税额计算公式：应纳税额＝当期销项税额－当期进项税额
下列进项税额准予从销项税额中抵扣	（1）从销售方取得的增值税专用发票上注明的增值税额。（2）从海关取得的海关进口增值税专用缴款书上注明的增值税额。（3）购进农产品，除取得增值税专用发票或者海关进口增值税专用缴款书外，按照农产品收购发票或者销售发票上注明的农产品买价和11%的扣除率计算的进项税额，国务院另有规定的除外。进项税额计算公式：进项税额＝买价×扣除率。（4）自境外单位或者个人购进劳务、服务、无形资产或者境内的不动产，从税务机关或者扣缴义务人取得的代扣代缴税款的完税凭证上注明的增值税额
增值税的减免	下列项目免征增值税：（1）农业生产者销售的自产农产品；（2）避孕药品和用具；（3）古旧图书；（4）直接用于科学研究、科学试验和教学的进口仪器、设备；（5）外国政府、国际组织无偿援助的进口物资和设备；（6）由残疾人的组织直接进口供残疾人专用的物品；（7）销售的自己使用过的物品

3．环境保护税
1）环境保护税的概念和特点

概念	环境保护税是以在中华人民共和国领域和中华人民共和国管辖的其他海域，直接向环境排放应税污染物的企业、事业单位和其他生产经营者为纳税人征收的一种税
特点	"费改税"，实现税负平移
	需要多部门配合，实现制度转换
	税款用于治理环境和生态文明建设

2）纳税人与征税范围

纳税人	在中华人民共和国领域和中华人民共和国管辖的其他海域，直接向环境排放应税污染物的企业事业单位和其他生产经营者为环境保护税的纳税人
计税依据	应税污染物的计税依据，按照下列方法确定：（1）应税大气污染物按照污染物排放量折合的污染当量数确定；（2）应税水污染物按照污染物排放量折合的污染当量数确定；（3）应税固体废物按照固体废物的排放量确定；（4）应税噪声按照超过国家规定标准的分贝数确定
应纳税额	环境保护税应纳税额按照下列方法计算：（1）应税大气污染物的应纳税额为污染当量数乘以具体适用税额；（2）应税水污染物的应纳税额为污染当量数乘以具体适用税额；（3）应税固体废物的应纳税额为固体废物排放量乘以具体适用税额；（4）应税噪声的应纳税额为超过国家规定标准的分贝数对应的具体适用税额
税收减免	下列情形，暂予免征环境保护税：（1）农业生产（不包括规模化养殖）排放应税污染物的；（2）机动车、铁路机车、非道路移动机械、船舶和航空器等流动污染源排放应税污染物的；（3）依法设立的城乡污水集中处理、生活垃圾集中处理场所排放相应应税污染物，不超过国家和地方规定的排放标准的；（4）纳税人综合利用的固体废物，符合国家和地方环境保护标准的；（5）国务院批准免税的其他情形

4．其他相关税种
1）个人所得税

纳税人	居民个人	在中国境内有住所，或者无住所而一个纳税年度内在中国境内居住累计满183天的个人，为居民个人。居民个人从中国境内和境外取得的所得，依照规定缴纳个人所得税
	非居民个人	在中国境内无住所又不居住，或者无住所而一个纳税年度内在中国境内居住累计不满183天的个人，为非居民个人。非居民个人从中国境内取得的所得，依照规定缴纳个人所得税
征税范围	应当缴纳个人所得税	下列各项个人所得，应当缴纳个人所得税：（1）工资、薪金所得；（2）劳务报酬所得；（3）稿酬所得；（4）特许权使用费所得；（5）经营所得；（6）利息、股息、红利所得；（7）财产租赁所得；（8）财产转让所得；（9）偶然所得。居民个人取得上述第（1）项至第（4）项所得（以下称综合所得），按纳税年度合并计算个人所得税；非居民个人取得上述第（1）项至第（4）项所得，按月或者按次分项计算个人所得税。纳税人取得上述第（5）项至第（9）项所得，分别计算个人所得税
	免征个人所得税	下列各项个人所得，免征个人所得税：（1）省级人民政府、国务院部委和中国人民解放军军以上单位，以及外国组织、国际组织颁发的科学、教育、技术、文化、卫生、体育、环境保护等方面的奖金；（2）国债和国家发行的金融债券利息；（3）按照国家统一规定发给的补贴、津贴；（4）福利费、抚恤金、救济金；（5）保险赔款；（6）军人的转业费、复员费、退役金；（7）按照国家统一规定发给干部、职工的安家费、退职费、基本养老金或者退休费、离休费、离休生活补助费；（8）依照有关法律规定应予免税的各国驻华使馆、领事馆的外交代表、领事官员和其他人员的所得；（9）中国政府参加的国际公约、签订的协议中规定免税的所得；（10）国务院规定的其他免税所得。上述第（10）项免税规定，由国务院报全国人民代表大会常务委员会备案

个人所得税的税率	（1）综合所得，适用3%至45%的超额累进税率；（2）经营所得，适用5%至35%的超额累进税率；（3）利息、股息、红利所得，财产租赁所得，财产转让所得和偶然所得，适用比例税率，税率为20%
纳税申报	有下列情形之一的，纳税人应当依法办理纳税申报：（1）取得综合所得需要办理汇算清缴；（2）取得应税所得没有扣缴义务人；（3）取得应税所得，扣缴义务人未扣缴税款；（4）取得境外所得；（5）因移居境外注销中国户籍；（6）非居民个人在中国境内从两处以上取得工资、薪金所得；（7）国务院规定的其他情形

2）城市维护建设税

纳税人	在中华人民共和国境内缴纳增值税、消费税的单位和个人
计税依据	以纳税人依法实际缴纳的增值税、消费税税额为计税依据。对进口货物或者境外单位和个人向境内销售劳务、服务、无形资产缴纳的增值税、消费税税额，不征收城市维护建设税
税率	（1）纳税人所在地在市区的，税率为7%；（2）纳税人所在地在县城、镇的，税率为5%；（3）纳税人所在地不在市区、县城或者镇的，税率为1%
缴纳	城市维护建设税的纳税义务发生时间与增值税、消费税的纳税义务发生时间一致，分别与增值税、消费税同时缴纳。城市维护建设税的扣缴义务人为负有增值税、消费税扣缴义务的单位和个人，在扣缴增值税、消费税的同时扣缴城市维护建设税

3）教育费附加

纳税人	凡缴纳消费税、增值税、营业税的单位和个人，除缴纳农村教育事业费附加的单位外，都应当缴纳教育费附加
计征依据	教育费附加，以各单位和个人实际缴纳的增值税、营业税、消费税的税额为计征依据，教育费附加率为3%，分别与增值税、营业税、消费税同时缴纳
征收	教育费附加由税务机关负责征收

4）城镇土地使用税

纳税人	在城市、县城、建制镇、工矿区范围内使用土地的单位和个人
计税依据	土地使用税以纳税人实际占用的土地面积为计税依据
税额	依照规定税额计算征收。土地使用税每平方米年税额如下：（1）大城市1.5元至30元；（2）中等城市1.2元至24元；（3）小城市0.9元至18元；（4）县城、建制镇、工矿区0.6元至12元
免缴土地使用税	下列土地免缴土地使用税：（1）国家机关、人民团体、军队自用的土地；（2）由国家财政部门拨付事业经费的单位自用的土地；（3）宗教寺庙、公园、名胜古迹自用的土地；（4）市政街道、广场、绿化地带等公共用地；（5）直接用于农、林、牧、渔业的生产用地；（6）经批准开山填海整治的土地和改造的废弃土地，从使用的月份起免缴土地使用税5年至10年；（7）由财政部另行规定免税的能源、交通、水利设施用地和其他用地
缴纳与征收	土地使用税按年计算、分期缴纳。缴纳期限由省、自治区、直辖市人民政府确定。土地使用税由土地所在地的税务机关征收

5）房产税

纳税人	房产税在城市、县城、建制镇和工矿区征收。房产税由产权所有人缴纳。产权属于全民所有的，由经营管理的单位缴纳。产权出典的，由承典人缴纳。产权所有人、承典人不在房产所在地的，或者产权未确定及租典纠纷未解决的，由房产代管人或者使用人缴纳。上述列举的产权所有人、经营管理单位、承典人、房产代管人或者使用人，统称为纳税义务人
计税依据	房产税依照房产原值一次减除10%至30%后的余值计算缴纳。具体减除幅度，由省、自治区、直辖市人民政府规定。没有房产原值作为依据的，由房产所在地税务机关参考同类房产核定。房产出租的，以房产租金收入为房产税的计税依据
税率	房产税的税率，依照房产余值计算缴纳的，税率为1.2%；依照房产租金收入计算缴纳的，税率为12%。房产税按年征收、分期缴纳。房产税由房产所在地的税务机关征收
免纳房产税	下列房产免纳房产税：（1）国家机关、人民团体、军队自用的房产；（2）由国家财政部门拨付事业经费的单位自用的房产；（3）宗教寺庙、公园、名胜古迹自用的房产；（4）个人所有非营业用的房产；（5）经财政部批准免税的其他房产

6）车船税

纳税人	在中华人民共和国境内属于《车船税法》所附《车船税税目税额表》规定的车辆、船舶的所有人或者管理人，为车船税的纳税人
税额	车船的适用税额依照《车船税税目税额表》执行。车辆的具体适用税额由省、自治区、直辖市人民政府依照《车船税税目税额表》规定的税额幅度和国务院的规定确定。船舶的具体适用税额由国务院在规定的税额幅度内确定
免征车船税	下列车船免征车船税：（1）捕捞、养殖渔船；（2）军队、武装警察部队专用的车船；（3）警用车船；（4）悬挂应急救援专用号牌的国家综合性消防救援车辆和国家综合性消防救援专用船舶；（5）依照法律规定应当予以免税的外国驻华使领馆、国际组织驻华代表机构及其有关人员的车船。对节约能源、使用新能源的车船可以减征或者免征车船税；对受严重自然灾害影响纳税困难以及有其他特殊原因确需减税、免税的，可以减征或者免征车船税

7）印花税

纳税人	在中华人民共和国境内书立应税凭证、进行证券交易的单位和个人，为印花税的纳税人，应当依照规定缴纳印花税。在中华人民共和国境外书立在境内使用的应税凭证的单位和个人，应当依照规定缴纳印花税
计税依据	（1）应税合同的计税依据，为合同所列的金额，不包括列明的增值税税款；（2）应税产权转移书据的计税依据，为产权转移书据所列的金额，不包括列明的增值税税款；（3）应税营业账簿的计税依据，为账簿记载的实收资本（股本）、资本公积合计金额；（4）证券交易的计税依据，为成交金额。应税合同、产权转移书据未列明金额的，印花税的计税依据按照实际结算的金额确定
免征印花税	（1）应税凭证的副本或者抄本；（2）依照法律规定应当予以免税的外国驻华使馆、领事馆和国际组织驻华代表机构为获得馆舍书立的应税凭证；（3）中国人民解放军、中国人民武装警察部队书立的应税凭证；（4）农民、家庭农场、农民专业合作社、农村集体经济组织、村民委员会购买农业生产资料或者销售农产品书立的买卖合同和农业保险合同；（5）无息或者贴息借款合同、国际金融组织向中国提供优惠贷款书立的借款合同；（6）财产所有权人将财产赠与政府、学校、社会福利机构、慈善组织书立的产权转移书据；（7）非营利性医疗卫生机构采购药品或者卫生材料书立的买卖合同；（8）个人与电子商务经营者订立的电子订单

8）车辆购置税

纳税人	在中华人民共和国境内购置汽车、有轨电车、汽车挂车、排气量超过150毫升的摩托车的单位和个人。购置，是指以购买、进口、自产、受赠、获奖或者其他方式取得并自用应税车辆的行为
征收与税率	车辆购置税实行一次性征收。购置已征车辆购置税的车辆，不再征收车辆购置税。车辆购置税的税率为10%
应纳税额	车辆购置税的应纳税额按照应税车辆的计税价格乘以税率计算。 应税车辆的计税价格，按照下列规定确定：（1）纳税人购买自用应税车辆的计税价格，为纳税人实际支付给销售者的全部价款，不包括增值税税款；（2）纳税人进口自用应税车辆的计税价格，为关税完税价格加上关税和消费税；（3）纳税人自产自用应税车辆的计税价格，按照纳税人生产的同类应税车辆的销售价格确定，不包括增值税税款；（4）纳税人以受赠、获奖或者其他方式取得自用应税车辆的计税价格，按照购置应税车辆时相关凭证载明的价格确定，不包括增值税税款
免征车辆购置税	（1）依照法律规定应当予以免税的外国驻华使馆、领事馆和国际组织驻华机构及其有关人员自用的车辆；（2）中国人民解放军和中国人民武装警察部队列入装备订货计划的车辆；（3）悬挂应急救援专用号牌的国家综合性消防救援车辆；（4）设有固定装置的非运输专用作业车辆；（5）城市公交企业购置的公共汽电车辆

9）契税

纳税人	在中华人民共和国境内转移土地、房屋权属，承受的单位和个人
转移土地、房屋权属	（1）土地使用权出让；（2）土地使用权转让，包括出售、赠与、互换；（3）房屋买卖、赠与、互换。其中土地使用权转让，不包括土地承包经营权和土地经营权的转移。以作价投资（入股）、偿还债务、划转、奖励等方式转移土地、房屋权属的，应当依照规定征收契税
税率	契税税率为3%～5%。契税的具体适用税率，由省、自治区、直辖市人民政府在前款规定的税率幅度内提出，报同级人民代表大会常务委员会决定，并报全国人民代表大会常务委员会和国务院备案
计税依据	（1）土地使用权出让、出售，房屋买卖，为土地、房屋权属转移合同确定的成交价格，包括应交付的货币以及实物、其他经济利益对应的价款；（2）土地使用权互换、房屋互换，为所互换的土地使用权、房屋价格的差额；（3）土地使用权赠与、房屋赠与以及其他没有价格的转移土地、房屋权属行为，为税务机关参照土地使用权出售、房屋买卖的市场价格依法核定的价格。契税的应纳税额按照计税依据乘以具体适用税率计算
免征契税	（1）国家机关、事业单位、社会团体、军事单位承受土地、房屋权属用于办公、教学、医疗、科研、军事设施；（2）非营利性的学校、医疗机构、社会福利机构承受土地、房屋权属用于办公、教学、医疗、科研、养老、救助；（3）承受荒山、荒地、荒滩土地使用权用于农、林、牧、渔业生产；（4）婚姻关系存续期间夫妻之间变更土地、房屋权属；（5）法定继承人通过继承承受土地、房屋权属；（6）依照法律规定应当予以免税的外国驻华使馆、领事馆和国际组织驻华代表机构承受土地、房屋权属

一 单项选择题

1. 下列主体中，属于企业所得税纳税人的是（ ）。
   A. 个人独资企业　　　　　　B. 合伙企业
   C. 一人有限责任公司　　　　D. 居民个人

2. 根据《企业所得税法》，下列企业中属于非居民企业的是（　　　）。

    A．在北京市工商局登记注册的企业

    B．在美国注册但实际管理机构在上海的外资独资企业

    C．在美国注册的企业设在上海的办事处

    D．在北京市工商局注册但在非洲开展工程承包的企业

3. 根据《企业所得税法》，依照外国（地区）法律成立且实际管理机构不在中国境内，但在中国境内设立机构、场所的，或者在中国境内未设立机构、场所，但有来源于中国境内所得的企业，是（　　　）。

    A．本国企业　　　　　　　　　　B．外国企业

    C．居民企业　　　　　　　　　　D．非居民企业

4. 根据《企业所得税法》，下列收入中应当征收企业所得税的是（　　　）。

    A．股息、红利等权益性投资收益

    B．依法收取并纳入财政管理的政府性基金

    C．依法收取并纳入财政管理的行政事业收费

    D．财政拨款

5. 根据《企业所得税法》，下列企业所得税纳税主体适用25%税率的是（　　　）。

    A．所有的非居民企业

    B．在中国境内设有机构、场所，且所得与其机构、场所有关联的非居民企业

    C．在中国境内设有机构、场所，但所得与其机构、场所没有实际联系的非居民企业

    D．在中国境内未设立机构、场所的非居民企业

6. 企业收入总额中，不征收企业所得税的收入是（　　　）。

    A．财政拨款　　　　　　　　　　B．利息收入

    C．接受捐赠收入　　　　　　　　D．租金收入

7. 关于增值税的说法，正确的是（　　　）。

    A．纳税人兼营不同税率的项目，应当分别核算不同税率项目的销售额；未分别核算销售额的，从低适用税率

    B．小规模纳税人发生应税销售行为，实行按照销售额和征收率计算应纳税额的简易办法，可以抵扣进项税额

    C．纳税人销售货物、劳务、服务、无形资产、不动产，应纳税额为当期销项税额抵扣当期进项税额后的余额

    D．当期销项税额小于当期进项税额，不足抵扣时，其不足部分不得结转下期继续抵扣

8. 下列进项税额不得从销项税额中抵扣的是（　　　）。

    A．非正常损失的在产品、产成品所耗用的购进交通运输服务

    B．自境外单位购进无形资产，从税务机关或者扣缴义务人取得的代扣代缴税款的完税凭证上注明的增值税额

    C．从海关取得的海关进口增值税专用缴款书上注明的增值税额

    D．从销售方取得的增值税专用发票上注明的增值税额

9. 境内单位和个人跨境销售国务院规定范围内的服务、无形资产，税率为（　　）。

    A．0   B．17%

    C．11%   D．6%

10. 增值税纳税人从事下列应税销售行为中，适用9%税率的是（　　）。

    A．境内单位跨境销售国务院规定范围内的服务、无形资产

    B．销售不动产

    C．纳税人出口货物

    D．销售货物

11. 下列项目免征增值税的是（　　）。

    A．农业生产者销售的自产农产品

    B．提供加工和修理修配服务

    C．销售服务

    D．销售无形资产

12. 关于环境保护税的纳税人的说法，正确的是（　　）。

    A．在中华人民共和国领域，直接向环境排放应税污染物的企业是环境保护税的纳税人

    B．在中华人民共和国管辖的其他海域，直接向环境排放应税污染物的事业单位不是环境保护税的纳税人

    C．企业向依法设立的污水集中处理、生活垃圾集中处理场所排放应税污染物，仍需缴纳环境保护税

    D．依法设立的城乡污水集中处理、生活垃圾集中处理场所超过国家和地方规定的排放标准向环境排放应税污染物的，无需缴纳环境保护税

13. 关于环境保护税应税污染物计税依据的确定方法，正确的是（　　）。

    A．应税大气污染物按照大气污染物的排放量确定

    B．应税水污染物按照水污染物的排放量确定

    C．应税固体废物按照污染物排放量折合的污染当量数确定

    D．应税噪声按照超过国家规定标准的分贝数确定

14. 关于环境保护税应纳税额的确定方法，正确的是（　　）。

    A．应税大气污染物的应纳税额为大气污染物的排放量乘以具体适用税额

    B．应税水污染物的应纳税额为水污染物的排放量乘以具体适用税额

    C．应税固体废物的应纳税额为固体废物污染当量数乘以具体适用税额

    D．应税噪声的应纳税额为超过国家规定标准的分贝数对应的具体适用税额

15. 根据《环境保护税法》，下列情形中，减征环境保护税的有（　　）。

    A．纳税人排放应税大气污染物或者水污染物的浓度值低于国家和地方规定的污染物排放标准30%的

    B．机动车、铁路机车、非道路移动机械、船舶和航空器等流动污染源排放应税污染物的

    C．依法设立的城乡污水集中处理、生活垃圾集中处理场所排放相应应税污染物，不超过国家和地方规定的排放标准的

D．纳税人综合利用的固体废物，符合国家和地方环境保护标准的

16．纳税人排放应税大气污染物或者水污染物的浓度值低于国家和地方规定的污染物排放标准30%的，减按（　　　）征收环境保护税。

A．45%
B．55%
C．65%
D．75%

17．下列个人所得，属于个人所得税的征税范围的是（　　　）。

A．保险赔款
B．国家发行的金融债券利息
C．抚恤金
D．偶然所得

18．下列所得中免征个人所得税的是（　　　）。

A．年终加薪

B．出售本人绘画的收入

C．个人保险所获赔偿

D．从投资的某公司取得的派息分红

19．对于县级政府颁发的科学、教育、技术、文化、卫生、体育、环境保护等方面的奖金，应（　　　）。

A．征收个人所得税
B．免征个人所得税
C．减半征收个人所得税
D．适当减征个人所得税

20．关于城市维护建设税的说法，正确的是（　　　）。

A．在中华人民共和国境内缴纳增值税、消费税的单位和个人，为城市维护建设税的纳税人

B．城市维护建设税以纳税人依法实际缴纳的增值税、营业税、消费税税额为计税依据

C．城市维护建设税与消费税、增值税、营业税分别缴纳

D．对境外单位和个人向境内销售劳务、服务、无形资产缴纳的增值税、消费税税额，征收城市维护建设税

21．关于城市维护建设税税率的说法，正确的是（　　　）。

A．纳税人所在地在市区的，税率为6%

B．纳税人所在地在县城的，税率为4%

C．纳税人所在地不在市区、县城或镇的，税率为1%。

D．纳税人所在地在镇的，税率为3%

22．关于城镇土地使用税的说法，正确的有（　　　）。

A．土地使用税以纳税人实际占用的土地面积为计税依据，依照规定税额计算征收

B．经济发达地区土地使用税的适用税额标准可以适当提高，须报经国家税务总局批准

C．土地使用税按月计算、一次性缴纳

D．土地使用税的缴纳期限由县级人民政府确定

23．关于房产税纳税人的说法，正确的是（　　　）。

A．产权属于全民所有的，由国家缴纳

B. 产权出典的，由出典人缴纳

C. 产权所有人不在房产所在地的，由产权所有人缴纳

D. 产权未确定的，由房产代管人或者使用人缴纳

24. 关于房产税的说法，正确的是（　　）。

A. 房产税在城市、县城征收，但不在建制镇和工矿区征收

B. 房产税依照房产原值一次减除 20% 至 50% 后的余值计算缴纳

C. 房产出租的，以房产租金收入为房产税的计税依据

D. 房产税的税率，依照房产余值计算缴纳的，税率为 1.6%

25. 关于车船税的说法，正确的是（　　）。

A. 捕捞、养殖渔船可以减征车船税

B. 节约能源、使用新能源的车船免征车船税

C. 警用车船可以减征车船税

D. 从事机动车第三者责任强制保险业务的保险机构为机动车车船税的扣缴义务人

26. 下列凭证中，免征印花税的是（　　）。

A. 财产租赁合同或者具有合同性质的凭证

B. 加工承揽合同或者具有合同性质的凭证

C. 营业账簿

D. 财产所有人将财产赠给社会福利单位所立的书据

27. 关于印花税的说法，正确的是（　　）。

A. 应税产权转移书据的计税依据，包括列明的增值税税款

B. 应税合同的计税依据，包括列明的增值税税款

C. 同一应税凭证载有两个以上税目事项，未分别列明金额的，从高适用税率

D. 财产所有人将财产赠给政府、社会福利单位、学校所立的书据应当缴纳印花税

28. 关于车辆购置税的说法，正确的是（　　）。

A. 购置已征车辆购置税的车辆，仍应征收车辆购置税

B. 城市公交企业购置的公共汽电车辆免征车辆购置税

C. 以受赠和获奖方式取得并自用应税车辆的行为免征车辆购置税

D. 车辆购置税的应纳税额按照应税车辆的计税价格乘以车辆购置税的税率 5% 计算

29. 关于契税的说法，正确的是（　　）。

A. 契税的税率，由省、自治区、直辖市人民政府决定

B. 以偿还债务或奖励等方式转移土地、房屋权属的，免征契税

C. 法定继承人通过继承承受土地、房屋权属，应当征收契税

D. 土地使用权互换、房屋互换的，契税的计税依据为所互换的土地使用权、房屋价格的差额

1. 根据《企业所得税法》，下列企业不缴纳企业所得税的有（　　）。
   A．股份有限公司　　　　　　　　B．有限责任公司
   C．合伙企业　　　　　　　　　　D．外商投资企业
   E．个人独资企业

2. 关于《企业所得税法》中征税对象的说法，正确的有（　　）。
   A．居民企业来源于境外的所得
   B．居民企业来源于中国境内的所得
   C．在中国境内设立机构、场所的非居民企业，其机构、场所来源于中国境内的所得
   D．在中国境内未设立机构、场所的非居民企业来源于中国境外的所得
   E．在中国境内设立机构、场所的非居民企业，其发生在中国境外但与其所设机构、场所有实际联系的所得

3. 根据《企业所得税法》，属于企业所得税不征税收入的是（　　）。
   A．依法收取并纳入财政管理的政府性基金
   B．特许权使用费收入
   C．接受捐赠收入
   D．财政拨款
   E．股息、红利等权益性投资收益

4. 下列中华人民共和国境内的主体中，属于增值税纳税人的有（　　）。
   A．销售货物的单位　　　　　　　B．销售服务的单位
   C．销售无形资产的个人　　　　　D．进口货物的个人
   E．销售自产农产品的农业生产者

5. 关于增值税纳税人的说法，正确的有（　　）。
   A．在中华人民共和国境内销售无形资产的单位为增值税的纳税人
   B．纳税人分为一般纳税人和小规模纳税人
   C．小规模纳税人应当向主管税务机关办理登记
   D．小规模纳税人会计核算健全，能够提供准确税务资料的，可以向主管税务机关办理登记，不作为小规模纳税人计算应纳税额
   E．在中华人民共和国境内销售不动产的个人，无需缴纳增值税

6. 下列进项税额准予从销项税额中抵扣的有（　　）。
   A．从销售方取得的增值税专用发票上注明的增值税额
   B．从海关取得的海关进口增值税专用缴款书上注明的增值税额
   C．自境外单位或者个人购进劳务、服务、无形资产或者境内的不动产，从税务机关或者扣缴义务人取得的代扣代缴税款的完税凭证上注明的增值税额
   D．非正常损失的在产品、产成品所耗用的购进货物

E．非正常损失的购进货物，以及相关的劳务和交通运输服务

7．关于增值税税率的说法，正确的有（　　　）。

A．纳税人销售交通运输、邮政、基础电信，税率为17%

B．纳税人销售建筑，转让土地使用权，税率为9%

C．纳税人进口饲料、农机，税率为6%

D．纳税人出口货物，税率为零；但是，国务院另有规定的除外

E．境内单位和个人跨境销售国务院规定范围内的服务、无形资产，税率为零

8．关于增值税应纳税额计算的说法，正确的有（　　　）。

A．纳税人兼营不同税率的项目，未分别核算销售额的，从低适用税率

B．当期销项税额小于当期进项税额不足抵扣时，其不足部分可以结转下期继续抵扣

C．当期销项税额抵扣当期进项税额后的余额是应纳税额

D．应税销售行为适用于免税规定的，不得开具增值税专用发票

E．应税销售行为的购买方为消费者个人的，可以开具增值税专用发票

9．增值税的特点有（　　　）。

A．增值税只对商品在生产流通过程中的价值增值额征收

B．实行价内税制度

C．增值税是以不含税的销售额为计税依据

D．增值税的征税范围具有普遍性

E．增值税计税时，有利于税负转嫁

10．下列企业事业单位中，应当缴纳环境保护税的有（　　　）。

A．依法设立的城乡污水集中处理、生活垃圾集中处理场所超过国家和地方规定的排放标准向环境排放应税污染物的

B．贮存或者处置固体废物不符合国家和地方环境保护标准的

C．在中华人民共和国管辖的其他海域，直接向环境排放应税污染物的

D．向依法设立的污水集中处理、生活垃圾集中处理场所排放应税污染物的

E．在符合国家和地方环境保护标准的设施、场所贮存或者处置固体废物的

11．根据《环境保护税法》，下列情形中，暂予免征环境保护税的有（　　　）。

A．农业生产（不包括规模化养殖）排放应税污染物的

B．机动车排放应税污染物的

C．依法设立的城乡污水集中处理、生活垃圾集中处理场所排放相应应税污染物，不超过国家和地方规定的排放标准的

D．纳税人综合利用的固体废物，符合国家和地方环境保护标准的

E．纳税人排放应税大气污染物或者水污染物的浓度值低于国家和地方规定的污染物排放标准50%的

12．根据《环境保护税法》，环境保护税的计税依据有（　　　）。

A．个数　　　　　　　　　　B．排放量

C．立方米数　　　　　　　　D．污染当量数

E．超标分贝数

13. 在一个纳税年度内，下列纳税人中，应该缴纳个人所得税的有（ ）。

A．在中国境内有住所的个人，从境外取得的所得

B．在中国境内无住所而在境内居住满 1 年的个人，从境外取得的所得

C．在中国境内无住所又不居住，从中国境内取得的所得

D．在中国境内无住所而在境内居住不满 1 年的个人，从中国境内取得的所得

E．在中国境内无住所又不居住，从中国境外取得的所得

14. 根据《个人所得税法》，下列各项个人所得免征个人所得税的有（ ）。

A．省级人民政府、国务院部委和中国人民解放军军以上单位，以及外国组织、国际组织颁发的科学、教育、技术、文化、卫生、体育、环境保护等方面的奖金

B．国债和国家发行的金融债券利息

C．福利费、抚恤金、救济金

D．保险赔款

E．特许权使用费所得

15. 个人所得税纳税人取得应税所得应当按照规定到主管税务机关办理纳税申报的有（ ）。

A．取得综合所得需要办理汇算清缴的

B．取得境外所得的

C．居民个人在中国境内从两处以上取得工资、薪金所得的

D．取得应税所得没有扣缴义务人的

E．因移居境外注销中国户籍的

16. 关于教育税附加的说法，正确的是（ ）。

A．教育费附加，以各单位和个人实际缴纳的增值税、营业税、消费税的税额为计征依据

B．教育费附加率为 3%

C．教育费附加分别与增值税、营业税、消费税同时缴纳

D．凡缴纳消费税、增值税、营业税的单位和个人，都应当缴纳教育费附加

E．教育费附加由教育主管部门负责征收

17. 下列土地中，免缴城镇土地使用税的有（ ）。

A．国家机关、人民团体、军队自用的土地

B．宗教寺庙、公园、名胜古迹自用的土地

C．市政街道、广场、绿化地带等公共用地

D．直接用于农、林、牧、渔业的生产用地

E．在城市范围内使用的土地

18. 下列车船中，属于免征车船税范围的有（ ）。

A．渣土运输车辆

B．悬挂应急救援专用号牌的国家综合性消防救援专用船舶

C．警用车船

D．排气量为 2000 毫升以下的乘用车

E．政府机关所有的乘用车

19．下列房产中，免纳房产税的有（　　　）。

A．国家机关、人民团体、军队自用的房产

B．宗教寺庙、公园、名胜古迹自用的房产

C．个人所有非营业用的房产

D．由国家财政部门拨付事业经费的单位自用的房产

E．纳税确有困难的企业在城市的房产

20．下列凭证中，属于印花税应纳税凭证的有（　　　）。

A．产权转移证书

B．财产所有人将财产赠给学校所立的书据

C．营业账簿

D．应税凭证的抄本

E．应税合同

【答案与解析】

一、单项选择题

1．C；　　*2．C；　　3．D；　　4．A；　　5．B；　　6．A；　　*7．C；　　8．A；

9．A；　　10．B；　*11．A；　12．A；　13．D；　14．D；　15．A；　16．D；

17．D；　*18．C；　19．A；　20．A；　21．C；　*22．A；　23．D；　24．C；

25．D；　　26．D；　27．C；　*28．B；　29．D

【解析】

2．【答案】C

居民企业，是指依法在中国境内成立，或者依照外国（地区）法律成立但实际管理机构在中国境内的企业。实际管理机构，是指对企业的生产经营、人员、账务、财产等实施实质性全面管理和控制的机构。非居民企业，是指依照外国（地区）法律成立且实际管理机构不在中国境内，但在中国境内设立机构、场所的，或者在中国境内未设立机构、场所，但有来源于中国境内所得的企业。因此，选项C正确。

7．【答案】C

纳税人兼营不同税率的项目，应当分别核算不同税率项目的销售额；未分别核算销售额的，从高适用税率。故A选项错误。纳税人销售货物、劳务、服务、无形资产、不动产，应纳税额为当期销项税额抵扣当期进项税额后的余额。故选项C正确。当期销项税额小于当期进项税额不足抵扣时，其不足部分可以结转下期继续抵扣。故选项D错误。小规模纳税人发生应税销售行为，实行按照销售额和征收率计算应纳税额的简易办法，并不得抵扣进项税额。故选项B错误。

11．【答案】A

下列项目免征增值税：（1）农业生产者销售的自产农产品；（2）避孕药品和用具；（3）古旧图书；（4）直接用于科学研究、科学试验和教学的进口仪器、设备；（5）外国政府、国际组织无偿援助的进口物资和设备；（6）由残疾人的组织直接进口供残疾人

专用的物品；（7）销售的自己使用过的物品。除上述规定外，增值税的免税、减税项目由国务院规定。

18.【答案】C

下列各项个人所得，免征个人所得税：① 省级人民政府、国务院部委和中国人民解放军军以上单位，以及外国组织、国际组织颁发的科学、教育、技术、文化、卫生、体育、环境保护等方面的奖金；② 国债和国家发行的金融债券利息；③ 按照国家统一规定发给的补贴、津贴；④ 福利费、抚恤金、救济金；⑤ 保险赔款；⑥ 军人的转业费、复员费、退役金；⑦ 按照国家统一规定发给干部、职工的安家费、退职费、基本养老金或者退休费、离休费、离休生活补助费；⑧ 依照有关法律规定应予免税的各国驻华使馆、领事馆的外交代表、领事官员和其他人员的所得；⑨ 中国政府参加的国际公约、签订的协议中规定免税的所得；⑩ 国务院规定的其他免税所得。上述第⑩项免税规定，由国务院报全国人民代表大会常务委员会备案。因此选项 C 正确。

22.【答案】A

《城镇土地使用税暂行条例》规定，土地使用税以纳税人实际占用的土地面积为计税依据，依照规定税额计算征收。经省、自治区、直辖市人民政府批准，经济落后地区土地使用税的适用税额标准可以适当降低，但降低额不得超过《城镇土地使用税暂行条例》规定最低税额的30%。经济发达地区土地使用税的适用税额标准可以适当提高，但须报经财政部批准。土地使用税按年计算、分期缴纳。缴纳期限由省、自治区、直辖市人民政府确定。土地使用税由土地所在地的税务机关征收。因此，选项 A 正确。

28.【答案】B

《车辆购置税法》规定，购置，是指以购买、进口、自产、受赠、获奖或者其他方式取得并自用应税车辆的行为。车辆购置税实行一次性征收。购置已征车辆购置税的车辆，不再征收车辆购置税。车辆购置税的税率为10%。车辆购置税的应纳税额按照应税车辆的计税价格乘以税率计算。下列车辆免征车辆购置税：（1）依照法律规定应当予以免税的外国驻华使馆、领事馆和国际组织驻华机构及其有关人员自用的车辆；（2）中国人民解放军和中国人民武装警察部队列入装备订货计划的车辆；（3）悬挂应急救援专用号牌的国家综合性消防救援车辆；（4）设有固定装置的非运输专用作业车辆；（5）城市公交企业购置的公共汽电车辆。因此，选项 A、C、D 错误。

二、多项选择题

1. C、E；　　　　　*2. A、B、C、E；　　3. A、D；　　　　　4. A、B、C、D；
*5. A、B、D；　　　6. A、B、C；　　　　7. B、D、E；　　　　*8. B、C、D；
*9. A、C、D、E；　　10. A、B、C；　　　　11. A、B、C、D；　　12. B、D、E；
13. A、B、C、D；　　14. A、B、C、D；　　*15. A、B、E；　　　16. A、B、C、D；
17. A、B、C、D；　　18. B、C；　　　　　19. A、B、C、D；　　20. A、C、E

【解析】

2.【答案】A、B、C、E

居民企业应当就其来源于中国境内、境外的所得缴纳企业所得税。非居民企业在中国境内设立机构、场所的，应当就其所设机构、场所取得的来源于中国境内的所得，以及发生在中国境外但与其所设机构、场所有实际联系的所得，缴纳企业所得税。非居民企业在中国境内未设立机构、场所的，或者虽设立机构、场所但取得的所得与其所设机构、场所没有实际联系的，应当就其来源于中国境内的所得缴纳企业所得税。因此，选项 A、B、C、E 正确。

5.【答案】A、B、D

在中华人民共和国境内销售货物或者加工、修理修配劳务，销售服务、无形资产、不动产以及进口货物的单位和个人，为增值税的纳税人。纳税人分为一般纳税人和小规模纳税人。小规模纳税人以外的纳税人应当向主管税务机关办理登记。小规模纳税人会计核算健全，能够提供准确税务资料的，可以向主管税务机关办理登记，不作为小规模纳税人计算应纳税额。

8.【答案】B、C、D

纳税人兼营不同税率的项目，应当分别核算不同税率项目的销售额；未分别核算销售额的，从高适用税率。选项 A 错误。纳税人销售货物、劳务、服务、无形资产、不动产，应纳税额为当期销项税额抵扣当期进项税额后的余额。当期销项税额小于当期进项税额不足抵扣时，其不足部分可以结转下期继续抵扣。选项 B 和选项 C 正确。纳税人发生应税销售行为，应当向索取增值税专用发票的购买方开具增值税专用发票，并在增值税专用发票上分别注明销售额和销项税额。属于下列情形之一的，不得开具增值税专用发票：（1）应税销售行为的购买方为消费者个人的；（2）发生应税销售行为适用免税规定的。因此选项 D 正确，选项 E 错误。

9.【答案】A、C、D、E

增值税具有以下特点：（1）增值税只对商品在生产流通过程中的价值增值额征收，不会重复计税，这是增值税最本质的特征，也是增值税区别于其他间接税的显著特点。（2）实行价外税制度。增值税是以不含税的销售额为计税依据的，增值税专用发票的开具都会分别注明商品的价格和增值税税额部分。在计税时，作为计税依据的销售额中不包含增值税税额，这样有利于形成均衡的生产价格，并有利于税负转嫁。（3）从增值税的征税范围看，对从事应税交易的所有单位和个人，在货物、服务、无形资产、不动产和金融商品增值的各个生产流通环节向纳税人普遍征收，具有普遍性。

15.【答案】A、B、D、E

个人所得税，以所得人为纳税人，以支付所得的单位或者个人为扣缴义务人。有下列情形之一的，纳税人应当依法办理纳税申报：① 取得综合所得需要办理汇算清缴；② 取得应税所得没有扣缴义务人；③ 取得应税所得，扣缴义务人未扣缴税款；④ 取得境外所得；⑤ 因移居境外注销中国户籍；⑥ 非居民个人在中国境内从两处以上取得工资、薪金所得；⑦ 国务院规定的其他情形。扣缴义务人应当按照国家规定办理全员全额扣缴申报，并向纳税人提供其个人所得和已扣缴税款等信息。因此，选项 A、B、D、E 正确。

1.6 建设工程行政法律制度

复习要点

1. 行政法的基本原则

依法行政原则	职权法定，是指国家行政机关以及其他组织的行政职权必须由法律予以规定或授予
	法律优先，是指行政机关在实施行政行为的过程中，坚持以宪法和法律为最高的行为准则，一切行政决定都要服从宪法和法律
	法律保留，是指行政机关的行为必须有明确的法律授权，法律无明文授权即无行政
行政合理性原则	比例原则，是指行政主体实施行政行为应兼顾行政目标的实现和适当性手段的选择，保障公共利益和相对人权益的均衡
	平等对待要求：一是在行政权的行使过程中，行政主体应平等地、无偏私地行使行政权，平等地对待一切当事人。二是国家应平等对待行政主体与行政相对人
程序正当原则	行政公开要求：行政立法和行政政策公开、行政执法行为公开、行政裁决和行政复议行为公开、行政信息公开以及行政诉讼及裁判结果公开
	程序公正在于规范行政主体适用法律作出对利害关系人合法权益至关重要的行政决定的行为
	公众参与，是指作为行政相对人的公民、法人或其他组织有权参与行政过程，有权对行政主体即将作出的行为表达意见，而且该等意见应当获得行政主体的尊重
诚信原则	诚实守信
	信赖保护，是指人民基于对国家公权力行使结果的合理信赖而有所规划或举措，由此而产生的信赖利益应受保护
高效便民原则	高效便民原则，是指行政主体应依法高效率、高效益地行使职权，最大限度地方便人民群众，从而更好地服务于人民和实现行政管理的目标
监督与救济原则	监督行政原则，是指有权国家机关、公民、法人或者其他组织对行政机关或其他组织的行政活动有权进行监督与问责。救济原则是指处于行政相对人地位的公民、法人或其他组织的救济权利，主要包括申请行政复议权、提起行政诉讼权、要求赔偿权或补偿权以及救济过程中的相应权利等

2. 行政许可
1）行政许可的概念与特征

概念	行政许可，是指行政机关根据公民、法人或者其他组织的申请，经依法审查，准予其从事特定活动的行为
特征	行政许可是一种行政赋权行为，又属于解禁行为。 行政许可是一种依申请行政行为

2）行政许可的设定

行政许可的设定	下列事项可以设定行政许可：（1）直接涉及国家安全、公共安全、经济宏观调控、生态环境保护以及直接关系人身健康、生命财产安全等特定活动，需要按照法定条件予以批准的事项；（2）有限自然资源开发利用、公共资源配置以及直接关系公共利益的特定行业的市场准入等，需要赋予特定权利的事项；（3）提供公众服务并且直接关系公共利益的职业、行业，需要确定具备特殊信誉、特殊条件或者特殊技能等资格、资质的事项；（4）直接关系公共安全、人身健康、生命财产安全的重要设备、设施、产品、物品，需要按照技术标准、技术规范，通过检验、检测、检疫等方式进行审定的事项；（5）企业或者其他组织的设立等，需要确定主体资格的事项；（6）法律、行政法规规定可以设定行政许可的其他事项

行政许可的 设定	以上所列事项，通过下列方式能够予以规范的，可以不设行政许可：（1）公民、法人或者其他组织能够自主决定的；（2）市场竞争机制能够有效调节的；（3）行业组织或者中介机构能够自律管理的；（4）行政机关采用事后监督等其他行政管理方式能够解决的
行政许可的 设定权限	法律可以设定行政许可。尚未制定法律的，行政法规可以设定行政许可。必要时，国务院可以采用发布决定的方式设定行政许可。 尚未制定法律、行政法规的，地方性法规可以设定行政许可；尚未制定法律、行政法规和地方性法规的，因行政管理的需要，确需立即实施行政许可的，省、自治区、直辖市人民政府规章可以设定临时性的行政许可。 地方性法规和省、自治区、直辖市人民政府规章，不得设定应当由国家统一确定的公民、法人或者其他组织的资格、资质的行政许可；不得设定企业或者其他组织的设立登记及其前置性行政许可

3．行政处罚
1）行政处罚的概念和特征

概念	行政处罚是指行政机关依法对违反行政管理秩序的公民、法人或者其他组织，以减损权益或者增加义务的方式予以惩戒的行为
特征	行政处罚具有行政制裁性。 行政处罚的机关、种类、范围、程序等都必须是法定的。 设定和实施行政处罚必须以事实为依据，与违法行为的事实、性质、情节以及社会危害程度相当

2）行政处罚的种类和设定

行政处罚的 种类	（1）警告、通报批评；（2）罚款、没收违法所得、没收非法财物；（3）暂扣许可证件、降低资质等级、吊销许可证件；（4）限制开展生产经营活动、责令停产停业、责令关闭、限制从业；（5）行政拘留；（6）法律、行政法规规定的其他行政处罚
行政处罚的 设定	法律可以设定各种行政处罚。限制人身自由的行政处罚，只能由法律设定。行政法规可以设定除限制人身自由以外的行政处罚。地方性法规可以设定除限制人身自由、吊销营业执照以外的行政处罚。 国务院部门规章可以在法律、行政法规规定的给予行政处罚的行为、种类和幅度的范围内作出具体规定。尚未制定法律、行政法规的，国务院部门规章对违反行政管理秩序的行为，可以设定警告、通报批评或者一定数额罚款的行政处罚。罚款的限额由国务院规定。地方政府规章可以在法律、法规规定的给予行政处罚的行为、种类和幅度的范围内作出具体规定

3）行政处罚的管辖和适用

行政处罚的 管辖	行政处罚由违法行为发生地的行政机关管辖。法律、行政法规、部门规章另有规定的，从其规定。行政处罚由县级以上地方人民政府具有行政处罚权的行政机关管辖
行政处罚的 适用	行政机关实施行政处罚时，应当责令当事人改正或者限期改正违法行为。当事人有违法所得，除依法应当退赔的外，应当予以没收。对当事人的同一个违法行为，不得给予两次以上罚款的行政处罚。同一个违法行为违反多个法律规范应当给予罚款处罚的，按照罚款数额高的规定处罚。不满14周岁的未成年人有违法行为的，不予行政处罚，责令监护人加以管教

4）行政处罚的决定和执行

行政处罚的 决定	违法事实确凿并有法定依据，对公民处以200元以下、对法人或者其他组织处以3000元以下罚款或者警告的行政处罚的，可以当场作出行政处罚决定

行政处罚的决定	除可以当场作出的行政处罚外，行政机关发现公民、法人或者其他组织有依法应当给予行政处罚的行为的，必须全面、客观、公正地调查，收集有关证据；必要时，依照法律、法规的规定，可以进行检查。符合立案标准的，行政机关应当及时立案。调查终结，行政机关负责人应当对调查结果进行审查，根据不同情况，分别作出如下决定：（1）确有应受行政处罚的违法行为的，根据情节轻重及具体情况，作出行政处罚决定；（2）违法行为轻微，依法可以不予行政处罚的，不予行政处罚；（3）违法事实不能成立的，不予行政处罚；（4）违法行为涉嫌犯罪的，移送司法机关
	行政机关拟作出下列行政处罚决定，应当告知当事人有要求听证的权利，当事人要求听证的，行政机关应当组织听证：（1）较大数额罚款；（2）没收较大数额违法所得、没收较大价值非法财物；（3）降低资质等级、吊销许可证件；（4）责令停产停业、责令关闭、限制从业；（5）其他较重的行政处罚；（6）法律、法规、规章规定的其他情形
行政处罚的执行	行政处罚决定依法作出后，当事人应当在行政处罚决定书载明的期限内，予以履行。作出罚款决定的行政机关应当与收缴罚款的机构分离。依照规定当场作出行政处罚决定，有下列情形之一，执法人员可以当场收缴罚款：（1）依法给予100元以下罚款的；（2）不当场收缴事后难以执行的

4. 行政强制
1) 行政强制及其种类

概念	行政强制，包括行政强制措施和行政强制执行。 行政强制措施，是指行政机关在行政管理过程中，为制止违法行为、防止证据损毁、避免危害发生、控制危险扩大等情形，依法对公民的人身自由实施暂时性限制，或者对公民、法人或者其他组织的财物实施暂时性控制的行为。 行政强制执行，是指行政机关或者行政机关申请人民法院，对不履行行政决定的公民、法人或者其他组织，依法强制履行义务的行为
行政强制措施的种类和设定	行政强制措施的种类：（1）限制公民人身自由；（2）查封场所、设施或者财物；（3）扣押财物；（4）冻结存款、汇款；（5）其他行政强制措施。 行政强制措施由法律设定。尚未制定法律，且属于国务院行政管理职权事项的，行政法规可以设定除限制公民人身自由、冻结存款和汇款和应当由法律规定的行政强制措施以外的其他行政强制措施。尚未制定法律、行政法规，且属于地方性事务的，地方性法规可以设定查封场所、设施或者财物，以及扣押财物的行政强制措施。法律、法规以外的其他规范性文件不得设定行政强制措施。法律对行政强制措施的对象、条件、种类作了规定的，行政法规、地方性法规不得作出扩大规定。法律中未设定行政强制措施的，行政法规、地方性法规不得设定行政强制措施。但是，法律规定特定事项由行政法规规定具体管理措施的，行政法规可以设定除限制公民人身自由、冻结存款和汇款和应当由法律规定的行政强制措施以外的其他行政强制措施
行政强制执行的方式和设定	行政强制执行的方式：（1）加处罚款或者滞纳金；（2）划拨存款、汇款；（3）拍卖或者依法处理查封、扣押的场所、设施或者财物；（4）排除妨碍、恢复原状；（5）代履行；（6）其他强制执行方式。 行政强制执行由法律设定。法律没有规定行政机关强制执行的，作出行政决定的行政机关应当申请人民法院强制执行

2) 行政机关强制执行程序

行政机关强制执行程序	行政机关依法作出行政决定后，当事人在行政机关决定的期限内不履行义务的，具有行政强制执行权的行政机关依照规定强制执行。行政机关作出强制执行决定前，应当事先催告当事人履行义务。经催告，当事人逾期仍不履行行政决定，且无正当理由的，行政机关可以作出强制执行决定

行政机关强制执行程序	有下列情形之一的，中止执行：（1）当事人履行行政决定确有困难或者暂无履行能力的；（2）第三人对执行标的主张权利，确有理由的；（3）执行可能造成难以弥补的损失，且中止执行不损害公共利益的；（4）行政机关认为需要中止执行的其他情形。中止执行的情形消失后，行政机关应当恢复执行。对没有明显社会危害，当事人确无能力履行，中止执行满3年未恢复执行的，行政机关不再执行
	有下列情形之一的，终结执行：（1）公民死亡，无遗产可供执行，又无义务承受人的；（2）法人或者其他组织终止，无财产可供执行，又无义务承受人的；（3）执行标的灭失的；（4）据以执行的行政决定被撤销的；（5）行政机关认为需要终结执行的其他情形

一 单项选择题

1. 关于行政强制的说法，正确的是（　　）。

    A. 法律、法规以外的其他规范性文件不得设定行政强制措施

    B. 尚未制定法律、行政法规，且属于地方性事务的，地方性法规可以设定冻结存款、汇款的行政强制措施

    C. 查封财物属于行政强制措施

    D. 排除妨碍、恢复原状属于行政强制措施

2. 关于行政机关实施行政强制执行的说法，正确的是（　　）。

    A. 执行标的灭失的，中止执行

    B. 执行可能造成难以弥补损失的，终结执行

    C. 一律不得在夜间或者法定节假日实施行政强制执行

    D. 执行完毕后，据以执行的行政决定被撤销的，应当恢复原状或者退还财物

3. 根据《行政强制法》，法律没有规定行政机关强制执行的，作出行政决定的行政机关应当申请强制执行的机关是（　　）。

    A. 人民政府　　　　　　　　　B. 人民法院

    C. 公安机关　　　　　　　　　D. 监察机关

4. 关于行政许可设定权限的说法，正确的是（　　）。

    A. 尚未制定法律的，行政法规可以设定行政许可

    B. 国务院不得采用发布决定的方式设定行政许可

    C. 尚未制定法律、行政法规的，地方性法规不得设定行政许可

    D. 省、自治区、直辖市人民政府规章，可以设定企业设立登记的前置性行政许可

5. 下列承担法律责任的方式中，属于行政处罚的是（　　）。

    A. 消除危险　　　　　　　　　B. 没收违法所得

    C. 返还财产　　　　　　　　　D. 罚金

6. 下列事项，可以不设行政许可的是（　　）。

    A. 行业组织或者中介机构能够自律管理的事项

    B. 企业或者其他组织的设立等，需要确定主体资格的事项

    C. 直接涉及生态环境保护活动，需要按照法定条件予以批准的事项

D. 有限自然资源开发利用，需要赋予特定权利的事项

7. 除可以当场作出行政许可决定的外，行政机关应当自受理行政许可申请之日起（　　）内作出行政许可决定。

    A. 5 日   B. 10 日

    C. 15 日   D. 20 日

8. 限制人身自由的行政处罚，只能由（　　）法律设定。

    A. 法律   B. 行政法规

    C. 地方性法规   D. 法律和行政法规

9. 尚未制定法律、行政法规的，国务院部门规章对违反行政管理秩序的行为，可以设定的行政处罚是（　　）。

    A. 拘留   B. 劳动教养

    C. 警告或者一定数量罚款   D. 没收非法所得

10. 当场作出行政处罚决定的是（　　）。

    A. 拘留

    B. 罚款

    C. 当事人承认有违法行为的

    D. 违法事实确凿并有法定依据，对公民处以 200 元以下罚款的行政处罚

11. 限制人身自由的行政处罚权只能由（　　）行使。

    A. 人民法院   B. 公安机关

    C. 国务院   D. 人大常委会

12. 某市欲制定一项地方性法规，对某项行为进行行政处罚。根据有关法律规定，该法规不得创设的行政处罚措施是（　　）。

    A. 罚款   B. 没收违法所得

    C. 责令停产、停业   D. 吊销企业营业执照

13. 地方政府规章可以设定的行政处罚是（　　）。

    A. 限制人身自由的人身罚   B. 暂扣或者吊销许可证

    C. 警告   D. 没收违法所得

14. 下列各项措施中属于行政处罚的是（　　）。

    A. 撤职   B. 扣押

    C. 责令停产停业   D. 开除

15. 根据《行政许可法》，下列法律法规中，不得设定任何行政许可的是（　　）。

    A. 法律   B. 行政法规

    C. 部门规章   D. 地方性法规

16. 某地建设行政主管部门检查某施工企业的施工工地，发现该施工企业没有按照施工现场管理规定设置围挡，依法责令其停止施工。该建设行政主管部门对该施工企业采取的行政行为属于（　　）。

    A. 行政裁决   B. 行政处分

    C. 行政强制   D. 行政处罚

二 多项选择题

1. 下列事项中，可以设定行政许可的有（　　　）。

  A．有限自然资源开发利用，需要赋予特定权利的

  B．企业或者其他组织的设立，需要确定主体资格的

  C．市场竞争机制能够有效调节的

  D．行业组织能够自律管理的

  E．行政机关采用事后监督等其他行政管理方式能够解决的

2. 关于行政许可设定权限的说法，正确的有（　　　）。

  A．地方性法规不得设定行政许可

  B．省、自治区、直辖市人民政府规章不得设定行政许可

  C．国务院可以采用发布决定的方式设定行政许可

  D．部门规章可以设定临时性行政许可

  E．地方性法规不得设定企业或者其他组织的设立登记及其前置性行政许可

3. 关于行政强制的说法，正确的有（　　　）。

  A．行政强制包括行政强制措施和行政强制执行

  B．排除妨碍、恢复原状属于行政强制措施

  C．尚未制定法律，且属于国务院行政管理职权事项的，行政法规亦不得设定限制公民人身自由的行政强制措施

  D．尚未制定法律、行政法规，且属于地方性事务的，地方性法规可以设定冻结存款、汇款的行政强制措施

  E．法律、法规以外的其他规范性文件不得设定行政强制措施

4. 下列属于行政处罚的是（　　　）。

  A．警告　　　　　　　　　B．罚金

  C．排除妨碍　　　　　　　D．行政拘留

  E．没收财产

5. 依法行政原则是行政法的首要原则，其基本内涵包括（　　　）。

  A．职权法定　　　　　　　B．法律优先

  C．法律保留　　　　　　　D．公众参与

  E．平等对待

6. 行政法的程序正当原则包括（　　　）。

  A．比例原则　　　　　　　B．行政公开

  C．程序公正　　　　　　　D．公众参与

  E．平等对待

7. 关于行政处罚设定的说法，正确的是（　　　）。

  A．法律可以设定各种行政处罚

  B．限制人身自由的行政处罚，只能由法律设定

  C．行政法规可以设定除限制人身自由以外的行政处罚

D．法律对违法行为未作出行政处罚规定，行政法规为实施法律，可以补充设定行政处罚

E．地方性法规可以设定吊销营业执照的行政处罚

【答案与解析】

一、单项选择题

*1．C； 2．D； *3．B； 4．A； 5．B； *6．A； 7．D； 8．A；
9．C； 10．D； 11．B； 12．D； 13．C； 14．C； 15．C； *16．D

【解析】

1．【答案】C

行政强制，包括行政强制措施和行政强制执行。行政强制措施的种类：（1）限制公民人身自由；（2）查封场所、设施或者财物；（3）扣押财物；（4）冻结存款、汇款；（5）其他行政强制措施。行政强制执行的方式：（1）加处罚款或者滞纳金；（2）划拨存款、汇款；（3）拍卖或者依法处理查封、扣押的场所、设施或者财物；（4）排除妨碍、恢复原状；（5）代履行；（6）其他强制执行方式。行政强制措施由法律设定。尚未制定法律，且属于国务院行政管理职权事项的，行政法规可以设定除限制公民人身自由、冻结存款和汇款和应当由法律规定的行政强制措施以外的其他行政强制措施。尚未制定法律、行政法规，且属于地方性事务的，地方性法规可以设定查封场所、设施或者财物，以及扣押财物的行政强制措施。法律、法规以外的其他规范性文件不得设定行政强制措施。因此，选项C正确。

3．【答案】B

《行政强制法》规定，行政强制执行由法律设定。法律没有规定行政机关强制执行的，作出行政决定的行政机关应当申请人民法院强制执行。

6．【答案】A

《行政许可法》规定，下列事项可以设定行政许可：（1）直接涉及国家安全、公共安全、经济宏观调控、生态环境保护以及直接关系人身健康、生命财产安全等特定活动，需要按照法定条件予以批准的事项；（2）有限自然资源开发利用、公共资源配置以及直接关系公共利益的特定行业的市场准入等，需要赋予特定权利的事项；（3）提供公众服务并且直接关系公共利益的职业、行业，需要确定具备特殊信誉、特殊条件或者特殊技能等资格、资质的事项；（4）直接关系公共安全、人身健康、生命财产安全的重要设备、设施、产品、物品，需要按照技术标准、技术规范，通过检验、检测、检疫等方式进行审定的事项；（5）企业或者其他组织的设立等，需要确定主体资格的事项；（6）法律、行政法规规定可以设定行政许可的其他事项。以上所列事项，通过下列方式能够予以规范的，可以不设行政许可：（1）公民、法人或者其他组织能够自主决定的；（2）市场竞争机制能够有效调节的；（3）行业组织或者中介机构能够自律管理的；（4）行政机关采用事后监督等其他行政管理方式能够解决的。

16．【答案】D

行政处罚是指行政机关依法对违反行政管理秩序的公民、法人或者其他组织，以

减损权益或者增加义务的方式予以惩戒的行为。行政处罚是行政主体对犯有违反行政法律规范行为相对人的一种惩罚，具有行政制裁性。因此选项 D 正确。

1. A、B； *2. A、C、E； 3. A、C、E； 4. A、D；
5. A、B、C； 6. B、C、D； *7. A、B、C、D

【解析】

2.【答案】A、C、E

尚未制定法律、行政法规和地方性法规的，因行政管理的需要，确需立即实施行政许可的，省、自治区、直辖市人民政府规章可以设定临时性的行政许可。B、D 项错误。

7.【答案】A、B、C、D

法律可以设定各种行政处罚。限制人身自由的行政处罚，只能由法律设定。行政法规可以设定除限制人身自由以外的行政处罚。法律对违法行为已经作出行政处罚规定，行政法规需要作出具体规定的，必须在法律规定的给予行政处罚的行为、种类和幅度的范围内规定。法律对违法行为未作出行政处罚规定，行政法规为实施法律，可以补充设定行政处罚。地方性法规可以设定除限制人身自由、吊销营业执照以外的行政处罚。法律、行政法规对违法行为已经作出行政处罚规定，地方性法规需要作出具体规定的，必须在法律、行政法规规定的给予行政处罚的行为、种类和幅度的范围内规定。法律、行政法规对违法行为未作出行政处罚规定，地方性法规为实施法律、行政法规，可以补充设定行政处罚。

1.7 建设工程刑事法律制度

复习要点

1. 刑法的基本原则

刑法是规定犯罪、刑事责任和刑罚的法律。刑法的基本原则是指贯穿全部刑法规范，具有指导和制约全部刑事立法和刑事司法的意义，并体现我国刑事法治基本精神的准则。

罪刑法定原则	法无明文规定不为罪，法无明文规定不处罚
适用刑法人人平等原则	对任何人犯罪，不论犯罪人的民族、身份、家庭出身、社会地位、职业性质、财产状况、政治面貌、才能业绩如何，都应追究刑事责任，一律平等地适用刑法，依法定罪、量刑和行刑，不允许任何人有超越法律的特权
罪责刑相适应原则	为确定刑罚的轻重，应当结合犯罪行为的社会危害性和犯罪人的主观恶性及人身危险性来进行综合评价，以此确定行为人应当承担的刑事责任，并适用相应轻重的刑罚

2. 犯罪概念和犯罪构成

犯罪概念	一切危害国家主权、领土完整和安全，分裂国家、颠覆人民民主专政的政权和推翻社会主义制度，破坏社会秩序和经济秩序，侵犯国有财产或者劳动群众集体所有的财产，侵犯公民私人所有的财产，侵犯公民的人身权利、民主权利和其他权利，以及其他危害社会的行为，依照法律应当受刑罚处罚的，都是犯罪，但是情节显著轻微危害不大的，不认为是犯罪。因此，我国刑法中的犯罪是指严重危害我国社会，触犯刑法并应受刑罚处罚的行为

犯罪构成	犯罪构成要件包括犯罪客体、犯罪客观方面、犯罪主体和犯罪主观方面，故而也被称为四要件犯罪构成理论

3．刑罚种类和刑罚裁量

刑罚种类		刑罚分为主刑和附加刑。主刑的种类如下：（1）管制；（2）拘役；（3）有期徒刑；（4）无期徒刑；（5）死刑。附加刑的种类如下：（1）罚金；（2）剥夺政治权利；（3）没收财产。附加刑也可以独立适用。对于犯罪的外国人，可以独立适用或者附加适用驱逐出境
刑罚裁量	累犯	被判处有期徒刑以上刑罚的犯罪分子，刑罚执行完毕或者赦免以后，在5年以内再犯应当判处有期徒刑以上刑罚之罪的，是累犯，应当从重处罚，但是过失犯罪和不满18周岁的人犯罪的除外。上述规定的期限，对于被假释的犯罪分子，从假释期满之日起计算。危害国家安全犯罪、恐怖活动犯罪、黑社会性质的组织犯罪的犯罪分子，在刑罚执行完毕或者赦免以后，在任何时候再犯上述任一类罪的，都以累犯论处
	自首和立功	犯罪以后自动投案，如实供述自己的罪行的，是自首。对于自首的犯罪分子，可以从轻或者减轻处罚。其中，犯罪较轻的，可以免除处罚。被采取强制措施的犯罪嫌疑人、被告人和正在服刑的罪犯，如实供述司法机关还未掌握的本人其他罪行的，以自首论。 犯罪分子有揭发他人犯罪行为，查证属实的，或者提供重要线索，从而得以侦破其他案件等立功表现的，可以从轻或者减轻处罚；有重大立功表现的，可以减轻或者免除处罚
	数罪并罚	判决宣告以前一人犯数罪的，除判处死刑和无期徒刑的以外，应当在总和刑期以下、数刑中最高刑期以上，酌情决定执行的刑期，但是管制最高不能超过3年，拘役最高不能超过1年，有期徒刑总和刑期不满35年的，最高不能超过20年，总和刑期在35年以上的，最高不能超过25年。数罪中有判处有期徒刑和拘役的，执行有期徒刑
	缓刑	对于被判处拘役、3年以下有期徒刑的犯罪分子，同时符合下列条件的，可以宣告缓刑，对其中不满18周岁的人、怀孕的妇女和已满75周岁的人，应当宣告缓刑：（1）犯罪情节较轻；（2）有悔罪表现；（3）没有再犯罪的危险；（4）宣告缓刑对所居住社区没有重大不良影响。缓刑考验期限，从判决确定之日起计算。对于累犯和犯罪集团的首要分子，不适用缓刑
	减刑	被判处管制、拘役、有期徒刑、无期徒刑的犯罪分子，在执行期间，如果认真遵守监规，接受教育改造，确有悔改表现的，或者有立功表现的，可以减刑；有下列重大立功表现之一的，应当减刑：（1）阻止他人重大犯罪活动的；（2）检举监狱内外重大犯罪活动，经查证属实的；（3）有发明创造或者重大技术革新的；（4）在日常生产、生活中舍己救人的；（5）在抗御自然灾害或者排除重大事故中，有突出表现的；（6）对国家和社会有其他重大贡献的
	假释	被判处有期徒刑的犯罪分子，执行原判刑期1/2以上，被判处无期徒刑的犯罪分子，实际执行13年以上，如果认真遵守监规，接受教育改造，确有悔改表现，没有再犯罪的危险的，可以假释。如果有特殊情况，经最高人民法院核准，可以不受上述执行刑期的限制。对累犯以及因故意杀人、强奸、抢劫、绑架、放火、爆炸、投放危险物质或者有组织的暴力性犯罪被判处10年以上有期徒刑、无期徒刑的犯罪分子，不得假释。有期徒刑的假释考验期限，为没有执行完毕的刑期；无期徒刑的假释考验期限为10年。假释考验期限，从假释之日起计算

4．建设工程常见犯罪行为及罪名

罪名，即具体犯罪的称谓，是对某种具体犯罪本质特征的简明概括。在建设工程领域，常见的犯罪行为及罪名如下。

重大责任事故罪	《刑法》第134条第1款规定，在生产、作业中违反有关安全管理的规定，因而发生重大伤亡事故或者造成其他严重后果的，处3年以下有期徒刑或者拘役；情节特别恶劣的，处3年以上7年以下有期徒刑
强令、组织他人违章冒险作业罪	《刑法》第134条第2款规定，强令他人违章冒险作业，或者明知存在重大事故隐患而不排除，仍冒险组织作业，因而发生重大伤亡事故或者造成其他严重后果的，处5年以下有期徒刑或者拘役；情节特别恶劣的，处5年以上有期徒刑。强令、组织他人违章冒险作业罪的犯罪主体，包括对生产、作业负有组织、指挥或者管理职责的负责人、管理人员、实际控制人、投资人等人员
工程重大安全事故罪	《刑法》第137条规定，建设单位、设计单位、施工单位、工程监理单位违反国家规定，降低工程质量标准，造成重大安全事故的，对直接责任人员处5年以下有期徒刑或者拘役，并处罚金；后果特别严重的，处5年以上10年以下有期徒刑，并处罚金
重大劳动安全事故罪	《刑法》第135条规定，安全生产设施或者安全生产条件不符合国家规定，因而发生重大伤亡事故或者造成其他严重后果的，对直接负责的主管人员和其他直接责任人员，处3年以下有期徒刑或者拘役；情节特别恶劣的，处3年以上7年以下有期徒刑
虚开增值税专用发票、用于骗取出口退税、抵扣税款发票罪	《刑法》第205条规定，虚开增值税专用发票或者虚开用于骗取出口退税、抵扣税款的其他发票的，处3年以下有期徒刑或者拘役，并处2万元以上20万元以下罚金；虚开的税款数额较大或者有其他严重情节的，处3年以上10年以下有期徒刑，并处5万元以上50万元以下罚金；虚开的税款数额巨大或者有其他特别严重情节的，处10年以上有期徒刑或者无期徒刑，并处5万元以上50万元以下罚金或者没收财产。单位犯上述规定之罪的，对单位判处罚金，并对其直接负责的主管人员和其他直接责任人员，处3年以下有期徒刑或者拘役；虚开的税款数额较大或者有其他严重情节的，处3年以上10年以下有期徒刑；虚开的税款数额巨大或者有其他特别严重情节的，处10年以上有期徒刑或者无期徒刑
串通投标罪	《刑法》第223条规定，投标人相互串通投标报价，损害招标人或者其他投标人利益，情节严重的，处3年以下有期徒刑或者拘役，并处或者单处罚金。投标人与招标人串通投标，损害国家、集体、公民的合法利益的，依照以上规定处罚

一 单项选择题

1. 下列法律责任中，属于刑事责任的是（　　）。

A. 罚款　　　　　　　　　　B. 没收违法所得

C. 没收财产　　　　　　　　D. 拘留

2. 在生产、作业中违反有关安全管理的规定，因而发生重大伤亡事故或者造成其他严重后果，应受刑罚处罚的，构成（　　）。

A. 工程重大安全事故罪　　　B. 重大责任事故罪

C. 重大劳动安全事故罪　　　D. 以危险方法危害公共安全罪

3. 某施工企业的安全生产设施不符合国家规定，经行政主管部门提出后，对事故隐患仍不采取措施，因而发生重大伤亡事故，该行为构成的罪名为（　　）。

A. 危险作业罪　　　　　　　B. 工程重大安全事故罪

C. 重大责任事故罪　　　　　D. 重大劳动安全事故罪

4. 关于重大责任事故罪，下列说法中正确的有（　　）。

A. 建设单位、设计单位、施工单位、工程监理单位违反国家规定，降低工程质量标准，造成重大安全事故的，属于本罪

B．所有犯此罪的，都处 3 年以下有期徒刑或者拘役

C．在生产、作业中违反有关安全管理的规定，因而发生重大伤亡事故或者造成其他严重后果的，属于本罪

D．安全生产设施或者安全生产条件不符合国家规定，因而发生重大伤亡事故或者造成其他严重后果的，属于本罪

5．关于刑罚种类的说法，正确的是（　　）。

A．拘役是刑罚主刑的一种

B．罚款是刑罚附加刑的一种

C．主刑和附加刑可以合并适用，不得独立适用

D．没收财产是刑罚主刑的一种

6．根据《刑法》，下列刑罚种类中，属于主刑的是（　　）。

A．罚金　　　　　　　　　　B．没收财产

C．拘役　　　　　　　　　　D．驱除出境

7．下列法律责任的承担方式中，属于刑事处罚的是（　　）。

A．处分　　　　　　　　　　B．暂扣执照

C．恢复原状　　　　　　　　D．罚金

8．下列法律责任的承担方式中，属于刑罚中附加刑的是（　　）。

A．罚款　　　　　　　　　　B．拘役

C．管制　　　　　　　　　　D．没收财产

9．某施工企业违反有关安全管理的规定，在未满足安全开工条件的情况下进行施工，导致在建工程坍塌，致使多人重伤、死亡。该施工企业的行为已经构成（　　）。

A．重大劳动安全事故罪　　　B．强令违章冒险作业罪

C．重大责任事故罪　　　　　D．工程重大安全事故罪

10．某施工企业为降低造价，在施工中偷工减料，故意使用不合格的建筑材料、构配件和设备，降低工程质量标准，导致建筑工程坍塌，致使多人重伤、死亡。该施工企业的行为已经构成（　　）。

A．重大劳动安全事故罪　　　B．强令违章冒险作业罪

C．重大责任事故罪　　　　　D．工程重大安全事故罪

11．在施工过程中，某施工企业的安全生产条件不符合国家规定，致使多人重伤、死亡。该施工企业的行为构成（　　）。

A．重大责任事故罪　　　　　B．重大劳动安全事故罪

C．强令违章冒险作业罪　　　D．工程重大安全事故罪

12．甲施工企业与乙施工企业在某建设工程项目的投标过程中，相互串通投标报价，损害招标人或者其他投标人利益，情节严重。甲、乙施工企业的行为构成（　　）。

A．重大责任事故罪　　　　　B．重大劳动安全事故罪

C．串通投标罪　　　　　　　D．工程重大安全事故罪

13．施工企业违反国家规定，降低工程质量标准，造成重大安全事故，后果特别严重的法定最高刑为（　　）。

A．3 年　　　　　　　　　　B．5 年

C. 7 年   D. 10 年

14. 两家施工企业协商后同时参加一个项目的投标，给建设单位造成重大损失，则两家施工企业直接责任人应承担的刑事责任是（　　）。

    A. 徇私舞弊罪   B. 重大责任事故罪

    C. 玩忽职守罪   D. 串通投标罪

15. 判决宣告以前一人犯数罪的，除判处死刑和无期徒刑的以外，应当在总和刑期以下、数刑中最高刑期以上，酌情决定执行的刑期，但是拘役最高不能超过（　　）。

    A. 1 年   B. 3 年

    C. 2 年   D. 5 年

16. 关于假释的说法，正确的是（　　）。

    A. 被判处有期徒刑的犯罪分子，执行原判刑期 1/2 以上，如果认真遵守监规，接受教育改造，确有悔改表现，没有再犯罪的危险的，应当假释

    B. 对有组织的暴力性犯罪被判处 10 年以上有期徒刑、无期徒刑的犯罪分子，不得假释

    C. 无期徒刑的假释考验期限为 20 年。假释考验期限，从假释之日起计算

    D. 假释考验期限，从申请假释之日起计算

二 多项选择题

1. 刑罚中附加刑的种类有（　　）。

    A. 罚款   B. 剥夺政治权利

    C. 管制   D. 没收财产

    E. 拘役

2. 下列选项中，属于行政处罚的种类的有（　　）。

    A. 警告   B. 罚款

    C. 没收违法所得   D. 降级

    E. 撤职

3. 下列属于《刑法》中主刑的有（　　）。

    A. 有期徒刑   B. 没收财产

    C. 罚金   D. 管制

    E. 拘役

4. 关于累犯的说法，正确的有（　　）。

    A. 被判处有期徒刑以上刑罚的犯罪分子，刑罚执行完毕 2 年以内再犯应当判处有期徒刑以上刑罚之罪的，是累犯

    B. 累犯，应当从重处罚

    C. 过失犯罪的累犯，应当从重处罚

    D. 对于累犯，如假释后对所居住的社区无不良影响的，法院可决定假释

    E. 因恐怖活动犯罪被判处有期徒刑 5 年，刑罚执行完毕后的第 6 年又犯黑社会性质的组织犯罪的，成立累犯

5. 对于被判处拘役的犯罪分子，可以宣告缓刑时应当同时符合的条件有（　　）。

　　A．犯罪情节较轻

　　B．有悔罪表现

　　C．没有再犯罪的危险

　　D．宣告缓刑对所居住社区没有重大不良影响

　　E．已满75周岁的人

6. 被判处管制、拘役、有期徒刑、无期徒刑的犯罪分子，在执行期间有下列重大立功表现中，应当减刑的有（　　）。

　　A．阻止他人重大犯罪活动的

　　B．检举监狱内外重大犯罪活动，经查证属实的

　　C．有发明创造或者重大技术革新的

　　D．在日常生产、生活中舍己救人的

　　E．有悔罪表现的

7. 关于假释的说法，正确的有（　　）。

　　A．假释应当由最高人民法院核准

　　B．对犯罪分子决定假释时，应当考虑其假释后对所居住社区的影响

　　C．有期徒刑的假释考验期限，为没有执行完毕的刑期

　　D．无期徒刑的假释考验期限为10年

　　E．假释考验期限，从假释之日起计算

8. 关于缓刑的说法，正确的有（　　）。

　　A．被宣告缓刑的犯罪分子，如果被判处附加刑，附加刑仍须执行

　　B．不满18周岁的人，应当宣告缓刑

　　C．拘役的缓刑考验期限为原判刑期以上1年以下，但是不能少于2个月

　　D．有期徒刑的缓刑考验期限为原判刑期以上5年以下，但是不能少于1年

　　E．对于累犯和犯罪集团的首要分子，不适用缓刑

【答案与解析】

一、单项选择题

1. C；　　2. B；　　3. D；　　4. C；　　5. A；　　*6. C；　　7. D；　　8. D；
9. C；　　*10. D；　　11. B；　　12. C；　　13. D；　　14. D；　　15. A；　　*16. B

【解析】

6. 【答案】C

刑罚分为主刑和附加刑。主刑的种类如下：（1）管制；（2）拘役；（3）有期徒刑；（4）无期徒刑；（5）死刑。附加刑的种类如下：（1）罚金；（2）剥夺政治权利；（3）没收财产。附加刑也可以独立适用。

10. 【答案】D

工程重大安全事故罪。《刑法》规定，建设单位、设计单位、施工单位、工程监理单位违反国家规定，降低工程质量标准，造成重大安全事故的，对直接责任人员处5年

以下有期徒刑或者拘役，并处罚金；后果特别严重的，处 5 年以上 10 年以下有期徒刑，并处罚金。

16.【答案】B

被判处有期徒刑的犯罪分子，执行原判刑期 1/2 以上，被判处无期徒刑的犯罪分子，实际执行 13 年以上，如果认真遵守监规，接受教育改造，确有悔改表现，没有再犯罪的危险的，可以假释。如果有特殊情况，经最高人民法院核准，可以不受上述执行刑期的限制。对累犯以及因故意杀人、强奸、抢劫、绑架、放火、爆炸、投放危险物质或者有组织的暴力性犯罪被判处 10 年以上有期徒刑、无期徒刑的犯罪分子，不得假释。对犯罪分子决定假释时，应当考虑其假释后对所居住社区的影响。有期徒刑的假释考验期限，为没有执行完毕的刑期；无期徒刑的假释考验期限为 10 年。假释考验期限，从假释之日起计算。

二、多项选择题

1. B、D；   2. A、B、C；   3. A、D、E；   *4. B、E；
*5. A、B、C、D；   *6. A、B、C、D；   7. B、C、D、E；   *8. A、C、D、E

【解析】

4.【答案】B、E

被判处有期徒刑以上刑罚的犯罪分子，刑罚执行完毕或者赦免以后，在 5 年以内再犯应当判处有期徒刑以上刑罚之罪的，是累犯，应当从重处罚，但是过失犯罪和不满 18 周岁的人犯罪的除外。上述规定的期限，对于被假释的犯罪分子，从假释期满之日起计算。危害国家安全犯罪、恐怖活动犯罪、黑社会性质的组织犯罪的犯罪分子，在刑罚执行完毕或者赦免以后，在任何时候再犯上述任一类罪的，都以累犯论处。

5.【答案】A、B、C、D

对于被判处拘役、3 年以下有期徒刑的犯罪分子，同时符合下列条件的，可以宣告缓刑，对其中不满 18 周岁的人、怀孕的妇女和已满 75 周岁的人，应当宣告缓刑：（1）犯罪情节较轻；（2）有悔罪表现；（3）没有再犯罪的危险；（4）宣告缓刑对所居住社区没有重大不良影响。

6.【答案】A、B、C、D

被判处管制、拘役、有期徒刑、无期徒刑的犯罪分子，在执行期间，如果认真遵守监规，接受教育改造，确有悔改表现的，或者有立功表现的，可以减刑。有下列重大立功表现之一的，应当减刑：（1）阻止他人重大犯罪活动的；（2）检举监狱内外重大犯罪活动，经查证属实的；（3）有发明创造或者重大技术革新的；（4）在日常生产、生活中舍己救人的；（5）在抗御自然灾害或者排除重大事故中，有突出表现的；（6）对国家和社会有其他重大贡献的。

8.【答案】A、C、D、E

对于被判处拘役、3 年以下有期徒刑的犯罪分子，同时符合下列条件的，可以宣告缓刑，对其中不满 18 周岁的人、怀孕的妇女和已满 75 周岁的人，应当宣告缓刑：（1）犯罪情节较轻；（2）有悔罪表现；（3）没有再犯罪的危险；（4）宣告缓刑对所居住社区没有重大不良影响。宣告缓刑，可以根据犯罪情况，同时禁止犯罪分子在缓刑考验期限内从事特定活动，进入特定区域、场所，接触特定的人。被宣告缓刑的犯罪分子，如果被判处附加刑，附加刑仍须执行。拘役的缓刑考验期限为原判刑期以上 1 年以下，但是不能少于 2 个月。有期徒刑的缓刑考验期限为原判刑期以上 5 年以下，但是不能少于 1 年。缓刑考验期限，从判决确定之日起计算。对于累犯和犯罪集团的首要分子，不适用缓刑。

第2章 建筑市场主体制度

2.1 建筑市场主体的一般规定

1. 自然人、法人和非法人组织

建筑市场主体主要包括自然人、法人和非法人组织三种类型。

类型	事项	内容
自然人	民事权利能力和民事行为能力	民事权利能力是指民事主体参与民事法律关系，享有民事权利、承担民事义务的法律资格
		民事行为能力是指民事主体以自己的行为去取得民事权利、承担民事义务的能力
	个体工商户和农村承包经营户	自然人从事工商业经营，经依法登记，为个体工商户。个体工商户可以起字号
		农村承包经营户的债务，以从事农村土地承包经营的农户财产承担；事实上由农户部分成员经营的，以该部分成员的财产承担
	自然人在建设工程中的地位	禁止建筑施工企业以任何形式允许其他单位或者个人使用本企业的资质证书、营业执照，以本企业的名义承揽工程
		自然人不具有工程承包的资质，不能承包建筑工程
法人	法人应当具备的条件	依法成立：法人应当依法成立。法人的设立目的和方式必须符合法律的规定
		能够独立承担民事责任：法人以其全部财产独立承担民事责任
		有法定代表人：依照法律或者法人章程的规定，代表法人从事民事活动的负责人，为法人的法定代表人。法定代表人以法人名义从事的民事活动，其法律后果由法人承受
	法人的分类	营利法人：以取得利润并分配给股东等出资人为目的成立的法人，为营利法人
		非营利法人：为公益目的或者其他非营利目的成立，不向出资人、设立人或者会员分配所取得利润的法人，为非营利法人
		特别法人：机关法人、基层群众性自治组织、农村集体经济组织、城镇农村的合作经济组织等属于特别法人
	企业法人与项目经理部的法律关系	项目经理部是施工企业为了完成某项建设工程施工任务而设立的组织
		项目经理是企业法人授权在建设工程施工项目上的管理者
		项目经理部行为的法律后果由企业法人承担

类型	事项	内容
非法人组织	非法人组织的类别	个人独资企业
		合伙企业
		不具有法人资格的专业服务机构
	非法人组织的相关规定	非法人组织不具有法人资格，不能独立承担民事责任

2．建设工程委托代理
1）代理的法律特征和主要种类

	事项	内容
建设工程委托代理	代理的法律特征	代理人必须在代理权限范围内实施代理行为
		代理人一般应该以被代理人的名义实施代理行为
		代理行为必须是具有法律意义的行为
		代理行为的法律后果归属于被代理人
	代理的种类	委托代理：委托代理人按照被代理人的委托行使代理权
		法定代理：法定代理是指根据法律的规定而发生的代理

2）建设工程代理行为及其法律关系

	要求	内容
建设工程代理行为的设立	不得委托代理的建设工程活动	依照法律规定、当事人约定或者民事法律行为的性质，应当由本人亲自实施的民事法律行为，不得代理
		禁止承包单位将其承包的全部建筑工程转包给他人，禁止承包单位将其承包的全部建筑工程肢解以后以分包的名义分别转包给他人。施工总承包的，建筑工程主体结构的施工必须由总承包单位自行完成
	一般代理行为无法定的资格要求	一般的代理行为可以由自然人、法人担任代理人，对其资格并无法定的严格要求
		特殊代理行为：下列人员可以被委托为诉讼代理人：① 律师、基层法律服务工作者；② 当事人的近亲属或者工作人员；③ 当事人所在社区、单位以及有关社会团体推荐的公民
	民事法律行为的委托代理	可以用书面形式，也可以用口头形式。但是，法律规定用书面形式的，应当用书面形式
		书面委托代理的授权委托书应当载明代理人的姓名或者名称、代理事项、权限和期间，并由委托人签名或者盖章。委托书授权不明的，被代理人应当向第三人承担民事责任，代理人负连带责任
建设工程代理行为的终止	委托代理终止情形	代理期限届满或者代理事务完成
		被代理人取消委托或者代理人辞去委托
		代理人丧失民事行为能力
		代理人或者被代理人死亡
		作为被代理人或者代理人的法人、非法人组织终止

	要求	内容
建设工程代理法律关系	代理人在代理权限内以被代理人的名义实施代理行为	代理人在代理权限内
		以被代理人名义实施的民事法律行为
		对被代理人发生效力
	转托他人代理应当事先取得被代理人的同意	转委托代理经被代理人同意或者追认的，被代理人可以就代理事务直接指示转委托的第三人，代理人仅就第三人的选任以及对第三人的指示承担责任
		转委托代理未经被代理人同意或者追认的，代理人应当对转委托的第三人的行为承担责任
		在紧急情况下代理人为了维护被代理人的利益需要转委托第三人代理的除外
无权代理与表见代理	无权代理	是指行为人没有代理权仍以被代理人名义实施民事法律行为：（1）自始未经授权；（2）超越代理权；（3）代理权已终止
	表见代理	是指行为人虽无权代理，但由于行为人的某些行为，造成了足以使善意相对人相信其有代理权的表象，而与善意相对人进行的、由本人承担法律后果的代理行为
		行为人没有代理权、超越代理权或者代理权终止后，仍然实施代理行为，相对人有理由相信行为人有代理权的，代理行为有效
	默示方式的特殊授权	知道他人以本人名义实施民事行为不作否认表示的视为同意
代理中不当或违法行为应承担的法律责任	损害被代理人利益	代理人不履行或者不完全履行职责而给被代理人造成损害的，应当承担民事责任。代理人和相对人恶意串通，损害被代理人的利益的，由代理人和相对人负连带责任
	相对人故意行为	相对人知道行为人没有代理权、超越代理权或者代理权已终止还与行为人实施民事行为给他人造成损害的，由相对人和行为人负连带责任
	违法代理行为	代理人知道被委托代理的事项违法仍然进行代理活动的，或者被代理人知道代理人的代理行为违法不表示反对的，由被代理人和代理人负连带责任

一 单项选择题

1. 下列主体中，属于市场主体的是（　　）。
   A. 项目经理部　　　　　　　　B. 个体工商户
   C. 社会团体　　　　　　　　　D. 村民自治组织

2. 关于民事权利能力的说法，正确的是（　　）。
   A. 民事权利能力是权益　　　　B. 仅法人可以享有
   C. 包括承担民事义务的法律资格　D. 法人的民事权利能力相等

3. 关于个体工商户的说法，正确的是（　　）。
   A. 个体工商户不得起字号　　　B. 个体工商户属于特殊类型企业
   C. 个体工商户不得设分支机构　D. 个体工商户可以不经依法登记

4. 关于法人应当具备的条件的说法，正确的是（　　　）。

    A. 能够独立承担法律责任　　　　B. 有足够工作人员

    C. 有相应资质与业绩　　　　　　D. 应当依法成立

5. 下列单位中，属于非营利法人的是（　　　）。

    A. 有限责任公司　　　　　　　　B. 城镇农村的合作经济组织

    C. 社会团体　　　　　　　　　　D. 机关法人

6. 承担行政职能的法定机构具有机关法人资格的时间是（　　　）。

    A. 从成立之日起　　　　　　　　B. 从登记之日起

    C. 从有独立经费之日起　　　　　D. 从承担行政职能之日起

7. 项目经理部的法律性质是（　　　）。

    A. 分支机构　　　　　　　　　　B. 独立法人

    C. 非常设下属机构　　　　　　　D. 自然人

8. 关于代理人"必须在代理权限范围内"实施代理的说法，正确的是（　　　）。

    A. 代理人不具有独立意思表示能力

    B. 代理人可以独立进行意思表示

    C. 代理权限由法律规定

    D. 代理人超出代理权限必然无效

9. 根据《民法典》，下列情形中，委托代理终止的是（　　　）。

    A. 被代理人失踪　　　　　　　　B. 代理期限届满

    C. 代理事务难度较大　　　　　　D. 作为代理人的法人重整

10. 本人知道他人以本人名义实施民事行为而不作否认表示的，关于法律后果的说法，正确的是（　　　）。

    A. 代理无效　　　　　　　　　　B. 可撤销

    C. 效力待定　　　　　　　　　　D. 视为同意

二 多项选择题

1. 根据《民法典》，法人的基本分类有（　　　）。

    A. 营利法人　　　　　　　　　　B. 非营利法人

    C. 特别法人　　　　　　　　　　D. 机关法人

    E. 非法人组织

2. 下列情形中，非法人组织解散的有（　　　）。

    A. 章程规定的存续期间届满　　　B. 出资人或者设立人决定解散

    C. 债权人请求解散　　　　　　　D. 非法人组织履约能力不足

    E. 组织的员工要求解散

3. 根据《民法典》，代理的基本种类包括（　　　）。

    A. 表见代理　　　　　　　　　　B. 越权代理

    C. 委托代理　　　　　　　　　　D. 指定代理

    E. 法定代理

4. 根据《民事诉讼法》，下列人员中，可以被委托为诉讼代理人的有（　　）。

    A. 律师   B. 基层法律服务工作者

    C. 主审法官推荐的公民   D. 当事人的亲属

    E. 当事人的外聘人员

5. 无权代理的主要表现形式有（　　）。

    A. 自始未经授权   B. 代理人独立进行意思表示

    C. 代理权已终止   D. 不当代理

    E. 重大过失代理

【答案与解析】

一、单项选择题

1. B;   2. C;   3. C;   4. D;   5. C;   6. A;   7. C;   8. B;

9. B;   *10. D

【解析】

10. 【答案】D

根据《民法典》，本人知道他人以本人名义实施民事行为而不作否认表示的，视为同意。该规定是一种默示方式的特殊授权。即使本人没有授予他人代理权，但事后并未作否认的意思表示，应视为授予了代理权。由此，他人以其名义实施法律行为的后果应由本人承担，立法本意重在保护交易中的第三人。

二、多项选择题

1. A、B、C;   *2. A、B;   3. C、E;   4. A、B;

5. A、C

【解析】

2. 【答案】A、B

根据《民法典》，有下列情形之一的，非法人组织解散：（1）章程规定的存续期间届满或者章程规定的其他解散事由出现；（2）出资人或者设立人决定解散；（3）法律规定的其他情形。非法人组织解散的，应当依法进行清算。选项D是合同履行能力范畴，尚未发生解散的法律效果。选项C、E往往发生于一般纠纷环节，不足以导致组织解散。

2.2　建筑业企业资质制度

复习要点

1. 建筑业企业资质条件和等级

我国目前基于建设工程质量和安全生产保障的角度，要求从事工程建设活动的单位必须符合相应的资质条件。建筑业企业是指从事土木工程、建筑工程、线路管道设备安装工程的新建、扩建、改建等施工活动的企业。建筑业企业应当依法取得相应等级的资质证书并在其资质等级许可的范围内承揽工程。

1）建筑业企业资质的法定条件

条件	法律文件	规定
有符合规定的净资产	《建筑法》《建筑业企业资质管理规定》等	企业资产是指企业拥有或控制的能以货币计量的经济资源，包括各种财产、债权和其他权利。企业净资产是指企业的资产总额减去负债以后的净额，是属于企业所有并可以自由支配的资产
		企业净资产以企业申请资质前一年度或当期合法的财务报表中净资产指标为准考核
有符合规定的主要人员	《关于简化建筑业企业资质标准部分指标的通知》《关于加快培育新时代建筑产业工人队伍的指导意见》	取消通信工程施工总承包三级资质标准中关于注册建造师的指标考核
		加快自有建筑工人队伍建设。引导建筑企业加强对装配式建筑、机器人建造等新型建造方式和建造科技的探索和应用，提升智能建造水平，通过技术升级推动建筑工人从传统建造方式向新型建造方式转变
有符合规定的已完成工程业绩	《关于简化建筑业企业资质标准部分指标的通知》	建筑工程施工总承包的一级企业：近5年承担过下列4类中的2类工程的施工总承包或主体工程承包，工程质量合格。（1）地上25层以上的民用建筑工程1项或地上18～24层的民用建筑工程2项；（2）高度100米以上的构筑物工程1项或高度80～100米（不含）的构筑物工程2项；（3）建筑面积12万平方米以上的建筑工程1项或建筑面积10万平方米以上的建筑工程2项；（4）钢筋混凝土结构单跨30米以上（或钢结构单跨36米以上）的建筑工程1项或钢筋混凝土结构单跨27～30米（不含）[或钢结构单跨30～36米（不含）]的建筑工程2项
		二级企业：近5年承担过下列4类中的2类工程的施工总承包或主体工程承包，工程质量合格。（1）地上12层以上的民用建筑工程1项或地上8～11层的民用建筑工程2项；（2）高度50米以上的构筑物工程1项或高度35～50米（不含）的构筑物工程2项；（3）建筑面积6万平方米以上的建筑工程1项或建筑面积5万平方米以上的建筑工程2项；（4）钢筋混凝土结构单跨21米以上（或钢结构单跨24米以上）的建筑工程1项或钢筋混凝土结构单跨18～21米（不含）[或钢结构单跨21～24米（不含）]的建筑工程2项
		三级企业不再要求已完成的工程业绩
		申请建筑工程、市政公用工程施工总承包特级、一级资质的企业，未进入全国建筑市场监管与诚信信息发布平台的企业业绩，不作为有效业绩认定
有符合规定的技术装备	《建筑法》	施工单位必须使用与其从事施工活动相适应的技术装备
		可以采用租赁或融资租赁的方式取得

2）《建筑业企业资质管理规定》的资质序列、类别和等级

资质序列	资质类别	资质等级
施工总承包资质	建筑工程施工总承包	特级、一级、二级和三级
	公路工程施工总承包	
	铁路工程施工总承包	
	港口与航道工程施工总承包	

资质序列	资质类别	资质等级
施工总承包资质	水利水电工程施工总承包	特级、一级、二级和三级
	电力工程施工总承包	
	矿山工程施工总承包	
	冶金工程施工总承包	
	石油化工工程施工总承包	
	市政公用工程施工总承包	
	通信工程施工总承包	
	机电工程施工总承包	
专业承包资质	地基基础工程专业承包	一级、二级、三级
	起重设备安装工程专业承包	
	预拌混凝土专业承包	
	电子与智能化工程专业承包	
	消防设施工程专业承包	
	防水防腐保温工程专业承包	
	桥梁工程专业承包	
	隧道工程专业承包	
	钢结构工程专业承包	
	模板脚手架专业承包	
	建筑装修装饰工程专业承包	
	建筑机电安装工程专业承包	
	建筑幕墙工程专业承包	
	古建筑工程专业承包	
	城市及道路照明工程专业承包	
	公路路面工程专业承包	
	公路路基工程专业承包	
	公路交通工程专业承包	
	铁路电务工程专业承包	
	铁路铺轨架梁工程专业承包	
	铁路电气化工程专业承包	
	机场场道工程专业承包	
	民航空管工程及机场弱电系统工程专业承包	
	机场目视助航工程专业承包	
	港口与海岸工程专业承包	
	航道工程专业承包	

资质序列	资质类别	资质等级
专业承包资质	通航建筑物工程专业承包	一级、二级、三级
	港航设备安装及水上交管工程专业承包	
	水工金属结构制作与安装工程专业承包	
	水利水电机电安装工程专业承包	
	河湖整治工程专业承包	
	输变电工程专业承包	
	核工程专业承包	
	海洋石油工程专业承包	
	环保工程专业承包	
	特种工程专业承包	
施工劳务资质	—	—

3）《建设工程企业资质管理制度改革方案》的资质序列、类别和等级

资质序列	资质类别	资质等级
施工综合资质	可承担各行业、各等级施工总承包业务	—
施工总承包资质	建筑工程施工总承包	原则上压减为甲、乙两级
	公路工程施工总承包	
	铁路工程施工总承包	
	港口与航道工程施工总承包	
	水利水电工程施工总承包	
	电力工程施工总承包	
	矿山工程施工总承包	
	冶金工程施工总承包	
	石油化工工程施工总承包	
	市政公用工程施工总承包	
	通信工程施工总承包	
	机电工程施工总承包	
	民航工程施工总承包	
专业承包资质	地基基础工程专业承包	原则上压减为甲、乙两级（部分专业承包资质不分等级）
	起重设备安装工程专业承包	
	预拌混凝土专业承包	
	模板脚手架专业承包	
	桥梁工程专业承包	
	隧道工程专业承包	
	通用专业承包	

资质序列	资质类别	资质等级
专业承包资质	建筑装修装饰工程专业承包	原则上压减为甲、乙两级（部分专业承包资质不分等级）
	防水防腐保温工程专业承包	
	建筑机电工程专业承包	
	消防设施工程专业承包	
	古建筑工程专业承包	
	公路工程类专业承包	
	铁路电务电气化工程专业承包	
	港口与航道工程类专业承包	
	水利水电工程类专业承包	
	输变电工程专业承包	
	核工程专业承包	
专业作业资质	—	—

2．建筑业企业资质的申请、许可、延续和变更
1）建筑业企业资质证书的申请

办理事项	基本要求	要件与程序
资质申请	可以申请一项或多项建筑业企业资质	在资质许可机关的网站或审批平台提出申请事项，提交资金、专业技术人员、技术装备和已完成业绩等电子材料
	具有法人资格的企业可直接申请施工总承包、专业承包二级资质	企业主要人员证明文件复印件
		企业资质标准要求的技术装备的相应证明文件复印件
		企业安全生产条件有关材料复印件
		按照国家有关规定应提交的其他材料
		企业按照新申请或增项提交相关材料，企业资产、技术负责人需满足《建筑业企业资质标准》（建市〔2014〕159号）规定的相应类别二级资质标准要求，其他指标需满足相应类别三级资质标准要求
		持有施工总承包、专业承包三级资质的企业，可按照现行二级资质标准要求申请升级，也可按照上述要求直接申请二级资质
企业资质告知承诺制审批	申请	企业通过建设工程企业资质申报软件或本地区省级住房和城乡建设主管部门资质申报系统，按要求填报企业资质申请信息生成电子数据包（须包含企业法定代表人承诺书），由省级住房和城乡建设主管部门上传至住房和城乡建设部企业资质审批系统
	受理	住房和城乡建设部行政审批集中受理办公室通过资质审批系统在线受理企业告知承诺申请事项，并出具受理凭证
	公示	企业告知承诺申请事项及填报的人员、业绩项目等信息在住房和城乡建设部门户网站公示，接受社会监督，公示期10个工作日
	审批	住房和城乡建设部依据企业填报的资质申请信息和全国建筑市场监管公共服务平台人员、项目信息进行审批

办理事项	基本要求	要件与程序
企业资质告知承诺制审批	公告	对企业填报信息符合资质标准要求且在公示期内未被投诉举报的企业，住房和城乡建设部按规定办理资质核准公告
	核查	对企业申报业绩项目通过遥感卫星照片比对、组织实地核查、委托省级住房城乡建设主管部门抽查等方式进行核查

2）施工企业资质管理体制

区域 \ 职责定位	统一监督管理	配合实施监管
全国	国务院住房城乡建设主管部门	国务院交通运输、水利、工业信息化等有关部门
地方	省、自治区、直辖市人民政府住房城乡建设主管部门	省、自治区、直辖市人民政府交通运输、水利、通信等有关部门

3）建筑业企业资质的延续、变更、不予批准和消灭

证书延续	资质证书有效期为5年	资质证书有效期届满3个月前，向原资质许可机关提出延续申请
		资质许可机关应当在建筑业企业资质证书有效期届满前做出是否准予延续的决定
		逾期未做出决定的，视为准予延续
		地方各级住房城乡建设主管部门核发的工程勘察、工程设计、建筑业企业、工程监理企业资质，资质延续有关政策由各省级住房城乡建设主管部门确定，相关企业资质证书信息应及时报送至全国建筑市场监管公共服务平台
证书变更	适用于名称、地址、注册资本、法定代表人等基本信息	在工商部门办理变更手续后1个月内办理资质证书变更手续
		由国务院住房城乡建设主管部门颁发的建筑业企业资质证书的变更，企业应当向企业工商注册所在地省、自治区、直辖市人民政府住房城乡建设主管部门提出变更申请，省、自治区、直辖市人民政府住房城乡建设主管部门应当自受理申请之日起2日内将有关变更证明材料报国务院住房城乡建设主管部门，由国务院住房城乡建设主管部门在2日内办理变更手续
		前款规定以外的资质证书的变更，由企业工商注册所在地的省、自治区、直辖市人民政府住房城乡建设主管部门或者设区的市人民政府住房城乡建设主管部门依法另行规定。变更结果应当在资质证书变更后15日内，报国务院住房城乡建设主管部门备案
		涉及公路、水运、水利、通信、铁路、民航等方面的建筑业企业资质证书的变更，办理变更手续的住房城乡建设主管部门应当将建筑业企业资质证书变更情况告知同级有关部门
		企业需更换建筑业企业资质证书的，应当持建筑业企业资质证书更换申请等材料向资质许可机关申请办理。资质许可机关应当在2个工作日内办理完毕。建筑业企业资质证书遗失补办，由申请人告知资质许可机关，由资质许可机关在官网发布信息
		企业发生合并、分立、重组以及改制等事项，需承继原建筑业企业资质的，应当申请重新核定建筑业企业资质等级

不予批准资质升级申请和增项申请	在申请之日起前1年至资质许可决定作出前存在违法行为	超越本企业资质等级或以其他企业的名义承揽工程，或允许其他企业或个人以本企业的名义承揽工程的
		与建设单位或企业之间相互串通投标，或以行贿等不正当手段谋取中标的
		未取得施工许可证擅自施工的
		将承包的工程转包或违法分包的
		违反国家工程建设强制性标准施工的
		恶意拖欠分包企业工程款或者劳务人员工资的
		隐瞒或谎报、拖延报告工程质量安全事故，破坏事故现场、阻碍对事故调查的
		按照国家法律、法规和标准规定需要持证上岗的现场管理人员和技术工种作业人员未取得证书上岗的
		未依法履行工程质量保修义务或拖延履行保修义务的
		伪造、变造、倒卖、出租、出借或者以其他形式非法转让建筑业企业资质证书的
		发生过较大以上质量安全事故或者发生过两起以上一般质量安全事故的
		其他违反法律、法规的行为
资质证书消灭	撤回	企业不再符合相应建筑业企业资质标准要求条件的，县级以上地方人民政府住房城乡建设主管部门、其他有关部门，应当责令其限期改正并向社会公告，整改期限最长不超过3个月
		企业整改期间不得申请建筑业企业资质的升级、增项，不能承揽新的工程
		逾期仍未达到建筑业企业资质标准要求条件的，资质许可机关可以撤回其建筑业企业资质证书
		被撤回建筑业企业资质证书的企业，可以在资质被撤回后3个月内，向资质许可机关提出核定低于原等级同类别资质的申请
	撤销	资质许可机关工作人员滥用职权、玩忽职守准予资质许可的
		超越法定职权准予资质许可的
		违反法定程序准予资质许可的
		对不符合资质标准条件的申请企业准予资质许可的
		以欺骗、贿赂等不正当手段取得资质许可的
		依法可以撤销资质许可的其他情形
	注销	资质证书有效期届满，未依法申请延续的
		企业依法终止的
		资质证书依法被撤回、撤销或吊销的
		企业提出注销申请的
		法律、法规规定的应当注销建筑业企业资质的其他情形

4）禁止无资质或越级承揽工程

违法事项	法律文件	具体规定
无资质承揽工程	《建筑法》	承包建筑工程的单位应当持有依法取得的资质证书，并在其资质等级许可的业务范围内承揽工程
	《建设工程质量管理条例》	施工单位应当依法取得相应等级的资质证书，并在其资质等级许可的范围内承揽工程
	《建设工程安全生产管理条例》	施工单位从事建设工程的新建、扩建、改建和拆除等活动，应当具备国家规定的注册资本、专业技术人员、技术装备和安全生产等条件，依法取得相应等级的资质证书，并在其资质等级许可的范围内承揽工程
	《房屋建筑和市政基础设施工程施工分包管理办法》	分包工程承包人必须具有相应的资质，并在其资质等级许可的范围内承揽业务。严禁个人承揽分包工程业务
越级承揽工程	《建筑法》	两个以上不同资质等级的单位实行联合共同承包的，应当按照资质等级低的单位的业务许可范围承揽工程
	《房屋建筑和市政基础设施工程施工分包管理办法》	分包工程承包人必须具有相应的资质，并在其资质等级许可的范围内承揽业务

5）禁止以非本企业名义承揽工程

违法事项	法律文件	具体规定
以他企业或他企业以本企业名义承揽工程	《建筑法》	建筑施工企业以任何形式用其他建筑施工企业的名义承揽工程
		建筑施工企业以任何形式允许其他单位或者个人使用本企业的资质证书、营业执照，以本企业的名义承揽工程
	《建设工程质量管理条例》	施工单位以其他施工单位的名义承揽工程
		施工单位允许其他单位或者个人以本单位的名义承揽工程
	《房屋建筑和市政基础设施工程施工分包管理办法》	分包工程发包人没有将其承包的工程进行分包，在施工现场所设项目管理机构的项目负责人、技术负责人、项目核算负责人、质量管理人员、安全管理人员不是工程承包人本单位人员的，视同允许他人以本企业名义承揽工程

6）违法行为应承担的法律责任

违法事项	法律文件	具体规定
申请办理资质违法行为	《建筑法》	以欺骗手段取得资质证书的，吊销资质证书，处以罚款
		构成犯罪的，依法追究刑事责任
	《建筑业企业资质管理规定》	申请人隐瞒有关情况或者提供虚假材料申请建筑业企业资质的，不予受理或者不予行政许可，并给予警告，申请人在1年内不得再次申请建筑业企业资质
		以欺骗、贿赂等不正当手段取得建筑业企业资质证书的，由县级以上地方人民政府建设主管部门或者有关部门给予警告，并依法处以罚款，申请人3年内不得再次申请建筑业企业资质
		建筑业企业未按照规定及时办理资质证书变更手续的，由县级以上地方人民政府建设主管部门责令限期办理；逾期不办理的，可处以1000元以上1万元以下的罚款

违法事项	法律文件	具体规定
无资质承揽工程违法行为	《建筑法》	发包单位将工程发包给不具有相应资质条件的承包单位的，责令改正，处以罚款
		未取得资质证书承揽工程的，予以取缔，并处罚款；有违法所得的，予以没收
	《建设工程质量管理条例》	建设单位将建设工程发包给不具有相应资质等级的勘察、设计、施工单位或者委托给不具有相应资质等级的工程监理单位的，责令改正，处50万元以上100万元以下的罚款
		未取得资质证书承揽工程的，予以取缔，对施工单位处工程合同价款2%以上4%以下的罚款；有违法所得的，予以没收
	《住宅室内装饰装修管理办法》	装修人违反本办法规定，将住宅室内装饰装修工程委托给不具有相应资质等级企业的，由城市房地产行政主管部门责令改正，处500元以上1000元以下的罚款
超越资质等级承揽工程违法行为	《建筑法》	超越本单位资质等级承揽工程的，责令停止违法行为，处以罚款，可以责令停业整顿，降低资质等级；情节严重的，吊销资质证书；有违法所得的，予以没收
	《建设工程质量管理条例》	勘察、设计、施工、工程监理单位超越本单位资质等级承揽工程的，责令停止违法行为；对施工单位处工程合同价款2%以上4%以下的罚款，可以责令停业整顿，降低资质等级；情节严重的，吊销资质证书；有违法所得的，予以没收
允许其他单位或者个人以本单位名义承揽工程违法行为	《建筑法》	建筑施工企业转让、出借资质证书或者以其他方式允许他人以本企业的名义承揽工程的，责令改正，没收违法所得，并处罚款，可以责令停业整顿，降低资质等级；情节严重的，吊销资质证书
		对因该项承揽工程不符合规定的质量标准造成的损失，建筑施工企业与使用本企业名义的单位或者个人承担连带赔偿责任
	《建设工程质量管理条例》	勘察、设计、施工、工程监理单位允许其他单位或者个人以本单位名义承揽工程的，责令改正，没收违法所得；对施工单位处工程合同价款2%以上4%以下的罚款；可以责令停业整顿，降低资质等级；情节严重的，吊销资质证书
违法分包行为	《建筑法》	违反规定进行分包的，责令改正，没收违法所得，并处罚款，可以责令停业整顿，降低资质等级；情节严重的，吊销资质证书
		对因违法分包的工程不符合规定的质量标准造成的损失，与接受分包的单位承担连带赔偿责任
	《建设工程质量管理条例》	承包单位将承包的工程违法分包的，责令改正，没收违法所得；对施工单位处工程合同价款0.5%以上1%以下的罚款；可以责令停业整顿，降低资质等级；情节严重的，吊销资质证书
	《房屋建筑和市政基础设施工程施工分包管理办法》	违法分包或者允许他人以本企业名义承揽工程的，按照《建筑法》《招标投标法》和《建设工程质量管理条例》的规定予以处罚；对于接受转包、违法分包和用他人名义承揽工程的，处1万元以上3万元以下的罚款
以欺骗手段取得资质证书行为	《建设工程质量管理条例》	以欺骗手段取得资质证书承揽工程的，吊销资质证书，处工程合同价款2%以上4%以下的罚款；有违法所得的，予以没收

1. 关于各序列资质的建筑业企业的说法，正确的是（　　）。

    A．获得施工总承包资质的企业，仅能对工程实行施工总承包

    B．获得施工总承包资质的企业，可以将劳务作业分包给具有相应专业作业资质的企业

    C．专业承包企业应当对所承接的工程全部自行施工

    D．获得专业作业资质的企业，可以承接专业承包工程

2. 关于施工总承包资质的申请的说法，正确的是（　　）。

    A．企业增项申请资质，应当申请最低等级资质

    B．施工总承包企业不得再申请其他资质

    C．施工总承包企业申请资质不受业绩影响

    D．施工总承包企业承担总承包项目范围内的专业工程必须再申请相应专业承包资质

3. 建筑业企业申请资质升级，除向建设行政主管部门提供设立时申请资质所需资料外，还应当提供的资料是（　　）。

    A．企业原资质证书正、副本

    B．企业的财务决算年报表

    C．企业近三年所受行政处罚一览表

    D．企业完成的所有工程的合同及质量验收、安全评估资料

4. 由于企业改制，或者企业分立、合并后组建设立的建筑业企业，其资质等级根据（　　）按照规定的审批程序核定。

    A．原企业的资质等级　　　　　　B．实际达到的资质条件

    C．降低一级原企业的资质等级　　D．合并前较低的企业资质等级

5. 关于总分包的责任承担的说法，正确的是（　　）。

    A．总承包单位不再就分包工程对建设单位负责

    B．分包单位按照分包合同的约定对建设单位负责

    C．总承包单位和分包单位就分包工程对建设单位承担连带责任

    D．总承包单位和分包单位就分包工程对建设单位承担各自的责任

6. 根据《建筑法》，建筑工程主体结构的施工（　　）。

    A．必须由总承包单位自行完成

    B．可以由总承包单位分包给具有相应资质的其他施工单位

    C．经建设主管部门批准，可以由总承包单位分包给具有相应资质的其他施工单位

    D．经建设单位批准，可以由总承包单位分包给具有相应资质的其他施工单位

7. 建筑工程总承包单位可以将承包工程中的部分工程发包给具有相应资质条件的分包单位；但是，除（　　）中约定的分包外，必须经建设单位认可。

    A．分包合同　　　　　　　　　　B．总承包合同

C．发包合同　　　　　　　　　　D．转包合同

8．根据《建设工程企业资质管理制度改革方案》，施工综合资质（　　　）。

    A．不分等级　　　　　　　　　　B．分为 A 级、B 级、C 级和 D 级

    C．分为一级、二级和三级　　　　D．原则上压减为甲、乙两级

9．根据《建设工程企业资质管理制度改革方案》，关于施工总承包甲级资质的说法，正确的是（　　　）。

    A．可承担各行业、各等级施工总承包业务

    B．由审批制改为核准制

    C．在本行业内承揽业务规模不受限制

    D．不再区分专业

10．下列情形中，可以认定或者视同允许他人以本企业名义承揽工程的是（　　　）。

    A．施工企业与本企业项目经理签订目标激励协议

    B．专业分包单位将全部专业作业交由他人完成

    C．将工程主体交由他人完成

    D．在施工现场所设项目管理机构的主要人员不是本企业人员

二　多项选择题

1．禁止建筑施工企业以任何形式允许其他单位或者个人使用本企业的（　　　），以本企业的名义承揽工程。

    A．业绩　　　　　　　　　　　　B．无形资产

    C．营业执照　　　　　　　　　　D．企业技术

    E．专有设备

2．建筑业企业申请资质升级或者申请资质增项的，在申请之日前一年内有（　　　），建设行政主管部门不予批准。

    A．与建设单位或者企业之间相互串通投标，或者以行贿等不正当手段谋取中标的

    B．将承包的工程转包或者违法分包的

    C．发生过一般工程建设质量安全事故的

    D．未依法履行保修义务，造成严重后果的

    E．未取得施工许可证擅自施工的

3．根据《关于建设工程企业资质有关事宜的通知》，关于申请施工总承包资质的说法，正确的有（　　　）。

    A．企业首次申请资质，可以自最高级开始

    B．具有法人资格的企业可直接申请二级资质

    C．已经持有施工总承包三级资质的企业，应当按照现行二级资质标准要求申请升级

    D．企业资产、技术负责人之外的其他指标需满足相应类别三级资质标准要求

    E．审批部门应当场办理审批手续

4. 下列情形中，属于违法分包的有（　　）。

　　A．施工承包单位将其所承包的全部工程交由其他单位完成

　　B．施工总承包单位将建设工程主体结构的施工分包给其他单位

　　C．施工总承包单位将建设工程半数以上产值的施工分包给其他单位

　　D．分包单位将其承包的建设工程再分包

　　E．承包单位将其承包的全部工程肢解以后，以分包的名义转给其他单位承包

【答案与解析】

一、单项选择题

1. B；　　2. A；　　3. A；　　*4. B；　　5. C；　　6. A；　　7. B；　　8. A；

9. C；　　*10. D

【解析】

4.【答案】B

建筑业企业实施企业改制，或者企业分立、合并的，可能会引起业绩、人员、资金等条件的变化。这些变化对建筑业企业的影响不能一概而论，既可能使得该建筑业企业实力更强，也可能削弱该企业实力。因此，其新的资质等级，应当按照实际达到的资质条件重新核定。

10.【答案】D

施工企业与本企业项目经理签订目标激励协议，是施工企业内部调动员工积极性，提高管理水平的一种合法方式。总包人、分包人均可将全部工程的劳务作业分包给具有相应劳务分包资质的施工企业。将工程主体交由他人完成，属于违法分包情形。故选项A、B、C均非正确选项。"在施工现场所设项目管理机构的主要人员不是本企业人员"，可以确定是该施工企业允许他人以本企业的名义承揽了工程，从证据法的角度看，表面证据也已经成立，则可以视同为该施工企业允许他人以本企业的名义承揽了工程。故选项D为正确选项。

二、多项选择题

1. A、C；　　　　2. A、B、D、E；　　　3. B、D；　　　　4. B、D

2.3　建造师注册执业制度

复习要点

1. 建造师考试

注册建造师是指通过考核认定或考试合格取得中华人民共和国建造师资格证书，并按照规定注册，取得中华人民共和国建造师注册证书等，担任施工单位项目负责人及从事相关活动的专业技术人员。《建造师执业资格制度暂行规定》规定，建造师分为一级建造师和二级建造师。一级建造师执业资格实行统一大纲、统一命题、统一组织的考试制度，由人事部、建设部共同组织实施，原则上每年举行一次考试。

1）一级建造师考试科目设置

属性	科目	专业类别
公共课	《建设工程经济》	—
	《建设工程法规及相关知识》	—
	《建设工程项目管理》	—
专业课	《专业工程管理与实务》	建筑工程
		公路工程
		铁路工程
		民航机场工程
		港口与航道工程
		水利水电工程
		机电工程
		矿业工程
		市政公用工程
		通信与广电工程

2）一级建造师考试报名资格与程序

条件	程序
凡遵守国家法律、法规，具备下列条件之一者，可以申请参加一级建造师执业资格考试： （1）取得工程类或工程经济类大学专科学历，工作满6年，其中从事建设工程项目施工管理工作满4年。 （2）取得工程类或工程经济类大学本科学历，工作满4年，其中从事建设工程项目施工管理工作满3年。 （3）取得工程类或工程经济类双学士学位或研究生毕业，工作满3年，其中从事建设工程项目施工管理工作满2年。 （4）取得工程类或工程经济类硕士学位，工作满2年，其中从事建设工程项目施工管理工作满1年。 （5）取得工程类或工程经济类博士学位，从事建设工程项目施工管理工作满1年	参加考试由本人提出申请，携带所在单位出具的有关证明及相关材料到当地考试管理机构报名。考试管理机构按规定程序和报名条件审查合格后，发给准考证。考生凭准考证在指定的时间、地点参加考试。中央管理的企业和国务院各部门及其所属单位的人员按属地原则报名参加考试
经国务院有关部门同意，获准在中华人民共和国境内从事建设工程项目施工管理的外籍及港、澳、台地区的专业人员，符合本规定要求的，也可报名参加建造师执业资格考试	

3）考试违纪违规行为处理

处理	情形
给予其当次该科目考试成绩无效	携带通讯工具、规定以外的电子用品或者与考试内容相关的资料进入座位，经提醒仍不改正的
	经提醒仍不按规定书写、填涂本人身份和考试信息的
	在试卷、答题纸、答题卡规定以外位置标注本人信息或者其他特殊标记的
	未在规定座位参加考试，或者未经考试工作人员允许擅自离开座位或者考场，经提醒仍不改正的
	未用规定的纸、笔作答，或者试卷前后作答笔迹不一致的

处理	情形	
给予其当次该科目考试成绩无效	在考试开始信号发出前答题，或者在考试结束信号发出后继续答题的	
	将试卷、答题卡、答题纸带出考场的	
	故意损坏试卷、答题纸、答题卡、电子化系统设施的	
	未按规定使用考试系统，经提醒仍不改正的	
	其他应当给予当次该科目考试成绩无效处理的违纪违规行为	
给予其当次全部科目考试成绩无效的处理，并将其违纪违规行为记入专业技术人员资格考试诚信档案库	记录期限为5年	抄袭、协助他人抄袭试题答案或者与考试内容相关资料的
		互相传递试卷、答题纸、答题卡、草稿纸等的
		持伪造件参加考试的
		本人离开考场后，在考试结束前，传播考试试题及答案的
		使用禁止带入考场的通讯工具、规定以外的电子用品的
		其他应当给予当次全部科目考试成绩无效处理的严重违纪违规行为
	长期记录	串通作弊或者参与有组织作弊的
		代替他人或者让他人代替自己参加考试的
		其他情节特别严重、影响恶劣的违纪违规行为

2．建造师注册、受聘和执业范围

1）一级建造师的注册

类型	程序与材料	
初始注册	注册条件	经考核认定或考试合格取得资格证书
		受聘于一个相关单位
		达到继续教育要求
		没有《注册建造师管理规定》中规定不予注册的情形
	注册程序	应当通过聘用单位提出注册申请
		向单位工商注册所在地的省、自治区、直辖市人民政府住房城乡建设主管部门提交申请材料
		省、自治区、直辖市人民政府住房城乡建设主管部门收到申请材料后，应当在5日内将全部申请材料报国务院住房城乡建设主管部门审批
		国务院住房城乡建设主管部门在收到申请材料后，应当依法作出是否受理的决定，并出具凭证
		申请材料不齐全或者不符合法定形式的，应当在5日内一次性告知申请人需要补正的全部内容
		逾期不告知的，自收到申请材料之日起即为受理
		符合条件的，由国务院住房城乡建设主管部门核发《中华人民共和国一级建造师注册证书》，并核定执业印章编号
		对申请初始注册的，国务院住房城乡建设主管部门应当自受理之日起20日内作出审批决定
		自作出决定之日起10日内公告审批结果

类型		程序与材料
初始注册	提交材料	注册建造师初始注册申请表
		资格证书、学历证书和身份证明复印件
		申请人与聘用单位签订的聘用劳动合同复印件或其他有效证明文件
		逾期申请初始注册的，应当提供达到继续教育要求的证明材料
延续注册	注册程序	注册证书与执业印章有效期为 3 年
		注册有效期满需继续执业的，应当在注册有效期届满 30 日前，按照规定申请延续注册
		自受理之日起 10 日内作出审批决定。自作出决定之日起 10 日内公告审批结果
		延续注册的，有效期为 3 年
		多专业注册的注册建造师，其中一个专业注册期满仍需以该专业继续执业和以其他专业执业的，应当及时办理续期注册
	提交材料	注册建造师延续注册申请表
		原注册证书
		申请人与聘用单位签订的聘用劳动合同复印件或其他有效证明文件
		申请人注册有效期内达到继续教育要求的证明材料
变更注册	注册程序	变更执业单位，应当与原聘用单位解除劳动关系
		应当在与新聘用企业签订聘用合同后的 1 个月内，通过新聘用企业申请办理变更手续
		自受理之日起 10 日内作出审批决定。自作出决定之日起 10 日内公告审批结果
		变更注册后仍延续原注册有效期
		因变更注册申报不及时影响注册建造师执业、导致工程项目出现损失的，由注册建造师所在聘用企业承担责任，并作为不良行为记入企业信用档案
		聘用企业与注册建造师解除劳动合同关系后无故不办理注销注册或变更注册的，注册建造师可向省级建设主管部门申请注销注册证书和执业印章。注册建造师要求注销注册或变更注册的，应当提供与原聘用企业解除劳动关系的有效证明材料。建设主管部门经向原聘用企业核实，聘用企业在 7 日内没有提供书面反对意见和相关证明材料的，应予办理注销注册或变更注册
	提交材料	注册建造师变更注册申请表
		注册证书和执业印章
		申请人与新聘用单位签订的聘用合同复印件或有效证明文件
		工作调动证明（与原聘用单位解除聘用合同或聘用合同到期的证明文件、退休人员的退休证明）
增项注册	注册程序	通过聘用单位向单位工商注册所在地的省、自治区、直辖市人民政府建设主管部门提出注册申请
		省、自治区、直辖市人民政府建设主管部门受理后提出初审意见，并将初审意见和全部申报材料报国务院建设主管部门审批
		涉及铁路、公路、港口与航道、水利水电、通信与广电、民航专业的，国务院建设主管部门应当将全部申报材料送同级有关部门审核
		符合条件的，由国务院建设主管部门核发《中华人民共和国一级建造师注册证书》，并核定执业印章编号
	提交材料	提供相应的资格证明

类型		程序与材料
否决注册	不予注册情形	不具有完全民事行为能力的
		申请在两个或者两个以上单位注册的
		未达到注册建造师继续教育要求的
		受到刑事处罚，刑事处罚尚未执行完毕的
		因执业活动受到刑事处罚，自刑事处罚执行完毕之日起至申请注册之日止不满5年的
		因前项规定以外的原因受到刑事处罚，自处罚决定之日起至申请注册之日止不满3年的
		被吊销注册证书，自处罚决定之日起至申请注册之日止不满2年的
		在申请注册之日前3年内担任项目经理期间，所负责项目发生过重大质量和安全事故的
		申请人的聘用单位不符合注册单位要求的
		年龄超过65周岁的
		法律、法规规定不予注册的其他情形
	注册证书和执业印章失效	聘用单位破产的
		聘用单位被吊销营业执照的
		聘用单位被吊销或者撤回资质证书的
		已与聘用单位解除聘用合同关系的
		注册有效期满且未延续注册的
		年龄超过65周岁的
		死亡或不具有完全民事行为能力的
		其他导致注册失效的情形
	注销	有以上规定的注册证书和执业印章失效情形发生的
		依法被撤销注册的
		依法被吊销注册证书的
		受到刑事处罚的
		法律、法规规定应当注销注册的其他情形

2）一级建造师的受聘

事项	具体规定
受聘单位	取得资格证书的人员应当受聘于一个具有建设工程勘察、设计、施工、监理、招标代理、造价咨询等单位或具有一项或者多项资质的单位，经注册后方可从事相应的执业活动
	担任施工单位项目负责人的，应当受聘并注册于一个具有施工资质的企业
	建造师不仅可以在施工单位担任建设工程施工项目的项目经理，也可以在勘察、设计、监理、招标代理、造价咨询等单位或具有多项上述资质的单位执业
变更聘用	注册建造师应当通过企业按规定及时申请办理变更注册、续期注册等相关手续
	注册建造师变更聘用企业的，应当在与新聘用企业签订聘用合同后的1个月内，通过新聘用企业申请办理变更手续
	因变更注册申报不及时影响注册建造师执业、导致工程项目出现损失的，由注册建造师所在聘用企业承担责任，并作为不良行为记入企业信用档案

事项	具体规定
聘用解除	聘用企业与注册建造师解除劳动关系的，应当及时申请办理注销注册或变更注册
	聘用企业与注册建造师解除劳动合同关系后无故不办理注销注册或变更注册的，注册建造师可向省级建设主管部门申请注销注册证书和执业印章
	注册建造师要求注销注册或变更注册的，应当提供与原聘用企业解除劳动关系的有效证明材料
	建设主管部门经向原聘用企业核实，聘用企业在 7 日内没有提供书面反对意见和相关证明材料的，应予办理注销注册或变更注册

3）一级建造师的执业范围

事项	具体规定	
区域范围	一级注册建造师可在全国范围内以一级注册建造师名义执业	
	工程所在地各级建设主管部门和有关部门不得增设或者变相设置跨地区承揽工程项目执业准入条件	
行为范围	一般规定	大中型工程施工项目负责人必须由本专业注册建造师担任
		一级注册建造师可担任大、中、小型工程施工项目负责人
		担任建设工程项目施工的项目经理，从事其他施工活动管理工作，法律、行政法规或国务院建设行政主管部门规定的其他业务
	注册建造师不得同时担任两个及以上建设工程施工项目负责人的例外情形	同一工程相邻分段发包或分期施工的
		合同约定的工程验收合格的
		因非承包方原因致使工程项目停工超过 120 天（含），经建设单位同意的
	注册建造师担任施工项目负责人期间不得更换的例外情形	发包方与注册建造师受聘企业已解除承包合同的
		发包方同意更换项目负责人的
		因不可抗力等特殊情况必须更换项目负责人的

4）一级建造师的监督与管理

事项	具体规定
监督检查措施	要求被检查人员出示注册证书和执业印章
	要求被检查人员所在聘用企业提供有关人员签署的文件及相关业务文档
	就有关问题询问签署文件的人员
	纠正违反有关法律、法规、本规定及工程标准规范的行为
	提出依法处理的意见和建议
禁止行为	不得妨碍被检查单位的正常生产经营活动
	不得索取或者收受财物，谋取任何利益
	有关单位和个人对依法进行的监督检查应当协助与配合，不得拒绝或者阻挠
	任何单位（发证机关除外）和个人不得扣押注册建造师注册证书或执业印章
监督分工	国务院建设主管部门对全国注册建造师的执业活动实施统一监督管理
	国务院铁路、交通、水利、信息产业、民航等有关部门按照国务院规定的职责分工，对全国相关专业注册建造师执业活动实施监督管理

事项	具体规定
监督分工	县级以上地方人民政府建设主管部门对本行政区域内注册建造师执业活动实施监督管理
	县级以上地方人民政府交通、水利、通信等有关部门在各自职责范围内，对本行政区域内相关专业注册建造师执业活动实施监督管理

3．建造师的基本权利和义务

建造师经注册后，有权以建造师名义担任建设工程项目施工的项目经理及从事其他施工活动的管理，同时必须严格遵守法律、法规和行业管理的各项规定，恪守职业道德。

1）建造师的基本权利、义务与禁止行为

事项	具体规定
基本权利	使用注册建造师名称
	在规定范围内从事执业活动
	在本人执业活动中形成的文件上签字并加盖执业印章
	保管和使用本人注册证书、执业印章
	对本人执业活动进行解释和辩护
	接受继续教育
	获得相应的劳动报酬
	对侵犯本人权利的行为进行申述
基本义务	遵守法律、法规和有关管理规定，恪守职业道德
	执行技术标准、规范和规程
	保证执业的质量，并承担相应责任
	接受继续教育，努力提高执业水准
	保守在执业中知悉的国家秘密和他人的商业、技术等秘密
	与当事人有利害关系的，应当主动回避
	协助注册管理机关完成相关工作
禁止行为	不履行注册建造师义务
	在执业过程中，索贿、受贿或者谋取合同约定费用外的其他利益
	在执业过程中实施商业贿赂
	签署有虚假记载等不合格的文件
	允许他人以自己的名义从事执业活动
	同时在两个或者两个以上单位受聘或者执业
	涂改、倒卖、出租、出借、复制或以其他形式非法转让资格证书、注册证书和执业印章
	超出执业范围和聘用单位业务范围从事执业活动
	不按设计图纸施工
	使用不合格建筑材料
	使用不合格设备、建筑构配件
	违反工程质量、安全、环保和用工方面的规定

事项	具体规定
禁止行为	在执业过程中，索贿、行贿、受贿或者谋取合同约定费用外的其他不法利益
	签署弄虚作假或在不合格文件上签章的
	以他人名义或允许他人以自己的名义从事执业活动
	同时在两个或者两个以上企业受聘并执业
	超出执业范围和聘用企业业务范围从事执业活动
	未变更注册单位，而在另一家企业从事执业活动
	所负责工程办理竣工验收或移交手续前，变更注册到另一企业
	伪造、涂改、倒卖、出租、出借或以其他形式非法转让资格证书、注册证书和执业印章
	不履行注册建造师义务和法律、法规、规章禁止的其他行为

2）行政、刑事法律责任

违法类型	具体法律责任	
注册违法行为	隐瞒有关情况或者提供虚假材料申请注册的，住房城乡建设主管部门不予受理或者不予注册，并给予警告，申请人1年内不得再次申请注册	
	以欺骗、贿赂等不正当手段取得注册证书的，由注册机关撤销其注册，3年内不得再次申请注册，并由县级以上地方人民政府住房城乡建设主管部门处以罚款。其中没有违法所得的，处以1万元以下的罚款；有违法所得的，处以违法所得3倍以下且不超过3万元的罚款	
	聘用单位为申请人提供虚假注册材料的，由县级以上地方人民政府住房城乡建设主管部门或者其他有关部门给予警告，责令限期改正；逾期未改正的，可处以1万元以上3万元以下的罚款	
继续教育违法行为	不参加继续教育或继续教育不合格的不予注册	
	对于采取弄虚作假等手段取得《注册建造师继续教育证书》的，一经发现，立即取消其继续教育记录，并记入不良信用记录，对社会公布	
无证或未办理变更注册执业	未取得注册证书和执业印章，其所签署的工程文件无效，由县级以上地方人民政府住房城乡建设主管部门或者其他有关部门给予警告，责令停止违法活动，并可处以1万元以上3万元以下的罚款	
	未办理变更注册而继续执业的，由县级以上地方人民政府住房城乡建设主管部门或者其他有关部门责令限期改正；逾期不改正的，可处以5000元以下的罚款	
执业活动中违法行为	由县级以上地方人民政府住房城乡建设主管部门或者其他有关部门给予警告，责令改正，没有违法所得的，处以1万元以下的罚款；有违法所得的，处以违法所得3倍以下且不超过3万元的罚款	不履行注册建造师义务
		在执业过程中，索贿、受贿或者谋取合同约定费用外的其他利益
		在执业过程中实施商业贿赂
		签署有虚假记载等不合格的文件
		允许他人以自己的名义从事执业活动
		同时在两个或者两个以上单位受聘或者执业
		涂改、倒卖、出租、出借或以其他形式非法转让资格证书、注册证书和执业印章
		超出执业范围和聘用单位业务范围从事执业活动
		法律、法规、规章禁止的其他行为

违法类型	具体法律责任
未提供注册建造师信用档案信息	县级以上地方人民政府住房城乡建设主管部门或者其他有关部门责令限期改正；逾期未改正的，可处以1000元以上1万元以下的罚款
未执行法律法规及因过错造成质量事故	未执行法律法规的，责令其停止执业3个月以上1年以下；情节严重的，吊销执业资格证书，5年内不予注册；造成重大安全事故的，终身不予注册；构成犯罪的，依照刑法有关规定追究刑事责任
	因过错造成质量事故的，依据《建设工程质量管理条例》第72条规定，责令停止执业1年；造成重大质量事故的，吊销执业资格证书，5年内不予注册；情节特别恶劣的，终身不予注册
	在认定有转包行为的项目中担任施工单位项目负责人的，吊销其执业资格证书，5年内不予注册，且不得再担任施工单位项目负责人
	对认定有挂靠行为的个人，不得再担任该项目施工单位项目负责人；有执业资格证书的吊销其执业资格证书，5年内不予执业资格注册；造成重大质量安全事故的，吊销其执业资格证书，终身不予注册

一 单项选择题

1. 下列情形中，符合注册建造师申请条件的是（　　　）。
   A. 甲因执业活动违法受到刑事处罚，3年前刑罚已执行完毕
   B. 乙年满16周岁，以自己的收入为主要生活来源
   C. 丙因犯故意伤害罪被判刑，尚在缓刑期间
   D. 丁60周岁

2. 关于注册建造师执业管理的说法，正确的是（　　　）。
   A. 施工中形成的管理文件，可以由注册建造师签字或者盖执业印章
   B. 施工单位签署质量合格的文件上，必须有注册建造师的签字盖章
   C. 所有工程施工项目负责人必须由本专业注册建造师担任
   D. 大型工程项目施工负责人可以由二级注册建造师担任

3. 关于注册建造师信用档案信息管理的说法，正确的是（　　　）。
   A. 注册建造师信用档案不包括注册建造师业绩
   B. 不良行为记入注册建造师信用档案，良好行为不必记入
   C. 注册建造师信用档案信息应当按照有关规定向社会公示
   D. 注册建造师信用档案信息属于个人隐私，不得公示

4. 下列要求中，属于一级建造师的注册条件的是（　　　）。
   A. 应当具有正高级职称
   B. 无违法记录
   C. 受聘于两个以下相关单位
   D. 没有《注册建造师管理规定》中规定不予注册的情形

5. 关于注册建造师延续注册的说法，正确的是（　　　）。
   A. 注册证书与执业印章有效期为10年

B．注册有效期满需继续执业的，最迟在注册有效期届满后 60 日内申请

C．延续注册应当公告审批结果

D．多专业注册的，各专业分别办理延续注册申请

6．关于注册建造师变更注册的说法，正确的是（   ）。

A．变更执业单位，可以与原聘用单位继续保留聘用关系

B．应当在与新聘用企业签订聘用合同后的 1 个月内，办理变更注册

C．变更注册后，注册有效期重新起算

D．聘用企业与注册建造师解除劳动合同关系后无故不办理注销注册或变更注册的，注册建造师可登报挂失证书

7．下列情形中，导致注册建造师证书失效的是（   ）。

A．聘用单位停产的

B．注册有效期满且未延续注册的

C．聘用单位资质证书被降级的

D．受聘于两个单位的

8．关于一级注册建造师执业区域范围的说法，正确的是（   ）。

A．执业区域范围限于其工程所在地

B．各地可根据实际情况设置执业准入条件

C．注册建造师可在经济特区执业

D．注册建造师未向地方建设主管部门备案，不得在该地方以注册建造师的名义执业

二　多项选择题

1．申请注册建造师执业资格的人员必须具备的条件有（   ）。

A．取得建造师执业资格证书

B．同时在 2 个及以上建筑业企业执业

C．无犯罪记录

D．身体健康，能坚持在建造师岗位上工作

E．经所在单位考核合格

2．注册管理机构应当注销建造师注册的情形有（   ）。

A．因过失发生工程建设质量事故

B．已与聘用单位解除聘用合同

C．未及时参加继续教育

D．跨省级行政区域执业

E．同时在 2 个施工企业执业

3．关于注册机关监督检查权的说法，正确的有（   ）。

A．可要求被检查人员出示注册证书和执业印章

B．可要求被检查人员所在聘用单位提供有关人员签署的文件

C．可以就注册建造师的有关问题询问其他人员

D．扣押注册建造师个人用品

E．纠正注册建造师相关违法行为

4. 注册建造师同时担任两个项目负责人的下列情形中，合法的有（　　）。

    A．属同一工程相邻分段发包的项目

    B．同一工程分期施工的

    C．合同约定的工程已完工

    D．两建设单位均认为注册建造师有能力胜任的

    E．因非承包方原因致使工程项目停工超过120天（含），经建设单位同意的

【答案与解析】

一、单项选择题

*1. D;　　*2. B;　　3. C;　　4. D;　　5. C;　　6. B;　　7. B;　　8. C

【解析】

1.【答案】D

依据《注册建造师管理规定》，申请人不予注册的情形包括：（1）不具有完全民事行为能力的，选项B不正确；（2）申请在两个或者两个以上单位注册的；（3）未达到注册建造师继续教育要求的；（4）受到刑事处罚，刑事处罚尚未执行完毕的，选项C不正确；（5）因执业活动受到刑事处罚，自刑事处罚执行完毕之日起至申请注册之日止不满5年的，选项A不正确；（6）因前项规定以外的原因受到刑事处罚，自处罚决定之日起至申请注册之日止不满3年的；（7）被吊销注册证书，自处罚决定之日起至申请注册之日止不满2年的；（8）在申请注册之日前3年内担任项目经理期间，所负责项目发生过重大质量和安全事故的；（9）申请人的聘用单位不符合注册单位要求的；（10）年龄超过65周岁的，选项D中丁仅60周岁，符合注册建造师申请条件，选项D为正确选项；（11）法律、法规规定不予注册的其他情形。

2.【答案】B

（1）建设工程施工活动中注册建造师执业的签字盖章要求。建设工程施工活动中形成的有关工程施工管理文件，应当由注册建造师签字并加盖执业印章。施工企业签署质量合格的文件上，必须有注册建造师的签字盖章。注册建造师签章完整的工程施工管理文件方为有效。（2）不同级别的注册建造师执业时所能担任项目经理的工程项目级别。大中型工程项目施工负责人必须由本专业注册建造师担任，其中大型工程项目负责人必须由本专业一级注册建造师担任。

按照有关规定，施工管理文件应当由注册建造师签字并加盖执业印章，且实践中执业印章基本已经不使用了，选项A不正确。小型工程可由其他专业注册建造师担任，因此选项C不正确。大型工程项目负责人必须由本专业一级注册建造师担任，选项D不区分专业，因此不正确。只有选项B正确。

二、多项选择题

1. A、C、D、E;　　*2. B、E;　　　3. A、B、E;　　　4. A、B、E

【解析】

2.【答案】B、E

依据《注册建造师管理规定》第17条，应当注销建造师注册的情形包括：（1）聘

用单位破产的；（2）聘用单位被吊销营业执照的；（3）聘用单位被吊销或者撤回资质证书的；（4）已与聘用单位解除聘用合同关系的；（5）注册有效期满且未延续注册的；（6）年龄超过65周岁的；（7）死亡或不具有完全民事行为能力的；（8）依法被撤销注册的；（9）依法被吊销注册证书的；（10）受到刑事处罚的；（11）其他导致注册失效的情形，以及法律、法规规定应当注销注册的其他情形。故正确选项为B、E，其中选项E属可被依法撤销注册的情形。选项C属注册或延续注册的要求，干扰度较大。选项D为法律所允许。

2.4　建筑市场主体信用体系建设

复习要点

1. 建筑市场各方主体信用信息分类

建筑市场各方主体包括从事建设活动的企业和注册执业人员，各方主体信用信息分为基本信息、优良信用信息和不良信用信息。

概念		内涵
建筑市场信用管理		在房屋建筑和市政基础设施工程建设活动中，对建筑市场各方主体信用信息的认定、采集、交换、公开、评价、使用及监督管理
建筑市场各方主体		工程项目的建设单位和从事工程建设活动的勘察、设计、施工、监理等企业，以及注册建筑师、勘察设计注册工程师、注册建造师、注册监理工程师等注册执业人员
建筑市场信用信息	基本信息	注册登记信息、资质信息、工程项目信息、注册执业人员信息等
	优良信用信息	建筑市场各方主体在工程建设活动中获得的县级以上行政机关或群团组织表彰奖励等信息
	不良信用信息	建筑市场各方主体在工程建设活动中违反有关法律、法规、规章或工程建设强制性标准等，受到县级以上住房城乡建设主管部门行政处罚的信息，以及经有关部门认定的其他不良信用信息

2. 建筑市场各方主体信用信息公开和应用
1）信用信息公开

事项		要求
公开期限	建筑市场各方主体的信用信息公开期限	基本信息长期公开
		优良信用信息公开期限一般为3年
		不良信用信息公开期限一般为6个月至3年，并不得低于相关行政处罚期限
		具体公开期限由不良信用信息的认定部门确定
	整改与缩短公开期限	省、自治区和直辖市建设行政主管部门负责审查整改结果，对整改确有实效的，由企业提出申请，经批准，可缩短其不良行为记录信息公布期限，但公布期限最短不得少于3个月，同时将整改结果列于相应不良行为记录后，供有关部门和社会公众查询
		对于拒不整改或整改不力的单位，信息发布部门可延长其不良行为记录信息公布期限

事项		要求
公开期限	招标投标违法行为记录公告	国务院有关行政主管部门和省级人民政府有关行政主管部门应自招标投标违法行为行政处理决定作出之日起 20 个工作日内对外进行记录公告
内容和范围		公开建筑市场各方主体信用信息不得危及国家安全、公共安全、经济安全和社会稳定，不得泄露国家秘密、商业秘密和个人隐私
		属于《全国建筑市场各方主体不良行为记录认定标准》范围的不良行为记录除在当地发布外，还将由建设部统一在全国公布，公布期限与地方确定的公布期限相同，法律、法规另有规定的从其规定
		各省、自治区、直辖市建设行政主管部门将确认的不良行为记录在当地发布之日起 7 日内报建设部
		通过与工商、税务、纪检、监察、司法、银行等部门建立的信息共享机制，获取的有关建筑市场各方主体不良行为记录的信息，省、自治区、直辖市建设行政主管部门也应参照本规定在本地区统一公布
		对招标投标违法行为所作出的以下行政处理决定应给予公告：（1）警告；（2）罚款；（3）没收违法所得；（4）暂停或者取消招标代理资格；（5）取消在一定时期内参加依法必须进行招标的项目的投标资格；（6）取消担任评标委员会成员的资格；（7）暂停项目执行或追回已拨付资金；（8）暂停安排国家建设资金；（9）暂停建设项目的审查批准；（10）行政主管部门依法作出的其他行政处理决定
		违法行为记录公告的基本内容为：被处理的招标投标当事人名称（或姓名）、违法行为、处理依据、处理决定、处理时间和处理机关等。公告部门可将招标投标违法行为行政处理决定书直接进行公告
公告信息的变更		地方各级住房城乡建设主管部门应当通过省级建筑市场监管一体化工作平台办理信用信息变更，并及时推送至全国建筑市场监管公共服务平台
		对发布有误的信息，由发布该信息的省、自治区和直辖市建设行政主管部门进行修正，根据被曝光单位对不良行为的整改情况，调整其信息公布期限，保证信息的准确和有效
		行政处罚决定经行政复议、行政诉讼以及行政执法监督被变更或被撤销，应及时变更或删除该不良记录，并在相应诚信信息平台上予以公布，同时应依法妥善处理相关事宜
		招标投标违法行为记录公告部门负责建立公告平台信息系统，对记录信息数据进行追加、修改、更新，并保证公告的违法行为记录与行政处理决定的相关内容一致
		被公告的招标投标当事人认为公告记录与行政处理决定的相关内容不符的，可向公告部门提出书面更正申请，并提供相关证据
		公告部门接到书面申请后，应在 5 个工作日内进行核对
		公告的记录与行政处理决定的相关内容不一致的，应当给予更正并告知申请人；公告的记录与行政处理决定的相关内容一致的，应当告知申请人。公告部门在作出答复前不停止对违法行为记录的公告

2）信息应用

事项		要求
信用管理	守信激励	根据实际情况在行政许可等方面实行优先办理、简化程序等激励措施
	失信惩戒	作为"双随机、一公开"监管重点对象，加强事中事后监管，依法采取约束和惩戒措施

事项		要求
信用管理	黑名单	利用虚假材料、以欺骗手段取得企业资质的
		发生转包、出借资质，受到行政处罚的
		发生重大及以上工程质量安全事故，或1年内累计发生2次及以上较大工程质量安全事故，或发生性质恶劣、危害性严重、社会影响大的较大工程质量安全事故，受到行政处罚的
		经法院判决或仲裁机构裁决，认定为拖欠工程款，且拒不履行生效法律文书确定的义务的
信息管理		在行政许可、市场准入、招标投标、资质管理、工程担保与保险、表彰评优等工作中，充分利用已公布的建筑市场各方主体的诚信行为信息，依法对守信行为给予激励，对失信行为进行惩处
		在健全诚信奖惩机制的过程中，要防止利用诚信奖惩机制设置新的市场壁垒和地方保护
		各级建设行政主管部门应按照管理权限和属地管理原则建立建筑市场各方主体的信用档案，将信用记录信息与建筑市场监管综合信息系统数据库相结合，实现数据共享和管理联动
		企业未按照本规定要求提供企业信用档案信息的，由县级以上地方人民政府住房城乡建设主管部门或者其他有关部门给予警告，责令限期改正；逾期未改正的，可处以1000元以上1万元以下的罚款

3．建筑市场各方主体不良行为记录认定标准
1）施工单位不良行为记录认定标准

事项	具体规定
资质不良行为认定标准	未取得资质证书承揽工程的，或超越本单位资质等级承揽工程的
	以欺骗手段取得资质证书承揽工程的
	允许其他单位或个人以本单位名义承揽工程的
	未在规定期限内办理资质变更手续的
	涂改、伪造、出借、转让《建筑业企业资质证书》的
	按照国家规定需要持证上岗的技术工种的作业人员未经培训、考核，未取得证书上岗，情节严重的
承揽业务不良行为认定标准	利用向发包单位及其工作人员行贿、提供回扣或者给予其他好处等不正当手段承揽业务的
	相互串通投标或与招标人串通投标的，以向招标人或评标委员会成员行贿的手段谋取中标的
	以他人名义投标或以其他方式弄虚作假，骗取中标的
	不按照与招标人订立的合同履行义务，情节严重的
	将承包的工程转包或违法分包的
工程质量不良行为认定标准	在施工中偷工减料的，使用不合格建筑材料、建筑构配件和设备的，或者有不按照工程设计图纸或施工技术标准施工的其他行为的
	未按照节能设计进行施工的
	未对建筑材料、建筑构配件、设备和商品混凝土进行检测，或未对涉及结构安全的试块、试件以及有关材料取样检测的
	工程竣工验收后，不向建设单位出具质量保修书的，或质量保修的内容、期限违反规定的
	不履行保修义务或者拖延履行保修义务的

事项		具体规定
工程安全不良行为认定标准		在本单位发生重大生产安全事故时，主要负责人不立即组织抢救或在事故调查处理期间擅离职守或逃匿的，主要负责人对生产安全事故隐瞒不报、谎报或拖延不报的
		对建筑安全事故隐患不采取措施予以消除的
		不设立安全生产管理机构、配备专职安全生产管理人员或分部分项工程施工时无专职安全生产管理人员现场监督的
		主要负责人、项目负责人、专职安全生产管理人员、作业人员或特种作业人员，未经安全教育培训或经考核不合格即从事相关工作的
		未在施工现场的危险部位设置明显的安全警示标志，或未按照国家有关规定在施工现场设置消防通道、消防水源、配备消防设施和灭火器材的
		未向作业人员提供安全防护用具和安全防护服装的
		未按照规定在施工起重机械和整体提升脚手架、模板等自升式架设施施验收合格后登记的
		使用国家明令淘汰、禁止使用的危及施工安全的工艺、设备、材料的
		违法挪用列入建设工程概算的安全生产作业环境及安全施工措施所需费用的
		施工前未对有关安全施工的技术要求作出详细说明的
		未根据不同施工阶段和周围环境及季节、气候的变化，在施工现场采取相应的安全施工措施，或在城市市区内的建设工程的施工现场未实行封闭围挡的
		在尚未竣工的建筑物内设置员工集体宿舍的
		施工现场临时搭建的建筑物不符合安全使用要求的
		未对因建设工程施工可能造成损害的毗邻建筑物、构筑物和地下管线等采取专项防护措施的
		安全防护用具、机械设备、施工机具及配件在进入施工现场前未经查验或查验不合格即投入使用的
		使用未经验收或验收不合格的施工起重机械和整体提升脚手架、模板等自升式架设施的
		委托不具有相应资质的单位承担施工现场安装、拆卸施工起重机械和整体提升脚手架、模板等自升式架设施的
		在施工组织设计中未编制安全技术措施、施工现场临时用电方案或专项施工方案的
		主要负责人、项目负责人未履行安全生产管理职责的，或不服管理、违反规章制度和操作规程冒险作业的
		施工单位取得资质证书后，降低安全生产条件的，或经整改仍未达到与其资质等级相适应的安全生产条件的
		取得安全生产许可证发生重大安全事故的
		未取得安全生产许可证擅自进行生产的
		安全生产许可证有效期满未办理延期手续，继续进行生产的，或逾期不办理延期手续，继续进行生产的
		转让安全生产许可证的，接受转让的，冒用或使用伪造的安全生产许可证的
拖欠工程款或工人工资	不良行为认定标准	恶意拖欠或克扣劳动者工资
	单位及有关人员列入失信联合惩戒名单	克扣、无故拖欠农民工工资达到认定拒不支付劳动报酬罪数额标准的
		因拖欠农民工工资违法行为引发群体性事件、极端事件造成严重不良社会影响的

2）注册建造师不良行为记录认定标准

事项	具体规定
禁止行为	不按设计图纸施工
	使用不合格建筑材料
	使用不合格设备、建筑构配件
	违反工程质量、安全、环保和用工方面的规定
	在执业过程中，索贿、行贿、受贿或者谋取合同约定费用外的其他不法利益
	签署弄虚作假或在不合格文件上签章的
	以他人名义或允许他人以自己的名义从事执业活动
	同时在两个或者两个以上企业受聘并执业
	超出执业范围和聘用企业业务范围从事执业活动
	未变更注册单位，而在另一家企业从事执业活动
	所负责工程未办理竣工验收或移交手续前，变更注册到另一企业
	伪造、涂改、倒卖、出租、出借或以其他形式非法转让资格证书、注册证书和执业印章
	不履行注册建造师义务和法律、法规、规章禁止的其他行为
记入注册建造师执业信用档案	上表13种禁止行为
	未履行注册建造师职责造成质量、安全、环境事故的
	泄露商业秘密的
	无正当理由拒绝或未及时签字盖章的
	未按要求提供注册建造师信用档案信息的
	未履行注册建造师职责造成不良社会影响的
	未履行注册建造师职责导致项目未能及时交付使用的
	不配合办理交接手续的
	不积极配合有关部门监督检查的

一 单项选择题

1. 根据《建筑市场信用管理暂行办法》，关于建筑市场各方主体的说法，正确的是（　　）。

   A. 仅指工程项目相关单位

   B. 包括工程咨询单位

   C. 包括建设工程从业人员

   D. 该定义适用于质量、安全管理

2. 根据《建筑市场信用管理暂行办法》，建筑市场各方主体的信用信息的基本信息公开期限为（　　）。

   A. 6个月　　　　　　　　　　B. 3年

   C. 5年　　　　　　　　　　　D. 长期

3. 根据《建筑市场诚信行为信息管理办法》，关于不良行为记录整改的说法，正确的是（　　）。

　　A. 经批准，可缩短其不良行为记录信息公布期限，但公布期限最短不得少于6个月

　　B. 省、自治区和直辖市建设行政主管部门负责审查整改结果

　　C. 整改结果不供社会公众查询

　　D. 拒不整改或整改不力的单位，不再延长其不良行为记录信息公布期限

4. 关于行为公告信息的变更的说法，正确的是（　　）。

　　A. 各级住房城乡建设主管部门应当通过全国建筑市场监管公共服务平台办理信用信息变更

　　B. 行政处罚决定经行政复议、行政诉讼以及行政执法监督被变更或被撤销，应及时变更或删除该不良记录

　　C. 对发布有误的信息，由发现该信息的省、自治区和直辖市建设行政主管部门进行修正

　　D. 公告部门在对书面更正申请作出答复前暂停对违法行为记录的公告

5. 下列行为中，属于资质不良行为的是（　　）。

　　A. 与招标人串通投标的

　　B. 向发包单位及其工作人员行贿的

　　C. 涂改、伪造、出借、转让《建筑业企业资质证书》的

　　D. 以他人名义投标的

6. 下列行为中，属于承揽业务不良行为的是（　　）。

　　A. 不按照与招标人订立的合同履行义务，情节严重的

　　B. 伪造资质证书承揽工程的

　　C. 未在规定期限内办理资质变更手续的

　　D. 特种作业人员未经培训、考核，未取得证书上岗，情节严重的

7. 下列行为中，属于工程质量不良行为的是（　　）。

　　A. 施工质量不合格的

　　B. 未按照节能设计进行施工的

　　C. 涉及结构安全的试块、试件经检验不合格的

　　D. 质量保修期满要求有偿维修的

8. 下列行为中，属于工程安全不良行为的是（　　）。

　　A. 使用列入建设工程概算的安全生产作业环境及安全施工措施所需费用的

　　B. 未向从业人员提供安全防护用具和安全防护服装的

　　C. 使用国家明令淘汰、禁止使用的危及施工安全的工艺、设备、材料的

　　D. 施工中未对有关安全施工的技术要求作出详细说明的

9. 下列行为中，属于注册建造师不良行为的是（　　）。

　　A. 不按本单位施工图深化设计文件施工

　　B. 要求变更注册单位至另一家企业从事执业活动

　　C. 在执业过程中，收取项目内部承包利益

D. 超出执业范围和聘用企业业务范围从事执业活动

10. 注册建造师的下列行为中，记入注册建造师执业信用档案的是（　　）。

A. 泄露个人隐私的

B. 项目未能及时交付使用的

C. 未履行注册建造师职责造成质量、安全、环境事故的

D. 未配合办理交接手续的

二　多项选择题

1. 根据《建筑市场信用管理暂行办法》，公开建筑市场各方主体的信用信息的平台有（　　）。

A. 县级建筑市场监管公共服务平台

B. 市级建筑市场监管一体化工作平台

C. 省级建筑市场监管一体化工作平台

D. 部级建筑市场监管一体化工作平台

E. 全国建筑市场监管公共服务平台

2. 根据《建筑市场信用管理暂行办法》，不得泄露的有（　　）。

A. 专有技术　　　　　　　　B. 规章制度

C. 国家秘密　　　　　　　　D. 基本信息

E. 个人隐私

3. 根据《招标投标违法行为记录公告暂行办法》，下列行为中，应给予公告的有（　　）。

A. 驳回投诉

B. 没收违法所得

C. 暂停项目执行或追回已拨付资金

D. 行政裁决

E. 行政指导

4. 建筑市场各方主体的下列情形中，列入建筑市场主体"黑名单"的有（　　）。

A. 误用材料取得企业资质的

B. 发生重大及以上工程质量安全事故

C. 发生违法分包，受到行政处罚的

D. 3 年内累计发生 2 次及以上较大工程质量安全事故

E. 经法院判决或仲裁机构裁决，认定为拖欠工程款，且拒不履行生效法律文书确定的义务的

5. 根据《拖欠农民工工资失信联合惩戒对象名单管理暂行办法》，用人单位拖欠农民工工资，可被列入失信联合惩戒名单的主体有（　　）。

A. 财务负责人　　　　　　　B. 直接负责的主管人员

C. 责任人员的近亲属　　　　D. 行政主管部门负责人员

E. 其他直接责任人员

【答案与解析】

一、单项选择题

*1. D;   2. D;   3. B;   4. B;   5. C;   6. A;   *7. B;   *8. C;

9. D;   10. C

【解析】

1.【答案】D

《建筑市场信用管理暂行办法》（建市〔2017〕241号）中对各方主体进行了定义。建筑市场各方主体是指工程项目的建设单位和从事工程建设活动的勘察、设计、施工、监理等企业，以及注册建筑师、勘察设计注册工程师、注册建造师、注册监理工程师等注册执业人员。选项A排除了注册执业人员，不正确。"等"在立法技术上通常表示语气，非立法部门不得扩张解释，选项B扩大了单位范围，不正确。从业人员比注册执业人员的范围更大，选项C不正确。

7.【答案】B

根据《全国建筑市场各方主体不良行为记录认定标准》，工程质量不良行为认定标准为：（1）在施工中偷工减料的，使用不合格建筑材料、建筑构配件和设备的，或者有不按照工程设计图纸或施工技术标准施工的其他行为的；（2）未按照节能设计进行施工的；（3）未对建筑材料、建筑构配件、设备和商品混凝土进行检测，或未对涉及结构安全的试块、试件以及有关材料取样检测的；（4）工程竣工验收后，不向建设单位出具质量保修书的，或质量保修的内容、期限违反规定的；（5）不履行保修义务或者拖延履行保修义务的。质量不合格，因素往往较为复杂，对于不涉及故意的施工质量或试块、试件不合格的情形，不列入工程质量不良行为，故选项A、C不正确。质量保修期满，施工企业不再无偿保修，有偿维修属于其合法权利，选项D不正确。

8.【答案】C

根据《全国建筑市场各方主体不良行为记录认定标准》，工程安全不良行为认定标准为：……（6）未向作业人员提供安全防护用具和安全防护服装的……（8）使用国家明令淘汰、禁止使用的危及施工安全的工艺、设备、材料的；（9）违法挪用列入建设工程概算的安全生产作业环境及安全施工措施所需费用的；（10）施工前未对有关安全施工的技术要求作出详细说明的……选项A为正常使用，而非违法挪用，不正确。选项B中的工作人员范围较广，也包括作业人员以外的其他工作人员，对该类人员不做提供安全防护用具和安全防护服装强制要求，不正确。对有关安全施工的技术要求作出详细说明的，应当在施工前进行，选项D不正确。

二、多项选择题

1. C、E;   2. C、E;   3. B、C;   *4. B、E;

5. B、E

【解析】

4.【答案】B、E

《建筑市场信用管理暂行办法》规定，县级以上住房城乡建设主管部门按照"谁处罚、谁列入"的原则，将存在下列情形的建筑市场各方主体，列入建筑市场主体"黑名单"：（1）利用虚假材料、以欺骗手段取得企业资质的；（2）发生转包、出借资质，受到行政处罚的；（3）发生重大及以上工程质量安全事故，或 1 年内累计发生 2 次及以上较大工程质量安全事故，或发生性质恶劣、危害性严重、社会影响大的较大工程质量安全事故，受到行政处罚的；（4）经法院判决或仲裁机构裁决，认定为拖欠工程款，且拒不履行生效法律文书确定的义务的。A 为过失，无主观故意，不属于"利用虚假材料""以欺骗手段"的情形，不正确。C 为违法分包，恶性低于规定中的"转包""出借资质"，不正确。

2.5 营商环境制度

复习要点

1. 营商环境优化
1)《优化营商环境条例》的相关规定

事项	具体规定
总体原则	转变政府职能
	坚持市场化、法治化、国际化原则
	建立营商环境评价制度
加强市场主体保护	保证各类市场主体自主经营权，平等参与竞争
	保护市场主体及其经营者的财产权和其他合法权益，保护企业经营者人身和财产安全
净化市场环境	深化商事制度改革，简化企业开办及经营流程
	放宽市场准入，营造公平竞争环境
	严格规范各类收费行为
	加强市场主体及政府信用体系建设
优化政务服务	推进政务服务标准化
	提高政务服务效率
	严格控制并逐步精简行政许可
	优化投资及工程建设项目审批程序
	优化产权登记及权利担保流程
规范监管执法	政府监管事权、监管规则和监管标准应公开透明
	构建以信用为基础的新型监管机制
	推行"双随机、一公开"监管
	政府及其有关部门应当按照鼓励创新的原则
加强法治保障	制定与市场主体生产经营活动密切相关的行政法规、规章、行政规范性文件，应当按照国务院的规定，充分听取市场主体、行业协会商会的意见
	除依法需要保密外，制定与市场主体生产经营活动密切相关的行政法规、规章、行政规范性文件，应当通过报纸、网络等向社会公开征求意见，并建立健全意见采纳情况反馈机制。向社会公开征求意见的期限一般不少于 30 日

2）优化营商环境专项整治工作

事项	具体规定
总体要求	清理、排查、纠正在招投标法规政策文件、招标公告、投标邀请书、资格预审公告、资格预审文件、招标文件以及招标投标实践操作中，对不同所有制企业设置的各类不合理限制和壁垒
重点问题	违法设置的限制、排斥不同所有制企业参与招标投标的规定，以及虽然没有直接限制、排斥，但实质上起到变相限制、排斥效果的规定
	违法限定潜在投标人或者投标人的所有制形式或者组织形式，对不同所有制投标人采取不同的资格审查标准
	设定企业股东背景、年平均承接项目数量或者金额、从业人员、纳税额、营业场所面积等规模条件；设置超过项目实际需要的企业注册资本、资产总额、净资产规模、营业收入、利润、授信额度等财务指标
	设定明显超出招标项目具体特点和实际需要的过高的资质资格、技术、商务条件或者业绩、奖项要求
	将国家已经明令取消的资质资格作为投标条件、加分条件、中标条件；在国家已经明令取消资质资格的领域，将其他资质资格作为投标条件、加分条件、中标条件
	将特定行政区域、特定行业的业绩、奖项作为投标条件、加分条件、中标条件；将政府部门、行业协会商会或者其他机构对投标人作出的荣誉奖励和慈善公益证明等作为投标条件、中标条件
	限定或者指定特定的专利、商标、品牌、原产地、供应商或者检验检测认证机构（法律法规有明确要求的除外）
	要求投标人在本地注册设立子公司、分公司、分支机构，在本地拥有一定办公面积，在本地缴纳社会保险等
	没有法律法规依据设定投标报名、招标文件审查等事前审批或者审核环节
	对仅需提供有关资质证明文件、证照、证件复印件的，要求必须提供原件；对按规定可以采用"多证合一"电子证照的，要求必须提供纸质证照
	在开标环节要求投标人的法定代表人必须到场，不接受经授权委托的投标人代表到场
	评标专家对不同所有制投标人打分畸高或畸低，且无法说明正当理由
	明示或暗示评标专家对不同所有制投标人采取不同的评标标准、实施不客观公正评价
	采用抽签、摇号等方式直接确定中标候选人
	限定投标保证金、履约保证金只能以现金形式提交，或者不按规定或者合同约定返还保证金
	简单以注册人员、业绩数量等规模条件或者特定行政区域的业绩奖项评价企业的信用等级，或者设置对不同所有制企业构成歧视的信用评价指标
	不落实《必须招标的工程项目规定》《必须招标的基础设施和公用事业项目范围规定》，违法干涉社会投资的房屋建筑等工程建设单位发包自主权
	其他对不同所有制企业设置的不合理限制和壁垒

2．中小企业款项支付保障

中小企业是指在中华人民共和国境内依法设立，依据国务院批准的中小企业划分标准确定的中型企业、小型企业和微型企业。中小企业、大型企业依合同订立时的企业规模类型确定。中小企业与机关、事业单位、大型企业订立合同时，应当主动告知其属于中小企业。

1）规范合同订立及财政资金约束保障

事项	要求
禁止行为	机关、事业单位和大型企业不得要求中小企业接受不合理的付款期限、方式、条件和违约责任等交易条件
	不得违约拖欠中小企业的货物、工程、服务款项
强化财政资金保障要求	与政府采购、政府投资有关法律法规相衔接，规定机关、事业单位使用财政资金从中小企业采购货物、工程、服务，应当严格按照批准的预算执行，不得无预算、超预算开展采购
	政府投资项目所需资金应当按照国家有关规定确保落实到位，不得由施工单位垫资建设

2）规范支付行为要求

事项	要求
付款期限	机关、事业单位从中小企业采购货物、工程、服务，应当自货物、工程、服务交付之日起30日内支付款项；合同另有约定的，付款期限最长不得超过60日
	大型企业从中小企业采购货物、工程、服务，应当按照行业规范、交易习惯合理约定付款期限并及时支付款项
	合同约定采取履行进度结算、定期结算等结算方式的，付款期限应当自双方确认结算金额之日起算
检验验收要求	机关、事业单位和大型企业与中小企业约定以货物、工程、服务交付后经检验或者验收合格作为支付中小企业款项条件的，付款期限应当自检验或者验收合格之日起算
	合同双方应当在合同中约定明确、合理的检验或者验收期限，并在该期限内完成检验或者验收
	事业单位和大型企业拖延检验或者验收的，付款期限自约定的检验或者验收期限届满之日起算

3）防范账款拖欠

事项	要求
禁止变相拖欠	机关、事业单位和大型企业使用商业汇票等非现金支付方式支付中小企业款项的，应当在合同中作出明确、合理约定，不得强制中小企业接受商业汇票等非现金支付方式，不得利用商业汇票等非现金支付方式变相延长付款期限
	不得以法定代表人或者主要负责人变更，履行内部付款流程，或者在合同未作约定的情况下以等待竣工验收批复、决算审计等为由，拒绝或者迟延支付中小企业款项
	除合同另有约定或者法律、行政法规另有规定外，机关、事业单位和国有大型企业不得强制要求以审计机关的审计结果作为结算依据
规范保证金收取和结算	除依法设立的投标保证金、履约保证金、工程质量保证金、农民工工资保证金外，工程建设中不得收取其他保证金，不得将保证金限定为现金
	保证金收取比例应当符合国家有关规定
	保证期限届满后，应当及时对保证金进行核实和结算
明确迟延支付责任	机关、事业单位和大型企业迟延支付中小企业款项的，应当按照合同约定和本条例规定的利率标准支付逾期利息
	对拒绝或者迟延支付中小企业款项的机关、事业单位，应当在公务消费、办公用房、经费安排等方面采取必要的限制措施

4）信用监督与服务保障

事项	要求
建立支付信息披露制度	要求机关、事业单位、大型企业在规定时限内将逾期尚未支付中小企业款项的合同数量、金额等信息向社会公开或者公示
建立投诉处理和失信惩戒制度	规定省级以上人民政府负责中小企业促进工作综合管理的部门应当建立便利畅通的渠道，受理拒绝或者迟延支付中小企业款项相关投诉，并及时作出相应处理
	机关、事业单位和大型企业不履行及时支付中小企业款项义务，情节严重的，依法实施失信惩戒
建立监督评价机制	审计机关依法对机关、事业单位和国有大型企业支付中小企业款项情况实施审计监督
	省级以上人民政府建立督查制度，对及时支付中小企业款项工作进行监督检查
	国家依法开展中小企业发展环境评估和营商环境评价时，应当将及时支付中小企业款项工作情况纳入评估和评价内容

一 单项选择题

1. 关于建立营商环境评价制度的说法，正确的是（　　）。

   A. 国家建立和完善以政府满意度为导向的营商环境评价体系

   B. 不得过于影响各地区、各部门正常工作

   C. 不得过分增加市场主体负担

   D. 重在发挥营商环境评价对优化营商环境的引领和督促作用

2. 关于简化企业开办及经营流程的说法，正确的是（　　）。

   A. 各省根据地方实际情况统一企业登记业务规范

   B. 国家推进"证照分离"改革

   C. 涉企经营许可事项应作为企业登记的前置条件

   D. 全面取消审批和核准制度

3. 关于放宽市场准入的说法，正确的是（　　）。

   A. 实行全国统一的市场准入负面清单制度

   B. 市场准入负面清单以外的领域，分批实施市场主体准入

   C. 各地区、各部门根据实际情况自行制定市场准入性质的负面清单

   D. 放宽市场准入与营造公平竞争环境存在激烈矛盾

4. 关于规范各类收费行为的说法，正确的是（　　）。

   A. 设立政府性基金、涉企行政事业性收费、涉企保证金，应当有法律、行政法规或者规章依据

   B. 对政府性基金、涉企行政事业性收费、涉企保证金以及实行政府定价的经营服务性收费，实行目录清单管理并向社会公开

   C. 目录清单之外的前述收费和保证金经批准、核准后执行

   D. 应当使用银行保函

5. 制定与市场主体生产经营活动密切相关的行政法规、规章、行政规范性文件，应当符合的要求是（　　）。

   A. 应当按照各地方规定，充分听取市场主体、行业协会商会的意见

B．应当通过报纸、网络等向社会公开征求意见

C．意见采纳情况严格保密

D．向社会公开征求意见的期限一般不少于60日

6．优化营商环境专项整治工作重点针对的问题是（　　　）。

A．对不同所有制投标人采取不同的资格审查标准

B．设置企业注册资本

C．设定较高的资质资格

D．将业绩、奖项作为加分条件

7．关于规范支付行为要求的说法，正确的是（　　　）。

A．机关、事业单位从中小企业采购货物、工程、服务，应当自货物、工程、服务交付之日起90日内支付款项

B．合同另有约定的，付款期限最长不得超过120日

C．大型企业从中小企业采购货物、工程、服务，付款期限最长不得超过120日

D．合同约定采取履行进度结算、定期结算等结算方式的，付款期限应当自双方确认结算金额之日起算

8．机关、事业单位和大型企业拖延检验或者验收的，付款期限自（　　　）起算。

A．拖延检验或者验收之日

B．申请检验或者验收之日

C．约定的检验或者验收期限届满之日

D．实际检验或者验收之日

9．关于机关、事业单位和大型企业向中小企业支付方式的说法，正确的是（　　　）。

A．机关、事业单位和大型企业不得约定中小企业接受商业汇票等非现金支付方式

B．大型企业在建设工程施工中，与中小企业约定以收到第三方向其支付的款项为付款前提的，该条款有效

C．机关、事业单位和大型企业不得要求以审计机关的审计结果作为结算依据

D．不得以法定代表人或者主要负责人变更，履行内部付款流程为由，拒绝支付中小企业款项

二 多项选择题

1．《优化营商环境条例》坚持（　　　）原则。

A．多元化　　　　　　　　　B．平等化

C．法治化　　　　　　　　　D．国际化

E．现代化

2．编制并向社会公开政务服务事项（包括行政权力事项和公共服务事项）标准化工作流程和办事指南的要求有（　　　）。

A．减环节　　　　　　　　　B．减材料

C．减时限　　　　　　　　　D．增效益

E. 提水平

3. 招标文件的下列要求中,合理的有(　　　)。

A. 将政府部门、行业协会商会或者其他机构对投标人作出的荣誉奖励和慈善公益证明等作为投标条件、中标条件

B. 对需提供有关资质证明文件、证照、证件原件的,要求必须提供原件

C. 在开标环节要求经授权委托的投标人代表到场

D. 要求评标专家当天完成评标工作

E. 采用抽签、摇号等方式直接确定中标候选人

4. 《保障中小企业款项支付条例》所称中小企业有(　　　)。

A. 中型企业　　　　　　　　B. 小型企业

C. 个人独资企业　　　　　　D. 微型企业

E. 自然人

5. 依法设立的保证金有(　　　)。

A. 投标保证金　　　　　　　B. 履约保证金

C. 工程质量保证金　　　　　D. 农民工工资保证金

E. 预付款保证金

【答案与解析】

一、单项选择题

*1. D;　　2. B;　　3. A;　　4. B;　　5. D;　　6. A;　　*7. D;　　*8. C;

9. D

【解析】

1.【答案】D

根据《优化营商环境条例》,建立营商环境评价制度。国家建立和完善以市场主体和社会公众满意度为导向的营商环境评价体系,而不是以政府满意度为导向,选项 A 不正确。发挥营商环境评价对优化营商环境的引领和督促作用,选项 D 正确。开展营商环境评价,不得影响各地区、各部门正常工作,不得影响市场主体正常生产经营活动或者增加市场主体负担,选项 B、C 不正确。

7.【答案】D

机关、事业单位从中小企业采购货物、工程、服务,应当自货物、工程、服务交付之日起 30 日内支付款项;合同另有约定的,付款期限最长不得超过 60 日。选项 A、B 不正确。大型企业不同于机关、事业单位,其从中小企业采购货物、工程、服务,不应限定具体时限,而应当按照行业规范、交易习惯合理约定付款期限并及时支付款项。选项 C 不正确。合同约定采取履行进度结算、定期结算等结算方式的,该意思自治不违反法律、行政法规的强制性规定,应当尊重,付款期限应当自双方确认结算金额之日起算。选项 D 正确。

8.【答案】C

机关、事业单位和大型企业与中小企业约定以货物、工程、服务交付后经检验或

者验收合格作为支付中小企业款项条件的，付款期限应当自检验或者验收合格之日起算。合同双方应当在合同中约定明确、合理的检验或者验收期限，并在该期限内完成检验或者验收。机关、事业单位和大型企业拖延检验或者验收的，付款期限自约定的检验或者验收期限届满之日起算。该规定是在机关、事业单位和大型企业怠于履行义务时，对中小企业的保护措施。

二、多项选择题

1．C、D；   2．A、B、C；   3．B、C；   4．A、B、D；

*5．A、B、C、D

【解析】

5．【答案】A、B、C、D

根据国务院有关文件，除依法设立的投标保证金、履约保证金、工程质量保证金、农民工工资保证金外，工程建设中不得收取其他保证金，不得将保证金限定为现金；保证金收取比例应当符合国家有关规定；保证期限届满后，应当及时对保证金进行核实和结算。为切实减轻中小企业负担，其他诸如预付款保证金、诚意保证金等形式的保证金，均不得收取。

第3章 建设工程许可法律制度

3.1 建设工程规划许可

复习要点

1. 规划许可证的申请

建设单位申请办理建设工程规划许可证，应当提交使用土地的有关证明文件、建设工程设计方案等材料。需要建设单位编制修建性详细规划的建设项目，还应当提交修建性详细规划。城市、县人民政府城乡规划主管部门或者省、自治区、直辖市人民政府确定的镇人民政府应当依法将经审定的修建性详细规划、建设工程设计方案的总平面图予以公布。

适用范围	法律文件	规定
城市规划区内	《城乡规划法》	对符合控制性详细规划和规划条件的，由城市、县人民政府城乡规划主管部门或者省、自治区、直辖市人民政府确定的镇人民政府核发建设工程规划许可证
乡、村庄规划区内	《城乡规划法》《土地管理法》	在乡、村庄规划区内进行乡镇企业、乡村公共设施和公益事业建设的，建设单位或者个人应当向乡、镇人民政府提出申请，由乡、镇人民政府报城市、县人民政府城乡规划主管部门核发乡村建设规划许可证
		在乡、村庄规划区内使用原有宅基地进行农村村民住宅建设的规划管理办法，由省、自治区、直辖市制定
		在乡、村庄规划区内进行乡镇企业、乡村公共设施和公益事业建设以及农村村民住宅建设，不得占用农用地；确需占用农用地的，应当依照《土地管理法》有关规定办理农用地转用审批手续后，由城市、县人民政府城乡规划主管部门核发乡村建设规划许可证
		建设单位或者个人在取得乡村建设规划许可证后，方可办理用地审批手续
临时建设批准	《城乡规划法》	在城市、镇规划区内进行临时建设的，应当经城市、县人民政府城乡规划主管部门批准。临时建设影响近期建设规划或者控制性详细规划的实施以及交通、市容、安全等的，不得批准
		临时建设应当在批准的使用期限内自行拆除。临时建设和临时用地规划管理的具体办法，由省、自治区、直辖市人民政府制定

2. 规划条件的变更

适用范围	法律文件	规定
规划变更	《城乡规划法》	建设单位应当按照规划条件进行建设；确需变更的，必须向城市、县人民政府城乡规划主管部门提出申请
		变更内容不符合控制性详细规划的，城乡规划主管部门不得批准

适用范围	法律文件	规定
规划变更	《城乡规划法》	城市、县人民政府城乡规划主管部门应当及时将依法变更后的规划条件通报同级土地主管部门并公示
		建设单位应当及时将依法变更后的规划条件报有关人民政府土地主管部门备案
规划验收	《城乡规划法》	县级以上地方人民政府城乡规划主管部门按照国务院规定对建设工程是否符合规划条件予以核实
		未经核实或者经核实不符合规划条件的，建设单位不得组织竣工验收
		建设单位应当在竣工验收后6个月内向城乡规划主管部门报送有关竣工验收资料
补偿	《城乡规划法》	在选址意见书、建设用地规划许可证、建设工程规划许可证或者乡村建设规划许可证发放后，因依法修改城乡规划给被许可人合法权益造成损失的，应当依法给予补偿
		经依法审定的修建性详细规划、建设工程设计方案的总平面图不得随意修改；确需修改的，城乡规划主管部门应当采取听证会等形式，听取利害关系人的意见；因修改给利害关系人合法权益造成损失的，应当依法给予补偿
监督检查	《城乡规划法》	县级以上人民政府及其城乡规划主管部门应当加强对城乡规划编制、审批、实施、修改的监督检查
		地方各级人民政府应当向本级人民代表大会常务委员会或者乡、镇人民代表大会报告城乡规划的实施情况，并接受监督
		县级以上人民政府城乡规划主管部门对城乡规划的实施情况进行监督检查，有权采取以下措施： （1）要求有关单位和人员提供与监督事项有关的文件、资料，并进行复制； （2）要求有关单位和人员就监督事项涉及的问题作出解释和说明，并根据需要进入现场进行勘测； （3）责令有关单位和人员停止违反有关城乡规划的法律、法规的行为
		城乡规划主管部门的工作人员履行前款规定的监督检查职责，应当出示执法证件。被监督检查的单位和人员应当予以配合，不得妨碍和阻挠依法进行的监督检查活动。监督检查情况和处理结果应当依法公开，供公众查阅和监督
		城乡规划主管部门在查处违反《城乡规划法》规定的行为时，发现国家机关工作人员依法应当给予行政处分的，应当向其任免机关或者监察机关提出处分建议
		依照《城乡规划法》规定应当给予行政处罚，而有关城乡规划主管部门不给予行政处罚的，上级人民政府城乡规划主管部门有权责令其作出行政处罚决定或者建议有关人民政府责令其给予行政处罚
		城乡规划主管部门违反《城乡规划法》规定作出行政许可的，上级人民政府城乡规划主管部门有权责令其撤销或者直接撤销该行政许可。因撤销行政许可给当事人合法权益造成损失的，应当依法给予赔偿

一 单项选择题

1. 关于规划区的说法，正确的是（　　）。

　　A. 不包括村庄的建成区　　　　　B. 是指必须实行规划控制的区域

C．规划区基于自然而形成　　　　D．规划区的设定应当保持超前性

2. 下列材料中，属于申请办理建设工程规划许可证应当提交的是（　　　）。

  A．施工许可证　　　　　　　　B．安全生产许可证

  C．建设工程设计方案　　　　　D．资金到位证明

3. 下列单位中，可以核发建设工程规划许可证的是（　　　）。

  A．自然资源部

  B．省级人民政府

  C．规划编制机构

  D．省、自治区、直辖市人民政府确定的镇人民政府

4. 在乡、村庄规划区内进行乡镇企业、乡村公共设施和公益事业建设的，核发乡村建设规划许可证的单位是（　　　）。

  A．乡、镇人民政府

  B．城市、县人民政府

  C．城市、县人民政府城乡规划主管部门

  D．省级人民政府城乡规划主管部门

5. 关于临时建设和临时用地规划管理的说法，正确的是（　　　）。

  A．不影响近期建设规划的，不需要经城市、县人民政府城乡规划主管部门批准

  B．影响控制性详细规划的实施，应当经城市、县人民政府城乡规划主管部门批准

  C．影响交通、市容、安全等的，不得批准

  D．临时建设应当在使用完毕后及时拆除

6. 组织竣工验收的主体是（　　　）。

  A．城乡规划主管部门　　　　　B．住房城乡建设部门

  C．建设单位　　　　　　　　　D．施工企业

7. 建设单位应当在竣工验收后（　　　）内向城乡规划主管部门报送有关竣工验收资料。

  A．1个月　　　　　　　　　　B．2个月

  C．3个月　　　　　　　　　　D．6个月

8. 根据《城乡规划法》，建设工程规划许可的申请由（　　　）提出。

  A．建设单位　　　　　　　　　B．施工企业

  C．全过程咨询单位　　　　　　D．设计单位

9. 关于修改城乡规划的法律责任的说法，正确的是（　　　）。

  A．依法修改建设工程规划许可证无需承担民事法律责任

  B．确需修改经依法审定的修建性详细规划的，城乡规划主管部门直接作出修改

  C．依法修改建设工程规划许可证应当承担行政法律责任

  D．依法修改城乡规划给被许可人合法权益造成损失的，应当依法给予补偿

10. 负有加强对城乡规划编制、审批、实施、修改的监督检查职责的最基层单位是（　　　）。

  A．县级以上人民政府

B．县级以上人民政府及其城乡规划主管部门

C．乡、镇人民政府

D．省、自治区、直辖市人民政府确定的镇人民政府

11．地方各级人民政府应当向（　　）报告城乡规划的实施情况，并接受监督。

A．上级人民政府

B．纪检监察部门

C．本级人民代表大会常务委员会或者乡、镇人民代表大会

D．上级人民政府规划主管部门

12．城乡规划主管部门对城乡规划的实施情况进行监督检查可以采取的措施是
（　　）。

A．可以要求任何单位和人员提供有关文件、资料

B．可以要求提供与监督事项无关的文件、资料

C．可以根据需要进入现场进行勘测

D．可以建议有关单位和人员停止违反有关城乡规划的法律、法规的行为

13．对城乡规划的实施情况进行监督检查的情况和处理结果应当依法公开，供
（　　）查阅和监督。

A．上级人民政府　　　　　　　　B．上级规划主管部门

C．公众　　　　　　　　　　　　D．监督检查对象

14．依照《城乡规划法》规定应当给予行政处罚，而有关城乡规划主管部门不给
予行政处罚时，上级人民政府城乡规划主管部门正确的做法是（　　）。

A．对有关城乡规划主管部门作出行政处分

B．对违反规划的行为人作出行政处罚决定

C．有权责令有关城乡规划主管部门作出行政处罚决定

D．建议有关人民政府作出行政处分

15．关于依法应当办理建设工程规划许可证、施工许可证的项目的说法，正确的
是（　　）。

A．办理规划许可证、施工许可证彼此独立

B．办理规划许可证、施工许可证存在交叉关系

C．施工许可证以规划许可证的取得为前提条件

D．规划许可证、施工许可证同时取得

二　多项选择题

1．根据建设工程项目行政监督流程，建设工程可以划分为（　　）等阶段。

A．立项　　　　　　　　　　　　B．用地规划

C．工程规划　　　　　　　　　　D．施工许可

E．运营维护

2．根据《城乡规划法》，城乡规划包括（　　）。

A．中央规划　　　　　　　　　　B．省规划

  C. 城镇体系规划   D. 城市规划

  E. 村庄规划

3. 根据《城乡规划法》，详细规划分为（   ）。

  A. 总体规划   B. 具体规划

  C. 控制性详细规划   D. 修建性详细规划

  E. 管理性详细规划

4. 根据《城乡规划法》，申请办理建设工程规划许可证，应当提交的材料有（   ）。

  A. 使用土地的有关证明文件   B. 建设工程设计方案

  C. 修建性详细规划   D. 安全生产许可证

  E. 城乡规划相关法律法规

5. 根据《城乡规划法》，在乡、村庄规划区内建设的适用范围有（   ）。

  A. 商品住宅   B. 市政设施

  C. 乡镇企业   D. 乡村公共设施

  E. 村民住宅建设

【答案与解析】

一、单项选择题

1. B;   2. C;   3. D;   4. C;   *5. C;   6. C;   7. D;   8. A;

9. D;   *10. B;   *11. C;   12. C;   *13. C;   14. C;   15. C

【解析】

5.【答案】C

  根据《城乡规划法》，在城市、镇规划区内进行临时建设的，应当经城市、县人民政府城乡规划主管部门批准。临时建设影响近期建设规划或者控制性详细规划的实施以及交通、市容、安全等的，不得批准。因此，无论是否影响前述事项，均需要经过有权部门批准，选项 A 不正确；影响了前述事项时，不得批准，选项 B 不正确。临时建设应当在批准的使用期限内自行拆除，而不是根据使用情况而定，选项 D 不正确。

10.【答案】B

  根据《城乡规划法》，县级以上人民政府及其城乡规划主管部门应当加强对城乡规划编制、审批、实施、修改的监督检查。正确选项为 B。选项 D 中的"省、自治区、直辖市人民政府确定的镇人民政府"是核发建设工程规划许可证时最基层的单位，容易与城乡规划编制、审批、实施、修改的监督检查相混淆。

11.【答案】C

  根据《城乡规划法》，地方各级人民政府应当向本级人民代表大会常务委员会或者乡、镇人民代表大会报告城乡规划的实施情况，并接受监督。该条规定的是政府就城乡规划的实施情况向人大负责的制度。其中，乡、镇人民代表大会无闭会期间的常设机构。C 为正确选项。

13.【答案】C

  根据《城乡规划法》，城乡规划主管部门的工作人员履行规定的监督检查职责，应当出示执法证件。被监督检查的单位和人员应当予以配合，不得妨碍和阻挠依法进行的监督检查活动。监督检查情况和处理结果应当依法公开，供公众查阅和监督。该规定意在保障社会监督。选项 A、B 为行政内部监督，选项 D 中的监督检查对象为相对人，均不属于社会监督范畴，故选项 C 正确。

二、多项选择题

1. A、B、C、D;　　*2. C、D、E;　　　3. C、D;　　　　4. A、B、C;

5. C、D、E

【解析】

2.【答案】C、D、E

《城乡规划法》规定，城乡规划，包括城镇体系规划、城市规划、镇规划、乡规划和村庄规划。选项 A、B 并非规范的分类和说法。

3.2　建设工程施工许可

复习要点

1. 施工许可证和开工报告的适用范围

我国建筑工程施工许可实行施工许可证制度，特殊工程实行开工报告等制度，其他工程无需申请领取施工许可证。《建设工程质量管理条例》中的"建设工程"是指土木工程、建筑工程、线路管道和设备安装工程及装修工程。《招标投标法》《政府采购法》体系中，"建设工程"包括建筑物和构筑物的新建、改建、扩建及其相关的装修、拆除、修缮等。

适用范围	法律文件	规定
施工许可证的适用范围	《建筑工程施工许可管理办法》	中华人民共和国境内
		各类房屋建筑及其附属设施的建造、装修装饰和与其配套的线路、管道、设备的安装
		城镇市政基础设施工程的施工
	住房城乡建设部办公厅《关于工程总承包项目和政府采购工程建设项目办理施工许可手续有关事项的通知》、国务院法制办公室《对政府采购工程项目法律适用及申领施工许可证问题的答复》	根据工程总承包合同及分包合同确定设计、施工单位
		在工程总承包项目中承担分包工作，且已与工程总承包单位签订分包合同的设计单位或施工单位，各级住房城乡建设主管部门不得要求其与建设单位签订设计合同或施工合同，也不得将上述要求作为申请领取施工许可证的前置条件
		对依法通过竞争性谈判或单一来源方式确定供应商的政府采购工程建设项目，应严格执行《建筑法》《建筑工程施工许可管理办法》等规定，对符合申请条件的，应当颁发施工许可证
开工报告的适用范围	《政府投资条例》	国务院规定应当审批开工报告的重大政府投资项目，按照规定办理开工报告审批手续后方可开工建设
不需要办理施工许可证的建设工程	《建筑法》《文物保护工程管理办法》	依法核定作为文物保护的纪念建筑物和古建筑等的修缮，修缮工程等文物保护工程按照文物保护单位级别实行分级管理，文物行政部门为审批机关

适用范围	法律文件	规定
不需要办理施工许可证的建设工程	《建筑法》	军用房屋建筑工程建筑活动的具体管理办法，由国务院、中央军事委员会依据本法制定
		国务院建设行政主管部门确定的限额以下的小型工程
		抢险救灾及其他临时性房屋建筑和农民自建低层住宅的建筑活动
	《建筑工程施工许可管理办法》	工程投资额在 30 万元以下的建筑工程
		建筑面积在 300 平方米以下的建筑工程
		省、自治区、直辖市人民政府住房城乡建设主管部门可以根据当地的实际情况，对限额进行调整，并报国务院住房城乡建设主管部门备案
不重复办理施工许可证的建设工程	《建筑法》	按照国务院规定的权限和程序批准开工报告的建筑工程

2．施工许可证的申请主体和法定申请条件

按照国家有关规定向工程所在地县级以上人民政府建设行政主管部门申请领取施工许可证的主体是建设单位。建设工程实施代建模式，代建单位全面代表建设单位履行职责的，可以根据实际情况以自己的名义申请领取施工许可证，也可以在施工许可证中建设单位之后注明代建单位的身份。

1）施工许可证

法定批准条件总表

	《建筑法》	《建筑工程施工许可管理办法》
法定批准条件	已经办理该建筑工程用地批准手续	依法应当办理用地批准手续的，已经办理该建筑工程用地批准手续
	已经取得规划许可证	依法应当办理建设工程规划许可证的，已经取得建设工程规划许可证
	进度符合施工要求	施工场地已经基本具备施工条件，需要征收房屋的，其进度符合施工要求
	已经确定建筑施工企业	已经确定施工企业
	资金安排、施工图纸及技术资料	有满足施工需要的资金安排、施工图纸及技术资料，建设单位应当提供建设资金已经落实承诺书，施工图设计文件已按规定审查合格
	有保证工程质量和安全的具体措施	有保证工程质量和安全的具体措施
	法律、行政法规规定的其他条件	法律、行政法规规定的其他条件

2）施工许可证

法定批准条件详表

法定批准条件	法律文件	规定
建筑工程用地批准手续	《土地管理法》	经批准的建设项目需要使用国有建设用地的，必须依法申请使用国有土地

法定批准条件	法律文件	规定
建筑工程用地批准手续	《土地管理法》	建设用地是指建造建筑物、构筑物的土地，包括城乡住宅和公共设施用地、工矿用地、交通水利设施用地、旅游用地、军事设施用地等
		向有批准权的县级以上人民政府自然资源主管部门提出建设用地申请
		经自然资源主管部门审查，报本级人民政府批准
规划许可证批准手续	《城乡规划法》	划拨方式，在取得建设用地规划许可证后，方可向县级以上地方人民政府土地主管部门申请用地
		出让方式，在取得建设项目的批准、核准、备案文件和签订国有土地使用权出让合同后，向城市、县人民政府城乡规划主管部门领取建设用地规划许可证
		在城市、镇规划区内进行建筑物、构筑物、道路、管线和其他工程建设的，建设单位或者个人应当向城市、县人民政府城乡规划主管部门或者省、自治区、直辖市人民政府确定的镇人民政府申请办理建设工程规划许可证
施工场地条件等	《民法典·物权编》等	已进行场区的施工测量，设置永久性经纬坐标桩、水准基桩和工程测量控制网
		搞好"三通一平"或"五通一平"或"七通一平"
		具备施工使用的生产基地和生活基地
		强化安全管理和安全教育，在施工现场要设安全纪律牌、施工公告牌、安全标志牌
		由监理单位出具"施工场地已具备施工条件的证明"
		涉及公共利益的需要，已经依照法律规定的权限和程序征收集体所有的土地和单位、个人的房屋及其他不动产的
已经确定施工企业	《建筑法》《建筑工程施工许可管理办法》等	具备相应资质的施工企业
		依法通过招标或直接发包的方式确定
		签订建设工程承包合同
建设资金安排落实	《建筑法》《建筑工程施工许可管理办法》	有满足施工需要的资金安排
		建设单位应当提供建设资金已经落实承诺书
施工图纸及技术资料	《建设工程勘察设计管理条例》《建设工程质量管理条例》	施工图设计文件，应当满足设备材料采购、非标准设备制作和施工的需要，并注明建设工程合理使用年限
		具有地形、地质、水文、气象等自然条件资料和主要原材料、燃料来源、水电供应和运输条件等技术经济条件资料
		已按规定进行施工图设计文件审查
保证工程质量和安全的具体措施	《建设工程质量管理条例》	建设单位在开工前，应当按照国家有关规定办理工程质量监督手续，工程质量监督手续可以与施工许可证或者开工报告合并办理
	《建设工程安全生产管理条例》	应当提供建设工程有关安全施工措施的资料
	《建筑工程施工许可管理办法》	施工企业编制的施工组织设计中有根据建筑工程特点制定的相应质量、安全技术措施
		建立工程质量安全责任制并落实到人

法定批准条件	法律文件	规定
保证工程质量和安全的具体措施	《建筑工程施工许可管理办法》	专业性较强的工程项目编制了专项质量、安全施工组织设计
		按照规定办理了工程质量、安全监督手续

3．延期开工、核验和重新办理批准的规定

事项		程序规定
延期开工、核验和重新办理批准	申请延期	因故不能按期开工的，应当向发证机关申请延期
		延期以两次为限，每次不超过 3 个月
		既不开工又不申请延期或者超过延期时限的，施工许可证自行废止
	核验施工许可证	中止施工，是指建设工程开工后，在施工过程中因特殊情况的发生而中途停止施工
		在建的建筑工程因故中止施工的，建设单位应当自中止施工之日起 1 个月内，向发证机关报告，并按照规定做好建筑工程的维护管理工作。报告内容包括中止施工的时间、原因、在施部位、维修管理措施等
		建筑工程恢复施工时，应当向发证机关报告
		中止施工满 1 年的工程恢复施工前，建设单位应当报发证机关核验施工许可证
		经核验符合条件的，应允许恢复施工，施工许可证继续有效
		经核验不符合条件的，应当收回其施工许可证，不允许恢复施工，待条件具备后，由建设单位重新申领施工许可证
	重新办理批准手续	按照国务院有关规定批准开工报告的建筑工程，因故不能按期开工或者中止施工的，应当及时向批准机关报告情况
		因故不能按期开工超过 6 个月的，应当重新办理开工报告的批准手续

一　**单项选择题**

1．根据《建筑工程施工许可管理办法》，关于资金安排落实的说法，正确的是（　　）。

　　A．一年以上的项目，到位资金不低于 30%

　　B．不足一年的项目，到位资金不低于 50%

　　C．建设单位应当提供建设资金已经落实承诺书

　　D．项目规模较小的，可以不做资金安排

2．根据《建筑法》，下列工程中，建筑工程开工前可以不申请领取施工许可证的是（　　）。

　　A．确定的 200 万元以下的工程　　B．确定的 100 万元以下的工程

　　C．确定的限额以下的小型工程　　D．确定的限额以上的工程

3．凡工程投资额在（　　）以下或者建筑面积在 300 平方米以下的建筑工程，可

以不申请办理施工许可证。

  A．30 万元   B．50 万元

  C．100 万元   D．300 万元

  4.《建筑法》规定，取得开工报告的建筑工程，因故不能按期开工时，建设单位应当及时向批准机关报告情况。如果因故不能按期开工超过（ ）的，应当重新办理开工报告的批准手续。

  A．1 个月   B．3 个月

  C．6 个月   D．12 个月

  5. 建筑工程在施工过程中，建设单位或者施工单位发生变更的，应当（ ）施工许可证。

  A．更换   B．退还

  C．注销   D．重新申请领取

  6. 根据《建筑法》，建筑工程实行施工许可制度，办理施工许可证的申请由（ ）提出。

  A．建设单位   B．施工企业

  C．全过程咨询单位   D．设计单位

  7. 根据《建筑工程施工许可管理办法》，关于施工许可行政处罚的说法，正确的是（ ）。

  A．施工许可行政处罚仅对单位实施

  B．直接责任人员受到的处罚仅限于罚款

  C．对直接责任人员处单位罚款数额的 2%～5%

  D．单位受到处罚的，作为不良行为记录予以通报

  8. 建设单位取得施工许可证后，若不能按期开工，应当向发证机关申请延期，每次延期不超过（ ）个月。

  A．1   B．2

  C．3   D．4

  9. 关于保证工程质量和安全的具体措施的说法，错误的是（ ）。

  A．施工企业审批的施工组织设计中有根据建筑工程特点制定的相应质量、安全技术措施

  B．建立工程质量安全责任制并落实到人

  C．专业性较强的工程项目编制了专项质量、安全施工组织设计

  D．办理了工程质量、安全监督手续

  10. 按照国务院有关规定批准开工报告的建筑工程，因故不能按期开工超过 6 个月的，建设单位应当（ ）手续。

  A．申请办理开工延期 B．重新办理开工报告的批准

  C．申请办理退回闲置土地 D．核验开工报告批准

  11. 关于施工许可中"已经确定施工企业"的说法正确的是（ ）。

  A．已与施工企业签署合作意向

  B．评标结果已公示

C．施工合同已签订

D．施工合同已向建设行政主管部门备案

12．关于施工许可"保证工程质量安全的具体措施"，说法正确的是（　　　）。

A．办理质量监督手续之前，应当先行申领施工许可证

B．施工企业应当具备相应资质

C．由监理单位出具"施工场地已具备施工条件的证明"

D．建立工程质量安全责任制并落实到人

13．应当委托监理的工程是（　　　）。

A．成片开发建设的住宅小区工程

B．公用事业工程

C．利用对口帮扶城市援助资金的工程

D．工业项目

14．关于施工许可中"资金落实"的说法，正确的是（　　　）。

A．资金必须 100% 到位

B．必须为自有资金

C．建设单位上级单位出具的到位资金证明

D．建设单位应当提供建设资金已经落实承诺书

15．关于建筑工程中止和恢复施工的说法，正确的是（　　　）。

A．建筑工程可以无任何理由而中止

B．建筑工程中止施工的，应当提前 1 个月向发证机关报告

C．建筑工程中止施工后，应当做好建筑工程的维护管理工作

D．建筑工程恢复施工之日起 1 个月内，应当向发证机关报告

二　多项选择题

1．建设单位申请领取施工许可证的，（　　　）应当与依法签订的施工承包合同一致。

A．工程名称　　　　　　　　B．地点

C．规模　　　　　　　　　　D．资质

E．资金

2．申请领取建筑工程施工许可证应具备的条件有（　　　）。

A．建设资金已经落实

B．按照规定应该委托监理的工程已委托监理

C．按照规定应该招标的工程虽没有招标，但已确定施工企业

D．有保证工程质量和安全的具体措施

E．需要征收房屋的，其进度符合施工要求

3．关于建筑工程施工许可的说法，正确的有（　　　）。

A．工程因故中止施工，建设单位应在中止施工之日起 1 个月内向原发证机关报告

B．中止施工 6 个月以上的工程恢复施工前，应重新核验施工许可证

C. 因故不能在领取施工许可证后的 3 个月内开工时，可以申请延期

D. 须取得所在地县级以上人民政府建设行政主管部门审批的施工许可证，方可施工

E. 建设行政主管部门应当在接到办理施工许可证申请后 30 日内审批施工许可证

4. 某高技术产业园区一期建设已竣工交付使用，拟进行二期建设，则应具备的条件有（   ）。

A. 已经办理用地批准手续

B. 已经委托监理企业

C. 有满足施工需要的施工图纸及技术资料

D. 拆迁工作已经完成

E. 建设资金已经落实

5. 申请办理施工许可证的程序包括（   ）。

A. 建设单位领取申请表　　　　B. 建设单位提出申请

C. 发证机关作出决定　　　　　D. 许可证管理

E. 审核开工报告是否符合条件

【答案与解析】

一、单项选择题

1. C;　　2. C;　　3. A;　　4. C;　　*5. D;　　6. A;　　7. D;　　*8. C;

*9. A;　　10. B;　　*11. C;　　12. D;　　13. A;　　14. D;　　15. C

【解析】

5.【答案】D

不同的建设单位或者施工单位，对施工许可需要满足条件的符合性不同。因此，建设单位或者施工单位发生变更后，可能对施工许可造成实质性影响，应当重新向建设行政主管部门申请，由建设行政主管部门重新进行审查。符合条件的，颁发施工许可证。

8.【答案】C

依据《建筑法》，建设单位应当自领取施工许可证之日起 3 个月内开工。因故不能按期开工的，应当向发证机关申请延期；延期以两次为限，每次不超过 3 个月。既不开工又不申请延期或者超过延期时限的，施工许可证自行废止。选项 C 的 3 个月与开工期限容易混淆。

9.【答案】A

《建筑工程施工许可管理办法》规定，施工企业编制的施工组织设计中有根据建筑工程特点制定的相应质量、安全技术措施。建立工程质量安全责任制并落实到人。专业性较强的工程项目编制了专项质量、安全施工组织设计，并按照规定办理了工程质量、安全监督手续。施工组织设计由建设单位或其委托的监理单位审批，因此选项 A 有误。故本题答案为选项 A。

11.【答案】C

与施工企业签署合作意向并不能确定该工程由该施工企业承担，A 选项不正确。评标结果虽已公示，存在 1～3 名中标候选人，但由于公示期未满，故也不能确定中标人，选项 B 不正确。在我国，施工合同备案不是合同生效法定要件，我国也取消了施工合同备案，故选项 D 不正确。按照《民法典》，合同通常自双方签字盖章之日起生效，故选项 C 正确。

二、多项选择题

*1. A、B、C；   2. D、E；   3. A、C；   4. A、C；

*5. A、B、C、D

【解析】

1.【答案】A、B、C

施工许可证的申领主体是建设单位，而不是施工单位，因此并无资质要求，选项 D 不正确。施工许可证对合同价格提出了要求。资金的涵义较广，包括但不限于施工等费用，故选项 E 不正确。

5.【答案】A、B、C、D

《建筑工程施工许可管理办法》规定，申请办理施工许可证，应当按照下列程序进行：（1）建设单位领取申请表；（2）建设单位提出申请；（3）发证机关作出决定；（4）许可证管理规定。此外《建筑工程施工许可管理办法》规定，按照国务院规定的权限和程序批准开工报告的建筑工程，不再领取施工许可证，故选项 E 不正确。

第4章 建设工程发承包法律制度

4.1 建设工程发承包的一般规定

复习要点

《建筑法》是对国家建筑活动进行监督管理的基本法，其对建筑工程的发包与承包作了一般规定。从程序看，建设工程发包可以分为招标发包和非招标方式发包两大类型。建筑工程依法实行招标发包，对不适于招标发包的可以直接发包；政府采购工程，按照《招标投标法》及其实施条例必须进行招标的工程建设项目以外的项目，应当采用法律法规规定的非招标采购方式。

1. 建设工程总承包

建设工程总承包是指承包单位按照与建设单位签订的合同，对工程设计、采购、施工或者设计、施工等阶段实行总承包，并对工程的质量、安全、工期和造价等全面负责的工程建设组织实施方式。

建设工程总承包的具体模式	（1）设计采购施工（EPC）/交钥匙工程总承包
	（2）设计－施工总承包（D-B）模式
	（3）工程总承包还可采用设计－采购总承包（E-P）和采购－施工总承包（P-C）等方式

2. 建设工程总承包项目的发包

建设单位依法采用招标或者直接发包等方式选择工程总承包单位。

违法发包	
概念	违法发包是指建设单位将工程发包给个人或不具有相应资质的单位、支解发包、违反法定程序发包及其他违反法律法规规定发包的行为
违法发包的几种具体情形	（1）建设单位将工程发包给个人的
	（2）建设单位将工程发包给不具有相应资质的单位的
	（3）依法应当招标未招标或未按照法定招标程序发包的
	（4）建设单位设置不合理的招标投标条件，限制、排斥潜在投标人或者投标人的
	（5）建设单位将一个单位工程的施工分解成若干部分发包给不同的施工总承包或专业承包单位的

3. 建设工程总承包项目的风险分担

工程总承包项目中，由建设单位承担的风险主要包括的情形	（1）主要工程材料、设备、人工价格与招标时基期价相比，波动幅度超过合同约定幅度的部分
	（2）因国家法律法规政策变化引起的合同价格的变化
	（3）不可预见的地质条件造成的工程费用和工期的变化
	（4）因建设单位原因产生的工程费用和工期的变化
	（5）不可抗力造成的工程费用和工期的变化

4. 建设工程总承包的法律责任

事项	主体	内容
质量责任	建设单位要求	建设单位不得迫使工程总承包单位以低于成本的价格竞标，不得明示或者暗示工程总承包单位违反工程建设强制性标准、降低建设工程质量，不得明示或者暗示工程总承包单位使用不合格的建筑材料、建筑构配件和设备
	工程总承包单位要求	工程总承包单位应当对其承包的全部建设工程质量负责，分包单位对其分包工程的质量负责，分包不免除工程总承包单位对其承包的全部建设工程所负的质量责任。工程总承包单位、工程总承包项目经理依法承担质量终身责任
	项目经理要求	工程总承包项目强调设计施工深度融合，旨在优化管理、提高效率、节约成本，项目管理难度大，对项目经理要求高。 《房屋建筑和市政基础设施项目工程总承包管理办法》第20条规定，工程总承包项目经理应当具备下列条件：（1）取得相应工程建设类注册执业资格，包括注册建筑师、勘察设计注册工程师、注册建造师或者注册监理工程师等；未实施注册执业资格的，取得高级专业技术职称；（2）担任过与拟建项目相类似的工程总承包项目经理、设计项目负责人、施工项目负责人或者项目总监理工程师；（3）熟悉工程技术和工程总承包项目管理知识以及相关法律法规、标准规范；（4）具有较强的组织协调能力和良好的职业道德。工程总承包项目经理不得同时在两个或者两个以上工程项目担任工程总承包项目经理、施工项目负责人
安全责任	建设单位要求	建设单位不得对工程总承包单位提出不符合建设工程安全生产法律、法规和强制性标准规定的要求，不得明示或者暗示工程总承包单位购买、租赁、使用不符合安全施工要求的安全防护用具、机械设备、施工机具及配件、消防设施和器材
	工程总承包单位要求	工程总承包单位对承包范围内工程的安全生产负总责。分包单位应当服从工程总承包单位的安全生产管理，分包单位不服从管理导致生产安全事故的，由分包单位承担主要责任，分包不免除工程总承包单位的安全责任

5. 建设工程共同承包

事项	内容
定义	共同承包系由两个或两个以上承包单位临时组成联合体，以同一承包人身份共同承揽项目的行为，在组织上具有合意性和临时性，对外责任上具有连带性。《建筑法》《招标投标法》《政府采购法》中均有关于共同承包的规定
适用范围	《建筑法》第27条规定，大型建筑工程或者结构复杂的建筑工程，可以由两个以上的承包单位联合共同承包
资质要求	在工程总承包项目中，工程总承包单位应当同时具有与工程规模相适应的工程设计资质和施工资质，或者由具有相应资质的设计单位和施工单位组成联合体进行承包。 两个以上不同资质等级的单位实行联合共同承包的，应当按照资质等级低的单位的业务许可范围承揽工程
责任	共同承包的各方对承包合同的履行承担连带责任
共同投标协议	在采用招标投标方式缔结合同时，依据《招标投标法》，两个以上法人或者其他组织应当在投标阶段即组成联合体，签订共同投标协议，明确约定各方拟承担的工作和责任，并将共同投标协议连同投标文件一并提交招标人，以一个投标人的身份共同投标。 共同投标协议，是明确联合体各方分工和责任的基础文件。联合体中标的，联合体各方应当共同与招标人签订合同，就中标项目向招标人承担连带责任；对内，共同投标协议是联合体成员责任确定的重要依据。 招标人不得强制投标人组成联合体共同投标，不得限制投标人之间的竞争

6. 建设工程分包

事项		内容
分包	基本规定	根据《民法典》第791条，总承包人或者勘察、设计、施工承包人经发包人同意，可以将自己承包的部分工作交由第三人完成
	条件	（1）承包人不得将其承包的全部建设工程转包给第三人或者将其承包的全部建设工程支解以后以分包的名义分别转包给第三人。如有该情形，则构成转包。 （2）禁止承包人将工程分包给不具备相应资质条件的单位。分包单位应当符合建筑市场资质管理制度要求。 （3）建设工程主体结构的施工必须由承包人自行完成。 （4）禁止分包单位将其承包的工程再分包。 （5）经发包人同意。除总承包合同中已有约定的分包外，必须经建设单位认可
	分包的合同缔结方式	《房屋建筑和市政基础设施项目工程总承包管理办法》第21条规定："工程总承包单位可以采用直接发包的方式进行分包。但以暂估价形式包括在总承包范围内的工程、货物、服务分包时，属于依法必须进行招标的项目范围且达到国家规定规模标准的，应当依法招标。"
	违法分包的情形	（1）单位将其承包的工程分包给个人的；（2）施工总承包单位或专业承包单位将工程分包给不具备相应资质单位的；（3）施工总承包单位将施工总承包合同范围内工程主体结构的施工分包给其他单位的，钢结构工程除外；（4）专业分包单位将其承包的专业工程中非劳务作业部分再分包的；（5）专业作业承包人将其承包的劳务再分包的；（6）专业作业承包人除计取劳务作业费外，还计取主要建筑材料款和大中型施工机械设备、主要周转材料费用的
	责任	分包人就其完成的工作成果与总承包人或者勘察、设计、施工承包人向发包人承担连带责任
转包	概念	转包，是指承包单位承包工程后，不履行合同约定的责任和义务，将其承包的全部工程或者将其承包的全部工程支解后以分包的名义分别转给其他单位或个人施工的行为
	应当认定为转包的情形	（1）承包单位将其承包的全部工程转给其他单位（包括母公司承接建筑工程后将所承接工程交由具有独立法人资格的子公司施工的情形）或个人施工的。 （2）承包单位将其承包的全部工程支解以后，以分包的名义分别转给其他单位或个人施工的。 （3）施工总承包单位或专业承包单位未派驻项目负责人、技术负责人、质量管理负责人、安全管理负责人等主要管理人员，或派驻的项目负责人、技术负责人、质量管理负责人、安全管理负责人中一人及以上与施工单位没有订立劳动合同且没有建立劳动工资和社会养老保险关系，或派驻的项目负责人未对该工程的施工活动进行组织管理，又不能进行合理解释并提供相应证明的。 （4）合同约定由承包单位负责采购的主要建筑材料、构配件及工程设备或租赁的施工机械设备，由其他单位或个人采购、租赁，或施工单位不能提供有关采购、租赁合同及发票等证明，又不能进行合理解释并提供相应证明的。 （5）专业作业承包人承包的范围是承包单位承包的全部工程，专业作业承包人计取的是除上缴给承包单位"管理费"之外的全部工程价款的。 （6）承包单位通过采取合作、联营、个人承包等形式或名义，直接或变相将其承包的全部工程转给其他单位或个人施工的。 （7）专业工程的发包单位不是该工程的施工总承包或专业承包单位的，但建设单位依约作为发包单位的除外。 （8）专业作业的发包单位不是该工程承包单位的。 （9）施工合同主体之间没有工程款收付关系，或者承包单位收到款项后又将款项转拨给其他单位和个人，又不能进行合理解释并提供材料证明的。前述几种情形中有证据证明属于挂靠或者其他违法行为的则以挂靠或其他违法行为认定

事项		内容
挂靠	概念	挂靠是指单位或个人以其他有资质的施工单位的名义承揽工程，包括参与投标、订立合同、办理有关施工手续、从事施工等活动
	应当认定为挂靠的情形	（1）没有资质的单位或个人借用其他施工单位的资质承揽工程的；（2）有资质的施工单位相互借用资质承揽工程的，包括资质等级低的借用资质等级高的，资质等级高的借用资质等级低的，相同资质等级相互借用的；（3）前述转包情形第（3）至（9）项规定的情形，有证据证明属于挂靠。也即，前述转包情形第（3）至（9）项的违法情形中，如有证据表明构成挂靠的，则以挂靠论处；如不足以认定为挂靠的，则以转包认定

一 单项选择题

1. 根据《建筑工程施工发包与承包违法行为认定查处管理办法》，下列不属于违法发包的情形是（　　　）。

   A．建设单位将工程发包给不具有相应资质或安全生产许可的施工单位的

   B．未履行法定发包程序，包括应当依法进行招标未招标，应当申请直接发包未申请或申请未核准的

   C．建设单位将一个单位工程的施工分解成若干部分发包给不同的施工总承包或专业承包单位的

   D．将建筑工程发包给依法中标的承包单位的

2. 关于工程总承包，下列说法正确的是（　　　）。

   A．工程总承包是指发包人将全部施工任务发包给具有施工总承包资质的建筑业企业

   B．工程总承包由施工总承包企业按照合同的约定向建设单位负责，承包完成施工任务

   C．工程总承包由工程总承包企业与建设单位签订合同

   D．施工总承包是对工程项目的设计、采购、施工等实行全过程的承包

3. 关于工程总承包，下列说法正确的是（　　　）。

   A．建设单位不得自行对工程总承包项目进行管理

   B．监理单位不得做项目管理单位

   C．建设单位可以依法采用招标或者直接发包的方式选择工程总承包企业

   D．工程总承包项目不得采用成本加酬金合同

4. 关于工程总承包企业的基本要求，下列说法正确的是（　　　）。

   A．工程总承包企业不得自行实施设计和施工

   B．工程承包企业不得直接将工程项目的设计或者施工业务择优分包给具有相应资质的企业

   C．工程总承包企业自行实施施工的，可以将工程总承包项目工程主体结构的施工业务分包给其他单位

   D．工程总承包企业自行实施设计的，不得将工程总承包项目工程主体部分的

设计业务分包给其他单位

5. 关于共同承包，下列说法正确的是（　　）。

　　A．共同承包最多只能由两个单位组成联合体

　　B．不需要联合体中每一个单位都具有承包资质

　　C．大型建筑工程或者结构复杂的建筑工程，必须由两个以上的承包单位联合共同承包

　　D．共同承包的各方对承包合同的履行承担连带责任

6. 关于工程总承包企业的责任，下列说法正确的是（　　）。

　　A．建筑工程总承包单位按照总承包合同的约定对建设单位负责

　　B．总承包单位和分包单位就分包工程对建设单位承担按份责任

　　C．建设工程实行总承包的，分包单位应当对全部建设工程质量负责

　　D．总承包单位和分包单位就分包工程对建设单位承担无过错责任

7. 关于可以分包的工程范围，下列说法正确的是（　　）。

　　A．只要施工总承包企业具有资质，就不需要接受其分包的公司具有资质

　　B．承包单位可以将其承包的全部建筑工程支解以后以分包的名义分别转包给他人

　　C．施工总承包的，建筑工程主体结构的施工必须由总承包单位自行完成

　　D．承包单位可以将其承包的全部建筑工程转包给他人

8. 关于工程分包，下列说法正确的是（　　）。

　　A．中标人可以向他人转让中标项目

　　B．中标人可以将中标项目支解后分别向他人转让

　　C．接受分包的人就分包项目承担按份责任

　　D．接受分包的人应当具备相应的资格条件

二 多项选择题

1. 关于工程总承包，下列说法正确的有（　　）。

　　A．工程总承包企业应当具有与工程规模相适应的工程设计资质或者施工资质

　　B．工程总承包项目经理应当取得工程建设类注册执业资格或者高级专业技术职称

　　C．工程总承包企业可以在其资质证书许可的工程项目范围内自行实施设计和施工

　　D．工程总承包企业可以将工程总承包项目转包

　　E．工程总承包企业可以挂靠使用与工程规模相适应的工程设计资质或者施工资质

2. 下列选项中属于违法分包的情形有（　　）。

　　A．总承包单位将建设工程分包给不具备相应资质条件的单位的

　　B．分包单位将其承包的建设工程再分包的

　　C．总承包单位对其承包建设工程的主体工程进行分包的

D. 任何情形下，承包单位将其承包的部分建设工程交由其他单位完成的

E. 总承包单位将其承包的工程分包的

3. 下列选项中属于挂靠的行为有（　　）。

A. 没有资质的单位或个人借用其他施工单位的资质承揽工程的

B. 总承包单位将建设工程分包给不具备相应资质条件的单位的

C. 专业工程的发包单位不是该工程的施工总承包或专业承包单位的

D. 资质等级高的施工单位借用资质等级低的

E. 分包单位将其承包的建设工程再分包的

4. 下列选项中，在工程总承包项目中，属于由建设单位承担的风险主要有（　　）。

A. 主要工程材料、设备、人工价格与招标时基期价相比，波动幅度超过合同约定幅度的部分

B. 因国家法律法规政策变化引起的合同价格的变化

C. 不可预见的地质条件造成的工程费用和工期的变化

D. 因工程总承包单位原因产生的工程费用和工期的变化

E. 不可抗力造成的工程费用和工期的变化

【答案与解析】

一、单项选择题

1. D;　　2. C;　　3. C;　　*4. D;　　*5. D;　　6. A;　　7. C;　　8. D

【解析】

4.【答案】D

工程总承包企业可以在其资质证书许可的工程项目范围内自行实施设计和施工，也可以根据合同约定或者经建设单位同意，将设计和施工任务依法发包，因此选项A、B错误。工程总承包企业自行实施设计的，不得将工程总承包项目工程主体部分的设计业务分包给其他单位。工程总承包企业自行实施施工的，不得将工程总承包项目工程主体结构的施工业务分包给其他单位，因此选项C错误，选项D正确。

5.【答案】D

共同承包是指由两个以上具备承包资格的单位共同组成非法人的联合体，以共同的名义对工程进行承包的行为，因此选项A、B错误；选项C应当为，大型建筑工程或者结构复杂的建筑工程，可以由两个以上的承包单位联合共同承包，是可以而非应当，因此选项C错误，选项D正确。

二、多项选择题

1. A、B、C;　　　　2. A、B、C;　　　　3. A、D;　　　　4. A、B、C、E

4.2 建设工程招标投标制度

复习要点

1．建设工程法定招标的范围

事项	内容	
法定招标的总体范围	《招标投标法》规定，在我国境内进行下列工程建设项目，包括项目的勘察、设计、施工、监理以及与工程建设有关的重要设备、材料等的采购，必须进行招标	
法定招标的具体范围	大型基础设施、公用事业等关系社会公共利益、公众安全的项目	（1）煤炭、石油、天然气、电力、新能源等能源基础设施项目；（2）铁路、公路、管道、水运，以及公共航空和A1级通用机场等交通运输基础设施项目；（3）电信枢纽、通信信息网络等通信基础设施项目；（4）防洪、灌溉、排涝、引（供）水等水利基础设施项目；（5）城市轨道交通等城建项目
	全部或者部分使用国有资金投资或者国家融资的项目	（1）使用预算资金200万元人民币以上，并且该资金占投资额10%以上的项目，预算资金是指《预算法》规定的预算资金，包括一般公共预算资金、政府性基金预算资金、国有资本经营预算资金、社会保险基金预算资金；（2）使用国有企业事业单位资金，并且该资金占控股或者主导地位的项目
	使用国际组织或者外国政府贷款、援助资金的项目	（1）使用世界银行、亚洲开发银行等国际组织贷款、援助资金的项目；（2）使用外国政府及其机构贷款、援助资金的项目

2．特殊情况下可以不招标的建设项目

法律文件	具体规定
《招标投标法》	涉及国家安全、国家秘密、抢险救灾或者属于利用扶贫资金实行以工代赈、需要使用农民工等特殊情况，不适宜进行招标的项目，按照国家有关规定可以不进行招标
《招标投标法实施条例》《工程建设项目施工招标投标办法》	（1）需要采用不可替代的专利或者专有技术； （2）采购人依法能够自行建设、生产或者提供； （3）已通过招标方式选定的特许经营项目投资人依法能够自行建设、生产或者提供； （4）需要向原中标人采购工程、货物或者服务，否则将影响施工或者功能配套要求； （5）承包商、供应商或者服务提供者少于三家，不能形成有效竞争； （6）国家规定的其他特殊情形

3．建设工程招标方式

建设工程招标方式分为公开招标和邀请招标两种。

1）公开招标

公开招标是指招标人以招标公告的方式邀请不特定的法人或者其他组织投标。公开招标最基本的含义是：（1）招标人以招标公告的方式邀请投标；（2）可以参加投标的法人或者其他组织是不特定的。从招标的本质来讲，这种招标方式是最符合招标的宗旨的。

2）邀请招标

邀请招标是指招标人以投标邀请书的方式邀请特定的法人或者其他组织投标。邀请招标必须向三个以上的潜在投标人发出邀请。并且被邀请的法人或者其他组织必须具

备以下条件：（1）具备承担招标项目的能力，如施工招标，被邀请的施工企业必须具备与招标项目相应的施工资质等级；（2）资信良好。

4．招标投标公平竞争审查规则

《招标投标领域公平竞争审查规则》，要求对拟制定的招标投标领域涉及经营主体经济活动的规章、行政规范性文件、其他政策性文件以及具体政策措施是否存在排除、限制竞争情形进行审查评估。需要掌握政策制定机关应当遵循的在尊重和保障招标人的自主权、落实全国统一的市场准入条件、在标准招标文件和标准资格预审中设置的内容、尊重和保障招标人定标权、信用评价中不得制定的政策措施、不得设置不合理限制保证金的政策措施等方面的审查标准。

5．创新招标投标机制

掌握《国务院办公厅关于创新完善体制机制推动招标投标市场规范健康发展的意见》的内容，包括完善招标投标制度体系、落实招标人主体责任、完善评标定标机制、推进数字化智能化转型升级、加强协同高效监督管理、营造规范有序市场环境、提升招标投标政策效能等内容。

6．招标要求

事项		内容
审批与资金		招标项目按照国家有关规定需要履行项目审批手续的，应当先履行审批手续，取得批准。 招标人应当有进行招标项目的相应资金或者资金来源已经落实，并应当在招标文件中如实载明
资格审查	资格预审	招标人采用资格预审办法对潜在投标人进行资格审查的，应当发布资格预审公告、编制资格预审文件。招标人应当按照资格预审公告、招标公告或者投标邀请书规定的时间、地点发售资格预审文件或者招标文件
	资格后审	招标人采用资格后审办法对投标人进行资格审查的，应当在开标后由评标委员会按照招标文件规定的标准和方法对投标人的资格进行审查
招标文件要求		包括招标项目的技术要求、对投标人资格审查的标准、投标报价要求和评标标准等所有实质性要求和条件以及拟签订合同的主要条款
澄清或者修改		澄清或者修改的内容可能影响资格预审申请文件或者投标文件编制的，招标人应当在提交资格预审申请文件截止时间至少3日前，或者投标截止时间至少15日前，以书面形式通知所有获取资格预审文件或者招标文件的潜在投标人；不足3日或者15日的，招标人应当顺延提交资格预审申请文件或者投标文件的截止时间
投标有效期		招标人应当在招标文件中载明投标有效期。投标有效期从提交投标文件的截止之日起算
投标保证金		招标人在招标文件中要求投标人提交投标保证金的，投标保证金不得超过招标项目估算价的2%。施工、货物招标的，投标保证金最高不得超过80万元人民币；勘察、设计等服务招标的，投标保证金最高不得超过10万元人民币
两阶段招标	第一阶段	投标人按照招标公告或者投标邀请书的要求提交不带报价的技术建议，招标人根据投标人提交的技术建议确定技术标准和要求，编制招标文件
	第二阶段	招标人向在第一阶段提交技术建议的投标人提供招标文件，投标人按照招标文件的要求提交包括最终技术方案和投标报价的投标文件。招标人要求投标人提交投标保证金的，应当在第二阶段提出
编制投标文件时间		招标人应当确定投标人编制投标文件所需要的合理时间；但是，依法必须进行招标的项目，自招标文件开始发出之日起至投标人提交投标文件截止之日止，最短不得少于20日

事项	内容
不合理的条件	招标人不得以不合理的条件限制、排斥潜在投标人或者投标人。 （1）就同一招标项目向潜在投标人或者投标人提供有差别的项目信息；（2）设定的资格、技术、商务条件与招标项目的具体特点和实际需要不相适应或者与合同履行无关；（3）依法必须进行招标的项目以特定行政区域或者特定行业的业绩、奖项作为加分条件或者中标条件；（4）对潜在投标人或者投标人采取不同的资格审查或者评标标准；（5）限定或者指定特定的专利、商标、品牌、原产地或者供应商；（6）依法必须进行招标的项目非法限定潜在投标人或者投标人的所有制形式或者组织形式；（7）以其他不合理条件限制、排斥潜在投标人或者投标人
终止招标	招标人终止招标的，应当及时发布公告，或者以书面形式通知被邀请的或者已经获取资格预审文件、招标文件的潜在投标人

7. 投标要求

事项	内容
投标人	与招标人存在利害关系可能影响招标公正性的法人、其他组织或者个人，不得参加投标。单位负责人为同一人或者存在控股、管理关系的不同单位，不得参加同一标段投标或者未划分标段的同一招标项目投标
投标文件要求	投标文件应当对招标文件提出的实质性要求和条件作出响应。招标项目属于建设施工的，投标文件的内容应当包括拟派出的项目负责人与主要技术人员的简历、业绩和拟用于完成招标项目的机械设备等
提交、修改、撤回和撤销	投标人应当在招标文件要求提交投标文件的截止时间前，将投标文件送达投标地点。 投标人在招标文件要求提交投标文件的截止时间前，可以补充、修改或者撤回已提交的投标文件，并书面通知招标人。补充、修改的内容为投标文件的组成部分。 投标人撤回已提交的投标文件，应当在投标截止时间前书面通知招标人。招标人已收取投标保证金的，应当自收到投标人书面撤回通知之日起5日内退还。 投标截止后投标人撤销投标文件的，招标人可以不退还投标保证金

8. 联合体投标

两个以上法人或者其他组织可以组成一个联合体，以一个投标人的身份共同投标。招标人应当在资格预审公告、招标公告或者投标邀请书中载明是否接受联合体投标。招标人接受联合体投标并进行资格预审的，联合体应当在提交资格预审申请文件前组成。资格预审后联合体增减、更换成员的，其投标无效。联合体各方均应当具备承担招标项目的相应能力；国家有关规定或者招标文件对投标人资格条件有规定的，联合体各方均应当具备规定的相应资格条件。由同一专业的单位组成的联合体，按照资质等级较低的单位确定资质等级。

联合体各方应当签订共同投标协议，明确约定各方拟承担的工作和责任，并将共同投标协议连同投标文件一并提交招标人。联合体中标的，联合体各方应当共同与招标人签订合同，就中标项目向招标人承担连带责任。招标人不得强制投标人组成联合体共同投标，不得限制投标人之间的竞争。联合体各方在同一招标项目中以自己名义单独投标或者参加其他联合体投标的，相关投标均无效。

9. 开标要求

事项	内容
开标的时间和地点	开标应当在招标文件确定的提交投标文件截止时间的同一时间公开进行；开标地点应当为招标文件中预先确定的地点
开标的参加人	开标由招标人主持，邀请所有投标人参加
投标文件的拆封	开标时，由投标人或者其推选的代表检查投标文件的密封情况，也可以由招标人委托的公证机构检查并公证；经确认无误后，由工作人员当众拆封，宣读投标人名称、投标价格和投标文件的其他主要内容。 招标人在招标文件要求提交投标文件的截止时间前收到的所有投标文件，开标时都应当当众予以拆封、宣读。 开标过程应当记录，并存档备查

10. 评标流程与要求

事项		内容
评标委员会的组成		评标由招标人依法组建的评标委员会负责。依法必须进行招标的项目，其评标委员会由招标人的代表和有关技术、经济等方面的专家组成，成员人数为五人以上单数，其中技术、经济等方面的专家不得少于成员总数的三分之二。 评标委员会成员的名单在中标结果确定前应当保密
	不得担任评标委员会成员	（1）投标人或者投标人主要负责人的近亲属；（2）项目主管部门或者行政监督部门的人员；（3）与投标人有经济利益关系，可能影响对投标公正评审的；（4）曾因在招标、评标以及其他与招标投标有关活动中从事违法行为而受过行政处罚或刑事处罚的
评标准备与初步评审		（1）招标人应当采取必要的措施，保证评标在严格保密的情况下进行。 （2）评标委员会成员应当编制供评标使用的相应表格，认真研究招标文件。 （3）评标委员会可以书面方式要求投标人对投标文件中含义不明确、对同类问题表述不一致或者有明显文字和计算错误的内容作必要的澄清、说明或者补正，但是澄清或者说明不得超出投标文件的范围或者改变投标文件的实质性内容。 （4）评标委员会应当根据招标文件规定的评标标准和方法，对投标文件进行系统的评审和比较。招标文件中没有规定的标准和方法不得作为评标的依据。 （5）评标委员会应当按照投标报价的高低或者招标文件规定的其他方法对投标文件排序
	重大偏差和细微偏差	
	重大偏差	未能对招标文件作出实质性响应，并应当作否决投标处理的偏差
	细微偏差	投标文件在实质上响应招标文件要求，但在个别地方存在漏项或者提供了不完整的技术信息和数据等情况，并且补正这些遗漏或者不完整不会对其他投标人造成不公平的结果
详细评审	最低投标价法	经评审的最低投标价法一般适用于具有通用技术、性能标准或者招标人对其技术、性能没有特殊要求的招标项目。 根据经评审的最低投标价法，能够满足招标文件的实质性要求，并且经评审的最低投标价的投标，应当推荐为中标候选人
	综合评估法	不宜采用经评审的最低投标价法的招标项目，一般应当采取综合评估法进行评审。根据综合评估法，最大限度地满足招标文件中规定的各项综合评价标准的投标，应当推荐为中标候选人

11．中标要求

事项	内容
确定中标人	招标人根据评标委员会提出的书面评标报告和推荐的中标候选人确定中标人。招标人也可以授权评标委员会直接确定中标人。在确定中标人前，招标人不得与投标人就投标价格、投标方案等实质性内容进行谈判。 排名第一的中标候选人放弃中标、因不可抗力提出不能履行合同，或者招标文件规定应当提交履约保证金而在规定的期限内未能提交，或者被查实存在影响中标结果的违法行为等情形，不符合中标条件的，招标人可以按照评标委员会提出的中标候选人名单排序依次确定其他中标候选人为中标人。依次确定其他中标候选人与招标人预期差距较大，或者对招标人明显不利的，招标人可以重新招标
中标通知书	中标人确定后，招标人应当向中标人发出中标通知书，同时通知未中标人，并与中标人在投标有效期内以及中标通知书发出之日起 30 日之内，按照招标文件和中标人的投标文件签订合同。中标通知书对招标人和中标人具有法律约束力。中标通知书发出后，招标人改变中标结果或者中标人放弃中标的，应当承担法律责任。招标人应当与中标人按照招标文件和中标人的投标文件订立书面合同。招标人与中标人不得再行订立背离合同实质性内容的其他协议
履约保证金	招标人与中标人签订合同后 5 日内，应当向中标人和未中标的投标人退还投标保证金及银行同期存款利息。 招标文件要求中标人提交履约保证金的，中标人应当按照招标文件的要求提交。履约保证金不得超过中标合同金额的 10%

12．招标投标异议处理

事项	内容
投标人和其他利害关系人认为招标投标活动不符合规定的，有权向招标人提出异议	
潜在投标人或者其他利害关系人对资格预审文件有异议的	应当在提交资格预审申请文件截止时间 2 日前提出；对招标文件有异议的，应当在投标截止时间 10 日前提出。招标人应当自收到异议之日起 3 日内作出答复；作出答复前，应当暂停招标投标活动
投标人对开标有异议的	应当在开标现场提出，招标人应当当场作出答复，并制作记录
投标人或者其他利害关系人对依法必须进行招标的项目的评标结果有异议的	应当在中标候选人公示期间提出。招标人应当自收到异议之日起 3 日内作出答复；作出答复前，应当暂停招标投标活动

13．招标投标投诉处理

事项	内容
投诉条件	投标人或者其他利害关系人认为招标投标活动不符合法律、行政法规规定的，可以自知道或者应当知道之日起 10 日内向有关行政监督部门投诉。投诉应当有明确的请求和必要的证明材料
投诉受理人	招标投标投诉受理人是招标投标的行政监督部门。各级发展改革、住房和城乡建设、水利、交通、铁道、民航、工业与信息产业（通信、电子）等招标投标活动行政监督部门，依照国务院和地方各级人民政府规定的职责分工，受理投诉并依法做出处理决定。对国家重大建设项目（含工业项目）招标投标活动的投诉，由国家发展改革委受理并依法做出处理决定
投诉处理	行政监督部门应当自收到投诉之日起 3 个工作日内决定是否受理投诉，并自受理投诉之日起 30 个工作日内作出书面处理决定；需要检验、检测、鉴定、专家评审的，所需时间不计算在内。投诉人捏造事实、伪造材料或者以非法手段取得证明材料进行投诉的，行政监督部门应当予以驳回

1. 关于建设工程法定招标的范围，下列正确的是（　　　）。

   A．使用国有企业事业单位资金的项目

   B．施工单项合同估算价在 10 万元人民币以上的项目

   C．电信枢纽、通信信息网络等通信基础设施项目

   D．承包商、供应商或者服务提供者少于三家，不能形成有效竞争的项目

2. 关于特殊情况下可不招标的范围，下列正确的是（　　　）。

   A．需要采用专利或者专有技术的项目

   B．需要使用工人的项目

   C．向不会影响功能配套要求的原中标人采购工程、货物或者服务

   D．采购人依法能够自行建设、生产或者提供的项目

3. 关于招标方式的适用范围，下列说法正确的是（　　　）。

   A．所有国有资金占控股或者主导地位的依法必须进行招标的项目都必须一律公开招标

   B．民营企业投资的依法必须招标的项目可以选择邀请招标

   C．需要邀请不特定的法人或者其他组织投标，应当采用邀请招标的方式

   D．国务院发展计划部门确定的国家重点项目和省、自治区、直辖市人民政府确定的地方重点项目不适宜公开招标的，无须经过任何审批即可进行邀请招标

4. 关于招标公告和投标邀请书，下列说法正确的是（　　　）。

   A．招标人采用公开招标方式的，可以发布招标公告

   B．招标人采用邀请招标方式的，应当向至少三个以上的任意潜在投标人发出邀请书

   C．招标人可以根据招标项目本身的要求，在招标公告或者投标邀请书中，要求潜在投标人提供有关资质证明文件和业绩情况

   D．国有资金占控股或者主导地位的依法必须进行招标的项目，一律公开招标

5. 关于建设工程招标投标交易场所，下列说法正确的是（　　　）。

   A．县级及以上地方人民政府可根据实际需要，建立统一规范的招标投标交易场所

   B．招标投标交易场所可以与行政监督部门存在隶属关系

   C．应尽快实现招标投标交易全过程电子化

   D．民间投资的不属于依法必须招标的项目，也应当进入统一平台

6. 关于联合体投标，下列说法正确的是（　　　）。

   A．只能适用于大型或结构复杂的建设项目，其他建设项目不得使用

   B．是一种特殊的招标人组织形式

   C．联合体各方应承担连带责任

   D．联合体其中一方在同一项目中以自己名义单独投标的，投标有效

7. 关于招标文件，下列说法正确的是（　　　）。

　　A．招标文件不得要求或者标明特定的生产供应者以及含有倾向或者排斥潜在投标人的其他内容

　　B．国家对招标项目的技术、标准有规定的，招标人可以按照其规定在招标文件中提出相应要求

　　C．招标人不得对已发出的资格预审文件或者招标文件进行修改

　　D．招标人不得规定最高投标限价

8. 关于对投标人资格审查，以下说法正确的是（　　　）。

　　A．评标委员会应当合理确定提交资格预审申请文件的时间

　　B．依法必须进行招标的项目提交资格预审申请文件的时间，自资格预审文件发售之日起不得少于5日

　　C．招标人采用资格后审办法对投标人进行资格审查的，应当在开标后由招标人按照招标文件规定的标准和方法对投标人的资格进行审查

　　D．招标人采用资格预审办法对潜在投标人进行资格审查的，应当发布资格预审公告、编制资格预审文件

9. 下列行为中，属于以不合理条件限制、排斥潜在投标人或者投标人的是（　　　）。

　　A．招标人组织全部潜在投标人踏勘现场

　　B．就同一招标项目向潜在投标人或者投标人提供有差别的项目信息

　　C．招标人根据评标委员会提出的书面评标报告和推荐的中标候选人确定中标人

　　D．招标人未按照招标文件规定的时间、地点开标

10. 下列对于投标人的说法，正确的是（　　　）。

　　A．投标人参加依法必须进行招标的项目的投标，受地区或者部门的限制，除此以外任何单位和个人不得非法干涉

　　B．与招标人存在利害关系可能影响招标公正性的法人、其他组织或者个人，不得参加投标

　　C．投标人发生合并、分立、破产等重大变化的，可以书面或口头告知招标人

　　D．存在控股、管理关系的不同单位，可以参加同一标段投标或者未划分标段的同一招标项目投标

11. 关于投标文件，下列说法正确的是（　　　）。

　　A．投标人应当按照招标公告或投标邀请书的要求编制投标文件

　　B．有必要时，投标文件可以不对招标文件提出的实质性要求和条件作出响应

　　C．投标人在招标文件要求提交投标文件的截止时间前，可以补充、修改或者撤回已提交的投标文件，并口头通知招标人

　　D．投标报价应当依据工程量清单、工程计价有关规定、企业定额和市场价格信息等编制

12. 关于投标文件，下列说法正确的是（　　　）。

　　A．投标文件中补充、修改的内容不是投标文件的组成部分

　　B．投标人撤回已提交的投标文件，应当在开标前书面通知招标人

C．招标人收到投标文件后，应当签收保存，不得开启

D．在招标文件要求提交投标文件的截止时间后送达的投标文件，招标人应当签收之后再退回

13．关于投标无效，下列说法中正确的是（　　）。

A．单位负责人为同一人的不同单位，可以参加同一标段投标

B．存在控股、管理关系的不同单位，可以参加同一标段投标

C．投标人不再具备资格预审文件、招标文件规定的资格条件或者其投标影响招标公正性的，其投标无效

D．存在控股、管理关系的不同单位，参加同一标段投标的，其投标有效，但没有中标资格

14．关于视为投标人相互串通投标的情形，下列正确的是（　　）。

A．提供虚假的财务状况或者业绩

B．投标人之间协商投标报价等投标文件的实质性内容

C．投标人之间约定中标人

D．不同投标人的投标文件异常一致或者投标报价呈规律性差异

15．关于联合体投标，下列正确的是（　　）。

A．两个以上法人或者其他组织可以组成一个联合体，以该联合体的身份共同投标

B．联合体可以在提交资格预审申请文件后组成

C．由同一专业的单位组成的联合体，按照资质等级较高的单位确定资质等级

D．联合体各方均应当具备承担招标项目的相应能力

16．A、B、C三公司意欲组成一个联合体参加某建设工程项目的投标，以下各项行为中会导致投标无效的是（　　）。

A．A、B、C三公司签订了一份共同投标协议，明确约定各方拟承担的工作和责任

B．资格预审后，D公司想要加入联合体，于是A、B、C三公司与之签订了合作协议

C．A、B、C三公司以一个投标人的身份共同投标

D．A、B、C三公司约定就中标项目承担连带责任

17．关于开标程序，下列说法正确的是（　　）。

A．开标应当在投标公告或投标邀请书确定的提交投标文件截止时间的同一时间公开进行

B．开标由招标人主持，随机邀请部分投标人参加

C．开标时，只能由招标人委托的公证机构检查并公证投标文件的密封情况

D．投标人对开标有异议的，应当在开标现场提出

18．关于评标委员会，下列说法正确的是（　　）。

A．评标委员会由招标人和投标人依法组建

B．评标委员会可以要求投标人对投标文件中含义不明确的内容作必要的澄清或者说明

C．评标委员会应当向招标人提出口头或书面评标报告，并推荐合格的中标候选人

D．与投标人有利害关系的人不得进入相关项目的评标委员会，已经进入的除外

19．关于评标委员会的义务，说法正确的是（　　　）。

A．评标委员会成员不得接触招标人和投标人

B．评标委员会应及时向招标人征询确定中标人的意向

C．不得接受任何单位或者个人明示或者暗示提出的倾向或者排斥特定投标人的要求

D．可以以投标报价是否接近标底作为中标条件

20．下列情形中，评标委员会应当否决其投标的是（　　　）。

A．投标文件未经投标单位盖章和单位负责人签字

B．投标报价明显高于成本

C．同一投标人提交两个以上不同的投标文件或者投标报价的所有情形

D．投标联合体已经提交了共同投标协议

21．关于中标，下列说法正确的是（　　　）。

A．评标委员会向招标人提交书面评标报告后，评标过程中使用的文件、表格以及其他资料应当暂存评审委员会处

B．中标后，招标人和中标人不得再行订立背离合同实质性内容的其他协议

C．招标人不得授权评标委员会直接确定中标人

D．中标通知书只对中标人具有法律约束力

22．关于中标的法定要求，下列说法正确的是（　　　）。

A．评标报告由评标委员会不存在异议的成员签字

B．在确定中标人前，招标人可以与投标人就投标价格、投标方案等实质性内容进行谈判

C．招标人不得授权评标委员会直接确定中标人

D．招标人根据评标委员会提出的书面评标报告和推荐的中标候选人确定中标人

23．关于中标通知书的说法，正确的是（　　　）。

A．中标人确定后，招标人应当向中标人发出中标通知书

B．招标人不需要将中标结果通知所有未中标的投标人

C．中标通知书只对招标人具有法律效力，中标人还有机会放弃中标项目

D．中标通知书发出后，招标人改变中标结果的，无需承担法律责任

24．关于履约保证金，下列说法正确的是（　　　）。

A．招标文件不应当要求中标人提交履约保证金

B．履约保证金不得低于中标合同金额的 10%

C．招标人与中标人签订合同后 5 日内，应当向未中标的投标人退还投标保证金及银行同期存款利息

D．履约保证金不得超过中标合同金额

25．关于初步评审，下列正确的是（　　　）。

A．投标文件中的大写金额和小写金额不一致的，以小写金额为准

B．招标文件应当对汇率标准和汇率风险作出规定。未作规定的，汇率风险由招标人承担

C．细微偏差应当作否决投标处理

D．拒不补正细微偏差的，在详细评审时可以对细微偏差作不利于该投标人的量化

26．关于详细评审，下列正确的是（　　　）。

A．综合评估法一般适用于具有通用技术、性能标准或者招标人对其技术、性能没有特殊要求的招标项目

B．采用经评审的最低投标价法的，评标委员会无需对投标文件的技术部分进行价格折算

C．评标委员会对各个评审因素进行量化时，可以将量化指标建立在不同基础上

D．根据综合评估法完成评标后，评标委员会应当拟定一份"标价比较表"

27．关于招标投标异议处理，下列正确的是（　　　）。

A．招标人作出异议答复前，可以不暂停招标投标活动

B．潜在投标人或者其他利害关系人对资格预审文件有异议的，应当在投标截止时间10日前提出

C．其他利害关系人认为招标投标活动不符合规定的，无权向招标人提出异议

D．投标人对开标有异议的，应当在开标现场提出，招标人应当当场作出答复，并制作记录

28．关于招标投标投诉处理，下列正确的是（　　　）。

A．投诉只需要有明确的请求，可以没有证明材料

B．招标投标投诉受理人是招标投标的行政监督部门

C．对国家重大建设项目招标投标活动的投诉，有关行业行政监督部门已经受理的，国家发展改革委仍可以受理

D．对资格预审文件、招标文件、招标过程和中标结果的异议，可以直接投诉

29．根据《招标投标领域公平竞争审查规则》，政策制定机关在尊重和保障招标人的自主权方面，可以制定的政策措施是（　　　）。

A．为招标人指定投标资格、技术、商务条件

B．为招标人指定评标委员会成员

C．规定评标的原则和方法

D．为招标人或者招标代理机构指定特定交易工具

30．根据《国务院办公厅关于创新完善体制机制推动招标投标市场规范健康发展的意见》，关于营造规范有序市场环境的说法，正确的是（　　　）。

A．应当拒绝受理恶意投诉

B．全部用电子保函方式缴纳投标保证金

C．推动招标投标纠纷多元化解

D．行政处罚裁量从轻

1. 关于公开招标，下列说法正确的有（   ）。

   A．需要采用不可替代的专利或者专有技术的项目，一律不得公开招标

   B．与工程建设有关的重要设备、材料等的采购必须公开招标

   C．公开招标是指招标人以招标公告的方式邀请不特定的法人或者其他组织投标

   D．国有资金占控股或者主导地位的依法必须进行招标的项目，应当公开招标

   E．国务院发展计划部门确定的国家重点项目不适宜公开招标的，可以进行邀请招标

2. 关于招标方式，下列说法正确的有（   ）。

   A．政府采购工程依法不进行招标的，应当以竞争性谈判或者单一来源采购方式采购

   B．任何单位和个人不得违法限制或者排斥本地区、本系统以外的法人或者其他组织参加投标

   C．国务院发展计划部门确定的国家重点项目和省、自治区、直辖市人民政府确定的地方重点项目不适宜公开招标的，可以进行邀请招标

   D．技术复杂、有特殊要求的建设工程项目必须采用邀请招标方式

   E．政府采购工程依法不进行招标的，应当以邀请招标方式进行招标

3. 关于建设工程交易场所，下列说法正确的有（   ）。

   A．设区的市级以上地方人民政府均应当建立统一规范的招标投标交易场所

   B．招标投标交易场所不得与行政监督部门存在隶属关系

   C．国家鼓励利用信息网络进行电子招标投标

   D．招标投标经营场所在特定情况下可以以营利为目的

   E．积极有序推进其他公共资源交易纳入统一平台体系

4. 关于投标文件，下列说法正确的有（   ）。

   A．招标项目属于建设施工项目的，投标文件的内容应当包括拟派出的项目负责人与主要技术人员的简历、业绩和拟用于完成招标项目的机械设备等

   B．投标报价不得低于工程成本，不得高于最高投标限价

   C．投标人根据招标文件载明的项目实际情况，拟在中标后将中标项目的部分非主体、非关键性工作进行分包的，可以不在投标文件中载明

   D．投标人在招标文件要求提交投标文件的截止时间前，可以补充、修改或者撤回已提交的投标文件，并书面通知招标人

   E．投标报价不得低于工程成本，不得低于最低投标限价

5. 下列行为属于投标人与招标人串通的违法行为的有（   ）。

   A．招标人在开标前开启投标文件并将有关信息泄露给其他投标人

   B．招标人直接或者间接向投标人泄露标底、评标委员会成员等信息

   C．不同投标人委托同一单位或者个人办理投标事宜

D．招标人明示或者暗示投标人为特定投标人中标提供方便

E．同一投标人委托不同单位或个人办理投标事宜

6．关于联合体投标，下列说法正确的有（　　　）。

A．两个以上法人或者其他组织可以组成一个联合体，以多个投标人的身份共同投标

B．联合体各方均应当具备承担招标项目的相应能力

C．联合体中标的，联合体各方应当共同与招标人签订合同，就中标项目实施过程中的责任份额承担按份责任

D．招标人不得强制投标人组成联合体共同投标，不得限制投标人之间的竞争

E．联合体各方只要有其中一方具备承担招标项目的相应能力即可

7．关于投标人的其他不正当竞争行为，下列行为属于以其他方式弄虚作假的行为有（　　　）。

A．使用伪造、变造的许可证件

B．不同投标人的投标保证金从同一单位或者个人的账户转出

C．提供虚假的项目负责人或者主要技术人员简历、劳动关系证明

D．招标人授意投标人撤换、修改投标文件

E．设定的资格、技术、商务条件与招标项目的具体特点和实际需要不相适应或者与合同履行无关

8．关于建设工程招标，下列正确的有（　　　）。

A．进行两阶段招标时，招标人要求投标人提交投标保证金的，应当在第一阶段提出

B．招标人终止招标的，招标人应当及时退还所收取的资格预审文件、招标文件的费用，以及所收取的投标保证金

C．招标人应当在招标文件中载明投标有效期。投标有效期从提交投标文件之日起算

D．依法必须进行招标的项目的境内投标单位，以现金或者支票形式提交的投标保证金应当从其基本账户转出

E．招标人发售资格预审文件、招标文件收取的费用应当限于补偿印刷、邮寄的成本支出，不得以营利为目的

9．关于建设工程投标，下列正确的有（　　　）。

A．投标人参加依法必须进行招标的项目的投标，不受地区或者部门的限制

B．投标人少于五个的，招标人应当重新招标

C．资格预审后联合体增减、更换成员的，其投标无效

D．使用通过受让或者租借等方式获取的资格、资质证书投标的，属于以他人名义投标

E．投标截止后投标人撤销投标文件的，应当自收到投标人书面撤回通知之日起5日内退还

10．下列属于评审委员会应当否定其投标的有（　　　）。

A．投标联合体没有提交共同投标协议

B．投标文件载明的招标项目完成期限超过招标文件规定的期限

C．同一投标人提交两个以上不同的投标文件或者投标报价，但招标文件要求提交备选投标

D．投标文件在实质上响应招标文件要求，但在个别地方存在漏项或者提供了不完整的技术信息和数据等情况

E．明显不符合技术规格、技术标准的要求

11．关于中标，下列正确的有（　　）。

A．评标委员会成员拒绝在评标报告上签字的，视为同意评标结论

B．依次确定其他中标候选人与招标人预期差距较大，或者对招标人明显不利的，招标人可以重新招标

C．中标通知书发出后，招标人改变中标结果或者中标人放弃中标的，应当承担法律责任

D．招标人与中标人签订合同后 5 日内，应当向中标人和未中标的投标人退还投标保证金及银行同期存款利息

E．评标委员会应当按照招标文件确定的评标标准和方法，对投标文件进行评审和比较，不可参考标底

12．关于评标，下列正确的是（　　）。

A．依法必须进行招标的项目，其评标委员会由招标人的代表和有关技术、经济等方面的专家组成，成员人数为五人以上即可

B．特殊招标项目只能采取随机抽取方式选定评审委员会

C．项目主管部门或者行政监督部门的人员不得担任评标委员会成员

D．评标委员会成员的名单在中标结果确定前应当保密

E．评标委员会可以口头方式要求投标人对投标文件中含义不明确、对同类问题表述不一致或者有明显文字和计算错误的内容作必要的澄清、说明或者补正

13．关于招标投标投诉处理，下列正确的有（　　）。

A．行政监督部门处理投诉，应当直接责令暂停招标投标活动

B．行政监督部门的工作人员对监督检查过程中知悉的国家秘密、商业秘密，应当依法予以保密

C．投诉人就同一事项向两个以上有权受理的行政监督部门投诉的，由最先收到投诉的行政监督部门负责处理

D．行政监督部门应当自受理投诉之日起 30 个工作日内作出书面处理决定；需要检验、检测、鉴定、专家评审的，所需时间计算在内

E．对国家重大建设项目（含工业项目）招标投标活动的投诉，由国家发展改革委受理并依法做出处理决定

【答案与解析】

1. C；   2. D；   *3. B；   4. C；   *5. C；   6. C；   *7. A；   8. D；

9. B；   10. B；   *11. D；   *12. C；   13. C；   14. D；   *15. D；   16. B；

17. D；   *18. B；   19. C；   20. A；   *21. B；   22. D；   23. A；   *24. D；

25. D；   *26. B；   27. D；   *28. B；   29. C；   30. C

【解析】

3.【答案】B

选项 A 国有资金占控股或者主导地位的依法必须进行招标的项目，应当公开招标；但有下列情形之一的，可以邀请招标：（1）技术复杂、有特殊要求或者受自然环境限制，只有少量潜在投标人可供选择；（2）采用公开招标方式的费用占项目合同金额的比例过大。选项 C 邀请不特定的法人或者其他组织投标，应当采用公开招标的方式。选项 D 国务院发展计划部门确定的国家重点项目和省、自治区、直辖市人民政府确定的地方重点项目不适宜公开招标的，经国务院发展计划部门或者省、自治区、直辖市人民政府批准，可以进行邀请招标。

5.【答案】C

选项 A 是设区的市级以上地方人民政府可以根据实际需要，建立统一规范的招标投标交易场所，而不是县级以上；选项 B 招标投标交易场所不得与行政监督部门存在隶属关系；选项 D 民间投资的不属于依法必须招标的项目，由建设单位自主决定是否进入统一平台。

7.【答案】A

选项 B 国家对招标项目的技术、标准有规定的，招标人应当按照其规定在招标文件中提出相应要求，而不是可以；选项 C 招标人可以对已发出的资格预审文件或者招标文件进行必要的澄清或者修改；选项 D 招标人不得规定最低投标限价，而不是最高。

11.【答案】D

选项 A 投标人应当按照招标文件的要求编制投标文件。选项 B 投标文件应当对招标文件提出的实质性要求和条件作出响应。选项 C 投标人在招标文件要求提交投标文件的截止时间前，可以补充、修改或者撤回已提交的投标文件，并书面通知招标人。

12.【答案】C

选项 A 投标文件中补充、修改的内容是投标文件的组成部分；选项 B 投标人撤回已提交的投标文件，应当在投标截止时间前书面通知招标人，而不是开标前；选项 D 在招标文件要求提交投标文件的截止时间后送达的投标文件，招标人应当拒收。

15.【答案】D

选项 A 两个以上法人或者其他组织可以组成一个联合体，以一个投标人的身份共同投标；选项 B 联合体不可以在提交资格预审申请文件后组成，只能在提交资格预审申请文件前组成；选项 C 由同一专业的单位组成的联合体，按照资质等级较低的单位确定资质等级。

18.【答案】B

选项 A 评标委员会由招标人依法组建；选项 C 评标委员会应当向招标人提出书面评标报告，并推荐合格的中标候选人；选项 D 与投标人有利害关系的人不得进入相关项目的评标委员会，已经进入的应当更换。

21.【答案】B

选项 A 向招标人提交书面评标报告后，评标过程中使用的文件、表格以及其他资料应当即时归还招标人；选项 C 招标人可以授权评标委员会直接确定中标人；选项 D 中标通知书对招标人和中标人均具有法律约束力。

24.【答案】D

选项 A 招标文件可以要求中标人提交履约保证金；选项 B 履约保证金不得高于中标合同金额的 10%；选项 C 招标人与中标人签订合同后 5 日内，应当向未中标的投标人和中标人退还投标保证金及银行同期存款利息，不是只有未中标的投标人。

26.【答案】B

选项 A 经评审的最低投标价法一般适用于具有通用技术、性能标准或者招标人对其技术、性能没有特殊要求的招标项目，而不是综合评估法。选项 C 评标委员会对各个评审因素进行量化时，不可以将量化指标建立在不同基础上，只能同一基础；选项 D 根据最低投标价法完成评标后，评标委员会应当拟定一份"标价比较表"，根据综合评估法完成评标后，评标委员会应当拟定一份"综合评估比较表"。

28.【答案】B

选项 A 投诉需要有明确的请求和必要的证明材料；选项 C 对国家重大建设项目招标投标活动的投诉，有关行业行政监督部门已经受理的，国家发展改革委不再受理；选项 D 对资格预审文件、招标文件、招标过程和中标结果的异议，应当先向招标人提出。

二．多项选择题

1. C、D、E；   *2. A、B、C；   3. B、C、E；   4. A、B、D；
5. A、B、D；   *6. B、D；   7. A、C；   8. B、D、E；
*9. A、C、D；   *10. A、B、E；   *11. B、C、D；   12. C、D；
*13. B、C、E

【解析】

2.【答案】A、B、C

选项 D 技术复杂、有特殊要求的项目是可以邀请招标，即也可以公开招标；选项 E 国务院发展计划部门确定的国家重点项目和省、自治区、直辖市人民政府确定的地方重点项目不适宜公开招标的，经国务院发展计划部门或者省、自治区、直辖市人民政府批准，可以进行邀请招标，而不是应当进行邀请招标。

6.【答案】B、D

选项 A 两个以上法人或者其他组织可以组成一个联合体，以一个投标人的身份共同投标；选项 C 联合体中标的，联合体各方应当共同与招标人签订合同，就中标项目向招标人承担连带责任；选项 E 联合体各方均需要具备承担招标项目的相应能力。

9.【答案】A、C、D

选项 B 投标人少于三个的，招标人应当重新招标，而不是五个。选项 E 投标人撤回已提交的投标文件，应当在投标截止时间前书面通知招标人。招标人已收取投标保证金的，应当自收到投标人书面撤回通知之日起 5 日内退还，而不是在截止后进行撤回。

10.【答案】A、B、E

选项 C 同一投标人提交两个以上不同的投标文件或者投标报价，但招标文件要求提交备选投标时，无需否定。只有在未要求提交备选投标时才否定。选项 D 投标文件在实质上响应招标文件要求，但在个别地方存在漏项或者提供了不完整的技术信息和数据等情况属于细微偏差，是有效的，无需否定。

11.【答案】B、C、D

选项 A 评标委员会成员拒绝在评标报告上签字且不陈述其不同意见和理由的，视为同意评标结论。如果只是拒绝签字，不视为同意。选项 D 招标人与中标人签订合同后 5 日内，应当向中标人和未中标的投标人退还投标保证金及银行同期存款利息。选项 E 评标委员会应当按照招标文件确定的评标标准和方法，对投标文件进行评审和比较；设有标底的，应当参考标底。

13.【答案】B、C、E

选项 A 行政监督部门必要时可以责令暂停招标投标活动，而不是直接责令；选项 D 需要检验、检测、鉴定、专家评审的，所需时间不计算在内。

4.3 非招标采购制度

复习要点

1. 竞争性谈判

事项		规定
政府采购	采购方式	公开招标
		邀请招标
		竞争性谈判
		询价
		单一来源采购
		国务院政府采购监督管理部门认定的其他采购方式
竞争性谈判	概念	竞争性谈判是指谈判小组与符合资格条件的供应商就采购货物、工程和服务事宜进行谈判，供应商按照谈判文件的要求提交响应文件和最后报价，采购人从谈判小组提出的成交候选人中确定成交供应商的采购方式
	适用情形	（1）招标后没有供应商投标或者没有合格标的或者重新招标未能成立的；（2）技术复杂或者性质特殊，不能确定详细规格或者具体要求的；（3）采用招标所需时间不能满足用户紧急需要的；（4）不能事先计算出价格总额的
	采购程序	成立谈判小组：谈判小组由采购人的代表和有关专家共三人以上的单数组成，其中专家的人数不得少于成员总数的三分之二

事项		规定
竞争性谈判	采购程序	制定谈判文件：谈判文件应当明确谈判程序、谈判内容、合同草案的条款以及评定成交的标准等事项
		确定邀请参加谈判的供应商名单： 谈判小组从符合相应资格条件的供应商名单中确定不少于三家的供应商参加谈判，并向其提供谈判文件。公开招标的货物、服务采购项目，招标过程中提交投标文件或者经评审实质性响应招标文件要求的供应商只有两家时，采购人、采购代理机构依法经本级财政部门批准后可以与该两家供应商进行竞争性谈判采购
		谈判：谈判小组所有成员集中与单一供应商分别进行谈判。在谈判中，谈判的任何一方不得透露与谈判有关的其他供应商的技术资料、价格和其他信息。谈判文件有实质性变动的，谈判小组应当以书面形式通知所有参加谈判的供应商
		确定成交供应商：谈判结束后，谈判小组应当要求所有参加谈判的供应商在规定时间内进行最后报价，采购人从谈判小组提出的成交候选人中根据符合采购需求、质量和服务相等且报价最低的原则确定成交供应商，并将结果通知所有参加谈判的未成交的供应商
		《政府采购非招标采购方式管理办法》对《政府采购法》规定的上述程序作了细化。根据该办法，确定成交供应商之后，采购人与成交供应商应当在成交通知书发出之日起30日内，按照采购文件确定的合同文本以及采购标的、规格型号、采购金额、采购数量、技术和服务要求等事项签订政府采购合同。采购人不得向成交供应商提出超出采购文件以外的任何要求作为签订合同的条件，不得与成交供应商订立背离采购文件确定的合同文本以及采购标的、规格型号、采购金额、采购数量、技术和服务要求等实质性内容的协议
竞争性谈判与竞争性磋商	适用范围	（1）政府购买服务项目；（2）技术复杂或者性质特殊，不能确定详细规格或者具体要求的；（3）因艺术品采购、专利、专有技术或者服务的时间、数量事先不能确定等原因不能事先计算出价格总额的；（4）市场竞争不充分的科研项目，以及需要扶持的科技成果转化项目；（5）按照招标投标法及其实施条例必须进行招标的工程建设项目以外的工程建设项目
	综合评分法	竞争性磋商采购方式，经磋商确定最终采购需求和提交最后报价的供应商后，由磋商小组采用综合评分法对提交最后报价的供应商的响应文件和最后报价进行综合评分。综合评分法，是指响应文件满足磋商文件全部实质性要求且按评审因素的量化指标评审得分最高的供应商为成交候选供应商的评审方法
		综合评分法评审标准中的分值设置应当与评审因素的量化指标相对应。磋商文件中没有规定的评审标准不得作为评审依据。综合评分法货物项目的价格分值占总分值的比重（即权值）为30%至60%，服务项目的价格分值占总分值的比重（即权值）为10%至30%。采购项目中含不同采购对象的，以占项目资金比例最高的采购对象确定其项目属性。 因艺术品采购、专利、专有技术或者服务的时间、数量事先不能确定等原因不能事先计算出价格总额的和执行统一价格标准的项目，其价格不列为评分因素。有特殊情况需要在上述规定范围外设定价格分权重的，应当经本级人民政府财政部门审核同意

2．询价

事项		内容
程序	成立询价小组	询价小组由采购人的代表和有关专家共三人以上的单数组成，其中专家的人数不得少于成员总数的三分之二。询价小组应当对采购项目的价格构成和评定成交的标准等事项作出规定

事项		内容
程序	确定被询价的供应商名单	询价小组根据采购需求，从符合相应资格条件的供应商名单中确定不少于三家的供应商，并向其发出询价通知书让其报价
	询价	询价小组要求被询价的供应商一次报出不得更改的价格
	确定成交供应商	采购人根据符合采购需求、质量和服务相等且报价最低的原则确定成交供应商，并将结果通知所有被询价的未成交的供应商

3．单一来源采购

事项	法律文件	内容
适用的情形	《政府采购法》	（1）只能从唯一供应商处采购的； （2）发生了不可预见的紧急情况不能从其他供应商处采购的； （3）必须保证原有采购项目一致性或者服务配套的要求，需要继续从原供应商处添购，且添购资金总额不超过原合同采购金额10% 的
	《政府采购法实施条例》	政府采购工程依法不进行招标的，应当依照政府采购法和本条例规定的竞争性谈判或者单一来源采购方式采购，单一来源采购方式也适用于工程采购

采取单一来源方式采购的，采购人与供应商应当遵循《政府采购法》规定的原则，在保证采购项目质量和双方商定合理价格的基础上进行采购

4．公示制度

事项	内容
公示制度	（1）采购人、采购项目名称和内容；（2）拟采购的货物或者服务的说明；（3）采用单一来源采购方式的原因及相关说明；（4）拟定的唯一供应商名称、地址；（5）专业人员对相关供应商因专利、专有技术等原因具有唯一性的具体论证意见，以及专业人员的姓名、工作单位和职称；（6）公示的期限；（7）采购人、采购代理机构、财政部门的联系地址、联系人和联系电话

5．框架协议采购的适用范围和分类

事项	内容
概念	框架协议采购，是指集中采购机构或者主管预算单位对技术、服务等标准明确、统一，需要多次重复采购的货物和服务，通过公开征集程序，确定第一阶段入围供应商并订立框架协议，采购人或者服务对象按照框架协议约定规则，在入围供应商范围内确定第二阶段成交供应商并订立采购合同的采购方式
适用情形	（1）集中采购目录以内品目，以及与之配套的必要耗材、配件等，属于小额零星采购的； （2）集中采购目录以外，采购限额标准以上，本部门、本系统行政管理所需的法律、评估、会计、审计等鉴证咨询服务，属于小额零星采购的；但主管预算单位能够归集需求形成单一项目进行采购，通过签订时间、地点、数量不确定的采购合同满足需求的，不得采用框架协议采购方式； （3）集中采购目录以外，采购限额标准以上，为本部门、本系统以外的服务对象提供服务的政府购买服务项目，需要确定2家以上供应商由服务对象自主选择的； （4）国务院财政部门规定的其他情形。采购限额标准以上，是指同一品目或者同一类别的货物、服务年度采购预算达到采购限额标准以上

6．框架协议分类

类型	事项	内容
封闭式框架协议采购	概念	封闭式框架协议采购是指通过公开竞争订立框架协议后，除经过框架协议约定的补充征集程序外，不得增加协议供应商的框架协议采购
	适用范围	封闭式框架协议采购是框架协议采购的主要形式。除法律、行政法规或者《政府采购框架协议采购方式管理暂行办法》另有规定外，框架协议采购应当采用封闭式框架协议采购
开放式框架协议采购	概念	开放式框架协议采购是指明确采购需求和付费标准等框架协议条件，愿意接受协议条件的供应商可以随时申请加入的框架协议采购
	适用范围	（1）集中采购目录以内品目，以及与之配套的必要耗材、配件等，属于小额零星采购的，因执行政府采购政策不宜淘汰供应商的，或者受基础设施、行政许可、知识产权等限制，供应商数量在3家以下且不宜淘汰供应商的；（2）集中采购目录以外，采购限额标准以上，为本部门、本系统以外的服务对象提供服务的政府购买服务项目，需要确定2家以上供应商由服务对象自主选择的，能够确定统一付费标准，因地域等服务便利性要求，需要接纳所有愿意接受协议条件的供应商加入框架协议，以供服务对象自主选择的

7．框架协议采购的一般程序

一般程序	内容
（1）采购需求的制定	集中采购机构或者主管预算单位应当确定框架协议采购需求。框架协议采购需求在框架协议有效期内不得变动。确定框架协议采购需求应当开展需求调查，听取采购人、供应商和专家等意见。面向采购人和供应商开展需求调查时，应当选择具有代表性的调查对象，调查对象一般各不少于3个
（2）最高限制单价的确定	征集人就采购项目发布征集公告，编制征集文件。集中采购机构或者主管预算单位应当在征集公告和征集文件中确定框架协议采购的最高限制单价。征集文件中可以明确量价关系折扣，即达到一定采购数量，价格应当按照征集文件中明确的折扣降低。在开放式框架协议中，付费标准即为最高限制单价。 最高限制单价是供应商第一阶段响应报价的最高限价。入围供应商第一阶段响应报价是采购人或者服务对象确定第二阶段成交供应商的最高限价。 确定最高限制单价时，有政府定价的，执行政府定价；没有政府定价的，应当通过需求调查，并根据需求标准科学确定。 货物项目单价按照台（套）等计量单位确定，其中包含售后服务等相关服务费用。服务项目单价按照单位采购标的价格或者人工单价等确定。服务项目所涉及的货物的费用，能够折算入服务项目单价的应当折入，需要按实结算的应当明确结算规则
（3）框架协议期限	集中采购机构或者主管预算单位应当根据工作需要和采购标的市场供应及价格变化情况，科学合理确定框架协议期限。货物项目框架协议有效期一般不超过1年，服务项目框架协议有效期一般不超过2年

8．封闭式框架协议的评审方法

事项		内容
封闭式框架协议采购程序，确定第一阶段入围供应商的评审方法	价格优先法	价格优先法是指对满足采购需求且响应报价不超过最高限制单价的货物、服务，按照响应报价从低到高排序，根据征集文件规定的淘汰率或者入围供应商数量上限，确定入围供应商的评审方法

事项		内容
封闭式框架协议采购程序，确定第一阶段入围供应商的评审方法	质量优先法	质量优先法是指对满足采购需求且响应报价不超过最高限制单价的货物、服务进行质量综合评分，按照质量评分从高到低排序，根据征集文件规定的淘汰率或者入围供应商数量上限，确定入围供应商的评审方法。货物项目质量因素包括采购标的技术水平、产品配置、售后服务等，服务项目质量因素包括服务内容、服务水平、供应商的履约能力、服务经验等。质量因素中的可量化指标应当划分等次，作为评分项；质量因素中的其他指标可以作为实质性要求，不得作为评分项
	评审要求	有政府定价、政府指导价的项目，以及对质量有特别要求的检测、实验等仪器设备，可以采用质量优先法，其他项目应当采用价格优先法。 对耗材使用量大的复印、打印、实验、医疗等仪器设备进行框架协议采购的，应当要求供应商同时对 3 年以上约定期限内的专用耗材进行报价。评审时应当考虑约定期限的专用耗材使用成本，修正仪器设备的响应报价或者质量评分。 征集人应当在征集文件、框架协议和采购合同中规定，入围供应商在约定期限内，应当以不高于其报价的价格向适用框架协议的采购人供应专用耗材
	时间要求	集中采购机构或者主管预算单位应当在入围通知书发出之日起 30 日内和入围供应商签订框架协议，并在框架协议签订后 7 个工作日内，将框架协议副本报本级财政部门备案。框架协议不得对征集文件确定的事项以及入围供应商的响应文件作实质性修改
	补充征集供应商	封闭式框架协议，除剩余入围供应商不足入围供应商总数 70% 且影响框架协议执行的情形外，框架协议有效期内，征集人不得补充征集供应商。征集人补充征集供应商的，补充征集规则应当在框架协议中约定，补充征集的条件、程序、评审方法和淘汰比例应当与初次征集相同。补充征集应当遵守原框架协议的有效期。补充征集期间，原框架协议继续履行

9. 封闭式框架协议采购的合同授予

事项		内容
封闭式框架协议确定第二阶段成交供应商的方式	直接选定方式	直接选定方式是确定第二阶段成交供应商的主要方式。除征集人根据采购项目特点和提高绩效等要求，在征集文件中载明采用二次竞价或者顺序轮候方式外，确定第二阶段成交供应商应当由采购人或者服务对象依据入围产品价格、质量以及服务便利性、用户评价等因素，从第一阶段入围供应商中直接选定
	二次竞价方式	二次竞价方式是指以框架协议约定的入围产品、采购合同文本等为依据，以协议价格为最高限价，采购人明确第二阶段竞价需求，从入围供应商中选择所有符合竞价需求的供应商参与二次竞价，确定报价最低的为成交供应商的方式。进行二次竞价应当给予供应商必要的响应时间。二次竞价一般适用于采用价格优先法的采购项目
	顺序轮候方式	顺序轮候方式是指根据征集文件中确定的轮候顺序规则，对所有入围供应商依次授予采购合同的方式。每个入围供应商在一个顺序轮候期内，只有一次获得合同授予的机会。合同授予顺序确定后，应当书面告知所有入围供应商。除清退入围供应商和补充征集外，框架协议有效期内不得调整合同授予顺序。顺序轮候一般适用于服务项目
	时间要求	以二次竞价或者顺序轮候方式确定成交供应商的，征集人应当在确定成交供应商后 2 个工作日内逐笔发布成交结果公告。成交结果单笔公告可以在省级以上财政部门指定的媒体上发布，也可以在开展框架协议采购的电子化采购系统发布，发布成交结果公告的渠道应当在征集文件或者框架协议中告知供应商。征集人应当在框架协议有效期满后 10 个工作日内发布成交结果汇总公告。汇总公告应当包括采购人的名称、地址和联系方式，框架协议采购项目、名称和所有成交供应商的名称、地址及其成交合同总数和总金额

事项	内容
合同授予要求	框架协议采购应当订立固定价格合同。根据实际采购数量和协议价格确定合同总价的，合同中应当列明实际采购数量或者计量方式，包括服务项目用于计算合同价的工日数、服务工作量等详细工作量清单。采购人应当要求供应商提供能证明其按照合同约定数量或者工作量清单履约的相关记录或者凭证，作为验收资料一并存档。 采购人证明能够以更低价格向非入围供应商采购相同货物，且入围供应商不同意将价格降至非入围供应商以下的，可以将合同授予非入围供应商。采购项目适用前款规定的，征集人应当在征集文件中载明并在框架协议中约定。采购人将合同授予非入围供应商的，应当在确定成交供应商后1个工作日内，将成交结果抄送征集人，由征集人按照单笔公告要求发布成交结果公告。采购人应当将相关证明材料和采购合同一并存档备查

10．开放式框架协议采购程序

事项	内容
发布征集公告并审核	订立开放式框架协议的，征集人应当发布征集公告，邀请供应商加入框架协议。征集公告发布后至框架协议期满前，供应商可以按照征集公告要求，随时提交加入框架协议的申请。征集人应当在收到供应商申请后7个工作日内完成审核，并将审核结果书面通知申请供应商。征集人应当在审核通过后2个工作日内，发布入围结果公告，公告入围供应商名称、地址、联系方式及付费标准，并动态更新入围供应商信息
申明是否另行签订书面框架协议	征集人应当确保征集公告和入围结果公告在整个框架协议有效期内随时可供公众查阅。征集人可以根据采购项目特点，在征集公告中申明是否与供应商另行签订书面框架协议。申明不再签订书面框架协议的，发布入围结果公告，视为签订框架协议。第二阶段成交供应商由采购人或者服务对象从第一阶段入围供应商中直接选定
费用结算	供应商履行合同后，依据框架协议约定的凭单、订单以及结算方式，与采购人进行费用结算

11．框架协议的解除

	封闭式框架协议入围供应商无正当理由，不得主动放弃入围资格或者退出框架协议。开放式框架协议入围供应商可以随时申请退出框架协议。集中采购机构或者主管预算单位应当在收到退出申请2个工作日内，发布入围供应商退出公告
取消其入围资格或解除与其签订的框架协议的情形	（1）恶意串通谋取入围或者合同成交的； （2）提供虚假材料谋取入围或者合同成交的； （3）无正当理由拒不接受合同授予的； （4）不履行合同义务或者履行合同义务不符合约定，经采购人请求履行后仍不履行或者仍未按约定履行的； （5）框架协议有效期内，因违法行为被禁止或限制参加政府采购活动的； （6）框架协议约定的其他情形
	被取消入围资格或者被解除框架协议的供应商不得参加同一封闭式框架协议补充征集，或者重新申请加入同一开放式框架协议。 集中采购机构或者主管预算单位应当在收到退出申请2个工作日内，发布入围供应商退出公告

一　单项选择题

1．竞争性谈判的适用情景是（　　　）。

A．招标后有供应商投标或者没有合格标的或者重新招标未能成立的

B．技术复杂或者性质特殊，不能确定详细规格或者具体要求的

C．采用招标所需时间不能满足用户需要的

D．不能事后计算出价格总额的

2．竞争性磋商的适用情形是（　　　）。

A．技术复杂或者性质特殊，不能确定详细规格或者具体要求的

B．企业购买服务项目

C．因艺术品采购、专利、专有技术或者服务的时间、数量事后不能确定等原因不能事后计算出价格总额的

D．市场竞争足够充分的科研项目，以及需要扶持的科技成果转化项目

3．政府使用单一来源采购的适用情形是（　　　）。

A．可以从唯一供应商处采购的

B．发生了不可预见的紧急情况不能从其他供应商处采购的

C．必须保证原油采购项目一致性或者服务配套的要求，需要继续从供应商处添购

D．添购资金总额不超过原合同金额的20%

4．为了避免单一来源采购方式被滥用所采取的制度是（　　　）。

A．登记制度　　　　　　　　B．通知制度

C．公示制度　　　　　　　　D．公开制度

5．框架协议解除的情形是（　　　）。

A．恶意串通谋取入围或者阻止合同成交的

B．拒不接受合同授予的

C．框架协议有效期内，因违约行为被禁止或限制参加政府采购活动的

D．不履行合同义务或者履行合同义务不符合约定，经采购人请求履行后仍不履行或者仍未按约定履行的

二　多项选择题

1．根据《政府采购法》，政府采购可以采用的方式有（　　　）。

A．公开招标　　　　　　　　B．邀请招标

C．竞争性谈判　　　　　　　D．多样来源采购

E．询价

2．框架协议订立的一般程序有（　　　）。

A．采购需求的制定

B．最低限制单价的确定

C．确定框架协议期限

D．确定评审办法

E．确定框架协议采购的合同授予

3．采取单一来源采购时公示内容有（　　　）。

A．采购人、采购项目名称或内容

B．拟定的唯一供应商名称、地址

C．采购的期限

D．拟采购的货物或者服务的说明

E．采用单一来源采购方式的原因及相关说明

【答案与解析】

一、单项选择题

1．B；　*2．A；　3．B；　4．C；　5．D

【解析】

2．【答案】A

竞争性磋商的适用情形：（1）政府购买服务项目；（2）技术复杂或者性质特殊，不能确定详细规格或者具体要求的；（3）因艺术品采购、专利、专有技术或者服务的时间、数量事先不能确定等原因不能事先计算出价格总额的；（4）市场竞争不充分的科研项目，以及需要扶持的科技成果转化项目；（5）按照招标投标法及其实施条例必须进行招标的工程建设项目以外的工程建设项目。因此选项B、C、D错误，选项A正确。

二、多项选择题

*1．A、B、C、E；　*2．A、C；　3．B、D、E

【解析】

1．【答案】A、B、C、E

根据《政府采购法》，政府采购采用以下方式：（1）公开招标；（2）邀请招标；（3）竞争性谈判；（4）单一来源采购；（5）询价；（6）国务院政府采购监督管理部门认定的其他采购方式。对竞争性谈判、单一来源采购和询价采购等非招标采购方式作了细化规定。因此选项D错误。

2．【答案】A、C

框架协议订立包括三个环节：采购需求的制定；最高限制单价的确定；框架协议期限。因此选项B、D、E错误，选项A、C正确。

5.1　合同的基本规定

复习要点

1. 合同的订立

1）合同的形式和内容

合同是平等民事主体之间设立、变更、终止民事法律关系的协议。

合同的形式	当事人订立合同，可以采用书面形式、口头形式或者其他形式。书面形式是合同书、信件、电报、电传、传真等可以有形地表现所载内容的形式。以电子数据交换、电子邮件等方式能够有形地表现所载内容，并可以随时调取查用的数据电文，视为书面形式
合同的内容	合同的内容由当事人约定，一般包括下列条款：（1）当事人的姓名或者名称和住所；（2）标的；（3）数量；（4）质量；（5）价款或者报酬；（6）履行期限、地点和方式；（7）违约责任；（8）解决争议的方法

2）合同的订立

当事人订立合同，可以采取要约、承诺方式或者其他方式。

	概念	要约是希望与他人订立合同的意思表示
	条件	该意思表示应当符合下列条件：（1）内容具体确定；（2）表明经受要约人承诺，要约人即受该意思表示约束
要约	生效	要约可以对话方式或者非对话方式作出。以对话方式作出的要约，相对人知道其内容时生效。以非对话方式作出的要约，到达相对人时生效。以非对话方式作出的采用数据电文形式的要约，相对人指定特定系统接收数据电文的，该数据电文进入该特定系统时生效；未指定特定系统的，相对人知道或者应当知道该数据电文进入其系统时生效。当事人对采用数据电文形式的意思表示的生效时间另有约定的，按照其约定
	撤回与撤销	要约可以撤回。撤回要约的通知应当在要约到达相对人前或者与要约同时到达相对人。要约一旦被撤回，即对要约人失去拘束力。 要约可以撤销，但是有下列情形之一的除外：（1）要约人以确定承诺期限或者其他形式明示要约不可撤销；（2）受要约人有理由认为要约是不可撤销的，并已经为履行合同做了合理准备工作
	失效	有下列情形之一的，要约失效：（1）要约被拒绝；（2）要约被依法撤销；（3）承诺期限届满，受要约人未作出承诺；（4）受要约人对要约的内容作出实质性变更
	概念	承诺是受要约人同意要约的意思表示
承诺	构成要件	（1）承诺须由受领要约的相对人作出；（2）承诺的内容须与要约的内容一致；（3）承诺须于承诺期限内作出；（4）承诺须向要约人或要约人的代理人作出
	方式	承诺应当以通知的方式作出；但是，根据交易习惯或者要约表明可以通过行为作出承诺的除外。承诺应当在要约确定的期限内到达要约人。要约没有确定承诺期限的，承诺应当依照下列规定到达：（1）要约以对话方式作出的，应当即时作出承诺；（2）要约以非对话方式作出的，承诺应当在合理期限内到达

承诺	承诺迟延和承诺迟到	受要约人超过承诺期限发出承诺，或者在承诺期限内发出承诺，按照通常情形不能及时到达要约人的，为新要约；但是，要约人及时通知受要约人该承诺有效的除外。受要约人在承诺期限内发出承诺，按照通常情形能够及时到达要约人，但是因其他原因致使承诺到达要约人时超过承诺期限的，除要约人及时通知受要约人因承诺超过期限不接受该承诺外，该承诺有效
	内容	承诺的内容应当与要约的内容一致。受要约人对要约的内容作出实质性变更的，为新要约。有关合同标的、数量、质量、价款或者报酬、履行期限、履行地点和方式、违约责任和解决争议方法等的变更，是对要约内容的实质性变更。承诺对要约的内容作出非实质性变更的，除要约人及时表示反对或者要约表明承诺不得对要约的内容作出任何变更外，该承诺有效，合同的内容以承诺的内容为准

3）合同的成立与生效

合同成立	（1）承诺生效时合同成立，但是法律另有规定或者当事人另有约定的除外。 （2）当事人采用合同书形式订立合同的，自当事人均签名、盖章或者按指印时合同成立。 （3）在签名、盖章或者按指印之前，当事人一方已经履行主要义务，对方接受时，该合同成立。 （4）法律、行政法规规定或者当事人约定合同应当采用书面形式订立，当事人未采用书面形式但是一方已经履行主要义务，对方接受时，该合同成立。 （5）当事人采用信件、数据电文等形式订立合同要求签订确认书的，签订确认书时合同成立
合同生效	依法成立的合同，自成立时生效，但是法律另有规定或者当事人另有约定的除外。依照法律、行政法规的规定，合同应当办理批准等手续的，依照其规定。未办理批准等手续影响合同生效的，不影响合同中履行报批等义务条款以及相关条款的效力。应当办理申请批准等手续的当事人未履行义务的，对方可以请求其承担违反该义务的责任

4）订立合同时的缔约过失责任

当事人在订立合同过程中有不当行为造成对方损失的，应当承担缔约过失责任。《民法典》规定，有下列情形之一，造成对方损失的，应当承担赔偿责任：（1）假借订立合同，恶意进行磋商；（2）故意隐瞒与订立合同有关的重要事实或者提供虚假情况；（3）有其他违背诚信原则的行为。当事人在订立合同过程中知悉的商业秘密或者其他应当保密的信息，无论合同是否成立，不得泄露或者不正当地使用；泄露、不正当地使用该商业秘密或者信息，造成对方损失的，应当承担赔偿责任。

2．合同的效力

依据《民法典》规定，具备下列条件的合同有效：（1）行为人具有相应的民事行为能力。（2）意思表示真实。（3）不违反法律、行政法规的强制性规定，不违背公序良俗。

无效合同	（1）无民事行为能力人订立的合同。 （2）行为人与相对人以虚假的意思表示订立的合同。 （3）违反法律、行政法规的强制性规定的合同无效，但是该强制性规定不导致该合同无效的除外。 （4）违背公序良俗的合同。 （5）行为人与相对人恶意串通，损害他人合法权益订立的合同
可撤销合同	（1）基于重大误解订立的合同，行为人有权请求人民法院或者仲裁机构予以撤销。（2）一方以欺诈手段，使对方在违背真实意思的情况下订立的合同，受欺诈方有权请求人民法院或者仲裁机构予以撤销。第三人实施欺诈行为，使一方在违背真实意思的情况下实施的民事法律行为，对方知道或者应当知道该欺诈行为的，受欺诈方有权请求人民法院或者仲裁机构予以撤销。（3）一方或者第三人以胁迫手段，使对方在违背真实意思的情况下订立的合同，受胁迫方有权请求人民法院或者仲裁机构予以撤销。（4）一方利用对方处于危困状态、缺乏判断能力等情形，致使合同成立时显失公平的，受损害方有权请求人民法院或者仲裁机构予以撤销

可撤销合同	有下列情形之一的，撤销权消灭：（1）当事人自知道或者应当知道撤销事由之日起1年内、重大误解的当事人自知道或者应当知道撤销事由之日起90日内没有行使撤销权；（2）当事人受胁迫，自胁迫行为终止之日起1年内没有行使撤销权；（3）当事人知道撤销事由后明确表示或者以自己的行为表明放弃撤销权。当事人自民事法律行为发生之日起5年内没有行使撤销权的，撤销权消灭
效力待定合同	（1）限制行为能力人订立的纯获利益的合同或者与其年龄、智力、精神健康状况相适应的合同以外的其他合同。 （2）无权代理订立的合同。行为人没有代理权、超越代理权或者代理权终止后，仍然实施代理行为，未经被代理人追认的，对被代理人不发生效力。相对人可以催告被代理人自收到通知之日起30日内予以追认。被代理人未作表示的，视为拒绝追认。行为人实施的行为被追认前，善意相对人有撤销的权利。撤销应当以通知的方式作出。行为人实施的行为未被追认的，善意相对人有权请求行为人履行债务或者就其受到的损害请求行为人赔偿。但是，赔偿的范围不得超过被代理人追认时相对人所能获得的利益

3. 合同的履行

合同履行是合同关系的核心。当事人应当按照约定全面履行自己的义务。当事人应当根据合同的性质、目的和交易习惯履行通知、协助、保密等义务。当事人在履行合同过程中，应当避免浪费资源、污染环境和破坏生态。

合同约定不明确，也不能达成补充协议、按照合同相关条款或交易习惯确定相关内容时，合同履行要求	质量要求不明确的，按照强制性国家标准履行；没有强制性国家标准的，按照推荐性国家标准履行；没有推荐性国家标准的，按照行业标准履行；没有国家标准、行业标准的，按照通常标准或者符合合同目的的特定标准履行
	价款或者报酬不明确的，按照订立合同时履行地的市场价格履行；依法应当执行政府定价或者政府指导价的，依照规定履行
	履行地点不明确，给付货币的，在接受货币一方所在地履行；交付不动产的，在不动产所在地履行；其他标的，在履行义务一方所在地履行
	履行期限不明确的，债务人可以随时履行，债权人也可以随时请求履行，但是应当给对方必要的准备时间
	履行方式不明确的，按照有利于实现合同目的的方式履行
	履行费用的负担不明确的，由履行义务一方负担；因债权人原因增加的履行费用，由债权人负担
合同履行中的抗辩权	同时履行抗辩权：当事人互负债务，没有先后履行顺序的，应当同时履行。一方在对方履行之前有权拒绝其履行请求。一方在对方履行债务不符合约定时，有权拒绝其相应的履行请求
	先履行抗辩权：当事人互负债务，有先后履行顺序，应当先履行债务一方未履行的，后履行一方有权拒绝其履行请求。先履行一方履行债务不符合约定的，后履行一方有权拒绝其相应的履行请求
	不安抗辩权：应当先履行债务的当事人，有确切证据证明对方有下列情形之一的，可以中止履行：（1）经营状况严重恶化；（2）转移财产、抽逃资金，以逃避债务；（3）丧失商业信誉；（4）有丧失或者可能丧失履行债务能力的其他情形。当事人没有确切证据中止履行的，应当承担违约责任

4. 违约责任
1）违约责任的概念和特征

概念	违约责任是指合同当事人因违反合同义务所承担的责任
特征	（1）违约责任的产生以合同当事人不履行或者不适当履行合同义务为前提；（2）违约责任具有相对性，由违约的当事人一方对非违约的一方承担；（3）违约责任是民事责任的一种，主要具有补偿性，目的在于弥补因违约行为造成的损害后果；（4）违约责任可以由合同当事人约定，但约定不符合法律规定的，会被宣告无效或被撤销

承担违约责任应当具备的条件	（1）要求合同义务有效存在。 （2）债务人不履行合同义务或者履行合同义务不符合约定，或者是当事人出现预期违约行为。 （3）不存在法定或者约定的免责事由
违约责任的免责条件	（1）不可抗力。当事人一方因不可抗力不能履行合同的，根据不可抗力的影响，部分或者全部免除责任，但是法律另有规定的除外。当事人迟延履行后发生不可抗力的，不免除其违约责任。 （2）违约责任的减轻。 ① 当事人一方违约后，对方应当采取适当措施防止损失的扩大；没有采取适当措施致使损失扩大的，不得就扩大的损失请求赔偿。当事人因防止损失扩大而支出的合理费用，由违约方负担。 ② 当事人都违反合同的，应当各自承担相应的责任。当事人一方违约造成对方损失，对方对损失的发生有过错的，可以减少相应的损失赔偿额。 ③ 当事人一方因第三人的原因造成违约的，应当依法向对方承担违约责任。当事人一方和第三人之间的纠纷，依照法律规定或者按照约定处理

2）违约责任的种类

《民法典》规定，当事人一方不履行合同义务或者履行合同义务不符合约定的，应当承担继续履行、采取补救措施或者赔偿损失等违约责任。根据以上规定，承担违约责任的种类主要有继续履行、采取补救措施或者赔偿损失等方式。

继续履行	当事人一方未支付价款、报酬、租金、利息，或者不履行其他金钱债务的，对方可以请求其支付。当事人一方不履行非金钱债务或者履行非金钱债务不符合约定的，对方可以请求履行，但是有下列情形之一的除外：（1）法律上或者事实上不能履行；（2）债务的标的不适于强制履行或者履行费用过高；（3）债权人在合理期限内未请求履行。有上述规定的除外情形之一，致使不能实现合同目的的，人民法院或者仲裁机构可以根据当事人的请求终止合同权利义务关系，但是不影响违约责任的承担
采取补救措施	履行不符合约定的，应当按照当事人的约定承担违约责任。对违约责任没有约定或者约定不明确，依法仍不能确定的，受损害方根据标的的性质以及损失的大小，可以合理选择请求对方承担修理、重作、更换、退货、减少价款或者报酬等违约责任
赔偿损失	当事人一方不履行合同义务或者履行合同义务不符合约定的，在履行义务或者采取补救措施后，对方还有其他损失的，应当赔偿损失。当事人一方不履行合同义务或者履行合同义务不符合约定，造成对方损失的，损失赔偿额应当相当于因违约所造成的损失，包括合同履行后可以获得的利益；但是，不得超过违约一方订立合同时预见到或者应当预见到的因违约可能造成的损失
违约金与定金	（1）违约金：当事人可以约定一方违约时应当根据违约情况向对方支付一定数额的违约金，也可以约定因违约产生的损失赔偿额的计算方法。约定的违约金低于造成的损失的，人民法院或者仲裁机构可以根据当事人的请求予以增加；约定的违约金过分高于造成的损失的，人民法院或者仲裁机构可以根据当事人的请求予以适当减少。当事人就迟延履行约定违约金的，违约方支付违约金后，还应当履行债务。 （2）定金：当事人可以约定一方向对方给付定金作为债权的担保。定金合同自实际交付定金时成立。定金的数额由当事人约定；但是，不得超过主合同标的额的20%，超过部分不产生定金的效力。实际交付的定金数额多于或者少于约定数额的，视为变更约定的定金数额。债务人履行债务的，定金应当抵作价款或者收回。给付定金的一方不履行债务或者履行债务不符合约定，致使不能实现合同目的的，无权请求返还定金；收受定金的一方不履行债务或者履行债务不符合约定，致使不能实现合同目的的，应当双倍返还定金。 当事人既约定违约金，又约定定金的，一方违约时，对方可以选择适用违约金或者定金条款。定金不足以弥补一方违约造成的损失的，对方可以请求赔偿超过定金数额的损失

1. 某施工企业向某建筑材料供应商发出购买建筑材料的要约，该建筑材料供应商在承诺有效期内对该要约作出了完全同意的答复，则该买卖合同成立的时间为（　　　）。

　　A．施工企业发出订购建筑材料的要约时

　　B．建筑材料供应商的答复文件到达施工企业时

　　C．建筑材料供应商发出答复文件时

　　D．施工企业订购建筑材料的要约到达建筑材料供应商时

2. 施工单位向电梯生产公司订购两部 A 型电梯，并要求 5 日内交货。电梯生产公司回函表示如果延长 1 周可如约供货。根据《民法典》，电梯生产公司的回函属于（　　　）。

　　A．要约邀请　　　　　　　　　B．承诺

　　C．部分承诺　　　　　　　　　D．新要约

3. 水泥厂在承诺有效期内，对施工单位订购水泥的要约做出了完全同意的答复，则该水泥买卖合同成立的时间为（　　　）。

　　A．水泥厂的答复文件到达施工单位时

　　B．施工单位发出订购水泥的要约时

　　C．水泥厂发出答复文件时

　　D．施工单位订购水泥的要约到达水泥厂时

4. 某施工企业向某玻璃厂发出购买玻璃的要约。要求玻璃厂 5 月 20 日之前确认，玻璃厂于 5 月 25 日答复同意。玻璃厂同意的行为应视为（　　　）。

　　A．要约邀请　　　　　　　　　B．承诺

　　C．承诺意向　　　　　　　　　D．新要约

5. 3 月 1 日，甲施工企业向乙供应商发出采购单购买一批建材，要求乙在 3 月 5 日前承诺。3 月 1 日，乙收到甲的采购单。3 月 2 日，甲再次发函至乙取消本次采购。两份函件乙均已收到。3 月 4 日，乙发函至甲表示同意履行 3 月 1 日的采购单。关于该案的说法，正确的是（　　　）。

　　A．甲乙之间买卖合同成立

　　B．甲 3 月 2 日的行为属于要约撤回

　　C．乙 3 月 4 日的行为属于新要约

　　D．甲的要约已被撤销

6. 甲建筑公司向乙公司发函采购红砖，函件中标明了红砖的数量、价格和交货时间。乙公司回函表示如果延长 10 天可如约供货。根据《民法典》，乙公司的回函属于（　　　）。

　　A．要约邀请　　　　　　　　　B．承诺

　　C．新要约　　　　　　　　　　D．部分承诺

7. 施工企业根据材料供应商寄送的价目表发出了一个建筑材料采购清单，后因故又发出加急通知取消了该采购清单。如果施工企业后发出的取消通知先于采购清单到达

材料供应商处，则该取消通知从法律上称为（　　）。

  A．要约撤回   B．要约撤销

  C．承诺撤回   D．承诺撤销

  8．甲公司向乙公司购买了一批钢材，双方约定采用合同书的方式订立合同，由于施工进度紧张，在甲公司的催促之下，双方在未签字盖章之前，乙公司将钢材送到了甲公司，甲公司接受并投入工程使用。甲、乙公司之间的买卖合同（　　）。

  A．无效   B．成立

  C．可变更   D．可撤销

  9．关于合同形式的说法，正确的是（　　）。

  A．书面形式合同是指纸质合同

  B．当事人的行为可以构成默示合同

  C．书面形式是主要的合同形式

  D．未依法采用书面形式订立合同的，合同无效

  10．甲施工企业有一辆里程表存在故障的工程用车，该车实际行驶里程8万公里，市场价格约为16万元，里程表显示行驶里程为4万公里。甲明知上述情况存在，仍将该车以23万元价格卖给了乙施工企业，乙知情后诉至法院。乙的下列诉讼请求可以获得支持的是（　　）。

  A．以欺诈为由撤销合同

  B．以欺诈为由解除合同

  C．以重大误解为由请求撤销合同

  D．请求甲承担缔约过失责任

  11．乙施工企业租用甲建设单位的设备后擅自将该设备出售给了丙公司，甲知悉此事后，与乙商议以该设备的转让价格抵销了部分工程款。关于乙丙之间设备买卖合同效力的说法，正确的是（　　）。

  A．效力待定   B．有效

  C．部分有效   D．可撤销

  12．甲公司将施工机械借给乙公司使用，乙公司在甲公司不知情的情况下将该施工机械卖给知悉上述情况的丙公司，关于乙、丙公司之间施工机械买卖合同效力的说法，正确的是（　　）。

  A．有效   B．可变更或撤销

  C．无效   D．效力待定

  13．甲、乙于4月1日签订一份施工合同。合同履行过程中，双方于5月1日发生争议，甲于5月20日单方要求解除合同。乙遂向法院提起诉讼，法院于6月30日判定该合同无效。则该合同自（　　）无效。

  A．4月1日   B．5月1日

  C．5月20日   D．6月30日

  14．关于建设工程合同一方违约后，另一方采取措施防止损失扩大的说法，正确的是（　　）。

  A．接到违约方的通知后，守约方应当及时采取措施防止损失扩大

B．守约方没有采取适当措施致使损失扩大的，可以就扩大的损失要求赔偿

C．当事人因防止损失扩大而支出的合理费用，由自己承担

D．未接到违约方的通知，守约方无需采取措施防止损失扩大

15．甲与乙订立了一份施工项目的材料采购合同，货款为40万元，乙向甲支付定金4万元，如任何一方不履行合同应支付违约金6万元。甲因将施工材料另卖他人而无法向乙完成交付，在乙提出的如下诉讼请求中，既能最大限度保护自己的利益，又能获得法院支持的诉讼请求是（　　　）。

A．请求甲支付违约金6万元

B．请求甲双倍返还定金8万元

C．请求甲支付违约金6万元，同时请求返还支付的定金4万元

D．请求甲双倍返还定金8万元，同时请求甲支付违约金6万元

16．甲施工企业与乙水泥厂签订水泥供应合同，在约定的履行日期届满时，水泥厂未能按时供应水泥。由于甲施工企业没有采取适当措施寻找货源，致使损失扩大。对于扩大的损失应该由（　　　）。

A．乙水泥厂承担　　　　　　　　B．双方连带责任

C．双方按比例承担　　　　　　　D．甲施工企业承担

17．关于效力待定合同的说法，正确的是（　　　）。

A．善意相对人对合同有追认权

B．限制民事行为能力人签订的纯获利益的合同，无需追认

C．权利人有撤销的权利

D．撤销应当向人民法院或仲裁机构申请

18．施工合同当事人向人民法院主张的诉讼请求中，可以得到支持的是（　　　）。

A．解除合同并赔偿损失

B．继续履行并解除合同

C．支付违约金和双倍返还定金

D．确认合同无效并支付违约金

19．关于可撤销合同撤销权的说法，正确的是（　　　）。

A．因欺诈致使对方意思不真实，构成撤销事由

B．可以使尚未成立的合同归于无效

C．撤销权的行使应当以通知的方式作出

D．当事人不得自行放弃撤销权

20．关于违约责任的说法，正确的是（　　　）。

A．违约责任主要具有惩罚性，旨在惩罚违约方的违约行为

B．守约方需证明违约方主观上存在违约的故意，方能要求违约方承担违约责任

C．违约方违约后继续履行合同的，守约方不得再要求其支付违约金

D．守约方发生的经济损失大于违约金的，守约方可以要求违约方按照实际损失予以赔偿

21．当事人一方不履行合同义务或者履行合同义务不符合约定的，应当承担的违

约责任是（　　　）。

    A．继续履行、采取补救措施或者赔偿损失

    B．继续履行、消除危险或者赔偿损失

    C．返还财产、赔礼道歉或者采取补救措施

    D．恢复原状、赔偿损失或者支付违约金

22．甲施工企业与乙钢材供应商订立钢材采购合同，合同价款为 1000 万元，约定定金为 300 万元。甲实际支付定金 100 万元，乙按照合同约定开始供货。在合同履行过程中，双方发生争议。关于本案中定金的说法，正确的是（　　　）。

    A．双方约定 300 万元的定金因为超过合同价款的 20% 而无效

    B．视为变更约定的定金数额为 200 万元

    C．若甲违约，致使合同目的不能实现，则应当向乙支付 100 万元

    D．若乙违约，致使合同目的不能实现，则应当向甲返还 200 万元

23．关于合同形式的说法，正确的是（　　　）。

    A．合同可以采用书面形式、口头形式或者其他形式

    B．电子邮件不能视为书面形式

    C．书面形式仅指合同书形式

    D．默示合同是指当事人默认的合同

24．关于无效合同法律后果的说法，正确的是（　　　）。

    A．无效合同自被确认为无效时起没有法律约束力

    B．合同无效的，不影响合同中有关解决争议方法的条款的效力

    C．无效合同的当事人因该合同取得的财产，应当折价补偿

    D．无效合同中双方都有过错的，仅需承担各自的损失

25．根据《民法典》，下列合同的免责条款中，无效的是（　　　）。

    A．因重大过失造成对方财产损失的免责条款

    B．因轻微过失违约无需承担违约责任的条款

    C．因不可抗力造成对方财产损失的免责条款

    D．因市场价格波动造成对方财产损失的免责条款

26．关于可撤销合同的说法，正确的是（　　　）。

    A．代理权终止后，代理人以被代理人的名义订立的合同，可以撤销

    B．当事人只能以提起诉讼的方式行使撤销权

    C．当事人可以放弃撤销权

    D．被撤销的合同自法院判决生效之日起失去法律约束力

27．甲施工企业与乙材料供应商订立了合同总价为 200 万元的买卖合同，甲向乙支付了定金 50 万元。后来乙不能按照合同约定履行交付义务，致使不能实现合同目的，甲可以向乙主张返还（　　　）。

    A．40 万元　　　　　　　　　　B．50 万元

    C．90 万元　　　　　　　　　　D．100 万元

28．关于限制民事行为能力人实施的民事法律行为的说法，正确的是（　　　）。

    A．限制民事行为能力人实施的纯获利益的民事法律行为效力待定

B. 限制民事行为能力人实施的与其年龄、智力、精神健康状况不相适应的民事法律行为无效

C. 相对人可以催告法定代理人在收到通知之日起30日内予以追认

D. 相对人催告法定代理人追认，法定代理人未作表示的，视为予以追认

29. 关于可撤销合同中撤销权行使的说法，正确的是（　　）。

A. 重大误解的当事人应当自知道或者应当知道撤销事由之日起90日内行使撤销权

B. 受胁迫的当事人应当自胁迫行为终止之日起6个月内行使撤销权

C. 当事人不得放弃撤销权

D. 当事人自民事法律行为发生之日起3年内没有行使撤销权的，撤销权消灭

30. 关于违约金的说法，正确的是（　　）。

A. 约定的违约金低于造成的损失的，人民法院或者仲裁机构可以根据当事人的请求予以增加

B. 约定的违约金过分高于造成的损失的，人民法院或者仲裁机构不得予以减少

C. 一方违约，当事人要求支付违约金的，不得再要求继续履行

D. 一方违约，当事人要求解除合同的，不得再要求支付违约金

31. 关于违约责任中承担赔偿损失限制的说法，正确的是（　　）。

A. 违约方应当赔偿不可预见的损害

B. 损失赔偿不得超过违约方为履行合同付出的成本

C. 当事人一方违约后，对方没有采取适当措施致使损失扩大的，非违约方可以就扩大的损失请求赔偿

D. 当事人为防止因违约造成的损失扩大而支出的合理费用，由违约方承担

32. 关于定金的说法，正确的是（　　）。

A. 收受定金的一方不履行约定的债务的，应当原数额返还定金

B. 既约定违约金又约定定金的，一方违约时，对方可以选择适用违约金或者定金条款

C. 定金合同自合同订立之日起生效

D. 定金的数额由当事人约定，但不得超过主合同标的额的10%

33. 关于合同形式的说法，正确的是（　　）。

A. 书面形式合同是指纸质合同

B. 可以随时调取查用的电子邮件视为书面形式

C. 根据当事人的行为推定合同成立的，称为口头合同

D. 未依法采用书面形式订立合同的，合同无效

34. 建设工程施工合同被撤销的，关于其法律约束力的说法，正确的是（　　）。

A. 自当事人申请撤销之日无法律约束力

B. 自当事人请求撤销的通知到达相对方之日无法律约束力

C. 自人民法院撤销之日无法律约束力

D. 自始无法律约束力

35. 以对话方式作出的要约，要约的生效时间为（　　　）。

A. 相对人知道其内容时

B. 到达相对人时

C. 要约发出时

D. 进入受要约人指定的系统时

36. 关于承诺的说法，正确的是（　　　）。

A. 承诺可以由非受领要约的人作出

B. 有关合同履行地点和方式的变更，是对要约内容的实质性变更

C. 承诺对要约的内容作出非实质性变更的，要约人不得反对

D. 受要约人超过承诺期限发出承诺，亦构成承诺

37. 甲建设单位与乙设计院签订了设计合同。合同约定，设计费为 200 万元，定金为设计费的 15%，甲已支付定金。如果乙在规定期限内不履行合同，应该返还给甲（　　　）万元。

A. 30

B. 40

C. 60

D. 70

二　多项选择题

1. 甲建筑公司收到了某水泥厂寄发的价目表但无其他内容。甲按标明价格提出订购 1000 吨某型号水泥，并附上主要合同条款，却被告知因原材料价格上涨，原来的价格不再适用，要采用提价后的新价格，则下列说法正确的有（　　　）。

A. 水泥厂的价目表属于要约邀请

B. 甲建筑公司的订购表示属于要约

C. 水泥厂的价目表属于要约

D. 水泥厂新报价属于承诺

E. 水泥厂新报价属于新要约

2. 甲公司向乙公司发出要约，出售一批建筑材料。要约发出后，甲公司因进货渠道发生困难而拟撤回要约。甲公司撤回要约的通知应当（　　　）到达乙公司。

A. 在要约到达乙公司之前

B. 与要约同时

C. 在乙公司发出承诺之前

D. 在乙公司发出承诺的同时

E. 在乙公司发出承诺后

3. 根据《民法典》，要约失效的情形有（　　　）。

A. 受要约人拒绝要约的通知到达要约人

B. 受要约人的承诺对要约内容做了实质性变更

C. 要约中规定的承诺期限届满，要约人未收到承诺通知

D. 发出承诺通知前，撤销要约的通知到达受要约人

E. 受要约人承诺到达要约人后，要约人发出撤销要约的通知

4. 根据《民法典》，撤回要约的通知应当（　　　）。

A. 在要约到达受要约人之后到达受要约人

B. 在受要约人发出承诺之前到达受要约人

C. 在受要约人发出承诺同时到达受要约人

D. 在要约到达受要约人之前到达受要约人

E. 与要约同时到达受要约人

5. 合同内容约定不明确，不能达成补充协议，按照交易习惯不能解决时，根据《民法典》，下列说法正确的有（　　　）。

A. 质量要求不明确，可按照国家标准、行业标准履行

B. 履行期限不明确，债务人可以随时履行，但应当给对方必要的准备时间

C. 价款不明确的，可按照合同签订时履行地的市场价格履行

D. 履行地点不明确，给付货币的，在给付货币一方所在地履行

E. 履行费用负担不明确的，由债权人承担

6. 甲公司以国产设备为样品，谎称进口设备，与乙施工企业订立设备买卖合同，后乙施工企业知悉实情。有关该合同争议处理的说法，正确的有（　　　）。

A. 若买卖合同被撤销后，有关争议解决条款也随之无效

B. 乙施工企业有权自主决定是否行使撤销权

C. 乙施工企业有权自合同订立之日起 1 年内主张撤销该合同

D. 该买卖合同被法院撤销后，则该合同自始没有法律约束力

E. 乙施工企业有权自知道设备为国产之日起 1 年内主张撤销该合同

7. 下列施工合同中，属于可撤销合同的有（　　　）。

A. 施工合同订立时，承包人处于危困状态，显失公平

B. 另行签订的与备案中标合同的实质性内容不一致

C. 承包人对合同的价款有重大误解的

D. 发包人胁迫承包人签订的

E. 承包人将部分工程违法分包的

8. 施工企业甲与材料供应商乙签订一份含重大误解显失公平的钢材供应合同，甲因此而享有合同的撤销权。其撤销权消灭的情形有（　　　）。

A. 甲自知道撤销事由之日起 90 日内没有行使撤销权

B. 甲知道撤销事由后明确表示放弃撤销权

C. 甲自应当知道撤销事由之日起半年内没有行使撤销权

D. 甲自订立合同之日起 1 年内没有行使撤销权

E. 甲知道撤销事由后以自己的行为放弃撤销权

9. 施工企业由于重大误解，在订立买卖合同时将想购买的 A 型钢材误写为买 B 型钢材，则施工企业（　　　）。

A. 只能按购买 A 型钢材履行合同

B. 应按效力待定处理该合同

C. 可以放弃撤销权，按照购买 B 型钢材履行合同

D. 可以要求撤销该合同

E. 可以要求确认该合同无效

10. 下列民事责任承担方式中，属于违约责任的有（　　　）。

    A. 继续履行   B. 赔礼道歉

    C. 赔偿损失   D. 恢复原状

    E. 支付违约金

11. 关于违约金的说法，正确的有（　　　）。

    A. 约定的违约金低于造成的损失的，当事人可以请求人民法院或者仲裁机构予以增加

    B. 违约方支付迟延履行违约金后，另一方仍有权要求其继续履行

    C. 当事人既约定违约金，又约定定金的，一方违约时，对方可以选择适用违约金条款或定金条款

    D. 当事人既约定违约金，又约定定金的，一方违约时，对方可以同时适用违约金条款及定金条款

    E. 约定的违约金高于造成的损失的，当事人可以请求人民法院或者仲裁机构按实际损失金额调减

12. 根据《民法典》，民事法律行为的有效要件有（　　　）。

    A. 行为人具有相应的民事行为能力

    B. 意思表示真实

    C. 不违反法律、行政法规的强制性规定

    D. 不违背公序良俗

    E. 不超越经营范围

13. 下列合同中，属于无效合同的有（　　　）。

    A. 无民事行为能力人订立的合同

    B. 行为人与相对人以虚假的意思表示订立的合同

    C. 违背公序良俗的合同

    D. 行为人与相对人恶意串通，损害他人合法权益订立的合同

    E. 一方以欺诈手段，使对方在违背真实意思的情况下订立的合同

14. 下列合同中，属于可撤销合同的有（　　　）。

    A. 第三人以胁迫手段，使对方在违背真实意思的情况下订立的合同

    B. 一方以欺诈手段，使对方在违背真实意思的情况下订立的合同

    C. 行为人与相对人以虚假的意思表示订立的合同

    D. 一方利用对方处于危困状态、缺乏判断能力等情形，致使合同成立时显失公平的

    E. 基于重大误解订立的合同

15. 可撤销合同中，撤销权消灭的情形包括（　　　）。

    A. 当事人自民事法律行为发生之日起 5 年内没有行使撤销权的

    B. 重大误解的当事人自知道或者应当知道撤销事由之日起 1 年内没有行使撤销权的

    C. 当事人受胁迫，自胁迫行为终止之日起 1 年内没有行使撤销权的

D. 当事人知道撤销事由后明确表示放弃撤销权的

E. 当事人知道撤销事由后以自己的行为表明放弃撤销权的

16. 违约责任的特征包括（   ）。

A. 违约责任的产生以合同当事人不履行或者不适当履行合同义务为前提

B. 违约责任具有相对性，由违约的当事人一方对非违约的一方承担

C. 违约责任是民事责任的一种，主要具有补偿性

D. 违约责任的承担是法定的

E. 违约责任可以由合同当事人约定

【答案与解析】

一、单项选择题

1. B；　　2. D；　　3. A；　　*4. D；　　5. A；　　6. C；　　*7. A；　　*8. B；
9. B；　　10. A；　　11. B；　　12. C；　　*13. A；　　14. A；　　*15. C；　　*16. D；
17. B；　　18. A；　　19. A；　　20. D；　　21. A；　　22. D；　　23. A；　　24. D；
25. A；　　26. C；　　27. C；　　28. C；　　29. A；　　30. A；　　31. D；　　32. B；
33. B；　　34. D；　　35. A；　　36. B；　　37. C

【解析】

4.【答案】D

本题考查的是合同的要约与承诺。要约的有效间期由要约人在要约中规定。本题玻璃厂超期答复同意，视为新要约。要约人如果在要约中订有存续时间，受要约人必须在此期间内承诺。过期后所做出的承诺属于新要约。因此，本题的正确答案是选项D。

7.【答案】A

本题考查的是合同的要约与承诺。要约可以撤回，但撤回要约的通知应当在要约到达受要约人之前或者与要约同时到达受要约人。要约可以撤销，但撤销要约的通知应当在受要约人发出承诺通知之前到达受要约人。价目表为要约邀请，而材料采购单为要约。取消的通知先于要约到达或与要约同时到达，为要约撤回。因此，本题的正确答案是选项A。

8.【答案】B

本题考查的是合同的订立与合同成立。《民法典》规定，当事人采用合同书形式订立合同的，自双方当事人签字或者盖章时合同成立。采用合同书形式订立合同，在签字或者盖章之前，当事人一方已经履行主要义务，对方接受的，该合同成立。因此，本题的正确答案是选项B。

13.【答案】A

合同无效，自始就没有法律约束力，即自签订之日起就无效。因此，本题的正确答案是选项A。

15.【答案】C

当事人既主张约定违约金，又主张定金的，一方违约时，对方可以选择适用违约

金或定金条款。因此，本题的正确答案是选项 C。

16.【答案】D

本题考查的是赔偿损失的限制。《民法典》规定，当事人一方违约后，对方应当采取适当措施防止损失的扩大；没有采取适当措施致使损失扩大的，不得就扩大的损失要求赔偿。因此，本题的正确答案是选项 D。

二、多项选择题

1．A、B、E； *2．A、B；   3．A、B、D；   4．D、E；
5．A、B；   *6．B、D、E； 7．A、C、D；   8．A、B、E；
9．C、D；   10．A、C、E； 11．A、B、C、E； 12．A、B、C、D；
13．A、B、C、D； 14．A、B、D、E； *15．A、C、D、E； 16．A、B、C、E

【解析】

2.【答案】A、B

根据《民法典》规定，要约可以撤回，撤回要约的通知应当在要约到达受要约人之前或者与要约同时到达受要约人。因此，本题的正确答案是选项 A、B。

6.【答案】B、D、E

本合同是在欺诈胁迫的条件下签订的，属于可撤销合同。行使撤销权应当在知道或者应当知道撤销事由之日起一年内行使，并应当向人民法院或者仲裁机构申请。无效的合同或者被撤销的合同自始没有法律约束力。合同部分无效，不影响其他部分效力的，其他部分仍然有效。合同无效、被撤销或者终止的，不影响合同中独立存在的有关解决争议方法的条款的效力。因此，本题的正确答案是选项 B、D、E。

15.【答案】A、C、D、E

撤销权应在行使期间内行使。有下列情形之一的，撤销权消灭：（1）当事人自知道或者应当知道撤销事由之日起 1 年内、重大误解的当事人自知道或者应当知道撤销事由之日起 90 日内没有行使撤销权；（2）当事人受胁迫，自胁迫行为终止之日起 1 年内没有行使撤销权；（3）当事人知道撤销事由后明确表示或者以自己的行为表明放弃撤销权。当事人自民事法律行为发生之日起 5 年内没有行使撤销权的，撤销权消灭。因此，本题的正确答案是选项 A、C、D、E。

5.2 建设工程施工合同的规定

复习要点

1. 施工合同的订立和效力

1）施工合同的订立

建设工程合同是承包人进行工程建设，发包人支付价款的合同，包括工程勘察、设计、施工合同。《民法典》规定建设工程合同应当采用书面形式。根据《民法典》，发包人订立建设工程合同可以采用两种发包方式，一是与总承包人订立建设工程合同，将全部工作内容发包给总承包人；二是分别与勘察人、设计人、施工人订立勘察、设计、施工承包合同，将工作内容平行发包给勘察人、设计人、施工人。

2）施工合同的无效

施工合同的无效情形	（1）承包人未取得建筑业企业资质或者超越资质等级的。（2）没有资质的实际施工人借用有资质的建筑施工企业名义的。（3）建设工程必须进行招标而未招标或者中标无效的。（4）承包人因转包、违法分包建设工程与他人签订的建设工程施工合同。（5）当事人以发包人未取得建设工程规划许可证等规划审批手续为由，请求确认建设工程施工合同无效的，人民法院应予支持，但发包人在起诉前取得建设工程规划许可证等规划审批手续的除外
无效的法律后果	《民法典》规定，无效的或者被撤销的民事法律行为自始没有法律约束力。民事法律行为部分无效，不影响其他部分效力的，其他部分仍然有效。合同不生效、无效、被撤销或者终止的，不影响合同中有关解决争议方法的条款的效力。民事法律行为无效、被撤销或者确定不发生效力后，行为人因该行为取得的财产，应当予以返还；不能返还或者没有必要返还的，应当折价补偿。有过错的一方应当赔偿对方由此所受到的损失；各方都有过错的，应当各自承担相应的责任
	建设工程施工合同无效，但是建设工程经验收合格的，可以参照合同关于工程价款的约定折价补偿承包人。建设工程施工合同无效，且建设工程经验收不合格的，按照以下情形处理：（1）修复后的建设工程经验收合格的，发包人可以请求承包人承担修复费用。此情形下，修复后的建设工程达到法定、约定质量标准，可以参照合同约定支付工程价款，但需由承包人承担修复费用。（2）修复后的建设工程经验收不合格的，承包人无权请求参照合同关于工程价款的约定折价补偿

2．建设工程工期、质量和价款

《民法典》规定，施工合同的内容一般包括工程范围、建设工期、中间交工工程的开工和竣工时间、工程质量、工程造价、技术资料交付时间、材料和设备供应责任、拨款和结算、竣工验收、质量保修范围和质量保证期、相互协作等条款。

1）建设工程工期

开工日期	当事人对建设工程开工日期有争议的，人民法院应当分别按照以下情形予以认定：（1）开工日期为发包人或者监理人发出的开工通知载明的开工日期；开工通知发出后，尚不具备开工条件的，以开工条件具备的日期为开工日期；因承包人原因导致开工时间推迟的，以开工通知载明的日期为开工日期。（2）承包人经发包人同意已经实际进场施工的，以实际进场施工时间为开工日期。（3）发包人或者监理人未发出开工通知，亦无相关证据证明实际开工日期的，应当综合考虑开工报告、合同、施工许可证、竣工验收报告或者竣工验收备案表等载明的时间，并结合是否具备开工条件的事实，认定开工日期
工期顺延	当事人约定顺延工期应当经发包人或者监理人签证等方式确认，承包人虽未取得工期顺延的确认，但能够证明在合同约定的期限内向发包人或者监理人申请过工期顺延且顺延事由符合合同约定，承包人以此为由主张工期顺延的，人民法院应予支持。 当事人约定承包人未在约定期限内提出工期顺延申请视为工期不顺延的，按照约定处理，但发包人在约定期限后同意工期顺延或者承包人提出合理抗辩的除外
竣工日期	当事人对建设工程实际竣工日期有争议的，人民法院应当分别按照以下情形予以认定：（1）建设工程经竣工验收合格的，以竣工验收合格之日为竣工日期；（2）承包人已经提交竣工验收报告，发包人拖延验收的，以承包人提交验收报告之日为竣工日期；（3）建设工程未经竣工验收，发包人擅自使用的，以转移占有建设工程之日为竣工日期

2）建设工程质量

承包人的质量责任	因承包人的原因致使建设工程质量不符合约定的，发包人有权请求承包人在合理期限内无偿修理或者返工、改建。经过修理或者返工、改建后，造成逾期交付的，承包人应当承担违约责任
发包人的质量责任	因发包人的原因致使工程中途停建、缓建的，发包人应当采取措施弥补或者减少损失，赔偿承包人因此造成的停工、窝工、倒运、机械设备调迁、材料和构件积压等损失和实际费用

发包人具有下列情形之一，造成建设工程质量缺陷，应当承担过错责任：（1）提供的设计有缺陷；（2）提供或者指定购买的建筑材料、建筑构配件、设备不符合强制性标准；（3）直接指定分包人分包专业工程。承包人有过错的，也应当承担相应的过错责任

3）建设工程价款

建设工程价款结算纠纷争议解决	当事人对建设工程的计价标准或者计价方法有约定的，按照约定结算工程价款
	当事人约定，发包人收到竣工结算文件后，在约定期限内不予答复，视为认可竣工结算文件的，按照约定处理。承包人请求按照竣工结算文件结算工程价款的，人民法院应予支持
	当事人签订的建设工程施工合同与招标文件、投标文件、中标通知书载明的工程范围、建设工期、工程质量、工程价款不一致，一方当事人请求将招标文件、投标文件、中标通知书作为结算工程价款的依据的，人民法院应予支持
	当事人就同一建设工程订立的数份建设工程施工合同均无效，但建设工程质量合格，一方当事人请求参照实际履行的合同关于工程价款的约定折价补偿承包人的，人民法院应予支持
工程垫资及利息	当事人对垫资和垫资利息有约定，承包人请求按照约定返还垫资及其利息的，人民法院应予支持，但是约定的利息计算标准高于垫资时的同类贷款利率或者同期贷款市场报价利率的部分除外。当事人对垫资没有约定的，按照工程欠款处理。当事人对垫资利息没有约定，承包人请求支付利息的，人民法院不予支持。当事人对欠付工程价款利息计付标准有约定的，按照约定处理。没有约定的，按照同期同类贷款利率或者同期贷款市场报价利率计息。利息从应付工程价款之日开始计付。当事人对付款时间没有约定或者约定不明的，下列时间视为应付款时间：（1）建设工程已实际交付的，为交付之日；（2）建设工程没有交付的，为提交竣工结算文件之日；（3）建设工程未交付，工程价款也未结算的，为当事人起诉之日
建设工程价款优先受偿权	《民法典》规定，发包人未按照约定支付价款的，承包人可以催告发包人在合理期限内支付价款。发包人逾期不支付的，除根据建设工程的性质不宜折价、拍卖外，承包人可以与发包人协议将该工程折价，也可以请求人民法院将该工程依法拍卖。建设工程的价款就该工程折价或者拍卖的价款优先受偿
	与发包人订立建设工程施工合同的承包人，依据《民法典》第 807 条的规定请求其承建工程的价款就工程折价或者拍卖的价款优先受偿的，人民法院应予支持。 装饰装修工程具备折价或者拍卖条件，装饰装修工程的承包人请求工程价款就该装饰装修工程折价或者拍卖的价款优先受偿的，人民法院应予支持。建设工程质量合格，承包人请求其承建工程的价款就工程折价或者拍卖的价款优先受偿的，人民法院应予支持。未竣工的建设工程质量合格，承包人请求其承建工程的价款就其承建工程部分折价或者拍卖的价款优先受偿的，人民法院应予支持。 承包人享有的建设工程价款优先受偿权优于抵押权和其他债权。承包人建设工程价款优先受偿的范围依照国务院有关行政主管部门关于建设工程价款范围的规定确定。承包人就逾期支付建设工程价款的利息、违约金、损害赔偿金等主张优先受偿的，人民法院不予支持。 承包人应当在合理期限内行使建设工程价款优先受偿权，但最长不得超过 18 个月，自发包人应当给付建设工程价款之日起算。发包人与承包人约定放弃或者限制建设工程价款优先受偿权，损害建筑工人利益，发包人根据该约定主张承包人不享有建设工程价款优先受偿权的，人民法院不予支持

3．施工合同的变更

内容变更		施工合同当事人协商一致，可以变更合同。如果当事人对于合同变更的内容约定不明确的，则推定为未变更。因"情势变更"对合同进行变更或解除：合同成立后，合同的基础条件发生了当事人在订立合同时无法预见的、不属于商业风险的重大变化，继续履行合同对于当事人一方明显不公平的，受不利影响的当事人可以与对方重新协商；在合理期限内协商不成的，当事人可以请求人民法院或者仲裁机构变更或者解除合同。人民法院或者仲裁机构应当结合案件的实际情况，根据公平原则变更或者解除合同
主体变更	债权转让	债权人可以将债权的全部或者部分转让给第三人，但是有下列情形之一的除外：（1）根据债权性质不得转让；（2）按照当事人约定不得转让；（3）依照法律规定不得转让。当事人约定非金钱债权不得转让的，不得对抗善意第三人。当事人约定金钱债权不得转让的，不得对抗第三人。 债权人转让债权，未通知债务人的，该转让对债务人不发生效力。债权转让的通知不得撤销，但是经受让人同意的除外。债权人转让债权的，受让人取得与债权有关的从权利，但是该从权利专属于债权人自身的除外。受让人取得从权利不因该从权利未办理转移登记手续或者未转移占有而受影响。债务人接到债权转让通知后，债务人对让与人的抗辩，可以向受让人主张
	债务转移	债务人将债务的全部或者部分转移给第三人的，应当经债权人同意。债务人或者第三人可以催告债权人在合理期限内予以同意，债权人未作表示的，视为不同意。 第三人与债务人约定加入债务并通知债权人，或者第三人向债权人表示愿意加入债务，债权人未在合理期限内明确拒绝的，债权人可以请求第三人在其愿意承担的债务范围内和债务人承担连带债务。 债务人转移债务的，新债务人可以主张原债务人对债权人的抗辩；原债务人对债权人享有债权的，新债务人不得向债权人主张抵销。债务人转移债务的，新债务人应当承担与主债务有关的从债务，但是该从债务专属于原债务人自身的除外
	债权债务的概括转让	当事人一方经对方同意，可以将自己在合同中的权利和义务一并转让给第三人。合同的权利和义务一并转让的，适用债权转让、债务转移的有关规定

4．合同的权利义务终止

合同权利义务终止的情形		有下列情形之一的，债权债务终止：（1）债务已经履行；（2）债务相互抵销；（3）债务人依法将标的物提存；（4）债权人免除债务；（5）债权债务同归于一人；（6）法律规定或者当事人约定终止的其他情形。合同的权利义务关系终止，不影响合同中结算和清理条款的效力
合同解除	合同解除的特征	（1）合同解除的基本前提是合同合法有效，无效合同、可撤销合同不发生合同解除；（2）合同解除需具备法律规定的解除条件，或者符合当事人于合同中约定的条件；（3）合同解除须有解除的行为，无论是依据法律规定还是合同约定条件，当出现解除事由时，都需要享有解除合同权利的一方当事人向对方提出解除合同的意思表示，才能达到合同解除的法律后果；（4）合同解除的后果是使合同关系归于消灭
	法定解除与约定解除	法定解除：有下列情形之一的，当事人可以解除合同：（1）因不可抗力致使不能实现合同目的；（2）在履行期限届满前，当事人一方明确表示或者以自己的行为表明不履行主要债务；（3）当事人一方迟延履行主要债务，经催告后在合理期限内仍未履行；（4）当事人一方迟延履行债务或者有其他违约行为致使不能实现合同目的；（5）法律规定的其他情形。以持续履行的债务为内容的不定期合同，当事人可以随时解除合同，但是应当在合理期限之前通知对方。 约定解除：当事人协商一致，可以解除合同。当事人可以约定一方解除合同的事由。解除合同的事由发生时，解除权人可以解除合同

合同解除	解除权的行使期间和程序	法律规定或者当事人约定解除权行使期限，期限届满当事人不行使的，该权利消灭。法律没有规定或者当事人没有约定解除权行使期限，自解除权人知道或者应当知道解除事由之日起1年内不行使，或者经对方催告后在合理期限内不行使的，该权利消灭。 当事人一方依法主张解除合同的，应当通知对方。合同自通知到达对方时解除；通知载明债务人在一定期限内不履行债务则合同自动解除，债务人在该期限内未履行债务的，合同自通知载明的期限届满时解除。对方对解除合同有异议的，任何一方当事人均可以请求人民法院或者仲裁机构确认解除行为的效力。当事人一方未通知对方，直接以提起诉讼或者申请仲裁的方式依法主张解除合同，人民法院或者仲裁机构确认该主张的，合同自起诉状副本或者仲裁申请书副本送达对方时解除
	合同解除的后果	合同解除后，尚未履行的，终止履行；已经履行的，根据履行情况和合同性质，当事人可以请求恢复原状或者采取其他补救措施，并有权请求赔偿损失。合同因违约解除的，解除权人可以请求违约方承担违约责任，但是当事人另有约定的除外。主合同解除后，担保人对债务人应当承担的民事责任仍应当承担担保责任，但是担保合同另有约定的除外。 合同的权利义务关系终止，不影响合同中结算和清理条款的效力
施工合同解除的特别规定		承包人将建设工程转包、违法分包的，发包人可以解除合同。 发包人提供的主要建筑材料、建筑构配件和设备不符合强制性标准或者不履行协助义务，致使承包人无法施工，经催告后在合理期限内仍未履行相应义务的，承包人可以解除合同。 合同解除后，已经完成的建设工程质量合格的，发包人应当按照约定支付相应的工程价款；已经完成的建设工程质量不合格的，参照建设工程施工合同无效的规定处理

一 单项选择题

1. 建设工程施工合同对付款时间没有约定或约定不明，则应付款时间为（　　）。

　　A. 建设工程已竣工验收的，为竣工验收合格之日

　　B. 工程价款确定之日

　　C. 建设工程未交付的，为竣工结算完成之日

　　D. 建设工程未支付，工程价款也未结算的，为当事人起诉之日

2. 关于垫资的说法，正确的是（　　）。

　　A. 垫资的法律性质是工程欠款

　　B. 法律、行政法规明确禁止垫资行为

　　C. 当事人对垫资利息未作约定的，法院不予支持利息

　　D. 当事人约定垫资利息的，其利率最高为同期银行贷款利率的4倍

3. 关于建设工程合同承包人工程价款优先受偿权的说法，正确的是（　　）。

　　A. 承包人的优先受偿权优于抵押权

　　B. 承包人的优先受偿权可以对抗已经交付购买商品房大部分款项的消费者

　　C. 优先受偿权的范围包括承包人因发包人违约所造成的损失

　　D. 承包人行使优先受偿权的期限为1年

4. 根据《最高人民法院关于审理建设工程施工合同纠纷案件适用法律问题的解

释（一）》，关于解决工程价款结算争议的说法，正确的是（   ）。

    A．欠付工程款的利息从当事人起诉之日起算

    B．当事人约定垫资利息，承包人请求按照约定支付利息的，不予支持

    C．建设工程承包人行使优先权的期限自转移占有建设工程之日起计算

    D．当事人对欠付工程款利息计付标准没有约定的，按照中国人民银行发布的同期同类贷款利率计息

5．承包人已经提交竣工验收报告，发包人拖延验收的，竣工日期（   ）。

    A．以合同约定的竣工日期为准

    B．相应顺延

    C．以承包人提交竣工报告之日为准

    D．以实际通过的竣工验收之日为准

6．发包人和承包人在合同中约定垫资但没有约定垫资利息，后双方因垫资返还发生纠纷诉至法院。关于该垫资的说法，正确的是（   ）。

    A．法律规定禁止垫资，双方约定的垫资条款无效

    B．发包人应返还承包人垫资，但可以不支付利息

    C．双方约定的垫资条款有效，发包人应返还承包人垫资并支付利息

    D．垫资违反相关规定，应予以没收

7．施工企业与建设单位签订施工合同，约定施工企业垫资20%，但没有约定垫资利息。后施工企业向人民法院提起诉讼，请求建设单位支付垫资利息。对施工企业的请求，人民法院应予以支持的是（   ）。

    A．尽管未约定利息，施工企业要求按照中国人民银行发布的同期同类贷款利率支付垫资利息，应予支持

    B．由于垫资行为违法，施工企业要求返还垫资，不予支持

    C．尽管未约定利息，施工企业要求低于中国人民银行发布的同期同类贷款利率支付垫资利息，应予支持

    D．由于未约定利息，施工企业要求支付垫资利息，不予支持

8．某商品房工程开发商向银行办理抵押贷款3000万元，工程竣工验收后欠施工企业600万元工程款，开发商以每套100万元的价格卖给王某等50人商品房各1套，王某等50人与开发商签订了商品房销售合同且已支付房款的首付款30%，银行和施工企业均向人民法院提起诉讼，要求拍卖已建成的全部房屋还款，则（   ）。

    A．银行的贷款在先，拍卖后所得款项由银行优先受偿

    B．施工企业的工程款优先保障，拍卖后应优先受偿

    C．开发商卖给王某等商品房1套无效，应该拍卖

    D．王某等购买的房屋有效，承包人和银行的优先受偿权不得对抗买受人

9．某建设工程合同对建设工程价款没有约定，2022年10月1日该工程通过竣工验收，10月10日承包人提交竣工结算文件，10月20日承包人将该工程移交给发包人，但是发包人一直没有支付工程余款。2023年10月1日，承包人将发包人诉至人民法院，要求其支付工程欠款及利息。该工程欠款利息的起算日应为（   ）。

    A．2022年10月1日   B．2022年10月10日

C. 2022 年 10 月 20 日　　　　　　　　D. 2023 年 10 月 1 日

10. 关于无效施工合同工程款结算的说法，正确的是（　　）。

A. 施工合同无效，且建设工程经竣工验收不合格，修复后的建设工程经竣工验收不合格，承包人请求支付工程价款的，不予支持

B. 施工合同无效，但建设工程经竣工验收合格，承包人请求参照合同约定支付工程价款的，不予支持

C. 施工合同无效，且建设工程经竣工验收不合格，承包人请求参照合同约定支付工程价款的，应予支持

D. 施工合同无效，且建设工程经竣工验收不合格，修复后的建设工程经验收合格，发包人请求承包人承担修复费用的，不予支持

11. 包工头张某借用某施工企业的资质与甲公司签订一建设工程施工合同。施工结束后，工程竣工验收质量合格，张某要求按照合同约定支付工程款遭到对方拒绝，遂诉至法院。关于该案处理的说法，正确的是（　　）。

A. 合同无效，不应支付工程款

B. 合同无效，应参照实际履行的合同约定折价补偿承包人

C. 合同有效，应按照合同约定支付工程款

D. 合同有效，应参照合同约定支付工程款

12. 关于建设工程施工合同变更的说法，正确的是（　　）。

A. 发包人可依据其单方意思变更合同

B. 合同变更内容约定不明确，推定为未变更

C. 合同变更与工程变更范围一致

D. 合同变更协议自签字之日起生效

13. 当事人协商一致，可以变更合同。下列事项的变更，需要当事人协商一致进行合同变更的是（　　）。

A. 采购数量变更　　　　　　　　B. 公司名称变更

C. 合同签约人员变更　　　　　　D. 公司法定代表人变更

14. 关于施工合同解除的说法，正确的是（　　）。

A. 合同约定的期限内承包人没有完工，发包人可以解除

B. 承包人将承包的工程转包，发包人可以解除

C. 发包人未按约定支付工程价款，承包人可以解除

D. 承包人已经完工的建设工程质量不合格，发包人可以解除

15. 9 月 15 日，甲材料供应商与丙材料供应商订立书面合同，转让甲对乙施工企业的 30 万元债权。同年 9 月 25 日，乙接到甲关于转让债权的通知。关于该债权转让的说法，正确的是（　　）。

A. 甲与丙之间的债权转让合同 9 月 25 日生效

B. 丙于 9 月 15 日可以向乙主张 30 万元债权

C. 甲与丙之间的债权转让行为于 9 月 25 日对乙生效

D. 乙拒绝清偿 30 万元债务的，丙可以要求甲和乙承担连带责任

16. 乙施工企业向甲建设单位主张支付工程款，甲以工程质量不合格为由拒绝支

付，乙将其工程款的债权转让给丙并通知了甲。丙向甲主张该债权时，甲仍以质量原因拒绝支付。关于该案中债权转让的说法，正确的是（   ）。

  A．乙的债权属于法定不得转让的债权

  B．甲可以向丙行使因质量原因拒绝支付的抗辩

  C．乙转让债权应当经过甲同意

  D．乙转让债权可以不用通知甲

17．根据《民法典》，债权人将合同中的权利转让给第三人的，（   ）。

  A．需经债务人同意，且需办理公证手续

  B．无需经债务人同意，也不必通知债务人

  C．无需债务人同意，但需办理公证手续

  D．无需经债务人同意，但需通知债务人

18．根据《民法典》，允许单方解除合同的情形是（   ）。

  A．由于不可抗力致使合同不能履行

  B．法定代表人变更

  C．当事人一方发生合并、分立

  D．当事人一方违约

19．某建设工程承包人在工程完工后于2月1日提交了竣工验收报告，发包人未组织验收；3月1日工程由发包人接收；4月1日承包人提交了结算文件，发包人迟迟未予结算；6月1日，承包人起诉至人民法院。该工程应付款时间为（   ）。

  A．3月1日   B．2月1日

  C．4月1日   D．6月1日

20．合同债权人免除对方的债务，可以导致合同（   ）。

  A．解除   B．被追认

  C．未成立   D．权利义务终止

21．8月，乙施工企业向甲建设单位主张支付工程款，甲以施工质量不合格为由拒绝支付。10月15日，乙与丙协商将其50万元工程款债权转让给丙公司，同年10月25日，甲接到乙转让债权的通知。关于该债权转让的说法，正确的是（   ）。

  A．乙和丙之间的债权转让必须经甲同意

  B．乙和丙之间的债权转让于10月25日对甲发生效力

  C．甲对乙50万元债权的抗辩权不得向丙主张

  D．甲拒绝支付50万元工程款，丙可以要求甲和乙承担连带责任

22．在施工合同中，当事人对垫资利息未作约定，则（   ）。

  A．按照年利率24%计息

  B．利息不予支持

  C．按照中国人民银行同期同类贷款利率计息

  D．垫资不予返还

23．关于建设工程款结算的说法，正确的是（   ）。

  A．对争议的工程量，承包人能够证明发包人同意其施工，但未能提供签证文件证明工程量发生的，不得按照当事人提供的其他证据确认实际发生的工

程量结算工程款

B. 当事人就同一建设工程订立的数份施工合同均无效，但建设工程质量合格的，当事人可以请求参照最后订立的合同约定折价补偿承包人

C. 当事人就同一建设工程订立的数份施工合同均无效，建设工程质量不合格的，当事人可以请求参照实际履行的合同约定折价补偿承包人

D. 当事人在诉讼前已经对建设工程价款结算达成协议，诉讼中一方当事人申请对工程造价进行鉴定的，人民法院不予准许

24. 关于合同解除的说法，正确的是（　　）。

A. 无效合同、可撤销合同可以导致合同解除

B. 合同解除可以视为当事人之间未发生合同关系，或者合同尚存的权利义务不再履行

C. 合同当事人不得根据自己的意愿解除合同

D. 享有合同解除权的一方无需向对方提出解除合同的意思表示，合同可以自动解除

25. 建设工程施工合同约定承包人垫资至基础工程完工，约定垫资利率为全国银行间同业拆借中心公布的贷款市场报价利率的2倍。基础工程完工后，发包人未能按约定支付垫资款项及其利息，双方发生争议。关于该项目垫资及其利息的说法，正确的是（　　）。

A. 关于垫资的约定无效

B. 承包人主张该项目垫资应当按照工程欠款进行处理的，人民法院不予支持

C. 约定的垫资金额过高，导致建设工程施工合同无效

D. 承包人向人民法院请求发包人按照约定支付利息的，人民法院应当全部支持

26. 某建设工程施工合同约定的开工日期为3月1日，发包人于3月10日向承包人发出开工通知，开工通知载明的开工日期为3月20日。接到开工通知后，承包人由于人员、设备未能及时到位，3月30日才正式进场施工。根据《最高人民法院关于审理建设工程施工合同纠纷案件适用法律问题的解释（一）》，该项目开工日期应当为（　　）。

A. 3月1日　　　　　　　　　B. 3月10日

C. 3月30日　　　　　　　　　D. 3月20日

27. 建设工程施工合同无效，但已完工程验收合格，应当返还财产。关于返还财产的说法，正确的是（　　）。

A. 返还财产是指将已完工程拆除后返还施工企业

B. 折价返还应当按照建安工程费用适当下浮

C. 折价返还应当按照合同约定的价款进行

D. 折价返还可以按照当地市场价、定额量据实结算

28. 发包人可以解除建设工程施工合同的情形是（　　）。

A. 承包人将承包的工程分包给不具备相应资质的单位的

B. 发包人未按约定支付工程价款，承包人停工的

C. 已经完成的建设工程质量不合格的

D. 承包人未按合同约定的期限完工的

29. 关于欠付工程款的利息支付的说法，正确的是（　　）。

    A. 机关、事业单位与中小企业订立施工合同，可以约定逾期支付工程款的利息为合同订立时 1 年期贷款市场报价利率的 50%

    B. 机关、事业单位与中小企业订立施工合同未约定逾期付款利息，按照每日利率万分之三支付逾期利息

    C. 当事人对工程款支付时间约定不明，建设工程未交付的，起算逾期付款利息的时间为提交竣工结算文件之日

    D. 当事人对工程款支付时间没有约定，建设工程已实际交付的，起算逾期付款利息的时间为竣工验收之日

30. 关于建设工程价款优先受偿权的说法，正确的是（　　）。

    A. 建设工程价款优先受偿权与抵押权效力相当，优于其他债权

    B. 装饰装修工程的承包人，无权主张建设工程价款优先受偿权

    C. 承包人就逾期支付建设工程价款的利息、违约金、损害赔偿金等主张优先受偿的，人民法院不予支持

    D. 建设工程价款优先受偿权的起算日为建设工程竣工验收之日

31. 关于建设工程施工合同无效的法律后果，下列说法正确的是（　　）。

    A. 无效合同自被确认为无效时起没有法律约束力

    B. 合同无效的，不影响合同中有关解决争议方法的条款的效力

    C. 无效合同的当事人因该合同取得的财产，应当折价补偿

    D. 无效合同中双方都有过错的，仅需承担各自的损失

32. 关于建设工程价款优先受偿权的说法，正确的是（　　）。

    A. 建设工程价款优先受偿权与抵押权效力相同

    B. 未竣工工程的承包人不享有建设工程价款优先受偿权

    C. 未竣工的建设工程质量合格，承包人对其承建工程的价款就其承建工程部分折价或者拍卖的价款优先受偿

    D. 建设工程价款优先受偿的范围包括工程款、利息、违约金、损害赔偿金等

33. 根据《最高人民法院关于审理建设工程施工合同纠纷案件适用法律问题的解释（一）》，当事人对建设工程实际竣工日期有争议的，关于人民法院认定竣工日期的说法，正确的是（　　）。

    A. 建设工程经竣工验收合格的，以承包人提交竣工验收报告之日为竣工日期

    B. 建设工程未经竣工验收，发包人擅自使用的，以竣工验收合格之日为竣工日期

    C. 建设工程未经竣工验收，发包人擅自使用的，以承包人实际完工之日为竣工日期

    D. 承包人已经提交竣工验收报告，发包人拖延验收的，以承包人提交验收报告之日为竣工日期

34. 根据《最高人民法院关于审理建设工程施工合同纠纷案件适用法律问题的解释（一）》，承包人已经提交竣工验收报告，发包人拖延验收的，竣工日期（　　）。

    A. 以合同约定的竣工日期为准

B．以转移占有建设工程之日为准

C．以承包人提交竣工验收报告之日为准

D．以实际通过竣工验收之日为准

35．某非政府投资项目施工合同约定施工企业垫资施工，对垫资及其利息的处理未作特别约定。关于该垫资及其利息的说法，正确的是（　　）。

A．施工企业无权请求建设单位支付垫资利息

B．施工企业有权要求建设单位返还垫资及其利息

C．垫资的约定无效

D．垫资利息按照同期贷款市场报价利率确定

36．根据《最高人民法院关于审理建设工程施工合同纠纷案件适用法律问题的解释（一）》，关于建设工程合同承包人工程价款优先受偿权的说法，正确的是（　　）。

A．承包人建设工程价款优先受偿权自建设工程竣工验收合格之日起算

B．发包人与承包人放弃或者限制建设工程价款优先受偿权的约定无效

C．未竣工的建设工程质量合格，承包人无建设工程价款优先受偿权

D．承包人行使建设工程价款优先受偿权的时限最长不得超过18个月

37．项目建设完工后，施工企业已经提交竣工验收报告，但建设单位未能按期组织竣工验收，当事人对建设工程实际竣工日期有争议的，该项目的竣工日期（　　）。

A．相应顺延

B．以合同约定的计划竣工日期为准

C．以施工企业提交竣工验收报告之日为准

D．以实际通过竣工验收之日为准

38．关于施工合同变更的说法，正确的是（　　）。

A．施工合同变更应当办理批准、登记手续

B．工程变更必将导致施工合同条款变更

C．施工合同非实质性条款的变更无须双方当事人协商一致

D．当事人对施工合同变更内容约定不明确的，推定为未变更

39．根据《最高人民法院关于审理建设工程施工合同纠纷案件适用法律问题的解释（一）》，当事人对付款时间没有约定或者约定不明的，下列时间视为应付款时间的是（　　）。

A．建设工程已实际交付的，为竣工验收合格之日

B．建设工程已实际交付的，为提交竣工结算文件之日

C．建设工程未交付的，为竣工结算完成之日

D．建设工程未交付，工程价款也未结算的，为当事人起诉之日

40．下列建设工程施工合同中，属于无效合同的是（　　）。

A．工程价款支付条款显失公平的合同

B．发包人对投标文件有重大误解订立的合同

C．依法必须进行招标的项目存在中标无效情形的合同

D．承包人以胁迫手段订立的施工合同

41. 关于建设工程施工合同解除的说法，正确的是（　　）。

　　A．承包人超出合同约定的工期完工，发包人可以解除合同

　　B．承包人将承包的工程违法分包，发包人可以解除合同

　　C．发包人未按合同约定时间支付工程价款，承包人可以解除合同

　　D．承包人已经完工的建设工程质量不合格，发包人可以解除合同

42. 根据《最高人民法院关于审理建设工程施工合同纠纷案件适用法律问题的解释（一）》，承包人行使优先受偿权的期限应当自建设工程（　　）起计算。

　　A．合同订立之日　　　　　　　　B．实际竣工之日

　　C．给付建设工程价款之日　　　　D．合同约定竣工之日

43. 施工合同一方当事人的下列情形中，对方当事人可以解除合同的是（　　）。

　　A．承包人将承包的工程转包

　　B．合同约定的期限内承包人没有完成承包内容

　　C．发包人未按约定支付工程价款

　　D．已经完成的建设工程存在质量缺陷

二 多项选择题

1. 建设工程竣工前，当事人对工程质量发生争议，经鉴定工程质量合格，关于竣工日期的说法，正确的有（　　）。

　　A．应当以合同约定的竣工日期作为竣工日期

　　B．应当以鉴定合格日期为竣工日期

　　C．鉴定期间为顺延工期的期间

　　D．应当以申请鉴定日期作为竣工日期

　　E．应当以提交竣工验收报告的日期为竣工日期

2. 施工企业与建设单位签订施工合同，双方没有约定付款时间，后因利息计算产生争议，则下列有关工程价款应支付日期的说法，正确的有（　　）。

　　A．建设工程没有交付的，为提交验收报告之日

　　B．建设工程已实际交付的，为交付之日

　　C．建设工程没有交付的，为提交竣工结算文件之日

　　D．建设工程未交付，工程价款也未结算的，为人民法院判决之日

　　E．建设工程未交付，工程价款也未结算的，为当事人起诉之日

3. 发包人未按照约定支付工程价款，承包人按照《民法典》的规定可以行使建设工程价款优先受偿权。建设工程价款优先受偿权行使中可以优先受偿的工程价款包括（　　）。

　　A．承包人工作人员的报酬

　　B．承包人实际支付的建筑构配件价款

　　C．承包人欠付工程价款的利息

　　D．承包人因发包人违约产生的损失

　　E．承包人的垫资

4. 下列建设工程施工合同中，属于无效的有（　　　）。

　　A．承包人对工程内容有重大误解订立的

　　B．承包人胁迫发包人订立的

　　C．未取得相应施工企业资质的承包人订立的

　　D．建设工程必须进行招标而未招标订立的

　　E．总承包人将主体结构的施工分包给他人订立的

5. 下列建设工程合同中，属于无效合同的有（　　　）。

　　A．施工企业超越资质等级订立的合同

　　B．发包人胁迫施工企业订立的合同

　　C．没有资质的实际施工人借用有资质的建筑施工企业名义订立的合同

　　D．供应商欺诈施工单位订立的采购合同

　　E．施工企业与发包人订立的重大误解合同

6. 下列情形中，发包人可以请求人民法院解除建设工程施工合同的有（　　　）。

　　A．承包人明确表示不履行合同主要义务的

　　B．承包人已经完成的建设工程质量不合格，并拒绝修复的

　　C．承包人在合同约定的期限内没有完工的

　　D．承包人将承包的建设工程转包的

　　E．承包人将承包的建设工程违法分包的

7. 根据《民法典》，下列施工合同履行过程中发生的情形中，当事人可以解除合同的有（　　　）。

　　A．发生泥石流将拟建工厂选址覆盖

　　B．由于报价失误，施工单位在订立合同后表示无力履行

　　C．建设单位延期支付工程款，经催告后同意提供担保

　　D．施工企业施工组织不力，导致工程工期延误，使该项目已无投产价值

　　E．施工企业未经建设单位同意，擅自更换了现场技术人员

8. 关于合同解除的说法，正确的有（　　　）。

　　A．合同解除适用于可撤销合同

　　B．合同因违约解除的，解除权人可以请求违约方承担违约责任

　　C．对解除有异议的，可以申请人民法院确认解除的效力

　　D．合同解除仅使合同关系自始消灭

　　E．合同解除须有解除的行为

9. 下列建设工程施工合同中，应当被认定为无效的有（　　　）。

　　A．某劳务分包企业借用某建筑施工企业的施工总承包一级资质承揽工程订立的合同

　　B．某使用世界银行援助资金的项目，发包人未经招标与承包人订立的合同

　　C．某建筑施工企业，未取得施工总承包资质证书，承揽施工总承包工程订立的合同

　　D．某建设工程项目，施工总承包单位将主体结构的劳务分包给具有劳务资质的企业订立的合同

E．某建设工程项目，发包人未取得建设工程规划许可证与承包人订立的合同，但发包人在一审法院辩论终结前取得了建设工程规划许可证

　　10．根据《最高人民法院关于审理建设工程施工合同纠纷案件适用法律问题的解释（一）》，关于当事人对建设工程实际竣工日期有争议时竣工日期确定的说法，正确的有（　　）。

　　A．建设工程经竣工验收合格的，以竣工验收合格之日为竣工日期

　　B．承包人已经提交竣工验收报告，发包人拖延验收的，以承包人提交验收报告之日为竣工日期

　　C．建设工程未经竣工验收，发包人擅自使用的，以转移占有建设工程之日为竣工日期

　　D．建设工程整改后竣工验收合格的，以提交竣工验收申请报告的日期为竣工日期

　　E．建设工程未经竣工验收，发包人擅自使用的，以工程完工日期为竣工日期

　　11．当事人对建设工程开工日期有争议，关于开工日期认定的说法，正确的有（　　）。

　　A．开工日期为建设工程施工合同载明的计划开工日期

　　B．开工通知发出后，尚不具备开工条件的，以开工条件具备的时间为开工日期

　　C．开工通知发出后，因承包人原因导致开工时间推迟的，以开工条件具备的时间为开工日期

　　D．承包人经发包人同意已经实际进场施工的，以实际进场施工时间为开工日期

　　E．发包人或者监理人未发出开工通知，也无相关证据证明实际开工日期的，以施工许可证载明的时间为开工日期

　　12．下列款项中，属于承包人行使建设工程价款优先受偿权应当包含的内容有（　　）。

　　A．发包人欠付工程价款的利息

　　B．承包人工作人员的报酬

　　C．承包人实际支付的建筑构配件价款

　　D．承包人的机械租赁费用

　　E．承包人因发包人违约产生的损失

　　13．根据《最高人民法院关于审理建设工程施工合同纠纷案件适用法律问题的解释（一）》，发包人的下列行为中，造成建设工程质量缺陷，应当承担过错责任的有（　　）。

　　A．提供的设计有缺陷

　　B．提供的建筑材料不符合强制性标准

　　C．指定购买的建筑构配件不符合强制性标准

　　D．同意总承包人选择分包人分包专业工程

　　E．直接指定分包人分包专业工程

14. 根据《最高人民法院关于审理建设工程施工合同纠纷案件适用法律问题的解释（一）》，关于建设工程合同承包人工程价款优先受偿权的说法，正确的有（   ）。

　　A. 装饰装修工程的承包人就该装饰装修工程折价或者拍卖的价款享有优先受偿权

　　B. 未竣工的建设工程质量合格，承包人请求其承建工程的价款就其承建工程部分折价或者拍卖的价款优先受偿的，人民法院不予支持

　　C. 承包人工程价款优先受偿权不得放弃

　　D. 承包人行使建设工程价款优先受偿权的期限为 6 个月

　　E. 承包人行使建设工程价款优先受偿权的期限自发包人应当给付建设工程价款之日起算

15. 关于施工合同无效法律后果的说法，正确的有（   ）。

　　A. 折价补偿　　　　　　　　　B. 赔偿损失

　　C. 继续履行　　　　　　　　　D. 支付违约金

　　E. 合同解除

【答案与解析】

一、单项选择题

*1. D;　　*2. C;　　*3. A;　　4. D;　　5. C;　　6. B;　　7. D;　　8. B;

*9. C;　　10. A;　　11. B;　　12. B;　　13. A;　　14. B;　　15. C;　　16. B;

17. D;　　18. A;　　19. A;　　20. D;　　21. B;　　22. B;　　23. D;　　24. B;

25. B;　　26. D;　　27. D;　　28. A;　　29. C;　　30. C;　　31. B;　　32. C;

33. D;　　34. C;　　35. A;　　36. D;　　37. C;　　38. D;　　*39. D;　　*40. C;

*41. B;　　*42. C;　　43. A

【解析】

1.【答案】D

当事人对付款时间没有约定或者约定不明的，下列时间视为应付款时间：（1）建设工程已实际交付的，为交付之日；（2）建设工程没有交付的，为提交竣工结算文件之日；（3）建设工程未交付，工程价款也未结算的，为当事人起诉之日。因此，本题的正确答案是选项 D。

2.【答案】C

《最高人民法院关于审理建设工程施工合同纠纷案件适用法律问题的解释（一）》规定，当事人对垫资和垫资利息有约定，承包人请求按照约定返还垫资及其利息的，人民法院应予支持，但是约定的利息计算标准高于垫资时的同类贷款利率或者同期贷款市场报价利率的部分除外。当事人对垫资没有约定的，按照工程欠款处理。当事人对垫资利息没有约定，承包人请求支付利息的，人民法院不予支持。因此，本题的正确答案是选项 C。

3.【答案】A

《最高人民法院关于商品房消费者权利保护问题的批复》规定，一、建设工程价款

160

优先受偿权、抵押权以及其他债权之间的权利顺位关系，按照《最高人民法院关于审理建设工程施工合同纠纷案件适用法律问题的解释（一）》第36条的规定处理。二、商品房消费者以居住为目的购买房屋并已支付全部价款，主张其房屋交付请求权优先于建设工程价款优先受偿权、抵押权以及其他债权的，人民法院应当予以支持。只支付了部分价款的商品房消费者，在一审法庭辩论终结前已实际支付剩余价款的，可以适用前款规定。三、在房屋不能交付且无实际交付可能的情况下，商品房消费者主张价款返还请求权优先于建设工程价款优先受偿权、抵押权以及其他债权的，人民法院应当予以支持。承包人应当在合理期限内行使建设工程价款优先受偿权，但最长不得超过18个月，自发包人应当给付建设工程价款之日起算。因此，本题的正确答案是选项A。

9.【答案】C

《最高人民法院关于审理建设工程施工合同纠纷案件适用法律问题的解释（一）》规定，当事人对欠付工程价款利息计付标准有约定的，按照约定处理。没有约定的，按照同期同类贷款利率或者同期贷款市场报价利率计息。利息从应付工程价款之日开始计付。当事人对付款时间没有约定或者约定不明的，下列时间视为应付款时间：（1）建设工程已实际交付的，为交付之日；（2）建设工程没有交付的，为提交竣工结算文件之日；（3）建设工程未交付，工程价款也未结算的，为当事人起诉之日。因此，本题的正确答案是选项C。

39.【答案】D

根据《最高人民法院关于审理建设工程施工合同纠纷案件适用法律问题的解释（一）》，当事人对付款时间没有约定或者约定不明的，下列时间视为应付款时间：（1）建设工程已实际交付的，为交付之日；（2）建设工程没有交付的，为提交竣工结算文件之日；（3）建设工程未交付，工程价款也未结算的，为当事人起诉之日。所以，选项D正确，选项A、B、C错误。因此，本题的正确答案是选项D。

40.【答案】C

根据《最高人民法院关于审理建设工程施工合同纠纷案件适用法律问题的解释（一）》，建设工程施工合同具有下列情形之一的，应当依据民法典第153条第1款的规定，认定无效：（1）承包人未取得建筑业企业资质或者超越资质等级的；（2）没有资质的实际施工人借用有资质的建筑施工企业名义的；（3）建设工程必须进行招标而未招标或者中标无效的。承包人因转包、违法分包建设工程与他人签订的建设工程施工合同，应当依据民法典第153条第1款及第791条第2款、第3款的规定，认定无效。所以，选项C正确，选项A、B、D均为可撤销合同的种类。所以选项A、B、D均错误。因此，本题的正确答案是选项C。

41.【答案】B

《民法典》规定，有下列情形之一的，当事人可以解除合同：① 因不可抗力致使不能实现合同目的；② 在履行期限届满前，当事人一方明确表示或者以自己的行为表明不履行主要债务；③ 当事人一方迟延履行主要债务，经催告后在合理期限内仍未履行；④ 当事人一方迟延履行债务或者有其他违约行为致使不能实现合同目的；⑤ 法律规定的其他情形。承包人将建设工程转包、违法分包的，发包人可以解除合同。发包人提供的主要建筑材料、建筑构配件和设备不符合强制性标准或者不履行协助义务，致使承包人无法施工，经催告后在合理期限内仍未履行相应义务的，承包人可以解除合同。所以，选项 B 正确，而选项 A、C、D 错误。因此，本题的正确答案是选项 B。

42.【答案】C

根据《最高人民法院关于审理建设工程施工合同纠纷案件适用法律问题的解释（一）》，承包人应当在合理期限内行使建设工程价款优先受偿权，但最长不得超过 18 个月，自发包人应当给付建设工程价款之日起算。因此，本题的正确答案是选项 C。

二、多项选择题

*1. B、C;	2. B、C、E;	*3. A、B;	4. C、D、E;
5. A、C;	*6. A、B、D、E;	7. A、B、D;	8. B、C、E;
9. A、B、C、E;	10. A、B、C;	11. B、D;	12. C、D;
13. A、B、C、E;	*14. A、E;	15. A、B	

【解析】

1.【答案】B、C

《最高人民法院关于审理建设工程施工合同纠纷案件适用法律问题的解释（一）》规定，当事人对建设工程实际竣工日期有争议的，按照以下情形分别处理：（1）建设工程经竣工验收合格的，以竣工验收合格之日为竣工日期；（2）承包人已经提交竣工验收报告，发包人拖延验收的，以承包人提交验收报告之日为竣工日期；（3）建设工程未经竣工验收，发包人擅自使用的，以转移占有建设工程之日为竣工日期。因此，本题的正确答案是选项 B、C。

3.【答案】A、B

《最高人民法院关于审理建设工程施工合同纠纷案件适用法律问题的解释（一）》规定，承包人建设工程价款优先受偿的范围依照国务院有关行政主管部门关于建设工程价款范围的规定确定。承包人就逾期支付建设工程价款的利息、违约金、损害赔偿金等主张优先受偿的，人民法院不予支持。因此，本题的正确答案是选项 A、B。

6.【答案】A、B、D、E

《民法典》规定，有下列情形之一的，当事人可以解除合同：① 因不可抗力致使不能实现合同目的；② 在履行期限届满前，当事人一方明确表示或者以自己的行为表明不履行主要债务；③ 当事人一方迟延履行主要债务，经催告后在合理期限内仍未履行；④ 当事人一方迟延履行债务或者有其他违约行为致使不能实现合同目的；⑤ 法律规定的其他情形。因此，本题的正确答案是选项 A、B、D、E。

承包人将建设工程转包、违法分包的，发包人可以解除合同。发包人提供的主要建筑材料、建筑构配件和设备不符合强制性标准或者不履行协助义务，致使承包人无法施工，经催告后在合理期限内仍未履行相应义务的，承包人可以解除合同。

14.【答案】A、E

根据《最高人民法院关于审理建设工程施工合同纠纷案件适用法律问题的解释（一）》，第 37 条装饰装修工程具备折价或者拍卖条件，装饰装修工程的承包人请求工程价款就该装饰装修工程折价或者拍卖的价款优先受偿的，人民法院应予支持。第 38 条建设工程质量合格，承包人请求其承建工程的价款就工程折价或者拍卖的价款优先受偿的，人民法院应予支持。第 39 条未竣工的建设工程质量合格，承包人请求其承建工程的价款就其承建工程部分折价或者拍卖的价款优先受偿的，人民法院应予支持。第 40 条承包人建设工程价款优先受偿的范围依照国务院有关行政主管部门关于建设工程价款范围的规定确定。承包人就逾期支付建设工程价款的利息、违约金、损害赔偿金等主张优先受偿的，人民法院不予支持。第 41 条承包人应当在合理期限内行使建设工程价款优先受偿权，但最长不得超过 18 个月，自发包人应当给付建设工程价款之日起算。第 42 条发包人与承包人约定放弃或者限制建设工程价款优先受偿权，损害建筑工人利益，发包人根据该约定主张承包人不享有建设工程价款优先受偿权的，人民法院不予支持。选项 C 未限定"损害建筑工人利益"，为干扰项。

5.3 相关合同制度

复习要点

1. 买卖合同
1）买卖合同的概念与特征
买卖合同是出卖人转移标的物的所有权于买受人，买受人支付价款的合同。

特征	买卖合同是转移标的物所有权的合同
	买卖合同是双务、有偿合同
	买卖合同是诺成合同
	买卖合同一般为不要式合同

2）买卖合同双方当事人的主要义务

出卖人的义务	按照约定向买受人交付标的物或者提取标的物单证的义务
	转移标的物所有权的义务
	按照约定或者交易习惯向买受人交付提取标的物单证以外的有关单证和资料的义务
	标的物的品质瑕疵担保义务
	标的物的权利瑕疵担保义务
买受人的义务	支付价款的义务。（1）买受人应当按照约定的数额、支付方式、时间、地点支付价款，没有约定或者约定不明确，依法仍不能确定的，价款的数额按照订立合同时履行地的市场价格履行，依法应当执行政府定价或者政府指导价的，依照规定履行；（2）履行地点不明确，在接受货币（出卖人）一方所在地履行；（3）履行期限不明确的，买受人可以随时履行，出卖人也可以随时请求履行，但是应当给对方必要的准备时间；（4）履行方式不明确的，按照有利于实现合同目的的方式履行；（5）履行费用的负担不明确的，由履行义务一方（买受人）负担；（6）因债权人（出卖人）原因增加的履行费用，由债权人（出卖人）负担
	受领标的物的义务
	检验标的物的义务

3）标的物毁损、灭失风险的承担

风险承担的基本规则	标的物毁损、灭失的风险，在标的物交付之前由出卖人承担，交付之后由买受人承担，但是法律另有规定或者当事人另有约定的除外
风险承担的特殊规则	因买受人的原因致使标的物未按照约定的期限交付的，买受人应当自违反约定时起承担标的物毁损、灭失的风险
	出卖人出卖交由承运人运输的在途标的物，除当事人另有约定外，毁损、灭失的风险自合同成立时起由买受人承担
	出卖人按照约定将标的物运送至买受人指定地点并交付给承运人后，标的物毁损、灭失的风险由买受人承担。当事人没有约定交付地点或者约定不明确，依规定标的物需要运输的，出卖人将标的物交付给第一承运人后，标的物毁损、灭失的风险由买受人承担
	出卖人按照约定或者依据规定将标的物置于交付地点，买受人违反约定没有收取的，标的物毁损、灭失的风险自违反约定时起由买受人承担
	因标的物不符合质量要求，致使不能实现合同目的的，买受人可以拒绝接受标的物或者解除合同。买受人拒绝接受标的物或者解除合同的，标的物毁损、灭失的风险由出卖人承担

4）买卖合同解除的规则

《民法典》第631条	因标的物的主物不符合约定而解除合同的，解除合同的效力及于从物。因标的物的从物不符合约定被解除的，解除的效力不及于主物
《民法典》第632条	标的物为数物，其中一物不符合约定的，买受人可以就该物解除。但是，该物与他物分离使标的物的价值显受损害的，当事人可以就数物解除合同
《民法典》第633条	出卖人分批交付标的物的，出卖人对其中一批标的物不交付或者交付不符合约定，致使该批标的物不能实现合同目的的，买受人可以就该批标的物解除。 出卖人不交付其中一批标的物或者交付不符合约定，致使之后其他各批标的物的交付不能实现合同目的的，买受人可以就该批以及之后其他各批标的物解除。 买受人如果就其中一批标的物解除，该批标的物与其他各批标的物相互依存的，可以就已经交付和未交付的各批标的物解除
《民法典》第634条	分期付款的买受人未支付到期价款的数额达到全部价款的1/5，经催告后在合理期限内仍未支付到期价款的，出卖人可以请求买受人支付全部价款或者解除合同。 出卖人解除合同的，可以向买受人请求支付该标的物的使用费

2．借款合同
1）借款合同的概念和特征

概念	借款合同是借款人向贷款人借款，到期返还借款并支付利息的合同
特征	借款合同的标的是货币，包括可流通的各种货币
	借款合同应当采用书面形式，但是自然人之间借款另有约定的除外
	借款合同多为有偿合同
	借款合同一般是诺成合同。自然人之间的借款合同，自贷款人提供借款时成立

2）借款合同当事人的主要义务

贷款人的义务	按照约定的日期、数额提供借款的义务
	不得预先在本金中扣除借款利息的义务。借款的利息不得预先在本金中扣除。利息预先在本金中扣除的，应当按照实际借款数额返还借款并计算利息

	向贷款人提供与借款有关的业务活动和财产状况的真实情况
借款人的义务	按照约定的日期、数额收取借款的义务
	协助贷款人监督的义务
	按照约定用途使用借款的义务。借款人未按照约定的借款用途使用借款的，贷款人可以停止发放借款、提前收回借款或者解除合同
	按期归还本金和利息的义务。借款人应当按照约定的期限支付利息。对支付利息的期限没有约定或者约定不明确，依据规定仍不能确定，借款期间不满 1 年的，应当在返还借款时一并支付；借款期间 1 年以上的，应当在每届满 1 年时支付，剩余期间不满 1 年的，应当在返还借款时一并支付

3）民间借贷

	套取金融机构贷款转贷的
民间借贷合同无效	以向其他营利法人借贷、向本单位职工集资，或者以向公众非法吸收存款等方式取得的资金转贷的
	未依法取得放贷资格的出借人，以营利为目的向社会不特定对象提供借款的
	出借人事先知道或者应当知道借款人借款用于违法犯罪活动仍然提供借款的
	违反法律、行政法规强制性规定的
	违背公序良俗的
民间借贷合同的利息和利率规则	借贷双方没有约定利息，出借人主张支付利息的，人民法院不予支持。 自然人之间借贷对利息约定不明，出借人主张支付利息的，人民法院不予支持。除自然人之间借贷的外，借贷双方对借贷利息约定不明，出借人主张利息的，人民法院应当结合民间借贷合同的内容，并根据当地或者当事人的交易方式、交易习惯、市场报价利率等因素确定利息
	出借人请求借款人按照合同约定利率支付利息的，人民法院应予支持，但是双方约定的利率超过合同成立时一年期贷款市场报价利率 4 倍的除外

3．保证合同
1）保证合同的概念与特征

概念	保证合同是为保障债权的实现，保证人和债权人约定，当债务人不履行到期债务或者发生当事人约定的情形时，保证人履行债务或者承担责任的合同
	保证合同是要式合同
特征	保证合同是主债权债务合同的从合同。主债权债务合同无效的，保证合同无效，但是法律另有规定的除外。保证合同被确认无效后，债务人、保证人、债权人有过错的，应当根据其过错各自承担相应的民事责任
	保证合同是单务合同、无偿合同、诺成合同

2）保证合同的当事人和内容

保证人	机关法人不得为保证人，但是经国务院批准为使用外国政府或者国际经济组织贷款进行转贷的除外。 以公益为目的的非营利法人、非法人组织不得为保证人
保证合同的形式	保证合同可以是单独订立的书面合同，也可以是主债权债务合同中的保证条款。 第三人单方以书面形式向债权人作出保证，债权人接受且未提出异议的，保证合同成立

保证方式	保证的方式包括一般保证和连带责任保证。当事人在保证合同中对保证方式没有约定或者约定不明确的，按照一般保证承担保证责任。 当事人在保证合同中约定，债务人不能履行债务时，由保证人承担保证责任的，为一般保证。 一般保证的保证人在主合同纠纷未经审判或者仲裁，并就债务人财产依法强制执行仍不能履行债务前，有权拒绝向债权人承担保证责任。 当事人在保证合同中约定保证人和债务人对债务承担连带责任的，为连带责任保证。 连带责任保证的债务人不履行到期债务或者发生当事人约定的情形时，债权人可以请求债务人履行债务，也可以请求保证人在其保证范围内承担保证责任

3）保证责任

保证范围	主债权及其利息、违约金、损害赔偿金和实现债权的费用。当事人另有约定的，按照其约定
保证期间	保证期间是确定保证人承担保证责任的期间，不发生中止、中断和延长。债权人与保证人可以约定保证期间，但是约定的保证期间早于主债务履行期限或者与主债务履行期限同时届满的，视为没有约定；没有约定或者约定不明确的，保证期间为主债务履行期限届满之日起6个月。债权人与债务人对主债务履行期限没有约定或者约定不明确的，保证期间自债权人请求债务人履行债务的宽限期届满之日起计算
主合同变更对保证责任的影响	债权人和债务人未经保证人书面同意，协商变更主债权债务合同内容，减轻债务的，保证人仍对变更后的债务承担保证责任；加重债务的，保证人对加重的部分不承担保证责任。债权人和债务人变更主债权债务合同的履行期限，未经保证人书面同意的，保证期间不受影响
	债权人转让全部或者部分债权，未通知保证人的，该转让对保证人不发生效力。保证人与债权人约定禁止债权转让，债权人未经保证人书面同意转让债权的，保证人对受让人不再承担保证责任
	债权人未经保证人书面同意，允许债务人转移全部或者部分债务，保证人对未经其同意转移的债务不再承担保证责任，但是债权人和保证人另有约定的除外
	第三人加入债务的，保证人的保证责任不受影响

4．租赁合同
1）租赁合同的概念及特征

概念	租赁合同是出租人将租赁物交付承租人使用、收益，承租人支付租金的合同
特征	租赁合同的标的物是有体物、非消耗物
	租赁合同是转移财产使用权的合同
	租赁合同是双务合同、有偿合同、诺成合同
	租赁合同具有期限性和持续性
租赁期限	租赁期限不得超过20年。超过20年的，超过部分无效。租赁期限届满，当事人可以续订租赁合同；但是，约定的租赁期限自续订之日起不得超过20年
租赁合同的形式	当事人未依照法律、行政法规规定办理租赁合同登记备案手续的，不影响合同的效力。租赁期限6个月以上的，应当采用书面形式。当事人未采用书面形式，无法确定租赁期限的，视为不定期租赁

2）租赁合同双方当事人的权利义务

出租人的义务	按约交付租赁物并保持其适租性的义务
	对租赁物承担权利瑕疵担保责任的义务

出租人的义务	及时维修租赁物的义务。承租人在租赁物需要维修时可以请求出租人在合理期限内维修。出租人未履行维修义务的，承租人可以自行维修，维修费用由出租人负担。因维修租赁物影响承租人使用的，应当相应减少租金或者延长租期
承租人的义务	按约支付租金的义务
	按约使用租赁物的义务
	妥善保管租赁物的义务
	第三人对租赁物主张权利时的通知义务
	返还租赁物的义务
承租人的权利	租赁物的使用收益权
	减少租金请求权
	经出租人同意后对租赁物的改造权。承租人经出租人同意，可以对租赁物进行改善或者增设他物。承租人未经出租人同意，对租赁物进行改善或者增设他物的，出租人可以请求承租人恢复原状或者赔偿损失
	经出租人同意后的转租权。承租人经出租人同意，可以将租赁物转租给第三人。承租人转租的，承租人与出租人之间的租赁合同继续有效；第三人造成租赁物损失的，承租人应当赔偿损失。承租人未经出租人同意转租的，出租人可以解除合同

3）租赁合同的解除权

承租人的合同解除权	租赁物非因承租人原因被司法机关或者行政机关依法查封、扣押，致使租赁物无法使用的
	租赁物非因承租人原因发生权属争议，致使租赁物无法使用的
	非因承租人原因租赁物具有违反法律、行政法规关于使用条件的强制性规定情形，致使租赁物无法使用的
	因租赁物部分或者全部毁损、灭失，致使不能实现合同目的的
	租赁物危及承租人的安全或者健康的。当租赁物的质量瑕疵达到危及承租人人身安全或健康的程度时，即使承租人订立合同时明知该租赁物质量不合格，承租人仍然可以随时解除合同
出租人的合同解除权	承租人未按照约定的方法或者未根据租赁物的性质使用租赁物，致使租赁物受到损失的，出租人可以解除合同并请求赔偿损失
	承租人未经出租人同意转租的，出租人可以解除合同
	承租人无正当理由未支付或者迟延支付租金的，出租人可以请求承租人在合理期限内支付；承租人逾期不支付的，出租人可以解除合同
双方当事人的合同解除权	不定期租赁或视为不定期租赁的合同，双方当事人均享有随时解除合同的权利，但是应当在合理期限之前通知对方

5．承揽合同
1）承揽合同的概念与特征

概念	承揽合同是承揽人按照定作人的要求完成工作，交付工作成果，定作人支付报酬的合同。承揽包括加工、定作、修理、复制、测试、检验等工作
特征	承揽合同的标的是完成特定的工作
	承揽人向定作人交付的标的物是定作物

特征	承揽合同具有一定的人身性质
	非经定作人同意，承揽人不得将其承揽的主要工作交由第三人完成

2）承揽合同中当事人的主要义务

承揽人的主要义务	亲自完成合同约定的主要工作的义务
	按约向定作人交付工作成果的义务
	工作成果的瑕疵担保义务
	按约提供材料并接受定作人检验的义务
	对定作人提供材料及时检验并不得擅自更换的义务
	及时通知的义务
	接受定作人必要监督检验的义务
	材料及工作成果的保管义务
	保密义务
	共同承揽人的连带责任义务
定作人的主要义务	按约支付报酬及材料费等价款的义务
	受领并验收工作成果的义务
	按约提供材料的义务
	协助承揽人完成工作的义务
	及时答复承揽人的义务
	对中途变更承揽工作要求的赔偿损失义务
	不得滥用监督检验权利的义务

3）承揽合同的解除权

承揽人的合同解除权	定作人不履行协助义务的，承揽人可催告其在合理的期限内履行，定作人逾期仍不履行的，承揽人可以解除合同
定作人的合同解除权	定作人的法定解除权。承揽人未经定作人同意将主要承揽工作交由第三人完成的，定作人可以解除合同
	定作人的任意解除权。定作人在承揽人完成工作前可以随时解除合同，造成承揽人损失的，应当赔偿损失

6．运输合同

运输合同是承运人将旅客或者货物从起运地点运输到约定地点，旅客、托运人或者收货人支付票款或者运输费用的合同。运输合同分为客运合同和货运合同。

1）货运合同的概念和特征

概念	货运合同是承运人将货物从起运地点运输到约定地点，托运人或者收货人支付运输费用的合同
特征	货运合同的当事人具有特殊性
	货运合同的客体是承运人的运送行为，不是运送的货物本身

特征	货运合同为双务、有偿、诺成合同
	货运合同多为定型化合同

2）运输合同当事人的主要权利和义务

托运人的权利	任意变更、解除权。在承运人将货物交付收货人之前，托运人可以要求承运人中止运输、返还货物、变更到达地或者将货物交给其他收货人，但应当赔偿承运人因此受到的损失
	货物在运输过程中因不可抗力灭失，未收取运费的，承运人不得请求支付运费；已经收取运费的，托运人可以请求返还
	承运人未按照约定路线或者通常路线运输增加运输费用的，合同约定由托运人支付运费的，托运人可以拒绝支付增加部分的运输费用
托运人的义务	支付运费的义务
	如实告知义务
	提交审批文件义务
	妥善包装货物义务
	托运危险物品时的特殊义务
收货人的权利	承运人未按照约定路线或者通常路线运输增加运输费用的，收货人可以拒绝支付增加部分的运输费用
	损害赔偿请求权
收货人的义务	及时提货义务
	及时检验义务
承运人的权利	特定条件下的拒绝运输权
	托运人或者收货人不支付运费、保管费或者其他费用的，承运人对相应的运输货物享有留置权，但是当事人另有约定的除外
	收货人不明或者收货人无正当理由拒绝受领货物的，承运人依法可以提存货物
承运人的义务	从事公共运输的承运人的强制缔约义务
	及时、安全的送达义务
	按照约定或通常运输路线运输的义务

3）承运人的赔偿责任与托运人的运费风险

承运人的赔偿责任	承运人对运输过程中货物的毁损、灭失承担赔偿责任，但承运人证明货物的毁损、灭失是因不可抗力、货物本身的自然性质或者合理损耗以及托运人、收货人的过错造成的，不承担赔偿责任。 货物的毁损、灭失的赔偿额，当事人有约定的，按照其约定；没有约定或者约定不明确，依法仍不能确定的，按照交付或者应当交付时货物到达地的市场价格计算。法律、行政法规对赔偿额的计算方法和赔偿限额另有规定的，依照其规定
托运人的运费风险	货物在运输过程中因不可抗力灭失，未收取运费的，承运人不得请求支付运费；已经收取运费的，托运人可以请求返还。法律另有规定的，依照其规定

7．仓储合同
1）仓储合同的概念和特征

概念	仓储合同是保管人储存存货人交付的仓储物，存货人支付仓储费的合同
特征	仓储合同是诺成合同
	仓储合同的保管对象是动产
	仓储合同是双务合同、有偿合同

2）仓储合同当事人的主要义务

保管人的义务	验收的义务
	出具仓单的义务
	允许检查或者提取样品的义务
	通知义务
	催告或作出必要处置的义务
	损害赔偿的义务
存货人的义务	支付仓储费用的义务
	存储特定物品时的说明义务
	按时提取仓储物的义务

8．委托合同
1）委托合同的概念和特征

概念	委托合同是委托人和受托人约定，由受托人处理委托人事务的合同
特征	委托合同以为他人处理事务为目的
	委托合同是一种典型的以提供劳务作为标的的合同
	委托合同以当事人之间的互相信任为前提
	委托合同是诺成合同、不要式合同、双务合同
	委托合同原则上是有偿的，但也可以是无偿合同

2）委托合同当事人的主要义务

委托人的义务	预付相关费用的义务
	支付约定报酬的义务
	及时接受委托事务结果的义务
	赔偿损失的义务
受托人的义务	服从指示的义务
	亲自处理受托事务的义务。转委托未经同意或者追认的，受托人应当对转委托的第三人的行为承担责任；但是，在紧急情况下受托人为了维护委托人的利益需要转委托第三人的除外
	报告受托事务处理情况的义务

受托人的义务	转移受托事务所得利益的义务
	赔偿委托人损失的义务
委托合同的任意解除权	委托人或者受托人均可以随时解除委托合同。因解除合同造成对方损失的，除不可归责于该当事人的事由外，无偿委托合同的解除方应当赔偿因解除时间不当造成的直接损失，有偿委托合同的解除方应当赔偿对方的直接损失和合同履行后可以获得的利益

9．保险合同

1）保险合同的概念和特征

概念	保险合同是投保人与保险人约定保险权利义务关系的协议
特征	保险合同的当事人具有特殊性
	保险合同是有偿合同
	保险合同是双务合同
	保险合同一般是射幸合同
	保险合同是要式合同

2）保险合同当事人及关系人的主要义务

投保人、被保险人、受益人的义务	交付保险费义务
	如实告知义务
	危险增加通知义务
	保险事故通知义务
	防灾防损和施救义务
	提供有关证明、单证和资料的义务
保险人的主要义务	赔付保险金的义务
	告知义务
	及时签发保险单证的义务
	降低保费的义务
	承担必要、合理费用的义务

一　单项选择题

1．关于承揽合同解除的说法，正确的是（　　）。

　A．定作人不履行协助义务致使承揽工作不能完成的，承揽人即可解除合同

　B．承揽人将其承揽的主要工作交由第三人完成的，定作人可以解除合同

　C．定作人可以随时解除承揽合同，造成承揽人损失的，应当承担赔偿责任

　D．承揽人可以随时解除承揽合同，造成定作人损失的，应当承担赔偿责任

2．在承揽合同中，承揽人应承担违约责任的情形是（　　）。

　A．承揽人发现定作人提供的图纸不合理，立即停止工作并通知定作人，因等

待答复，未能如期完成工作

B．承揽人发现定作人提供的材料不合格，遂自行更换为自己确认合格的材料

C．因不可抗力造成标的物损毁

D．因定作人未按照约定支付报酬，承揽人拒绝交付工作成果

3．某施工企业与预制构件厂签订了预制构件加工合同，构件加工过程中施工企业要求变更构件设计，对方同意变更。但加工构件超过 60% 时，该施工企业提出解除合同。关于该施工企业权利的说法，正确的是（　　）。

A．可随时解除合同　　　　　　　　B．享有留置权

C．不得单方变更设计　　　　　　　D．可请求法院撤销合同

4．甲公司向乙公司定作一批预制板，乙开工不久，甲需要将预制板加厚，遂要求乙停止制作。关于甲权利义务的说法，正确的是（　　）。

A．甲应支付相应部分报酬　　　　　B．甲不得中途要求乙停止制作

C．甲应支付全部约定报酬　　　　　D．甲不用赔偿乙的损失

5．某工程项目建设过程中，发包人与机械厂签订了加工非标准的大型管道叉管的合同，并提供了制作叉管的钢板。根据《民法典》，该合同属于（　　）合同。

A．施工承包　　　　　　　　　　　B．承揽

C．信托　　　　　　　　　　　　　D．委托

6．经定作人同意，承揽人将其承揽的主要工作交由第三人完成。关于责任承担的说法，正确的是（　　）。

A．第三人就完成的工作成果向定作人负责

B．承揽人不再承担责任

C．承揽人与第三人按完成工作成果的比例向定作人承担责任

D．承揽人就该第三人完成的工作成果向定作人负责

7．根据《民法典》，关于定作人权利和义务的说法，正确的是（　　）。

A．定作人有权随时解除承揽合同，造成损失的应当赔偿

B．没有约定报酬支付期限的，定作人应当先行预付

C．报酬约定不清的，定作人有权拒付

D．因定作人提供的图纸不合理导致损失的，定作人与承揽人承担连带责任

8．甲施工企业与乙预制构件加工厂签订了承揽合同，合同约定由甲提供所需材料和图纸。关于该合同主体权利义务的说法，正确的是（　　）。

A．没有约定报酬支付期限的，甲应当先行预付

B．因甲提供的图纸不合理导致损失的，甲与乙承担连带责任

C．未经甲许可，乙不得留存复制品或技术资料

D．乙发现甲提供的材料不合格，遂自行更换为自己确认合格的材料

9．承揽合同中，关于承揽人义务的说法，正确的是（　　）。

A．承揽人发现定作人提供的材料不符合约定的，可以自行更换

B．共同承揽人对定作人承担按份责任

C．未经定作人许可，承揽人不得留存复制品或技术资料

D．承揽人在工作期间，不必接受定作人必要的监督检验

10. 关于买卖合同中标的物毁损灭失的风险承担，如果当事人没有约定交付地点或者约定不明确，下列说明中正确的是（　　）。

　　A．标的物毁损灭失的风险，在标的物交付之后由出卖人承担

　　B．出卖人出卖交由承运人运输的在途标的物，毁损灭失的风险自承运人将货物交付给买受人时由买受人承担

　　C．对于需要运输的标的物，出卖人将标的物交给第一承运人后，毁损灭失的风险由买受人承担

　　D．出卖人依约将标的物置于交付地点，买受人违反约定没有收取的，标的物毁损、灭失的风险自违反约定之日起由出卖人承担

11. 甲施工企业从乙公司购进一批水泥，乙公司为甲施工企业代办托运。在运输过程中，甲施工企业与丙公司订立合同将这批水泥转让丙公司，水泥在运输途中因山洪暴发，火车出轨受到损失。该案中水泥的损失应由（　　）。

　　A．丙公司承担　　　　　　　　B．甲施工企业承担

　　C．乙公司承担　　　　　　　　D．甲施工企业和丙公司分担

12. 某设备租赁公司将一台已经出租给某劳务公司的钢筋切割机转让给某施工企业，该切割机租赁还有 3 个月到期。转让合同约定当切割机租赁期限结束时劳务公司将其交付给该施工企业。该买卖合同中切割机的交付方式为（　　）。

　　A．简易交付　　　　　　　　　B．拟制交付

　　C．指示交付　　　　　　　　　D．占有改定

13. 根据《民法典》，当事人对合同价款约定不明确，合同价款的确定规则为（　　）。

　　A．按照订立合同时履行地的市场价格履行

　　B．按照履行合同时履行地的市场价格履行

　　C．按照纠纷发生时履行地的市场价格履行

　　D．按照订立合同时订立地的市场价格履行

14. 甲公司向乙公司购买 50 吨水泥后，甲通知乙需要更改购买数量，但一直未明确具体数量。交货期届至，乙将 50 吨水泥交付给甲，甲拒绝接收，理由是已告知要变更合同。关于双方合同关系的说法，正确的是（　　）。

　　A．乙承担损失

　　B．甲可根据实际情况部分接收

　　C．双方合同已变更，乙送货构成违约

　　D．甲拒绝接收，应承担违约责任

15. 承包商向水泥厂购买袋装水泥并按合同约定支付全部货款。因运输公司原因导致水泥交货延误 2 天，承包商收货后要求水泥厂支付违约金，水泥厂予以拒绝。承包商认为水泥厂违约，因而未对堆放水泥采取任何保护措施，次日大雨，水泥受潮全部硬化。此损失应由（　　）承担。

　　A．三方共同　　　　　　　　　B．水泥厂

　　C．承包商　　　　　　　　　　D．运输公司

16. 甲施工企业向乙建材公司购买一批水泥，关于该买卖合同中水泥毁损、灭失

风险承担的说法，正确的是（　　　）。

  A．水泥毁损、灭失的风险交付之前由乙承担，交付之后由甲承担

  B．若由于甲自身过错导致水泥交付日期推迟一周，则水泥毁损、灭失的风险由甲承担的时间相应推迟

  C．若甲拒绝接受水泥或者解除合同，则水泥毁损、灭失的风险由乙承担

  D．若乙出卖的水泥为在途标的物时，则其毁损、灭失的风险自水泥交付完成时起由甲承担

17．关于借款合同的说法，正确的是（　　　）。

  A．借款合同自双方当事人签字盖章之日起生效

  B．借款合同为有偿合同

  C．借款合同必须采用书面形式

  D．自然人之间的借款合同，自贷款人提供借款时生效

18．关于租赁合同的说法，正确的是（　　　）。

  A．租赁期限超过 20 年的，超过部分无效

  B．租赁期限超过 6 个月的，可以采用书面形式

  C．租赁合同应当采用书面形式，当事人未采用的，视为租赁合同未生效

  D．租赁物在租赁期间发生所有权变动的，租赁合同解除

19．李某拥有一处地段不错的商铺，王某欲承租，2023 年 2 月 15 日双方签订了租赁协议，约定 2023 年 3 月 1 日起租用。同年 2 月 20 日李某又与张某签订了租赁协议，并当日将该商铺交付给了张某。对此，下列说法中正确的是（　　　）。

  A．李某与张某间的租赁合同无效

  B．租赁合同的成立以租赁物的交付为要件

  C．张某享有优先承租权

  D．两份合同均有效，李某应承担违约责任

20．某工程需租用钢管，双方约定租赁期限为 8 个月，则下列关于该租赁合同的说法，错误的是（　　　）。

  A．应以书面方式订立

  B．若以口头方式订立，则租赁期视为 6 个月

  C．若以口头方式订立，出租人可随时解除合同

  D．若以口头方式订立，承租人可随时解除合同

21．甲建筑公司将自有的房屋出租给乙公司，租期为 2 年，在租赁期间，甲公司又与丙公司签订了房屋买卖合同。根据《民法典》，下列说法中正确的是（　　　）。

  A．甲公司与丙公司签订的买卖合同无效，因为甲公司未取得乙公司的同意

  B．甲公司与丙公司签订的买卖合同有效，原租赁合同继续有效

  C．甲公司与丙公司签订的买卖合同有效，原租赁合同自买卖合同生效之日起终止

  D．如丙公司购买了房屋，则丙公司有权决定甲公司、乙公司之间的原房屋租赁合同是否继续执行

22．乙公司将甲承包商订购的材料交由丙公司运送，约定运费由甲支付。运输途

中遭遇山洪，全部材料被毁。关于此损失的责任分担，下列说法中正确的是（　　　）。

    A．丙可要求甲支付运费　　　　　　B．甲可要求乙赔偿损失

    C．乙可要求丙赔偿损失　　　　　　D．材料损失由甲承担

23．下列合同中，债务人不履行债务，债权人有留置权的是（　　　）。

    A．买卖合同　　　　　　　　　　　B．运输合同

    C．借款合同　　　　　　　　　　　D．租赁合同

24．某施工企业与一仓储中心签订了仓储合同，合同约定：签约后一周内交付货物，届时合同生效。施工企业逾期提取货物。关于该仓储合同的说法，正确的是（　　　）。

    A．该仓储合同签订即生效，不以交付为要件

    B．如施工企业逾期提货，其有权拒绝仓储中心加收仓储费

    C．该施工企业向仓储中心交付货物时合同生效

    D．如施工企业提前提货，则有权要求仓储中心减收仓储费

25．甲委托乙销售一批建材并交付，乙经甲同意转委托给丙。丙以自己名义与丁签订买卖合同，约定将这批建材以高于市场价5%的价格卖给丁。后丁因建材质量问题产生纠纷。下列表述正确的是（　　　）。

    A．乙的转委托行为无效

    B．丙与丁签订的买卖合同直接约束甲和丁

    C．丙应向甲披露丁，甲可以行使丙对丁的权利

    D．丙应向丁披露甲，但是丁只能选择甲作为相对人主张其权利

26．关于运输合同中承运人权利义务的说法，正确的是（　　　）。

    A．承运人将货物交付收货人之前，托运人不能要求承运人变更到达地

    B．货物由于不可抗力灭失但已收取运费的，托运人可以要求承运人返还

    C．由不可抗力造成货物毁损、灭失的，承运人应当承担损害赔偿责任

    D．货运合同履行中，承运人对所要运送的货物享有拒运权

27．在买卖合同中，标的物在订立合同之前已为买受人占有，合同生效即视为完成交付的方式，称为（　　　）。

    A．拟制交付　　　　　　　　　　　B．简易交付

    C．占有改定　　　　　　　　　　　D．现实交付

28．下列主体中，具有保证人资格的是（　　　）。

    A．公益事业单位　　　　　　　　　B．建筑行业协会

    C．清算中的法人　　　　　　　　　D．国有金融机构

29．租赁合同可以约定租赁期限，租赁期限的上限为（　　　）年。

    A．10　　　　　　　　　　　　　　B．20

    C．25　　　　　　　　　　　　　　D．30

30．关于货运合同法律特征的说法，正确的是（　　　）。

    A．货运合同的收货人和托运人可以是同一人，也可以不是同一人

    B．货运合同是单务、有偿合同

    C．货运合同是实践合同

    D．货运合同的标的是货物

31. 根据《民法典》，关于承揽合同的说法，正确的是（　　）。

    A．承揽人可以将承揽的主要工作交由第三人完成，承揽人无须就第三人完成的工作成果向定作人负责

    B．承揽人可以与定作人约定，承揽人使用定作人的设备完成主要工作

    C．承揽人在完成工作过程中，要接受定作人的指挥管理

    D．承揽人工作期间，定作人不得对其进行监督检验

32. 除当事人另有约定外，出卖人出卖交由承运人运输的在途标的物毁损、灭失的风险自（　　）起由买受人承担。

    A．合同成立时　　　　　　　　　B．合同生效时

    C．标的物交付时　　　　　　　　D．运输行为完成时

33. 关于借款合同利息的说法，正确的是（　　）。

    A．借款合同对支付利息没有约定的，视为没有利息

    B．借款的利息可以预先在本金中扣除

    C．对支付利息的期限没有约定的，应当在返还借款时一并支付

    D．借款人提前返还借款的，应当按照借款合同约定的期间支付利息

34. 当事人未依照法律、行政法规规定办理租赁合同登记备案手续的，租赁合同（　　）。

    A．有效　　　　　　　　　　　　B．无效

    C．效力待定　　　　　　　　　　D．效力不受影响

35. 关于货运合同特征的说法，正确的是（　　）。

    A．货运合同是双务合同　　　　　B．货运合同是实践合同

    C．货运合同是无偿合同　　　　　D．货运合同的标的是货物

36. 关于租赁合同期限的说法，正确的是（　　）。

    A．租赁期限约定不明确的，推定为6个月

    B．租赁期限超过20年的，租赁合同无效

    C．租赁合同未约定租赁期限的，视为不定期租赁

    D．定期租赁期限届满，承租人继续使用租赁物的，延续原租赁合同期限

37. 除法律另有规定或者当事人另有约定外，买卖合同中标的物毁损灭失的风险转移时间是（　　）。

    A．合同成立时　　　　　　　　　B．合同生效时

    C．价款付清时　　　　　　　　　D．标的物交付时

38. 某施工企业向银行借款，由其母公司为借款提供保证担保并订立保证合同，保证合同对保证方式未作约定。该保证为（　　）。

    A．连带责任保证　　　　　　　　B．可撤销保证

    C．一般保证　　　　　　　　　　D．共同保证

39. 关于租赁合同中承租人转租的说法，正确的是（　　）。

    A．承租人转租的，承租人与出租人之间的租赁合同继续有效

    B．承租人可以决定是否转租

    C．承租人转租的，转租合同的内容可以突破租赁合同的内容

D．转租合同订立后，租赁合同自动解除

40．自然人之间的借款合同，自（　　）时成立。

　　A．贷款人提供借款　　　　　　B．双方意思一致

　　C．合同订立　　　　　　　　　D．向主管部门登记备案

41．根据《民法典》，关于保证合同的说法，正确的是（　　）。

　　A．保证合同是主合同的从合同

　　B．保证合同只能是有偿合同

　　C．保证合同的双方当事人是保证人与债务人

　　D．保证合同是非典型合同

42．关于保证责任的说法，正确的是（　　）。

　　A．保证人承担保证责任的保证期间，可以中止、中断和延长

　　B．债权人和债务人未经保证人书面同意，协商变更主债权债务合同内容的，
　　　　保证人不再承担保证责任

　　C．第三人加入债务的，保证人的保证责任不受影响

　　D．债务人对债权人享有抵销权的，保证人不得拒绝承担保证责任

43．甲施工企业与乙水泥厂签订了水泥采购合同，并由丙公司作为该合同的保证
人，担保该施工企业按照合同约定支付货款，但是担保合同中并未约定保证方式。水泥
厂供货后，甲施工企业迟迟不付款。那么，丙公司承担保证责任的方式应为（　　）。

　　A．一般保证　　　　　　　　　B．连带责任保证

　　C．效力待定保证　　　　　　　D．无效保证

44．保证合同的当事人为（　　）。

　　A．债权人与债务人　　　　　　B．债权人与保证人

　　C．债务人与保证人　　　　　　D．保证人与被保证人

45．某施工企业与一仓储中心签订了仓储合同，合同约定：签约后一周内交付货
物，届时合同生效；施工企业有权逾期提取或提前提取货物，关于该仓储合同的说法，
正确的是（　　）。

　　A．该仓储合同签订即生效，不以交付为要件

　　B．如施工企业逾期提货，其有权拒绝仓储中心加收仓储费

　　C．该施工企业向仓储中心交付货物时合同生效

　　D．如施工企业提前提货，则有权要求仓储中心减收仓储费

46．关于委托合同的说法，正确的是（　　）。

　　A．委托人可单方面解除委托，受托人不可单方面辞去委托

　　B．委托人不可单方面解除委托，受托人可单方面辞去委托

　　C．委托人受托人均可随时解除委托，但需要得到对方同意

　　D．委托人受托人均可随时解除委托，且不以对方同意为前提

47．关于委托合同特征的说法，正确的是（　　）。

　　A．委托合同是一种典型的以提供劳务作为标的的合同

　　B．委托合同是要式合同

　　C．委托合同是有偿合同

D．委托合同是单务合同

48．保险合同的当事人包括（　　）。

A．投保人和保险人
B．被保险人和受益人

C．投保人和受益人
D．保险人和被保险人

二 多项选择题

1．甲施工企业与乙公司共同出资设立了丙公司，丁公司欠付丙一笔到期货款，丙与戊银行订立了一个借款合同，该借款合同由己公司作为担保人。借款到期后，丙无力偿还，戊可以要求（　　）承担还款责任。

A．甲
B．乙

C．丙
D．丁

E．己

2．关于买卖合同的说法，正确的有（　　）。

A．标的物在交付之前产生的孳息，归出卖人所有

B．试用期间届满，试用买卖的买受人对是否购买标的物未做表示的，视为购买

C．买受人已经支付标的物总价款的 75% 以上的，出卖人无权要求取回标的物

D．因标的物的主物不符合约定而解除合同的，解除合同的效力不及于从物

E．标的物在订立合同之前已为买受人占有的，合同生效的时间为交付时间

3．下列应由供应商承担标的物损毁、灭失风险的情形有（　　）。

A．施工企业购买一批安全帽，供应商尚未支付

B．合同仅约定由供应商将货物交给承运人运输，供应商已将标的物发运，尚未到达约定的交付地点

C．合同约定在标的物所在地交货，约定时间已过，施工企业仍未前往提货

D．标的物已运抵交付地点，施工企业因标的物质量不合格而拒收货物

E．供应商在交付标的物时未附产品说明书，施工企业已接收

4．出卖人应当按照约定的地点交付标的物，当事人没有约定或约定不明确的，下列各项中正确的认定方式有（　　）。

A．标的物需要运输的，出卖人应当将标的物交付给第一承运人

B．标的物不需要运输的，买卖双方订立合同时已知标的物的所在地，为交付地点

C．标的物不需要运输的，且不知标的物所在地的，应在出卖人订立合同时的营业地交付

D．标的物不需要运输的，且不知标的物所在地的，应在出卖人履行合同时的营业地交付

E．标的物不需要运输的，出卖人和买受人在订立合同时知道标的物所在地的，出卖人应在该标的物所在地交付

5. 关于借款合同权利和义务的说法，正确的有（　　）。

　　A. 贷款人不得预先在本金中扣除利息

　　B. 借款人应当按照约定的用途使用借款

　　C. 对于未定期限且无法确定期限的借款合同，依法仍不能确定的，借款人可以随时偿还

　　D. 订立借款合同，贷款人可以要求借款人提供担保

　　E. 借款人有权处置拒不还款的借款人的其他财产

6. 关于借款合同的说法，正确的有（　　）。

　　A. 自然人之间的借款合同可以不采用书面形式

　　B. 利息预先在本金中扣除的，应当按照实际借款数额返还借款并计算利息

　　C. 民间借贷的利率可以适当高于银行的利率，但最高不得超过银行同类贷款利率的 3 倍（包含利率本数）

　　D. 自然人之间的借款合同对支付利息没有约定或者约定不明确的，视为不支付利息

　　E. 自然人之间的借款合同，自贷款人提供借款时生效

7. 关于租赁合同的说法，正确的有（　　）。

　　A. 租赁必须转让所有权

　　B. 租赁期限超过 20 年的部分无效

　　C. 租赁期限 6 个月以上的，应当采用书面形式

　　D. 交付租赁物是租赁合同的成立要件

　　E. 当事人未采用书面形式的，视为不定期租赁

8. 某施工企业将采购的多种货物提交承运，其中包括有腐蚀性的危险物品。但是，该企业并未如实告知承运人。在运输过程中被检查发现后，承运人被要求重新包装，因此支付了额外的包装费用，并造成承运人的其他损失。关于该承运人权利的说法，正确的有（　　）。

　　A. 承运人有权要求托运人如实申报并妥善包装

　　B. 托运人对危险物品隐瞒不报，承运人有权拒绝运输

　　C. 承运人有权要求托运人支付额外的包装费用

　　D. 承运人有权要求托运人赔偿自己所受的其他损失

　　E. 货物在运输过程中因不可抗力灭失，未收取运费的，承运人有权要求支付运费

9. 在租赁合同中属于承租人义务的是（　　）。

　　A. 维修租赁物　　　　　　　　　B. 权利瑕疵担保

　　C. 第三人主张权利通知　　　　　D. 妥善保管租赁物

　　E. 转租

10. 出卖人就其出卖的标的物承担权利瑕疵担保义务，下列标的物的瑕疵，属于权利瑕疵的有（　　）。

　　A. 出卖人对出卖的标的物没有所有权

　　B. 出卖人对出卖的标的物没有处分权

C. 标的物质量不符合合同约定

D. 第三人对标的物享有抵押权

E. 标的物包装不符合合同约定

11. 根据《民法典》，保证合同担保的范围包括（　　　）。

A. 主债权及利息

B. 定金

C. 违约金

D. 损害赔偿金

E. 实现债权的费用

12. 根据《民法典》，租赁合同的承租人可以随时解除合同的情形有（　　　）。

A. 租赁物在承租人按照租赁合同占有期限内发生所有权变动的

B. 当事人对租赁期限没有约定或者约定不明确，依法仍不能确定的

C. 出租人不同意承租人对租赁物进行改善或者增设他物的

D. 租赁物危及承租人安全或者健康的，承租人订立合同时明知该租赁物质量不合格的

E. 租赁物因出租人原因被司法机关依法查封扣押的

13. 某施工企业向某设备公司出卖起重设备1台，同时又与该设备公司订立租赁合同继续占有使用该设备。关于该起重设备所有权转移的说法，正确的有（　　　）。

A. 施工企业是该设备的所有权人

B. 设备公司是该设备的所有权人

C. 该交付方式为占有改定

D. 该交付方式为简易交付

E. 该施工企业交付设备增值税专用发票后，设备所有权转移

14. 关于保险合同当事人及关系人主要义务的说法，正确的有（　　　）。

A. 在合同有效期内，一旦发生当事人在缔约时预料的保险标的危险程度增加，被保险人应当按照约定及时通知保险人

B. 在保险事故发生时，被保险人有义务尽力采取必要措施，防止或者减少保险标的的损失

C. 保险金最高赔付额可以超过保险合同约定的保险金额

D. 保险合同成立后，保险人应及时向投保人签发保险单或其他保险凭证

E. 被保险人为查明和确定保险事故的性质、原因和保险标的的损失程度所支付的必要的、合理的费用，由保险人承担

15. 关于仓储合同的说法，正确的有（　　　）。

A. 仓储合同是实践合同

B. 仓储合同的保管对象是不动产

C. 仓储合同是双务合同

D. 仓储合同是有偿合同

E. 仓储合同自交付货物时生效

16. 关于保险合同的说法，正确的有（　　　）。

A. 保险合同是有偿合同

B. 被保险人可以是投保人，也可以是投保人以外的第三人

C．保险合同是不要式合同

D．保险合同一般是射幸合同

E．受益人可以是投保人、被保险人，也可以是投保人、被保险人之外的第三人

【答案与解析】

一、单项选择题

1．C；　2．B；　3．A；　4．A；　5．B；　6．D；　7．A；　8．C；
9．C；　10．C；　*11．A；　12．C；　13．A；　14．D；　*15．C；　16．A；
17．D；　18．A；　*19．D；　*20．B；　21．B；　*22．D；　*23．B；　24．C；
25．C；　26．B；　27．B；　28．D；　29．B；　30．A；　31．B；　32．A；
33．A；　34．D；　35．A；　36．C；　37．D；　38．C；　39．A；　40．A；
41．A；　42．C；　*43．A；　44．B；　45．A；　*46．D；　47．A；　48．A

【解析】

11．【答案】A

出卖人出卖交由承运人运输的在途标的物，除当事人另有约定的以外，损毁、灭失的风险自合同成立时起由买受人承担。因此，本题的正确答案是选项A。

15．【答案】C

出卖人出卖交由承运人运输的在途标的物，除当事人另有约定的以外，毁损、灭失的风险自合同成立时起由买受人承担。一方违约后，被违约方应依照诚实信用原则，采取适当措施防止损失扩大；不采取减损措施致使损失扩大的，不得就扩大的损失要求赔偿。此处被违约方指的是承包商。因此，本题的正确答案是选项C。

19．【答案】D

出租人出卖租赁房屋的，应当在出卖之前的合理期限内通知承租人，承租人享有以同等条件优先购买的权利。租赁物在租赁期间发生所有权变动的，不影响租赁合同的效力。因此，本题的正确答案是选项D。

20．【答案】B

租赁期限6个月以上的，应当采用书面形式。当事人未采用书面形式的，视为不定期租赁。不定期租赁合同，当事人均可以随时解除合同，但出租人应当在合理期限前通知承租人。因此，本题的正确答案是选项B。

22．【答案】D

《民法典》规定，货物在运输过程中因不可抗力灭失，未收取运费的，承运人不得要求支付运费；已收取运费的，托运人可以要求返还。山洪暴发属于不可抗力，因而丙不得要求甲支付运费。《民法典》规定，出卖人出卖交由承运人运输的在途标的物，除当事人另有约定的以外，毁损、灭失的风险自合同成立时由买受人承担。因此，材料损失应由甲承担。因此，本题的正确答案是选项D。

23．【答案】B

托运人或者收货人不支付运费、保管费以及其他运输费用的，承运人对相应的运

输货物享有留置权，但当事人另有约定的除外。因此，本题的正确答案是选项 B。

43.【答案】A

保证的方式包括一般保证和连带责任保证。当事人在保证合同中对保证方式没有约定或者约定不明确的，按照一般保证承担保证责任。因此，本题的正确答案是选项 A。

46.【答案】D

委托合同以当事人之间的互相信任为前提。委托合同任何一方失去对另一方的信任，都可以随时解除委托合同。因解除合同造成对方损失的，除不可归责于该当事人的事由外，无偿委托合同的解除方应当赔偿因解除时间不当造成的直接损失，有偿委托合同的解除方应当赔偿对方的直接损失和合同履行后可以获得的利益。因此，本题的正确答案是选项 D。

二、多项选择题

1. C、E;   *2. A、B、E;   3. A、D;   4. A、B、C、E;
5. A、B、C、D;   6. A、B、D、E;   *7. B、C;   8. A、B、C、D;
9. C、D;   10. A、B、D;   11. A、C、D、E;   *12. D、E;
13. B、C;   14. A、B、D、E;   *15. C、D;   16. A、B、D、E

【解析】

2.【答案】A、B、E

选项 C，分期付款的买受人未支付到期价款的金额达到全部价款的五分之一的，出卖人有权要求买受人支付全部价款或者解除合同。选项 D，因标的物的主物不符合约定而解除合同的，解除合同的效力及于从物。因此，本题的正确答案是选项 A、B、E。

7.【答案】B、C

A 错误，租赁合同为设立用益物权的合同，这是其与买卖合同的本质区别。D 错误，租赁合同为诺成合同，不以交付租赁物为要件。如果租赁期限为 6 个月以上，租赁合同为要式合同；如果租赁期限为 6 个月以内，租赁合同为不要式合同。只有双方口头约定租赁 7 个月，则合同履行 6 个月以后，视为不定期租赁；而如果双方口头约定租赁期限为 5 个月，显然为定期租赁。因此，本题的正确答案是选项 B、C。

12.【答案】D、E

承租人的合同解除权	租赁物非因承租人原因被司法机关或者行政机关依法查封、扣押，致使租赁物无法使用的
	租赁物非因承租人原因发生权属争议，致使租赁物无法使用的
	非因承租人原因租赁物具有违反法律、行政法规关于使用条件的强制性规定情形，致使租赁物无法使用的
	因租赁物部分或者全部毁损、灭失，致使不能实现合同目的的
	租赁物危及承租人的安全或者健康。当租赁物的质量瑕疵达到危及承租人人身安全或健康的程度时，即使承租人订立合同时明知该租赁物质量不合格，承租人仍然可以随时解除合同
出租人的合同解除权	承租人未按照约定的方法或者未根据租赁物的性质使用租赁物，致使租赁物受到损失的，出租人可以解除合同并请求赔偿损失
	承租人未经出租人同意转租的，出租人可以解除合同
	承租人无正当理由未支付或者迟延支付租金的，出租人可以请求承租人在合理期限内支付；承租人逾期不支付的，出租人可以解除合同

双方当事人的合同解除权	不定期租赁或视为不定期租赁的合同，双方当事人均享有随时解除合同的权利，但是应当在合理期限之前通知对方

15.【答案】C、D

仓储合同是保管人储存存货人交付的仓储物，存货人支付仓储费的合同。仓储合同是一种特殊的保管合同，具有下列特征：（1）仓储合同是诺成合同。仓储合同自保管人和存货人意思表示一致时成立，不以仓储物是否交付为要件。这是区别于保管合同的显著特征。（2）仓储合同的保管对象是动产。不动产不能作为仓储合同的保管对象，这是区别于保管合同的又一显著特征。（3）仓储合同是双务合同、有偿合同。保管人履行储存仓储物的义务，存货人履行支付仓储费的义务。因此，本题的正确选项是C、D。

第6章 建设工程安全生产法律制度

6.1 建设单位和相关单位的安全责任制度

复习要点

1. 建设单位的安全责任

（1）依法办理有关批准手续（占地、损坏公共设施、停水停电、中断交通、爆破等）。

（2）申领施工许可证应当提供有关安全施工措施的资料。

（3）向施工单位提供真实、准确和完整的有关资料。

（4）确定建设工程安全作业环境及安全施工措施费用。

（5）不得提出违反安全法规的要求以及压缩合同工期。

（6）不得要求购买、租赁和使用不符合安全施工要求的用具设备等。

（7）严格落实安全设施"三同时"制度（同时设计、同时施工、同时投入生产和使用）。

（8）严格落实装修工程和拆除工程的安全要求。

（9）建设单位违法行为应承担的法律责任。

2. 勘察、设计单位的安全责任

1）安全责任

单位	安全责任
勘察单位	勘察文件满足建设工程安全生产的需要
	勘察作业严格执行操作规程
	加强职工技术培训和职业道德教育
设计单位	按照法律、法规和工程建设强制性标准进行设计
	明确施工安全关键点并提出指导意见
	对"三新"（新结构、新材料、新工艺）等工程的施工安全提出措施建议
	对工程设计成果负责

2）勘察、设计单位违法行为应承担的法律责任

法律责任	违法行为
未按照法律、法规和工程建设强制性标准进行勘察、设计的	责令限期改正，处10万元以上30万元以下的罚款；情节严重的，责令停业整顿，降低资质等级，直至吊销资质证书；造成重大安全事故，构成犯罪的，对直接责任人员，依照刑法有关规定追究刑事责任；造成损失的，依法承担赔偿责任
采用新结构、新材料、新工艺的建设工程和特殊结构的建设工程，设计单位未在设计中提出保障施工作业人员安全和预防生产安全事故的措施建议的	
注册执业人员未执行法律、法规和工程建设强制性标准的	责令停止执业3个月以上1年以下
	情节严重的，吊销执业资格证书，5年内不予注册
	造成重大安全事故的，终身不予注册；构成犯罪的，依照刑法有关规定追究刑事责任

3．工程监理单位的安全责任

（1）对建设工程安全生产的总体监督。

（2）审查安全技术措施或专项施工方案。

（3）依法处理施工安全事故隐患。

```
                    一般事故隐患 ──────→ 整改 ──────→ 拒绝整改
         施工现场 ┤                                              ├──→ 报告有关部门
                    严重事故隐患 ──→ 停工、报建设单位 ──→ 拒绝停工
```

（4）承担建设工程安全生产的监理责任。

4．机械设备、检验检测机构的安全责任

1）机械设备相关单位的安全责任

（1）提供机械设备和配件单位的安全责任

（2）出租机械设备和施工机具及配件单位的安全责任

① 采购质量性能合格的机械设备和施工机具及配件。

② 出租检测合格的机械设备和施工机具及配件。

③ 禁止出租的法定情形：

不得出租、使用	属国家明令淘汰或者禁止使用的	予以报废，并向原备案机关办理注销手续
	超过安全技术标准或者制造厂家规定的使用年限的	
	经检验达不到安全技术标准规定的	
	没有完整安全技术档案的	
	没有齐全有效的安全保护装置的	

（3）施工起重机械和自升式架设设施安装、拆卸单位的安全责任

① 具备相应的企业资质和安全生产许可证。

② 编制安装、拆卸方案和措施，并进行现场监督与定期巡查。

③ 自检、进行安全使用说明与验收签字。

④ 按期检测合格方可继续使用。

（4）机械设备等单位违法行为应承担的法律责任

违法行为	法律责任
未按照安全施工的要求配备齐全有效的保险、限位等安全设施和装置	责令限期改正，处合同价款1倍以上3倍以下的罚款；造成损失的，依法承担赔偿责任
出租单位出租未经安全性能检测或者经检测不合格的机械设备和施工机具及配件	责令停业整顿，并处5万元以上10万元以下的罚款；造成损失的，依法承担赔偿责任
未编制拆装方案、制定安全施工措施	责令限期改正，处5万元以上10万元以下的罚款；情节严重的，责令停业整顿，降低资质等级，直至吊销资质证书；造成损失的，依法承担赔偿责任。
未由专业技术人员现场监督的	注：施工起重机械和整体提升脚手架、模板等自升式架设设施安装、拆卸单位有未编制拆装方案、制定安全施工措施的、未出具自检合格证明或者出具虚假证明，经有关部门或者单位职工提出后，对事故隐患仍不采取措施，因而发生重大伤亡事故或者造成其他严重后果，构成犯罪的，对直接责任人员，依照刑法有关规定追究刑事责任
未出具自检合格证明或者出具虚假证明的	
未向施工单位进行安全使用说明，办理移交手续的	

2）一般设备检验检测机构的安全责任

（1）出具安全合格证明文件，并对检测结果负责。

（2）服务信息公开，诚信经营检测。

（3）检验检测违法行为应承担的法律责任。

3）特种设备检验检测机构的安全责任

（1）检测人员考核合格且不得多处执业。

（2）遵守法规和安全技术规范。

（3）公正检测，对检测结果负责。

（4）及时报告检测中的严重事故隐患。

（5）保守商业秘密，不得从事特种设备经营等活动。

一 单项选择题

1. 根据《建筑法》，建筑工程安全生产管理必须坚持的方针是（　　）。

    A. 群防群治

    B. 安全第一，预防为主

    C. 全员安全生产责任制

    D. 安全生产责任主体多元化

2. 下列工程事务中，属于建设单位安全责任的是（　　）。

    A. 工程开工前，审查施工企业的安全技术措施

    B. 确定建设工程安全作业环境及安全施工措施费用

    C. 工程开工前，审查施工企业的专项施工方案

    D. 对特殊结构的建设工程，提出保障安全施工的措施建议

3. 根据《建设工程安全生产管理条例》，依法批准开工报告的建设工程，建设单位应当将保证安全施工的措施报送建设工程所在地的县级以上地方人民政府建设行政主管部门或者其他有关部门备案，时间限制为自开工报告批准之日起（　　）日内。

    A. 5　　　　　　　　　　　　B. 7

    C. 10　　　　　　　　　　　D. 15

4. 根据《建设工程安全生产管理条例》，下列事项中，不属于建设单位安全责任范围的是（　　）。

    A. 对拆除工程进行备案

    B. 向施工单位提供准确的地下管线资料

    C. 确定建设工程安全生产费用

    D. 对建设工程安全生产的总体监管

5. 根据《建设工程安全生产管理条例》，建设单位应当向施工单位提供施工现场及毗邻区域内的地下管线资料，不包括（　　）资料。

    A. 供水、排水　　　　　　　B. 供气、供热

    C. 通信、广播电视　　　　　D. 地下水

6. 根据《建设工程安全生产管理条例》，关于勘察单位安全责任的说法，错误的是（　　）。

    A．按照法律法规和工程建设强制性标准进行勘察

    B．提供的勘察文件应当真实、准确，满足建设工程安全生产的需要

    C．勘察时采取措施保证各类管线、设施和周边建筑物、构筑物的安全

    D．向施工单位提供真实、准确和完整的勘察资料

7. 某建筑设计院在设计中未按照相关法律法规和工程建设强制性标准进行设计，造成重大安全事故，构成犯罪。根据《建设工程安全生产管理条例》，下列承担法律责任的说法中，正确的是（　　）。

    A．对该设计院追究刑事责任

    B．对该设计院直接责任人员追究刑事责任

    C．对该设计院直接责任人员追究侵权责任

    D．对该设计院追究侵权责任

8. 关于勘察单位安全责任的说法，错误的是（　　）。

    A．勘察文件满足建设工程安全生产的需要

    B．勘察作业严格执行操作规程

    C．专业人员应接受安全生产等专业培训

    D．对勘察文件要求采用的新技术、新材料，提出安全施工的措施建议

9. 根据《建设工程安全生产管理条例》，对于采用特殊结构的建设工程，需要提出保障施工作业人员安全和预防生产安全事故措施建议的主体是（　　）。

    A．监理单位   B．施工单位

    C．设计单位   D．建设单位

10. 根据《建设工程安全生产管理条例》，设计单位未按照法律、法规和工程建设强制性标准进行设计，应承担的法律责任是（　　）。

    A．责令整改，并处以罚款

    B．情节严重的，吊销执业资格证书

    C．造成伤亡事故的，追究刑事责任

    D．造成损失的，依法承担赔偿责任

11. 根据《建设工程安全生产管理条例》，下列工作中属于监理单位安全责任的是（　　）。

    A．审查专项施工方案

    B．编制安全技术措施

    C．严格落实安全设施三同时制度

    D．编制专项施工方案

12. 根据《建设工程安全生产管理条例》，审查施工组织设计中的安全技术措施或者专项施工方案是否符合工程建设强制性标准，应当由（　　）完成。

    A．设计单位   B．施工单位

    C．建设单位   D．监理单位

13. 根据《建设工程安全生产管理条例》，在施工现场安装、拆卸施工起重机械和

整体提升脚手架模板等自升式架设设施的，必须由（　　　）承担。

    A．设备企业   B．施工企业

    C．总承包单位   D．具有相应资质的单位

14．关于建筑起重机械安装、拆卸单位安全责任的说法，错误的是（　　　）。

    A．依法取得建设主管部门颁发的相应资质

    B．依法取得建筑施工企业安全生产许可证

    C．在其资质许可范围内承揽建筑起重机械安装、拆卸工程

    D．审核对方提供的安装、拆卸方案和措施

15．关于建筑起重机械安装、拆卸单位安全责任的说法，正确的是（　　　）。

    A．安装、拆卸单位应当与建设单位签订安装、拆卸工程安全合同

    B．安装完毕后，安装单位应当自检，出具自检合格证明

    C．自检合格后，应向建设单位进行安全使用说明，办理验收手续并签字

    D．自检合格后，委托第三方办理验收手续并签字

16．根据《建设工程安全生产管理条例》，下列情形中，应当由机械设备单位承担法律责任的情形是（　　　）。

    A．未审查拆装方案的

    B．未审查安全施工措施的

    C．未由专业技术人员现场监督的

    D．未向建设单位进行安全使用说明并办理移交手续的

17．根据《安全生产法》，承担安全评价、认证、检测、检验工作的机构出具虚假报告，违法所得在10万元以上的，将被处以罚款。下列具体罚款的额度中，正确的是（　　　）。

    A．3万元以上10万元以下   B．5万元以上20万元以下

    C．10万元以上20万元以下   D．违法所得2倍以上5倍以下

18．关于工程质量检测机构安全责任的说法，正确的是（　　　）。

    A．检测机构对检测原始记录和报告保存的期限不少于5年

    B．检测机构及其人员对其出具的检测报告依法承担民事和行政法律责任

    C．检测人员可以同时受聘于两个以上的检测机构从业

    D．检测机构资质条件由国务院应急管理部门会同国务院有关部门制定

二　多项选择题

1．根据《安全生产法》，安全生产工作实行的"三管三必须"包括（　　　）。

    A．管行业必须管安全   B．管业务必须管质量

    C．管生产必须管进度   D．管业务必须管安全

    E．管生产经营必须管安全

2．根据《建设工程安全生产管理条例》，应当依法承担建设工程安全生产责任的多元主体主要包括（　　　）和工程监理单位。

    A．咨询单位   B．勘察单位

C．设计单位   D．施工单位

E．建设单位

3．下列安全责任中，属于建设单位应当承担的责任有（　　）。

A．不得随意压缩合同工期

B．提供施工现场及毗邻区域内地下管线资料

C．不得要求购买、租赁和使用不符合安全施工要求的用具设备

D．不得提出不符合安全生产法规和强制性标准规定的要求

E．提出防范生产安全事故的指导意见和措施建议

4．根据《安全生产法》，建设单位对于建设项目的安全设施应当做到与主体工程"三同时"，具体包括（　　）。

A．同时设计   B．同时施工

C．同时维修   D．同时报废

E．同时投入生产和使用

5．根据《建设工程安全生产管理条例》，建设单位应当在拆除工程施工前，将资料报送建设工程所在地相关部门备案。下列资料中，属于建设单位应当报送的资料包括（　　）。

A．拆除工程合同

B．施工单位资质等级证明

C．拆除施工组织方案

D．堆放、清除废弃物的措施

E．拟拆除建筑物、构筑物及可能危及毗邻建筑的说明

6．根据《建设工程勘察合同示范文本》GF-2016-0203，勘察人开展工程勘察活动时，应编制安全防护方案并制定应急预案的情形包括（　　）。

A．燃气管道附近   B．热力管道附近

C．易燃易爆地段   D．农田草地区域

E．放射、有毒环境中

7．根据《建筑法》，建设单位应当按照国家有关规定办理申请批准手续的情形有（　　）。

A．需要进行爆破作业的

B．需要连续多日夜间施工的

C．需要临时占用规划批准范围以外场地的

D．需要临时停水、停电的

E．需要临时中断道路交通的

8．在工程项目建设中，建设单位的安全责任包括（　　）。

A．申请领取施工许可证

B．依法办理有关批准手续

C．负责协调总分包单位的安全生产

D．向施工单位提供真实、准确和完整的有关资料

E．确定建设工程安全作业环境及安全施工措施所需费用

9. 根据《建设工程勘察质量管理办法》应当按规定接受安全生产、职业道德、理论知识和操作技能等方面专业培训的人员包括（　　　）。

  A. 司钻员   B. 描述员

  C. 安全员   D. 材料员

  E. 土工试验员

10. 下列安全责任中，属于设计单位安全责任的有（　　　）。

  A. 按照法律法规和工程建设强制性标准进行设计

  B. 对涉及施工安全的重点部位和环节在设计文件中注明

  C. 对防范生产安全事故提出指导意见

  D. 采取措施保证各类管线、设施和周边建筑物、构筑物的安全

  E. 对设计成果负责

11. 根据《建设工程安全生产管理条例》，设计单位应当在设计中对特定工程情形提出保障施工作业人员安全和预防生产安全事故的措施建议。具体情形包括（　　　）的建设工程。

  A. 采用新结构   B. 采用新材料

  C. 采用新工艺   D. 采用新技术

  E. 特殊结构

12. 关于工程监理单位安全责任的说法，正确的有（　　　）。

  A. 对建设工程安全生产总体监督

  B. 审查施工组织设计是否符合行业标准

  C. 落实各项安全技术措施

  D. 依法督促消除施工安全事故隐患

  E. 编制安全技术措施

13. 关于工程监理单位审查施工组织设计的说法，正确的有（　　　）。

  A. 审查施工组织设计是否符合工程建设强制性标准

  B. 具体审查施工组织设计中的安全技术措施或者专项施工方案

  C. 安全技术措施是施工组织设计的核心组成部分之一

  D. 专项施工方案主要是针对危险性较大的分部分项工程所编制

  E. 危险性较大的分部分项工程特指容易导致人员群死群伤的分部分项工程

14. 根据《建设工程安全生产管理条例》，监理单位在实施工程监理的过程中，发现安全事故隐患时，能够采取的措施包括（　　　）。

  A. 罚款   B. 要求施工单位整改

  C. 要求施工单位暂停施工 D. 要求施工单位停业整顿

  E. 向有关主管部门报告

15. 下列建设工程安全生产责任中，属于工程监理单位安全责任的有（　　　）。

  A. 审查安全技术措施或专项施工方案

  B. 编制安全技术措施或专项施工方案

  C. 对建设工程安全生产进行总体监督

  D. 督促消除施工安全事故隐患

E. 落实各项安全技术措施

16. 根据《建设工程安全生产管理条例》，下列法律责任形式中，属于工程监理单位承担安全法律责任的有（   ）。

A. 责令限期改正

B. 责令停业整顿并罚款

C. 降低资质等级直至吊销资质证书

D. 构成犯罪的，对工程监理单位追究刑事责任

E. 造成损失的，依法承担赔偿责任

17. 根据《建设工程安全生产管理条例》，为建设工程提供机械设备和配件的单位，应当按照安全施工的要求配备齐全有效的（   ）等安全设施和装置。

A. 保险　　　　　　　　　B. 担保

C. 限位　　　　　　　　　D. 构件

E. 零部件

18. 根据《建设工程安全生产管理条例》，出租的机械设备和施工机具及配件应当具有（   ）。

A. 产品合格证　　　　　　B. 销售许可证

C. 出租许可证　　　　　　D. 使用许可证

E. 生产（制造）许可证

19. 根据《建设工程安全生产管理条例》，关于出租机械设备和施工机具及配件单位安全责任的说法，正确的有（   ）。

A. 采购质量性能合格的机械设备和施工机具及配件

B. 出租检测合格的机械设备和施工机具及配件

C. 出租的机械设备和施工机具及配件具有生产（制造）许可证、产品合格证

D. 出租的机械设备和施工机具及配件具有齐全有效的安全保护装置

E. 制造质量性能合格的机械设备和施工机具及配件

20. 根据《建设工程安全生产管理条例》，下列情形中，不得出租、使用的建筑起重机械包括（   ）。

A. 属国家明令淘汰或者禁止使用的

B. 超过制造厂家规定的免费保修期限的

C. 经检验达不到安全技术标准规定的

D. 没有完整安全技术档案的

E. 没有齐全有效的安全保护装置的

21. 根据《建筑起重机械安全监督管理规定》，下列建筑起重机械中，属于出租单位或者自购建筑起重机械的使用单位应当予以报废，并向原备案机关办理注销手续的有（   ）。

A. 属国家明令淘汰或者禁止使用的

B. 超过安全技术标准或者制造厂家规定的使用年限的

C. 经检验达不到安全技术标准规定的

D. 没有完整安全技术档案的

E．没有齐全有效的安全保护装置的

22．根据《建筑起重机械安全监督管理规定》，关于安装、拆卸单位应当履行职责的说法，正确的有（　　　）。

A．编制建筑起重机械安装、拆卸工程专项施工方案

B．检查建筑起重机械及现场施工条件

C．组织安全施工技术交底并签字确认

D．制定安装、拆卸工程生产安全事故应急救援预案

E．将安装、拆卸专项施工方案报总承包方审核后，并告知相关部门

23．关于承担安全评价、认证、检测、检验职责机构安全责任的说法，正确的有（　　　）。

A．出具报告失实的，责令停业整顿或者罚款

B．出具报告失实给他人造成损害的，还应承担赔偿责任

C．出借资质、挂靠、出具虚假报告的，没收违法所得

D．没有违法所得或者违法所得不足10万元的，单处或者并处罚款

E．给他人造成损害的，与生产经营单位承担连带赔偿责任

24．根据《特种设备安全法》，特种设备检验、检测机构的检验、检测人员的安全责任包括（　　　）。

A．应当经考核取得检验、检测人员资格，方可从事检验、检测工作

B．经本机构同意，可以同时在两个以上检验、检测机构中执业

C．检验、检测应当遵守法律法规，并按照安全技术规范的要求进行

D．依法出具检验、检测报告，并对检验、检测结果和鉴定结论负责

E．不得从事有关特种设备的生产、经营等相关活动

【答案与解析】

一、单项选择题

1．B；　　　2．B；　　　3．D；　　　4．D；　　　5．D；　　　6．D；　　　7．B；　　　8．D；

*9．C；　　*10．D；　11．A；　　12．D；　　13．D；　　14．D；　　15．B；　　16．C；

17．D；　　　18．D

【解析】

9.【答案】C

根据《建设工程安全生产管理条例》，采用新结构、新材料、新工艺的建设工程和特殊结构的建设工程，设计单位应当在设计中提出保障施工作业人员安全和预防生产安全事故的措施建议。显然，选项A、B、D错误，而选项C正确。因此，本题的正确答案是选项C。

10.【答案】D

根据《建设工程安全生产管理条例》，勘察单位、设计单位有下列行为之一的，责令限期改正，处10万元以上30万元以下的罚款；情节严重的，责令停业整顿，降低资质等级，直至吊销资质证书；造成重大安全事故，构成犯罪的，对直接责任人员，依照

刑法有关规定追究刑事责任；造成损失的，依法承担赔偿责任：（1）未按照法律、法规和工程建设强制性标准进行勘察、设计的；（2）采用新结构、新材料、新工艺的建设工程和特殊结构的建设工程，设计单位未在设计中提出保障施工作业人员安全和预防生产安全事故的措施建议的。显然，选项A、B、C错误，而选项D正确。因此，本题的正确答案是选项D。

二、多项选择题

1. A、D、E；　　　　2. B、C、D、E；　　　3. A、B、C、D；　　　4. A、B、E；

5. B、C、D、E；　　6. A、B、C、E；　　　7. A、C、D、E；　　　8. A、B、D、E；

9. A、B、E；　　　　10. A、B、C、E；　　11. A、B、C、E；　　　12. A、D；

13. A、B、C、D；　　14. B、C、E；　　　　15. A、C、D；　　　　16. A、B、C、E；

17. A、C；　　　　　18. A、E；　　　　　　19. A、B、C、D；　　　20. A、C、D、E；

21. A、B、C；　　　22. A、B、C、D；　　　23. A、B、C、E；　　　24. A、C、D、E

6.2 施工安全生产许可证制度

复习要点

1. 安全生产许可证的相关规定

类型	安全生产许可证
适用范围	矿山企业、建筑施工企业和危险化学品等企业
申请主体	建筑施工企业
颁布机构	企业注册所在地省、自治区、直辖市人民政府住房城乡建设主管部门
申请条件	12条安全生产条件
有效期	3年
延期时间及对象	期满前3个月；原安全生产许可证颁发管理机关

2. 申请领取安全许可证的条件（对12条规定进行分类）

分类	具体规定
制度	建立、健全安全生产责任制，制定完备的安全生产规章制度和操作规程
资金	保证本单位安全生产条件所需资金的投入
人员	1. 设置安全生产管理机构，按照国家有关规定配备专职安全生产管理人员； 2. 主要负责人、项目负责人、专职安全生产管理人员经建设主管部门或者其他有关部门考核合格； 3. 特种作业人员经有关业务主管部门考核合格，取得特种作业操作资格证书； 4. 管理人员和作业人员每年至少进行1次安全生产教育培训并考核合格； 5. 依法参加工伤保险，依法为施工现场从事危险作业的人员办理意外伤害保险，为从业人员缴纳保险费
环境	施工现场的办公、生活区及作业场所和安全防护用具、机械设备、施工机具及配件符合有关安全生产法律、法规、标准和规程的要求

分类	具体规定
特殊规定	1．有职业危害防治措施，并为作业人员配备符合国家标准或者行业标准的安全防护用具和安全防护服装； 2．有对危险性较大的分部分项工程及施工现场易发生重大事故的部位、环节的预防、监控措施和应急预案； 3．有生产安全事故应急救援预案、应急救援组织或者应急救援人员，配备必要的应急救援器材、设备； 4．法律、法规规定的其他条件

3．政府监管

安全生产许可证颁发管理机关或者其上级行政机关发现有下列情形之一的，可以撤销已经颁发的安全生产许可证：

（1）颁发管理机关工作人员滥用职权、玩忽职守颁发安全生产许可证的；

（2）超越法定职权颁发安全生产许可证的；

（3）违反法定程序颁发安全生产许可证的；

（4）对不具备安全生产条件的建筑施工企业颁发安全生产许可证的；

（5）依法可以撤销已经颁发的安全生产许可证的其他情形。

4．违法行为应承担的法律责任

1)《安全生产许可证条例》相关规定

违法行为	法律责任
未取得安全生产许可证擅自进行生产	责令停产，没收违法所得，并处 10 万元以上 50 万元以下罚款；构成犯罪，依法追究刑事责任
有效期满未办理延期继续生产	责令停产，限期补办，没收违法所得，并处 5 万元以上 10 万元以下罚款
转让安全生产许可证	转让方：没收违法所得，处 10 万元以上 50 万元以下罚款，并吊销安全生产许可证；构成犯罪，依法追究刑事责任。 受让方：依照未取得安全生产许可证擅自进行生产的规定处罚
冒用安全生产许可证，或者使用伪造的安全生产许可证	依照未取得安全生产许可证，擅自进行生产的规定处罚

2)《建筑施工企业安全生产许可证管理规定》相关规定

违法行为	法律责任
隐瞒有关情况或提供虚假材料	不予受理或不予颁发，并给予警告，1 年内不得申请
骗取、贿赂取得的	撤销，3 年内不得再次申请
领证后发生重大安全事故或不再具备安全生产条件的	"暂扣"安全生产许可证并限期整改

一 单项选择题

1．根据《安全生产许可证条例》，负责施工企业安全生产许可证的颁发和管理的部门是（　　）。

A．省、自治区、直辖市人民政府

B．省、自治区、直辖市人民政府委员会

C．省、自治区、直辖市人民政府安全监督部门

D．省、自治区、直辖市人民政府住房城乡建设主管部门

2．根据《建筑施工企业安全生产许可证管理规定》，建筑施工企业申请安全生产许可证时，应当向住房城乡建设主管部门提供的材料不包括（　　）。

A．施工企业安全生产许可证申请表

B．施工企业法人营业执照

C．法定其他相关的文件、材料

D．企业"重合同、守信用"证书

3．根据《建筑施工企业安全生产许可证管理规定》，下列条件中，属于建筑施工企业申领安全生产许可证应当具备条件的是（　　）。

A．对所有分部分项工程做了预防、监控措施和应急预案

B．保证本单位生产条件所需资金的投入

C．每年至少进行两次安全生产教育培训并考核合格

D．依法参加工伤保险，为从业人员缴纳保险费

4．根据《建筑施工企业安全生产许可证管理规定》，下列条件中，属于建筑施工企业申领安全生产许可证应当具备条件的是（　　）。

A．为职工办理了意外伤害保险

B．配备了兼职安全生产管理人员

C．特种作业人员取得特种作业操作资格证书

D．有职业危害防治措施，并为职工配备合格的安全防护用具和安全防护服装

5．根据《安全生产许可证条例》，安全生产许可证的有效期为（　　）年。

A．1　　　　　　　　　　　B．2

C．3　　　　　　　　　　　D．5

6．关于安全生产许可证的说法，正确的是（　　）。

A．施工企业名称等信息变更后 30 日内办理安全生产许可证变更手续

B．安全生产许可证的有效期为 5 年

C．安全生产许可证有效期满前 30 天可以向原颁发管理机关申请延期

D．安全生产许可证遗失补办，由申请人告知资质许可机关，该机关在官网发布信息

7．某施工企业于 2020 年 3 月 1 日办理了安全生产许可证，2023 年 8 月持证施工时被有关部门查处，有关部门对该施工企业正确的处理方式是（　　）。

A．允许其继续施工，限期补办延期手续

B．责令停止施工，限期补办延期手续，没收违法所得，并处罚款

C．允许其继续施工，但处以罚款

D．责令停止施工，并重新申请办理安全生产许可证

8．根据《安全生产许可证条例》，施工企业信息变更，需要办理安全生产许可证变更手续。其时间要求为变更后（　　）日内。

A．7　　　　　　　　　　　B．10

C. 15   D. 30

9. 根据《建筑施工企业安全生产许可证管理规定》，建筑施工企业破产、倒闭、撤销的，应当将安全生产许可证交回原安全生产许可证颁发管理机关予以（　　）。

    A. 变更   B. 撤销

    C. 吊销   D. 注销

10. 根据《建筑施工企业安全生产许可证管理规定》，下列施工企业的违法行为中，属于安全生产许可证颁发管理机关撤销已经颁发的安全生产许可证的情形是（　　）。

    A. 冒用安全生产许可证的

    B. 以欺骗手段取得安全生产许可证的

    C. 安全生产许可证未办理延期手续的

    D. 使用伪造的安全生产许可证的

11. 关于安全生产许可证的说法，正确的是（　　）。

    A. 建设单位应在项目开工前申请领取安全生产许可证

    B. 安全生产许可证的有效期为 3 年

    C. 安全生产许可证有效期满后可以向原颁发管理机关申请延期

    D. 安全生产许可证遗失，向原颁发管理机关报告后方可申请补办

12. 下列施工企业的违法行为中，属于安全生产许可证颁发管理机关撤销已经颁发的安全生产许可证的情形是（　　）。

    A. 以贿赂手段取得安全生产许可证的

    B. 转让安全生产许可证的

    C. 安全生产许可证未办理延期手续的

    D. 施工企业名称变更的

13. 施工企业以欺骗、贿赂等不正当手段取得安全生产许可证的，不得再次申请安全生产许可证的限制期间是（　　）年内。

    A. 1   B. 2

    C. 3   D. 5

14. 关于安全生产许可证的处置办法的说法，正确的是（　　）。

    A. 转让安全生产许可证的，暂扣其安全生产许可证

    B. 以欺骗、贿赂等不当手段取得的，撤销其安全生产许可证

    C. 取得安全生产许可证的企业，发生重大安全事故的，吊销其证

    D. 安全生产许可证有效期满未办理延期手续，继续施工的，注销其证

15. 关于政府监管安全生产许可证的说法，正确的是（　　）。

    A. 没有取得施工许可证的施工企业，不得颁发安全生产许可证

    B. 施工企业不再具备安全生产条件的，应当撤销其安全生产许可证

    C. 施工企业不再具备安全生产条件的，应当注销其安全生产许可证

    D. 施工企业不再具备安全生产条件的，应当暂扣或吊销其安全生产许可证

16. 根据《建筑施工企业安全生产许可证管理规定》，下列情形中，属于应当注销安全生产许可证情形的是（　　）。

    A. 建筑施工企业破产、倒闭、撤销的

B．发证机关超越法定职权颁发安全生产许可证的

C．发证机关对不具备安全生产条件的施工企业颁发安全生产许可证的

D．发证机关工作人员滥用职权、玩忽职守颁发安全生产许可证的

17．某施工企业的安全生产许可证不慎遗失，其应当（　　）。

A．向原发证机关声明作废，并申请补办

B．在公开媒体上声明作废，并申请补办

C．向原发证机关申请注销，待该许可证有效期满后申请补办

D．向资质许可机关报告，该机关在官网发布信息后，申请补办

18．根据《建筑施工企业安全生产许可证管理规定》，下列建筑施工企业有关安全生产许可证的违法行为中，应当予以暂扣安全生产许可证的是（　　）。

A．转让安全生产许可证的

B．使用伪造的安全生产许可证的

C．不再具备安全生产条件的

D．以欺骗、贿赂等不正当手段取得安全生产许可证的

19．根据《建筑施工企业安全生产许可证管理规定》，已取得安全生产许可证的施工企业发生重大安全事故所产生的法律后果是（　　）。

A．暂扣安全生产许可证并限期整改

B．责令停止生产，并处罚款

C．撤销安全生产许可证

D．吊销安全生产许可证

20．某施工企业在其安全生产许可证有效期内未发生死亡事故，则安全生产许可证有效期届满时（　　）。

A．不再审查，直到发生死亡事故时终止

B．经原安全生产许可证颁发机关重新办理

C．经原发证机关同意，不再审查，有效期延期3年

D．必须再次审查，审查合格延期3年

21．某施工企业在2017年2月1日办理了安全生产许可证，则其向原发证机关办理延期手续的期间为（　　）。

A．2019年2月—2019年5月　　　B．2018年11月—2019年1月

C．2020年2月—2020年5月　　　D．2019年11月—2020年1月

22．关于建筑施工企业安全生产许可证的说法，正确的是（　　）。

A．安全生产许可证有效期可以自动延期

B．安全生产许可证延期后的有效期为2年

C．企业变更法定代表人，应办理安全生产许可证的变更手续

D．企业变更地址，无须办理安全生产许可证变更手续

23．根据《安全生产许可证条例》，未取得安全生产许可证擅自进行生产的，其应当承担的法律责任是（　　）。

A．责令限期改正

B．责令停止生产，没收违法所得，并处罚款

C. 造成重大事故或者其他严重后果的，依法追究刑事责任

D. 给予警告，1年内不得申请安全生产许可证

24. 下列安全生产许可证的违法行为中，应当予以暂扣安全生产许可证并限期整改的行为是（　　）。

A. 转让安全生产许可证的

B. 未取得安全生产许可证，擅自开工的

C. 取得安全生产许可证，发生重大安全事故的

D. 安全生产许可证有效期满，未办理延期手续继续施工的

25. 根据《建筑施工企业安全生产许可证管理规定》，对不具备安全生产条件的建筑施工企业颁发安全生产许可证的，应当（　　）。

A. 吊销　　　　　　　　　　　B. 注销

C. 暂扣　　　　　　　　　　　D. 撤销

26. 根据《建筑施工企业安全生产许可证管理规定》，下列安全生产许可证违法行为中，罚款额度区间最小的是（　　）。

A. 转让安全生产许可证

B. 冒用安全生产许可证

C. 未取得安全生产许可证从事施工活动

D. 安全生产许可证有效期满未办理延期手续继续从事施工活动

二　多项选择题

1. 根据《安全生产许可证条例》，下列企业中，属于必须取得安全生产许可证的有（　　）。

A. 矿山企业

B. 建筑施工企业

C. 日用化学品生产企业

D. 危险化学品生产企业

E. 烟花爆竹、民用爆炸物品生产企业

2. 根据《建筑施工企业安全生产许可证管理规定》，施工企业申请安全生产许可证时，应当向住房城乡建设主管部门提供的材料包括（　　）。

A. 施工企业安全生产许可证申请表

B. 施工企业法人营业执照

C. 建设单位法人营业执照

D. 建设工程施工合同

E. 施工企业的安全生产规章制度

3. 下列要求中，属于施工企业取得安全生产许可证应当具备的安全生产条件的有（　　）。

A. 建立、健全安全生产责任制

B. 有保证本单位安全生产条件所需资金投入

C．有保障工程质量和安全的具体措施

D．管理人员每年至少进行 1 次安全生产教育培训

E．已经取得建设工程规划许可证

4．根据《建筑施工企业安全生产许可证管理规定》，下列要求中，属于建筑施工企业申请安全生产许可证应当具备条件的有（　　　）。

A．设置安全生产管理机构，按规定配备专职安全生产管理人员

B．主要负责人、项目负责人、专职安全生产管理人员经考核合格

C．特种作业人员经考核合格，取得特种作业操作资格证书

D．有职业危害防治措施，并配备合规的安全防护用具和安全防护服装

E．有生产安全事故应急救援预案

5．关于安全生产许可证有效期的说法，正确的有（　　　）。

A．安全生产许可证的有效期为 3 年

B．施工企业应当向原安全生产许可证颁发管理机关办理延期手续

C．安全生产许可证有效期满需要延期的，施工企业应当于期满前 1 个月办理延期手续

D．施工企业在安全生产许可证有效期内，未发生死亡事故的，安全生产许可证有效期届满时，自动延期

E．安全生产许可证有效期延期 3 年

6．施工企业信息发生变更后，应限期到原安全生产许可证颁发管理机关办理安全生产许可证变更手续，具体变更的情形包括（　　　）。

A．企业名称变更　　　　　　　　B．企业注册地址变更

C．企业股东变更　　　　　　　　D．企业法定代表人变更

E．企业资产变更

7．某施工企业利用虚假材料申请了安全生产许可证，根据《建筑施工企业安全生产许可证管理规定》，则有关部门对该企业正确的处理方式有（　　　）。

A．处以罚款

B．给予警告

C．1 年内不得申请安全生产许可证

D．暂发安全生产许可证并限期整改

E．不予受理或者不予颁发安全生产许可证

8．根据《建筑施工企业安全生产许可证管理规定》，安全生产许可证颁发管理机关可以撤销已经颁发的安全生产许可证的情形有（　　　）。

A．工作人员滥用职权颁发安全生产许可证的

B．工作人员超越法定职权颁发安全生产许可证的

C．工作人员违反法定程序颁发安全生产许可证的

D．对不具备安全生产条件的施工企业颁发安全生产许可证的

E．取得安全生产许可证的施工企业发生较大安全生产事故的

9．关于安全生产许可证政府监管的说法，正确的有（　　　）。

A．违反法定程序颁发的安全生产许可证可以撤销

B．企业不再具备安全生产条件的，应当撤销安全生产许可证

C．企业不得转让、冒用安全生产许可证

D．企业不得使用伪造的安全生产许可证

E．超越法定职权颁发安全生产许可证的，应当吊销

【答案与解析】

一、单项选择题

1．D；　　2．D；　　3．B；　　4．C；　　5．C；　　6．D；　　7．B；　　8．B；

9．D；　　10．B；　11．B；　12．A；　*13．C；　14．B；　15．D；　16．A；

17．D；　*18．C；　19．A；　20．C；　　21．D；　22．C；　23．B；　24．C；

25．D；　　26．D

13．【答案】C

根据《建筑施工企业安全生产许可证管理规定》，建筑施工企业以欺骗、贿赂等不正当手段取得安全生产许可证的，撤销安全生产许可证，3年内不得再次申请安全生产许可证；构成犯罪的，依法追究刑事责任。显然，选项C正确而其他选项错误。因此，本题的正确答案是选项C。

18．【答案】C

根据《建筑施工企业安全生产许可证管理规定》，转让安全生产许可证的，没收违法所得，处10万元以上50万元以下的罚款，并吊销其安全生产许可证；构成犯罪的，依法追究刑事责任；接受转让的，依照未取得安全生产许可证擅自进行生产的规定处罚。冒用安全生产许可证或者使用伪造的安全生产许可证的，依照未取得安全生产许可证擅自进行生产的规定处罚。所以，选项A与选项B均错误。建筑施工企业不再具备安全生产条件的，暂扣安全生产许可证并限期整改；情节严重的，吊销安全生产许可证。所以，选项C正确。建筑施工企业以欺骗、贿赂等不正当手段取得安全生产许可证的，撤销安全生产许可证，3年内不得再次申请安全生产许可证；构成犯罪的，依法追究刑事责任。所以，选项D错误。因此，本题的正确答案是选项C。

二、多项选择题

*1．A、B、D、E；　　2．A、B、E；　　3．A、B、D；　　　4．A、B、C、D；

5．A、B、E；　　　6．A、B、D；　　7．B、C、E；　　*8．A、B、C、D；

9．A、C、D

1．【答案】A、B、D、E

根据《安全生产许可证条例》，国家对矿山企业、建筑施工企业和危险化学品、烟花爆竹、民用爆炸物品生产企业实行安全生产许可制度。显然，选项A、B、D、E属于必须取得安全生产许可证的范围，而选项C不在其内。因此，本题的正确答案是选项A、B、D、E。

8．【答案】A、B、C、D

根据《建筑施工企业安全生产许可证管理规定》，安全生产许可证颁发管理机关或者其上级行政机关发现有下列情形之一的，可以撤销已经颁发的安全生产许可证：

（1）安全生产许可证颁发管理机关工作人员滥用职权、玩忽职守颁发安全生产许可证的；（2）超越法定职权颁发安全生产许可证的；（3）违反法定程序颁发安全生产许可证的；（4）对不具备安全生产条件的建筑施工企业颁发安全生产许可证的；（5）依法可以撤销已经颁发的安全生产许可证的其他情形。所以，选项 A、B、C、D 正确。根据《建筑施工企业安全生产许可证管理规定》，取得安全生产许可证的建筑施工企业，发生重大安全事故的，暂扣安全生产许可证并限期整改，所以，选项 E 不属于可以撤销安全生产许可证的情形。因此，本题的正确答案是选项 A、B、C、D。

6.3 施工单位安全生产责任制度

复习要点

本节内容繁杂，但可以分为 4 个层次总体把握。第一，施工单位层面；第二，项目层面；第三，施工作业人员层面；第四，法律责任层面。4 个层面之间，也有交叉对比。其一是总承包单位与分包单位的安全责任划分；其二是施工单位负责人与项目负责人现场带班制度比较。

1. 施工单位的安全生产责任

主体	施工单位	施工单位负责人
责任类型	（1）建立健全全员安全生产责任制和安全生产规章制度	《安全生产法》： （1）建立健全并落实本单位全员安全生产责任制，加强安全生产标准化建设； （2）组织制定并实施本单位安全生产规章制度和操作规程； （3）组织制定并实施本单位安全生产教育和培训计划； （4）保证本单位安全生产投入的有效实施； （5）组织建立并落实安全风险分级管控和隐患排查治理双重预防工作机制，督促、检查本单位的安全生产工作，及时消除生产安全事故隐患； （6）组织制定并实施本单位的生产安全事故应急救援预案； （7）及时、如实报告生产安全事故
	（2）单位负责人施工现场带班制度	（1）与项目负责人签订安全生产责任书； （2）实行总承包的，总包与分包签订安全生产协议

2. 施工单位负责人和项目负责人施工现场带班制度

责任	施工单位负责人	施工项目负责人
现场带班时间	每月带班检查时间不少于其工作日的 25%	每月带班生产时间不得少于本月施工时间的 80%
记录存档	施工企业负责人带班检查时，做好记录，分别在企业和工程项目存档备查	认真做好带班生产记录并签字存档备查
特定情形	（1）危大工程施工时，带班检查； （2）出现险情或发现重大隐患时，带班检查	无
委托带班	集团负责人因故不能到现场的，可书面委托工程所在地的分公司负责人对施工现场进行带班检查	因事离开施工现场请假经批准后方可离开。离开期间应委托项目相关负责人负责

3．施工作业人员安全生产权利和义务

1）主要权利

（1）施工作业危险的知情权和建议权；

（2）施工安全防护用品的获得权；

（3）对危险行为的批评、检举、控告权和拒绝违章指挥权；

（4）紧急避险权；

（5）获得救治和请求民事赔偿权；

（6）获得工伤保险、安全生产责任保险和意外伤害保险赔偿的权利；

（7）依靠工会维护合法权益。

2）主要义务

（1）遵章守规和正确使用安全防护用具；

（2）接受安全生产教育培训；

（3）及时报告安全事故隐患及其他危险。

4．施工总承包和分包单位的安全生产责任

（1）分包合同应当明确总分包单位双方的安全生产责任；该约定不能违反法律强制规定，否则无效；

（2）总承包单位统一组织编制建设工程生产安全事故应急救援预案；

（3）总承包单位负责上报施工生产安全事故；

（4）总承包单位应自行完成建设工程主体结构的施工；

（5）总分包单位就分包工程的安全生产承担连带责任，分包不服管理导致事故发生的，负主要责任。

5．施工管理人员、作业人员安全生产教育培训

施工单位安全生产教育培训包括全员培训、安管人员培训、特种作业人员培训、双新培训以及四新培训等。

特种作业人员包括：（1）建筑电工；（2）建筑架子工；（3）建筑起重信号司索工；（4）建筑起重机械司机；（5）建筑起重机械安装拆卸工；（6）高处作业吊篮安装拆卸工；（7）经省级以上人民政府建设主管部门认定的其他特种作业。

一　单项选择题

1．根据《安全生产法》，下列工作中，属于施工企业主要负责人对安全生产的职责的是（　　）。

    A．工程项目实行总承包的，定期考核分包单位安全生产管理情况

    B．保证本企业安全生产投入的有效实施

    C．督促落实本企业重大危险源的安全管理措施

    D．在施工现场组织协调工程项目安全生产活动

2．根据《安全生产法》，下列工作中，属于施工企业主要负责人对安全生产的职责的是（　　）。

    A．组织或者参与本单位应急救援演练

B．组织制定并实施本单位安全生产教育和培训计划

C．督促落实本企业重大危险源的安全管理措施

D．督促落实本单位安全生产整改措施

3．关于施工企业项目负责人安全生产责任的说法，正确的是（　　）。

A．监控分部分项工程的安全生产情况

B．每月带班生产时间不得少于本月施工时间的75%

C．确保项目安全生产费用有效使用

D．每月带班检查时间不得少于其工作日的25%

4．下列安全生产责任中，属于建设工程项目专职安全生产管理人员职责的是（　　）。

A．组织制定并实施生产安全事故应急救援预案

B．保证本单位安全生产投入的有效实施

C．现场监督危险性较大工程安全专项施工方案实施情况

D．督促、检查安全生产工作，消除生产安全事故隐患

5．根据《建设工程安全生产管理条例》，关于施工单位安全生产管理机构与人员的说法，正确的是（　　）。

A．施工单位可以设立安全生产管理机构，或者配备专职安全生产管理人员

B．专职安全生产管理人员发现安全事故隐患，应当及时向项目负责人报告

C．专职安全生产管理人员发现安全事故隐患，应当立即处理

D．施工单位应当实行建设工程项目专职安全生产管理人员委派制度

6．施工企业实行全员安全生产责任制度，则应与实际控制人同为安全生产第一责任人的是（　　）。

A．法定代表人　　　　　　　　　B．技术负责人

C．安全生产管理人员　　　　　　D．项目经理

7．某分包单位在进行装饰工程施工时未按规定搭设外围脚手架，总承包单位安全生产管理人员及时发现并要求整改，但分包单位拒不改正，最终导致脚手架坍塌造成安全事故。则该安全事故应由（　　）。

A．总承包单位承担责任

B．分包单位承担主要责任

C．总承包单位和分包单位承担连带责任

D．分包单位承担责任

8．实行施工总承包的建设工程在施工过程中发生了安全事故，则负责向有关主管部门报告的主体应为（　　）。

A．建设单位　　　　　　　　　　B．监理单位

C．施工总承包单位　　　　　　　D．分包单位

9．建设工程施工总承包单位依法将建设工程进行分包的，关于该工程安全生产责任的说法，正确的是（　　）。

A．分包工程发生事故，由总、分包单位共同上报

B．总承包单位和分包单位对分包工程的安全生产承担连带责任

C．分包单位不服从管理导致生产安全事故的，由分包单位独立承担责任

D．分包工程发生事故，由总承包单位承担主要责任

10．建设工程施工总承包单位依法将建设工程进行分包的，关于该工程安全生产责任的说法，正确的是（　　　）。

A．分包工程的安全生产由分包单位独立承担责任

B．分包工程的安全生产由总承包单位承担全部责任

C．分包合同中应当明确总、分包单位各自的安全生产权利和义务

D．总承包单位和分包单位对施工安全生产承担同等责任

11．某施工分包合同约定分包单位承担全部生产安全事故责任，分包工程施工中发生了生产安全事故，则该事故责任应（　　　）。

A．由分包单位自行承担

B．由总承包单位承担全部责任

C．由总承包单位承担主要责任，分包单位承担次要责任

D．总承包单位和分包单位承担连带责任

12．某工程项目实行施工总承包，其中幕墙工程等实行专业分包。在幕墙工程施工过程中发生了重大生产安全事故，则应上报事故情况的主体是（　　　）。

A．建设单位　　　　　　　　　　B．施工总承包单位

C．分包单位　　　　　　　　　　D．监理单位

13．实行施工总承包的工程，其生产安全事故应急救援预案应由（　　　）统一组织编制。

A．监理单位　　　　　　　　　　B．总承包单位

C．建设单位　　　　　　　　　　D．总承包单位和分包单位

14．根据《建筑施工企业负责人及项目负责人施工现场带班暂行办法》，项目负责人每月带班生产时间不得少于本月施工时间的（　　　）。

A．50%　　　　　　　　　　　　B．60%

C．70%　　　　　　　　　　　　D．80%

15．在项目建设过程中，对建设工程项目施工现场安全生产管理全面负责的主体是（　　　）。

A．施工项目专职安全生产管理人员

B．施工单位主要负责人

C．总监理工程师

D．施工单位项目负责人

16．根据《住房城乡建设部办公厅关于进一步加强危险性较大的分部分项工程安全管理的通知》，超过一定规模的危险性较大工程施工，施工企业负责人应当（　　　）。

A．组织单位验收　　　　　　　　B．带班检查

C．委派人员监督　　　　　　　　D．制定安全施工措施

17．关于施工企业项目负责人安全生产责任的说法，正确的是（　　　）。

A．应当监控分部分项工程的安全生产情况

B．应当对工程项目落实带班制度负责

C．每月带班生产时间不得少于本月施工时间的 60%

D．每月带班检查时间不得少于其工作日的 25%

18．根据《建筑施工企业主要负责人、项目负责人和专职安全生产管理人员安全生产管理规定》，下列工作中，属于项目负责人安全生产职责的是（　　　）。

A．建立企业安全生产管理制度

B．建立项目安全生产管理体系

C．监控项目分部分项工程施工

D．组织建立并落实安全风险分级管控

19．施工人员张某在脚手架上工作时，忽然发现部分扣件松动，可能导致脚手架倒塌直接危及施工现场安全，立即停止作业并迅速躲避。则张某的行为属于行使（　　　）。

A．知情权　　　　　　　　　　B．正当防卫权

C．紧急避险权　　　　　　　　D．拒绝违章指挥权

20．根据《安全生产法》，生产经营单位为从业人员提供的劳动防护用品，必须符合（　　　）。

A．地方标准　　　　　　　　　B．国家标准或者行业标准

C．生产经营单位的规定　　　　D．应急管理行业协会的规定

21．根据《安全生产法》，当从业人员发现直接危及自身安全的紧急情况时，正确的做法是（　　　）。

A．立即向管理人员报告紧急情况

B．采取有效措施化解危机

C．做好个人防护，同时守护现场

D．有权停止作业或者在采取可能的应急措施后撤离作业场所

22．某工程项目开工前，施工人员要求单位明确告知该项目施工作业场所和主要工种岗位存在的危险因素。该情形属于从业人员行使其（　　　）。

A．建议权　　　　　　　　　　B．检举权

C．知情权　　　　　　　　　　D．批评权

23．下列对施工作业人员的要求中，不属于其法定安全生产义务的是（　　　）。

A．守法遵章和正确使用安全防护用具

B．接受安全生产教育培训

C．报告施工安全事故隐患

D．提出施工方案中的缺陷

24．下列人员中，不属于"安管人员"的是（　　　）。

A．项目负责人　　　　　　　　B．技术负责人

C．企业主要负责人　　　　　　D．专职安全生产管理人员

25．关于"安管人员"安全生产培训考核的说法，正确的是（　　　）。

A．应当通过其受聘企业，向主管部门申请考核

B．安全生产考核合格证书有效期为 5 年

C．安全生产考核合格证书在企业工商注册地范围内有效

D．施工企业应当每 2 年对"安管人员"进行培训考核

26. 根据《建筑施工特种作业人员管理规定》，下列施工企业人员中，属于特种作业人员的是（　　）。

    A. 电焊工　　　　　　　　　　　　B. 钢筋工

    C. 混凝土工　　　　　　　　　　　D. 建筑起重机械司机

27. 根据《建设工程安全生产管理条例》，对于建筑施工单位的主要负责人和安全生产管理人员未按照规定经考核合格即从事相关工作的，该施工单位应当承担的法律责任可以是（　　）。

    A. 给予警告　　　　　　　　　　　B. 责令限期改正

    C. 吊销营业执照　　　　　　　　　D. 降低资质等级

28. 根据《安全生产法》，对于未如实记录安全生产教育和培训情况的生产经营单位，其应当承担的法律责任是（　　）。

    A. 降低资质等级　　　　　　　　　B. 责令限期改正并处罚款

    C. 吊销营业执照　　　　　　　　　D. 吊销安全生产许可证

29. 根据《建设工程安全生产管理条例》，建筑施工企业的管理人员和作业人员应进行安全教育培训并考核合格，培训每（　　）至少进行一次。

    A. 6个月　　　　　　　　　　　　B. 2年

    C. 1年　　　　　　　　　　　　　D. 3年

30. 根据《建筑法》，项目经理强令工人冒险作业，因而发生重大伤亡事故或者造成其他严重后果的，依法追究其（　　）。

    A. 民事责任　　　　　　　　　　　B. 行政责任

    C. 侵权责任　　　　　　　　　　　D. 刑事责任

31. 根据《建设工程安全生产管理条例》，施工单位的下列行为中，逾期未改正的，应依法责令停业整顿，并处10万元以上30万元以下的罚款的是（　　）。

    A. 施工前未对有关安全施工的技术要求作出详细说明的

    B. 在尚未竣工的建筑物内设置员工集体宿舍的

    C. 施工现场临时搭建的建筑物不符合安全使用要求的

    D. 安全防护用具、机械设备等在进入施工现场前未经查验或者查验不合格即投入使用的

二　多项选择题

1. 根据《建筑施工企业主要负责人、项目负责人和专职安全生产管理人员安全生产管理规定》，关于施工企业主要负责人安全生产责任的说法，正确的有（　　）。

    A. 确定项目安全生产考核目标、奖惩措施

    B. 与项目负责人签订安全生产责任书

    C. 确定企业为项目提供的安全管理和技术保障措施

    D. 确定企业为作业人员提供的安全防护用品

    E. 保证安全生产投入

2. 根据《安全生产法》，施工企业的主要负责人对本单位安全生产工作负有的主

要职责有（　　　　）。

    A．组织制定本单位安全生产规章制度和操作规程

    B．健全本单位全员安全生产责任制

    C．保证本单位安全生产投入的有效实施

    D．督促、检查本单位的安全生产工作，及时消除生产安全事故隐患

    E．监督项目专职安全生产管理人员履职情况

3．根据《建筑施工企业安全生产管理机构设置及专职安全生产管理人员配备办法》，施工企业安全生产管理机构的职责有（　　　　）。

    A．宣传和贯彻国家有关安全生产法律法规和标准

    B．编制并适时更新安全生产管理制度

    C．组织或参与企业生产安全事故应急救援预案的编制及演练

    D．组织开展安全教育培训与交流

    E．组织制定并实施本单位安全生产教育和培训计划

4．根据《建筑施工企业安全生产管理机构设置及专职安全生产管理人员配备办法》，施工企业安全生产管理机构专职安全生产管理人员在施工现场检查过程中具有的职责有（　　　　）。

    A．查阅在建项目安全生产有关资料、核实有关情况

    B．检查工程安全专项施工方案落实情况

    C．监督项目专职安全生产管理人员履责情况

    D．监督作业人员安全防护用品的配备及使用情况

    E．对发现的安全隐患，有权立即报告单位负责人

5．根据《建筑施工企业安全生产管理机构设置及专职安全生产管理人员配备办法》，项目专职安全生产管理人员主要职责有（　　　　）。

    A．负责施工现场安全生产日常检查并做好检查记录

    B．现场监督危险性较大工程安全专项施工方案实施情况

    C．对作业人员违规违章行为有权予以纠正或查处

    D．对于发现的重大安全隐患有权责令立即整改

    E．依法报告生产安全事故情况

6．某建设工程项目实行施工总承包，施工企业在该工程项目组建安全生产领导小组，其小组成员的构成包括总承包企业、专业承包企业和劳务分包企业的（　　　　）。

    A．总经理   B．项目经理

    C．技术负责人   D．法定代表人

    E．专职安全生产管理人员

7．根据《建筑施工企业安全生产管理机构设置及专职安全生产管理人员配备办法》，关于建筑施工总承包资质序列企业专职安全生产管理人员配备人数的说法，正确的有（　　　　）。

    A．特级资质不少于6人   B．一级资质不少于4人

    C．二级资质不少于3人   D．三级资质不少于2人

    E．三级以下资质1人

8. 根据《建筑施工企业安全生产管理机构设置及专职安全生产管理人员配备办法》，关于总承包企业配备项目专职安全生产管理人员总体要求的说法，正确的有（　　）。

    A．土木工程按照工程造价配备

    B．建筑工程按照建筑面积配备

    C．线路管道工程按照环绕公里数配备

    D．设备安装工程按照工程合同价配备

    E．装修工程按照使用面积配备

9. 根据《建筑施工企业安全生产管理机构设置及专职安全生产管理人员配备办法》，关于分包单位配备项目专职安全生产管理人员要求的说法，正确的有（　　）。

    A．专业承包单位应当配置至少1人

    B．专业承包单位根据分部分项工程的工程量和施工危险程度增加配置人数

    C．劳务分包单位施工人员在50人以下的，应当配备1名

    D．施工作业班组可以设置专职安全巡查员

    E．施工作业难度大的工程项目，应在规定的配备标准上增加

10. 根据《安全生产法》，关于生产经营单位安全生产责任的说法，正确的有（　　）。

    A．建立健全全员安全生产责任制和安全生产规章制度

    B．构建安全风险分级管控和隐患排查治理双重预防机制

    C．加大对安全生产资金、物资、技术、人员的投入保障力度

    D．坚持安全第一、预防为主的方针

    E．建立健全安全生产的责任制度和群防群治制度

11. 关于施工总承包单位安全生产责任的说法，正确的有（　　）。

    A．总承包单位对施工现场的安全生产负总责

    B．总承包单位和分包单位对分包工程的安全生产承担连带责任

    C．总承包单位对建筑起重机械的安装使用履行安全职责

    D．统一建立应急救援组织并配备应急救援人员及物品

    E．负责上报施工生产安全事故

12. 关于建筑施工企业负责人现场带班制度的说法，正确的有（　　）。

    A．集团负责人因故不能到现场的，可书面委托工程所在地的分公司负责人现场带班检查

    B．超过一定规模的危险性较大的分部分项工程施工时，应进行带班检查

    C．工程施工出现险情时，应到施工现场带班检查，及时消除险情和隐患

    D．每月施工现场带班检查时间不少于其工作日的20%

    E．应认真做好检查记录，并分别在企业和工程项目存档备查

13. 关于施工企业项目负责人安全生产责任的说法，正确的有（　　）。

    A．对建设工程项目的安全施工负责

    B．开展项目安全教育培训

    C．确保安全生产费用的有效使用

D．监督作业人员安全防护用品的配备及使用情况

E．及时、如实报告生产安全事故

14．根据《安全生产法》，施工作业人员依法享有的安全生产保障权利包括（   ）。

A．拒绝违章指挥权

B．施工安全防护用品的获得权

C．施工危险作业的知情权和决策权

D．获得救治和请求民事赔偿权

E．获得工伤保险、安全生产责任险和意外伤害保险赔偿的权利

15．下列要求中，属于施工作业人员应当履行的安全生产义务的有（   ）。

A．对本单位的安全生产工作提出建议

B．接受单位的安全生产教育培训

C．发现安全事故隐患立即向上级报告

D．正确使用安全防护用具

E．施工遇到危急情形时停止工作或撤离作业场所

16．下列情形中，属于施工企业应对作业人员进行安全生产教育培训的情形有（   ）。

A．作业人员进入新的岗位

B．发生重大安全事故

C．采用新工艺、新技术

D．使用新材料或新设备

E．作业人员进入新的施工现场

17．关于安全生产教育培训经费的说法，正确的有（   ）。

A．企业应根据标准，按职工收入总额的一定比例提取和使用职工教育经费

B．职工教育经费中用于企业一线职工职业教育的经费应达国家规定的比例

C．用人单位安排职工接受职业教育期间应依法支付工资，保障相关待遇

D．企业要在职工培训经费和安全费用中足额列支安全培训经费

E．实施技术改造和项目引进时要专门安排安全培训资金

【答案与解析】

一、单项选择题

1．B；   2．B；   3．C；   4．C；   5．D；   6．A；   7．B；   8．C；
9．B；   10．C；   11．D；   12．B；   13．B；   14．D；   15．D；   16．B；
17．B；   18．B；   19．C；   20．B；   *21．D；   22．C；   23．D；   24．B；
25．A；   26．D；   27．B；   28．B；   29．C；   30．D；   31．D

【解析】

21．【答案】D

根据《安全生产法》第47条规定，从业人员发现直接危及人身安全的紧急情况时，

有权停止作业或者在采取可能的应急措施后撤离作业场所。生产经营单位不得因从业人员在前款紧急情况下停止作业或者采取紧急撤离措施而降低其工资、福利等待遇或者解除与其订立的劳动合同。所以，选项 A、B、C 错误，选项 D 正确。因此，本题的正确答案是选项 D。

二、多项选择题

1. A、B、C、E; *2. A、B、C、D; 3. A、C、D; 4. A、C、D;
5. A、B、C、E; 6. B、C、E; 7. A、B、C; 8. B、D;
9. A、B、C、E; 10. A、B、C; 11. A、B、C、E; *12. A、B、C、E;
13. A、C、E; 14. A、B、D、E; 15. B、C、D; 16. A、C、D、E;
17. B、C、D、E

【解析】

2.【答案】A、B、C、D

本题考点为施工企业主要负责人的安全生产职责。根据《安全生产法》，生产经营单位的主要负责人对本单位的安全生产工作全面负责。生产经营单位的主要负责人对本单位安全生产工作负有下列职责：（1）建立健全并落实本单位全员安全生产责任制……（2）组织制定并实施本单位安全生产规章制度和操作规程；（3）组织制定并实施本单位安全生产教育和培训计划；（4）保证本单位安全生产投入的有效实施；（5）……督促、检查本单位的安全生产工作，及时消除生产安全事故隐患；（6）组织制定并实施本单位的生产安全事故应急救援预案；（7）及时、如实报告生产安全事故。所以选项 A、B、C、D 正确，选项 E 为干扰项。因此，本题的正确答案是选项 A、B、C、D。

12.【答案】A、B、C、E

本题考点为施工单位负责人施工现场带班制度。建筑施工企业负责人要定期带班检查，每月检查时间不少于其工作日的 25%；建筑施工企业负责人带班检查时，应认真做好检查记录，并分别在企业和工程项目存档备查；工程项目进行超过一定规模的危险性较大的分部分项工程施工时，建筑施工企业负责人应到施工现场进行带班检查；工程项目出现险情或发现重大隐患时，建筑施工企业负责人应到施工现场带班检查，督促工程项目进行整改，及时消除险情和隐患。对于有分公司（非独立法人）的企业集团，集团负责人因故不能到现场的，可书面委托工程所在地的分公司负责人对施工现场进行带班检查。因此，本题的正确答案是选项 A、B、C、E。

6.4 施工现场安全防护制度

复习要点

1. 危大工程与专项施工方案

1）危大工程的界定（略）

2）应当单独编制专项施工方案的危大工程

（1）基坑支护与降水工程；

（2）土方开挖工程；

（3）模板工程；

（4）起重吊装工程；

（5）脚手架工程；

（6）拆除、爆破工程；

（7）有关部门规定的其他危险性较大工程。

3）专项施工方案的编制

时间：施工前；

组织：施工单位／施工总承包单位／专业分包单位。

4）专项施工方案的论证

对象：超过一定规模的危大工程；

组织：施工单位组织论证，应当组织召开专家论证会对专项施工方案进行论证，
实行施工总承包的，由施工总承包单位组织论证；

论证会人数：专家符合专业要求且人数不得少于5名；

论证会回避：与本工程有利害关系的人员不得以专家身份参加专家论证会；

论证前审核：施工单位；

论证前审查：总监理工程师。

2．安全施工技术交底

（1）主体：施工单位负责项目管理的技术人员；

（2）内容：有关安全施工的技术要求，即该作业的安全操作规程和注意事项；

（3）对象：施工作业班组、作业人员；

（4）形式：双方签字确认。

3．危险部位设置安全警示标志

（1）设置部位：施工现场入口处、施工起重机械、临时用电设施、脚手架、出入
通道口、楼梯口、电梯井口、孔洞口、桥梁口、隧道口、基坑边沿、爆破物及有害危险
气体和液体存放处等危险部位；

（2）制作要求：必须符合国家标准。

4．施工现场安全防范措施

（1）办公生活区与作业区分开设置，并保持安全距离；施工单位不得在未竣工建
筑物内设置集体宿舍；装配式活动房屋应具有产品合格证。

（2）不同施工阶段应采取相应的安全施工措施，暂停施工的，施工单位应做好现
场防护。

（3）施工现场食堂要依法取得许可遵守《食品安全法》相关规定。

（4）施工现场周边安全防护措施要注意毗邻建筑物、构筑物和地下管线。应当采
取专项保护措施。

（5）进行可能危及危险化学品管道安全的施工作业，施工单位应当在开工的7日前
书面通知管道所属单位，并与管道所属单位共同制定应急预案，采取相应的防护措施。
管道所属单位应当指派专门人员进行管道安全保护指导。

（6）安全防护用具、机械设备、施工机具及配件，应当具有生产（制造）许可证、

产品合格证，并在进入施工现场前进行查验，进场后必须由专人管理。

（7）遵守《生物安全法》，配合做好生物安全风险防控和应急处置工作。

5. 施工单位安全生产费用的提取管理

项目	内容
计提依据	建安工程造价
提取标准	矿山工程 3.5%，房屋建筑、铁路、城市轨道交通工程 3%，水利水电、电力工程 2.5%，化工、冶炼、机电安装、通信工程 2%，市政、港口与航道、公路工程 1.5%
使用办法	列入工程造价，竞标时不得删减，列入标外管理
构成	文明施工费、环境保护费、临时设施费、安全施工费
定额费率	投标方安全防护、文明施工措施的报价，不得低于依据工程所在地工程造价管理机构测定费率计算所需费用总额的 90%
预付比例	① 合同工期在一年以内的，不得低于该费用总额的 50%； ② 一年以上的（含一年），不得低于该费用总额的 30%
挪用处罚	限期整改，处挪用费用 20% 以上 50% 以下罚款；造成损失的，依法赔偿

6. 施工单位消防安全责任

（1）责任人：机关、团体、企业事业单位法定代表人是本单位消防安全第一责任人。

（2）企业的消防安全职责：

《建设工程安全生产管理条例》明确要求 6 个方面：施工单位应当在施工现场建立消防安全责任制度；确定消防安全责任人；制定用火、用电、使用易燃易爆材料等各项消防安全管理制度和操作规程；设置消防通道、消防水源；配备消防设施和灭火器材；在施工现场入口处设置明显标志。

7. 违法行为的法律责任

四大类违法行为应承担的法律责任各不相同，注意对比责任主体、责任形式等。

一 单项选择题

1. 根据《建设工程安全生产管理条例》，关于危险性较大的分部分项工程（以下简称"危大工程"）的说法，正确的是（　　）。

　　A. 危大工程是指容易导致人员群死群伤的分部分项工程

　　B. 对危大工程应编制专项施工方案，并组织专家进行论证

　　C. 其专项施工方案经施工单位技术负责人签字后实施

　　D. 其方案的实施由专职安全生产管理人员进行现场监督

2. 根据《危险性较大的分部分项工程安全管理规定》，关于危大工程专项施工方案的说法，正确的是（　　）。

　　A. 危大工程实行施工总承包的，专项施工方案应当由施工总承包单位编制

　　B. 危大工程实行分包的，专项施工方案应当由相关专业分包单位编制

　　C. 分包单位编制的专项施工方案应当由分包单位技术负责人签字并加盖单位

公章

    D．超过一定规模的危大工程，建设单位应当组织专家会议论证专项施工方案

  3．某工程采用总承包模式，总承包单位将起重机械安装拆卸工程分包给了专业分包单位，则其安全专项施工方案（   ）。

    A．可以由总承包单位或专业分包单位编写

    B．应当由总承包单位编写

    C．应当由专业分包单位编写

    D．由总承包单位会同专业分包单位共同编写

  4．根据《危险性较大的分部分项工程安全管理规定》，对于按照规定需要进行第三方监测的危大工程，建设单位应当委托具有相应（   ）资质的单位进行监测。

    A．设计   B．监理

    C．勘察   D．地基检测

  5．某工程施工过程中，由于建筑规划设计体量发生变化，施工单位修改了土方开挖工程专项施工方案，修改后的专项方案应（   ）。

    A．经施工单位技术负责人签字后实施

    B．经总监理工程师签字后实施

    C．直接用于施工

    D．按规定重新审核

  6．关于涉及深基坑、地下暗挖工程、高大模板工程的安全专项施工方案的论证、审查，应由（   ）组织专家进行。

    A．安全监督管理机构   B．施工单位

    C．建设单位   D．监理单位

  7．根据《建设工程安全生产管理条例》，专项施工方案的实施应由（   ）进行监督。

    A．项目经理   B．监理工程师

    C．总监理工程师   D．专职安全生产管理人员

  8．关于施工现场安全警示标志的说法，错误的是（   ）。

    A．施工现场的危险部位都应设置明显的安全警示标志

    B．安全警示标志应依据设置的便利性选择设置地点和位置

    C．安全警示标志必须符合国家标准

    D．安全警示标志一般由图形符号、安全色、几何形状（边框）或文字构成

  9．根据《企业安全生产费用提取和使用管理办法》，关于建设工程施工企业安全生产费用计提的说法，正确的是（   ）。

    A．施工企业提取的安全生产费用不列入工程造价

    B．安全生产费用以建筑安装工程造价为计提依据

    C．施工企业不得提高安全费用提取标准

    D．总承包单位与分包单位按比例各自提取安全费用

  10．施工投标方安全防护、文明施工措施的报价，不得低于依据工程所在地工程造价管理机构测定费率计算所需费用总额的（   ）。

A．70%　　　　　　　　　B．80%

C．85%　　　　　　　　　D．90%

11．关于建筑工程安全防护、文明施工措施费用的说法，正确的是（　　）。

A．安全防护、文明施工措施由分包单位实施的，分包单位直接支取该费用

B．工程竣工结算后结余的企业安全生产费用，可以退回建设单位

C．总承包单位对建筑工程安全防护、文明施工措施费用的使用负总责

D．总承包单位未按合同约定支付费用，影响分包单位落实安全防护措施导致发生事故的，由分包单位负主要责任

12．根据《最高人民法院关于依法妥善审理高空抛物、坠物案件的意见》，在生产、作业中违反有关安全管理规定，从高空坠落物品，发生重大伤亡事故或者造成其他严重后果的，以（　　）定罪处罚。

A．故意伤害罪　　　　　　B．过失致人死亡罪

C．重大责任事故罪　　　　D．以危险方法危害公共安全罪

13．根据相关法规，关于施工现场周边安全防护的说法，正确的是（　　）。

A．建设单位对因建设工程施工可能造成损害的毗邻建筑物、构筑物和地下管线等，应当采取专项防护措施

B．施工单位应当对建设工程施工现场实行封闭围挡

C．未经许可进入高度危险活动区域受到损害，管理人能够证明已经采取足够安全措施并尽到充分警示义务的，可以减轻或者不承担责任

D．未经许可进入高度危险物存放区域受到损害，管理人能够证明已经采取安全措施的，可以减轻或者不承担责任

14．根据《建设工程安全生产管理条例》，由于建设单位原因造成施工现场暂停施工，且合同中没有相应条款。下列说法中，正确的是（　　）。

A．由建设单位做好现场防护，所需费用自行承担

B．由监理单位做好现场防护，所需费用由施工单位承担

C．由施工单位做好现场防护，所需费用由建设单位承担

D．由总承包单位做好现场防护，所需费用自行承担

15．某工程项目总承包后进行专业分包，根据《建筑工程安全防护、文明施工措施费用及使用管理规定》，则该工程的安全防护、文明施工措施费用在分包合同中应当约定为（　　）。

A．由建设单位统一管理　　　B．由监理单位统一审查管理

C．由总承包单位统一管理　　D．由总承包单位与监理单位联合管理

16．根据《建筑工程安全防护、文明施工措施费用及使用管理规定》，施工单位对列入建设工程概算的安全作业环境及安全施工措施所需费用，不能用于（　　）。

A．安全生产条件的改善

B．施工现场办公条件的改进

C．安全施工措施的落实

D．施工安全防护用具及设施的采购和更新

17．某工程合同约定该工程的计划工期为16个月，其中安全防护、文明施工措施

费用为 80 万元，但是合同中对该费用的预付、支付计划未作规定。则建设单位至少应预付该费用（　　）万元。

  A．16　 B．24

  C．32　 D．40

18．根据《建设工程安全生产管理条例》，施工现场安全警示标志必须符合（　　）。

  A．强制性标准　 B．国家标准

  C．行业标准　 D．安全标准

19．根据《建筑工程安全防护、文明施工措施费用及使用管理规定》，关于总、分包单位安全防护、文明施工措施费用管理的说法，错误的是（　　）。

  A．工程总承包单位对该费用的使用负总责

  B．总承包单位影响分包单位落实安全防护措施导致发生事故的，由总承包单位负主要责任

  C．依法分包工程的，分包合同中应明确该费用由总承包单位统一管理

  D．安全防护、文明施工措施由分包单位实施的，分包单位独立支配该费用

20．根据《消防法》，下列消防安全职责中，属于消防安全重点单位应当履行的职责是（　　）。

  A．组织进行有针对性的消防演练

  B．建筑消防设施每年至少进行一次全面检测

  C．组织防火检查，及时消除火灾隐患

  D．实行每日防火巡查，并建立巡查记录

21．根据《建设工程安全生产管理条例》，施工单位对施工现场消防安全责任的说法，错误的是（　　）。

  A．在施工现场建立消防安全责任制度

  B．在施工现场入口处设置明显标志

  C．设置消防通道、消防水源，配备专业消防人员

  D．制定用火、用电等各项消防安全管理制度和操作规程

22．根据《国务院关于加强和改进消防工作的意见》，施工企业消防安全第一责任人是其（　　）。

  A．专职消防员　 B．法定代表人

  C．专职消防安全员　 D．项目负责人

23．下列特种设备中，属于房屋建筑工地和市政工程工地中特种设备管理主要对象的是（　　）。

  A．锅炉　 B．电梯

  C．压力管道　 D．起重机械

二　多项选择题

1．下列分部分项工程中，属于应当单独编制专项施工方案的"危大工程"的有（　　）。

A. 模板工程   B. 脚手架工程

C. 土方开挖工程   D. 地基与基础工程

E. 拆除、爆破工程

2. 关于"危大工程"专项施工方案编制的说法,正确的有（　　　）。

A. 专项施工方案的编制仅限于超过一定规模的"危大工程"

B. 专项施工方案由建设单位在施工前组织编制

C. 专项施工方案由施工单位在施工前组织编制

D. 实行施工总承包的,应当由施工总承包单位组织编制

E. 危大工程实行分包的,专项施工方案可以由相关专业分包单位组织编制

3. 关于"危大工程"专项施工方案论证的说法,正确的有（　　　）。

A. 专项施工方案论证仅限于超过一定规模的"危大工程"

B. 专项施工方案论证由施工单位组织

C. 实行施工总承包的,由施工总承包单位组织论证

D. 论证会的专家符合专业要求且人数不得少于 5 名

E. 专家论证前专项施工方案应通过建设单位审核

4. 根据《建设工程安全生产管理条例》,关于安全施工技术交底的说法,正确的有（　　　）。

A. 技术交底的主体是施工单位负责项目管理的技术人员

B. 技术交底的对象是施工现场管理人员

C. 技术交底的内容是该作业的安全操作规程和注意事项

D. 技术交底的形式是对该作业技术要求的培训、详细说明

E. 技术交底后双方签署书面文件予以确认

5. 根据《建设工程安全生产管理条例》,下列分部分项工程中,属于达到一定规模的危险性较大的需要编制专项施工方案,并附具安全验算结果的有（　　　）。

A. 模板工程   B. 脚手架工程

C. 拆除、爆破工程   D. 装饰装修工程

E. 基坑支护与降水工程

6. 关于实施安全专项施工方案的说法,正确的有（　　　）。

A. 因设计、结构、外部环境等因素发生变化确需修改的,修改后的专项方案应当按规定重新审核

B. 专项方案修改后,施工单位应当重新组织专家进行论证

C. 施工单位应当指定专人对专项方案实施情况进行现场监督

D. 按规定需要验收的危险性较大的分部分项工程,应由建设单位、施工单位组织有关人员进行验收

E. 施工单位技术负责人应当定期巡查专项方案实施情况

7. 根据《建设工程安全生产管理条例》,施工单位在其施工组织设计中对某项目的脚手架搭建编制了专项施工方案,在编制和实施该专项施工方案时应当（　　　）。

A. 附具安全验算结果   B. 经项目技术负责人签字

C. 经总监理工程师签字   D. 由专职安全员现场监督

E．组织专家论证

8．根据《生物安全法》等相关法规，关于生物安全风险防控的说法，正确的是（　　）。

A．任何单位和个人不得编造、散布虚假的生物安全信息

B．县级以上人民政府有关部门应当依法开展生物安全监督检查工作

C．任何单位和个人发现传染病、动植物疫病的，应当及时向有关机构或者部门报告

D．依法应当报告的，任何单位和个人不得瞒报、谎报、缓报、漏报

E．建设单位需在施工现场针对生物安全提前采取防范措施

9．关于施工单位安全生产费用提取的说法，正确的有（　　）。

A．房屋建筑工程应按建筑安装工程造价的 3.0% 计提

B．由总承包单位提取后支付给分包单位

C．总承包单位和分包单位分别提取

D．分包单位根据工程量按比例提取

E．可以根据实际需要提高安全生产费用的提取标准

10．根据《建设工程安全生产管理条例》，安全作业环境及安全施工措施所需费用的用途包括（　　）。

A．施工安全防护用具及设施的采购和更新

B．施工现场环境的保护

C．安全施工措施的落实

D．安全生产条件的改善

E．为现场工作人员缴纳工伤保险

11．根据《建设工程安全生产管理条例》，施工单位应在施工现场设置明显的安全警示标志的地方包括（　　）。

A．液体存放处
B．临时用电设施

C．脚手架
D．基坑边沿

E．施工现场出口处

【答案与解析】

一、单项选择题

1．D；　　2．A；　　3．A；　　4．C；　　5．D；　　6．B；　　7．D；　　8．B；

9．B；　　10．D；　　11．C；　　*12．C；　　13．C；　　*14．C；　　15．C；　　16．B；

*17．B；　　18．B；　　19．D；　　20．D；　　21．C；　　22．B；　　23．D

【解析】

12．【答案】C

根据《最高人民法院关于依法妥善审理高空抛物、坠物案件的意见》（法发〔2019〕25 号），在生产、作业中违反有关安全管理规定，从高空坠落物品，发生重大伤亡事故或者造成其他严重后果的，依照刑法第 134 条第 1 款的规定，以重大责任事故罪

定罪处罚。显然，选项 A、B、D 错误，而选项 C 正确。因此，本题的正确答案是选项 C。

14.【答案】C

根据《建设工程安全生产管理条例》，施工单位应当根据不同施工阶段和周围环境及季节、气候的变化，在施工现场采取相应的安全施工措施。施工现场暂时停止施工的，施工单位应当做好现场防护，所需费用由责任方承担，或者按照合同约定执行。所以，A、B、D 选项错误，而 C 选项正确。因此，本题的正确答案是选项 C。

17.【答案】B

根据《建筑工程安全防护、文明施工措施费用及使用管理规定》，建设单位与施工单位在施工合同中对安全防护、文明施工措施费用预付、支付计划未作约定或约定不明的，合同工期在一年以内的，建设单位预付安全防护、文明施工措施项目费用不得低于该费用总额的 50%；合同工期在一年以上的（含一年），预付安全防护、文明施工措施费用不得低于该费用总额的 30%，其余费用应当按照施工进度支付。本题中工程的计划工期为 16 个月，所以，预付比例应为至少 30%，所以选项 A、C、D 错误，而选项 B 正确。因此，本题的正确答案是选项 B。

二、多项选择题

1．A、B、C、E；　　2．C、D、E；　　3．A、B、C、D；　　4．A、C、D、E；

5．A、B、C、E；　　6．A、C、E；　　7．A、C、D；　　8．A、B、C、D；

9．A、B、E；　　10．A、C、D；　　11．B、C、D

6.5　施工生产安全事故的应急救援和调查处理

复习要点

1．生产安全事故的等级划分标准

生产安全事故等级	死亡人数	重伤人数	直接经济损失（元）
一般事故	＜3	＜10	＜1000 万
较大事故	3≤人数＜10	10≤人数＜50	1000 万≤金额＜5000 万
重大事故	10≤人数＜30	50≤人数＜100	5000 万≤金额＜1 亿
特别重大事故	≥30	≥100	≥1 亿

2．生产安全事故应急预案的编制

1）分类与界定

（1）分类

综合应急预案；专项应急预案；现场处置方案。

（2）界定

综合应急预案是指生产经营单位为应对各种生产安全事故而制定的综合性工作方案，是本单位应对生产安全事故的总体工作程序、措施和应急预案体系的总纲。

专项应急预案是指生产经营单位为应对某一种或者多种类型生产安全事故，或者针对重要生产设施、重大危险源、重大活动防止生产安全事故而制定的专项性工作方案。

现场处置方案是指生产经营单位根据不同生产安全事故类型，针对具体场所、装置或者设施所制定的应急处置措施。

2）编制主体

生产经营单位主要负责人负责组织编制和实施本单位的应急预案，并对应急预案的真实性和实用性负责。各分管负责人应当按照职责分工落实应急预案规定的职责。

3）编制要求

《生产安全事故应急预案管理办法》规定，应急预案的编制应当符合下列 8 项基本要求：

（1）有关法律、法规、规章和标准的规定；

（2）本地区、本部门、本单位的安全生产实际情况；

（3）本地区、本部门、本单位的危险性分析情况；

（4）应急组织和人员的职责分工明确，并有具体的落实措施；

（5）有明确、具体的应急程序和处置措施，并与其应急能力相适应；

（6）有明确的应急保障措施，满足本地区、本部门、本单位的应急工作需要；

（7）应急预案基本要素齐全、完整，应急预案附件提供的信息准确；

（8）应急预案内容与相关应急预案相互衔接。

4）主要内容

《生产安全事故应急预案管理办法》规定，生产经营单位应急预案应当包括向上级应急管理机构报告的内容、应急组织机构和人员的联系方式、应急物资储备清单等附件信息。

3．生产安全事故应急预案的备案和公布

《生产安全事故应急预案管理办法》规定，地方各级人民政府应急管理部门的应急预案，应当报同级人民政府备案，同时抄送上一级人民政府应急管理部门，并依法向社会公布。地方各级人民政府其他负有安全生产监督管理职责的部门的应急预案，应当抄送同级人民政府应急管理部门。

4．生产安全事故应急预案的实施

（1）生产安全事故应急预案的宣传教育。

（2）施工生产安全事故应急人员培训。

（3）生产安全事故应急救援预案演练。

（4）施工生产安全事故应急救援救助、补偿。

县级以上地方人民政府应当按照国家有关规定，对在生产安全事故应急救援中伤亡的人员及时给予救治和抚恤；符合烈士评定条件的，按照国家有关规定评定为烈士。

有关人民政府及其部门根据生产安全事故应急救援需要依法调用和征用的财产，在使用完毕或者应急救援结束后，应当及时归还。财产被调用、征用或者调用、征用后毁损、灭失的，有关人民政府及其部门应当按照国家有关规定给予补偿。

5．生产安全事故应急预案的修订与归档

有下列情形之一的，应急预案应当及时修订并归档：

（1）依据的法律、法规、规章、标准及上位预案中的有关规定发生重大变化的；

（2）应急指挥机构及其职责发生调整的；

（3）安全生产面临的风险发生重大变化的；

（4）重要应急资源发生重大变化的；

（5）在应急演练和事故应急救援中发现需要修订预案的重大问题的；

（6）编制单位认为应当修订的其他情况。

6. 生产安全事故报告制度

1）事故报告主体

《建设工程安全生产管理条例》规定，施工单位发生生产安全事故，应当按照国家有关伤亡事故报告和调查处理的规定，及时、如实地向负责安全生产监督管理的部门、建设行政主管部门或者其他有关部门报告；特种设备发生事故的，还应当同时向特种设备安全监督管理部门报告。接到报告的部门应当按照国家有关规定，如实上报。

实行施工总承包的建设工程，由总承包单位负责上报事故。

2）事故报告内容

《生产安全事故报告和调查处理条例》规定，事故报告主要应当包括以下内容：（1）事故发生单位概况；（2）事故发生的时间、地点以及事故现场情况；（3）事故的简要经过；（4）事故已经造成或者可能造成的伤亡人数（包括下落不明的人数）和初步估计的直接经济损失；（5）已经采取的措施；（6）其他应当报告的情况。

3）事故报告要求

《生产安全事故报告和调查处理条例》规定，事故发生单位负责人接到事故报告后，应当立即启动事故相应应急预案，或者采取有效措施，组织抢救，防止事故扩大，减少人员伤亡和财产损失。

事故发生地有关地方人民政府、安全生产监督管理部门和负有安全生产监督管理职责的有关部门接到事故报告后，其负责人应当立即赶赴事故现场，组织事故救援。事故发生后，有关单位和人员应当妥善保护事故现场以及相关证据，任何单位和个人不得破坏事故现场、毁灭相关证据。

7. 生产安全事故调查制度

1）事故调查主体

《生产安全事故报告和调查处理条例》规定，特别重大事故由国务院或者国务院授权有关部门组织事故调查组进行调查。重大事故、较大事故、一般事故分别由事故发生地省级人民政府、设区的市级人民政府、县级人民政府负责调查。省级人民政府、设区的市级人民政府、县级人民政府可以直接组织事故调查组进行调查，也可以授权或者委托有关部门组织事故调查组进行调查。未造成人员伤亡的一般事故，县级人民政府也可以委托事故发生单位组织事故调查组进行调查。

2）事故调查组的职责

《生产安全事故报告和调查处理条例》规定，事故调查组履行下列职责：（1）查明事故发生的经过、原因、人员伤亡情况及直接经济损失；（2）认定事故的性质和事故责任；（3）提出对事故责任者的处理建议；（4）总结事故教训，提出防范和整改措施；（5）提交事故调查报告。

3）事故调查报告的内容

事故调查报告应当包括下列内容：（1）事故发生单位概况；（2）事故发生经过和事故救援情况；（3）事故造成的人员伤亡和直接经济损失；（4）事故发生的原因和事故性质；（5）事故责任的认定以及对事故责任者的处理建议；（6）事故防范和整改措施。

事故调查报告应当附具有关证据材料。事故调查组成员应当在事故调查报告上签名。

规定要求	事故报告制度	事故调查制度
对有关主体的规定	《建设工程安全生产管理条例》对报告主体的规定： 施工单位： （1）施工单位发生生产安全事故，应当按照国家有关伤亡事故报告和调查处理的规定，及时、如实地向负责安全生产监督管理的部门、建设行政主管部门或者其他有关部门报告； （2）特种设备发生事故的，还应当同时向特种设备安全监督管理部门报告； （3）实行施工总承包的建设工程，由总承包单位负责上报事故。 收到报告的部门：按照国家有关规定，如实上报	《生产安全事故报告和调查处理条例》对调查主体规定： （1）特别重大事故：国务院或者国务院授权有关部门组织事故调查组； （2）重大事故、较大事故、一般事故：省级人民政府、设区的市级人民政府、县级人民政府组织或授权、委托的事故调查组； （3）未造成人员伤亡的一般事故：县级人民政府也可以委托事故发生单位组织事故调查组进行调查
对报告内容的规定	《生产安全事故报告和调查处理条例》对报告事项和报告内容的规定： （1）事故发生单位概况； （2）事故发生的时间、地点以及事故现场情况； （3）事故的简要经过； （4）事故已经造成或者可能造成的伤亡人数（包括下落不明的人数）和初步估计的直接经济损失； （5）已经采取的措施； （6）其他应当报告的情况	《生产安全事故报告和调查处理条例》对事故调查与调查报告内容的规定： （1）事故发生单位概况； （2）事故发生经过和事故救援情况； （3）事故造成的人员伤亡和直接经济损失； （4）事故发生的原因和事故性质； （5）事故责任的认定以及对事故责任者的处理建议； （6）事故防范和整改措施。 其他要求：事故调查报告应当附具有关证据材料。事故调查组成员应当在事故调查报告上签名
对主体的职责／要求的规定	《生产安全事故报告和调查处理条例》对报告主体职责的规定： （1）事故发生单位负责人：应当立即启动事故相应应急预案，或者采取有效措施，组织抢救，防止事故扩大，减少人员伤亡和财产损失； （2）事故发生地有关地方人民政府、安全生产监督管理部门和负有安全生产监督管理职责的有关部门：其负责人应当立即赶赴事故现场，组织事故救援； （3）事故发生后，有关单位和人员应当妥善保护事故现场以及相关证据，任何单位和个人不得破坏事故现场、毁灭相关证据	《生产安全事故报告和调查处理条例》对事故调查组职责的规定： （1）查明事故发生的经过、原因、人员伤亡情况及直接经济损失； （2）认定事故的性质和事故责任； （3）提出对事故责任者的处理建议； （4）总结事故教训，提出防范和整改措施； （5）提交事故调查报告

1. 某港危险化学品仓库发生爆炸事故造成44人死亡和巨额经济损失。根据《生产安全事故报告和调查处理条例》，该事故属于（　　）。

    A. 一般事故   B. 较大事故

    C. 重大事故   D. 特别重大事故

2. 某机场航站区配套引桥工程在浇筑混凝土过程中突发支架垮塌事故，导致7人死亡，8人重伤，26人轻伤。根据《生产安全事故报告和调查处理条例》，本案中的事故等级应当定为（　　）。

    A. 一般事故   B. 较大事故

    C. 重大事故   D. 特别重大事故

3. 某跨江桥梁施工现场突发坍塌，造成2人死亡，直接经济损失近6000万元。根据《生产安全事故报告和调查处理条例》，该事故属于（　　）。

    A. 一般事故   B. 较大事故

    C. 重大事故   D. 特别重大事故

4. 根据《生产安全事故应急预案管理办法》，施工单位为应对某一种或者多种类型生产安全事故而制定的工作方案属于（　　）。

    A. 综合应急预案   B. 专项应急预案

    C. 现场处置方案   D. 特殊应急预案

5. 根据《生产安全事故应急预案管理办法》，对于危险性较大的场所、装置或者设施，生产经营单位应当编制（　　）。

    A. 综合应急预案   B. 专项应急预案

    C. 现场处置方案   D. 特殊应急预案

6. 根据《生产安全事故应急预案管理办法》，施工单位编制的应对生产安全事故的总体工作程序、措施和应急预案体系的总纲，属于（　　）。

    A. 专项应急预案   B. 现场处置方案

    C. 特别应急预案   D. 综合应急预案

7. 根据《建设工程安全生产管理条例》，关于施工生产安全事故应急救援预案的说法，错误的是（　　）。

    A. 施工单位应建立应急救援队伍，配备救援装备和物资，并定期组织演练

    B. 施工单位主要负责人对本单位的生产安全事故应急工作全面负责

    C. 实行总承包的，总分包单位共同编制生产安全事故应急救援预案

    D. 救援预案应明确规定应急组织体系、职责分工以及救援程序和措施

8. 施工单位的下列人员中，属于负责组织编制和实施本单位应急救援预案的人是（　　）。

    A. 项目经理   B. 技术负责人

    C. 专职安全管理人员   D. 单位主要负责人

9. 根据《生产安全事故应急预案管理办法》，施工单位应当制定本单位的应急预

案演练计划，综合应急预案的演练每年至少组织（　　）次。

  A．1   B．2

  C．3   D．4

  10．根据《生产安全事故应急预案管理办法》，下列内容中，属于专项应急预案应当规定的内容是（　　）。

  A．应急组织机构及其职责   B．应急预案体系

  C．应急预案管理   D．处置程序和措施

  11．根据《生产安全事故应急预案管理办法》，关于应急预案评审的说法，正确的是（　　）。

  A．地方各级人民政府应急管理部门可以组织专家对本部门编制的部门应急预案进行审定

  B．所有生产经营单位，应对本单位编制的应急预案进行评审

  C．参加应急预案评审的人员应包括安全生产及法律法规方面的专家

  D．评审人员与所评审应急预案的生产经营单位有利害关系的，应当回避

  12．根据《建设工程安全生产管理条例》，应当建立应急救援组织或者配备应急救援人员，配备必要的应急救援器材、设备，进行经常性维护保养，保证正常运转，并定期组织演练的主体是（　　）。

  A．建设单位   B．监理单位

  C．设计单位   D．施工单位

  13．根据《生产安全事故应急预案管理办法》，以应急组织机构及其职责、应急预案体系、事故风险描述、预警及信息报告、应急响应、保障措施、应急预案管理为主要内容的方案属于（　　）。

  A．专项应急预案   B．综合应急预案

  C．现场应急预案   D．施工组织方案

  14．根据《生产安全事故应急条例》，下列情形中，生产安全事故应急救援预案制定单位应当及时修订相关预案的是（　　）。

  A．制定预案所依据的规章、标准发生变化

  B．安全生产面临的风险发生变化

  C．应急资源发生变化

  D．应急指挥机构及其职责发生调整

  15．根据《生产安全事故应急条例》，应急救援队伍根据救援命令参加生产安全事故应急救援所耗费用，由（　　）承担。

  A．事故责任单位   B．有关人民政府

  C．应急救援队伍   D．事故责任个人

  16．根据《生产安全事故应急预案管理办法》，关于应急预案评审的说法，正确的是（　　）。

  A．建设单位应当对施工企业编制的应急预案进行评审

  B．评审人员由经济、技术方面的专家组成

  C．施工企业专职安全管理人员可作为评审人员

D．评审活动应当形成书面评审纪要

17．根据《建设工程安全生产管理条例》，施工单位发生生产安全事故，应当按规定向有关部门上报。实行施工总承包的建设工程，负责上报事故的主体是（　　）。

  A．建设单位   B．总承包单位

  C．监理单位   D．现场安全责任人

18．根据《生产安全事故报告和调查处理条例》，重大事故的调查工作由发生地的（　　）负责。

  A．国务院或者国务院授权的部门 B．省级人民政府

  C．设区的市级人民政府   D．县级人民政府

19．下列事项中，属于施工生产安全事故调查组职责的是（　　）。

  A．查明事故发生的间接经济损失 B．追究责任人的法律责任

  C．提出对受伤人员的赔偿方案 D．提交事故调查报告

20．根据《生产安全事故报告和调查处理条例》，要求在30日内做出批复的事故等级是（　　）。

  A．一般事故   B．较大事故

  C．重大事故   D．特别重大事故

21．根据《房屋市政工程生产安全事故报告和查处工作规程》，事故报告后出现新情况，以及事故发生之日起（　　）内伤亡人数发生变化的，应当及时补报。

  A．5日   B．10日

  C．15日   D．30日

22．根据《生产安全事故报告和调查处理条例》，特别重大事故以下等级事故，事故发生地与事故发生单位不在同一个县级以上行政区域的，负责事故调查的部门应当是（　　）。

  A．事故发生地人民政府

  B．事故发生单位所在地人民政府

  C．事故发生地安全监督管理部门

  D．事故发生单位安全监督管理部门

23．某工程项目为施工总承包，该工程施工工地大型塔式起重机倾倒造成伤亡事故。负责上报该事故的主体应当是（　　）。

  A．建设单位   B．监理单位

  C．项目经理   D．施工总承包单位

24．根据《生产安全事故应急条例》，应急救援队伍根据救援命令参加生产安全事故应急救援所耗费用，由（　　）承担。

  A．有关人民政府   B．事故责任单位

  C．应急救援队伍   D．事故责任个人

25．根据《安全生产法》，关于负责事故调查处理的国务院有关部门和地方人民政府对事故处理的后续情况关注的说法，错误的是（　　）。

  A．组织有关部门对事故整改和防范措施落实情况进行评估

  B．评估的法定期限是批复事故调查报告后1年内

C．评估的法定期限是批复事故调查报告后 1 年后

D．应当及时向社会公开评估结果

26．某高铁隧道工程施工过程中，于 2023 年 4 月 1 日发生坍塌事故，并造成人员伤亡，施工单位在第一时间向有关部门做了汇报。次日在救援中找到了 10 具尸体，另有 2 人受伤。该事故造成的伤亡人数发生变化应当补报的最迟的日期是（　　　）。

  A．2023 年 4 月 6 日   B．2023 年 4 月 8 日

  C．2023 年 4 月 15 日   D．2023 年 5 月 1 日

27．根据《生产安全事故报告和调查处理条例》，负责一般事故调查的主体是（　　　）。

  A．省级人民政府   B．设区的市级人民政府

  C．县级人民政府   D．国务院

28．根据《生产安全事故报告和调查处理条例》，关于生产安全事故调查管辖的说法，正确的是（　　　）。

  A．特别重大事故由省级人民政府授权有关部门组织事故调查组进行调查

  B．上级人民政府认为必要时，可以调查由下级人民政府负责调查的事故

  C．对一般事故，县级人民政府可以委托事故发生单位组织调查组进行调查

  D．设区的市级人民政府也可将较大事故委托事故发生单位组织事故调查组进行调查

29．根据《生产安全事故报告和调查处理条例》，负责重大事故、较大事故、一般事故调查的人民政府应当自收到事故调查报告之日起（　　　）内做出批复。

  A．15 日   B．30 日

  C．45 日   D．60 日

30．根据《生产安全事故报告和调查处理条例》，未造成人员伤亡的一般事故，县级人民政府也可以委托（　　　）进行事故调查。

  A．安监部门   B．市级政府

  C．事故发生单位   D．建设行政主管部门

31．根据《生产安全事故报告和调查处理条例》，事故发生地与事故发生单位不在同一个县级以上行政区域的特别重大事故以下等级事故，应对其负责调查的部门是（　　　）。

  A．事故发生地人民政府

  B．事故发生单位所在地人民政府

  C．事故发生地安全监督管理部门

  D．事故发生单位所在地安全监督管理部门

32．某工程项目实行施工总承包，其中幕墙工程和设备安装工程实行专业分包。在幕墙工程施工过程中发生了重大生产安全事故，则应上报事故情况的主体是（　　　）。

  A．建设单位   B．监理单位

  C．分包单位   D．施工总承包单位

33．某工程发生较大事故后，事故调查组因特殊情况未按规定日期提交事故调查报告，需适当延长提交期限，则应由负责事故调查的（　　　）批准。

  A．安全生产监督管理部门   B．建设行政主管部门

C. 监察机关 　　　　　　　　D. 人民政府

34. 生产经营单位发生事故时，应当第一时间启动应急响应，组织有关力量进行救援，并将事故信息及应急响应启动情况向（　　　）报告。

A. 公安部门 　　　　　　　　B. 安全生产监督管理有关部门

C. 监察机关 　　　　　　　　D. 人民政府

35. 下列职责中，属于施工生产安全事故调查组职责的是（　　　）。

A. 查清事故发生的间接经济损失

B. 追究责任人的连带责任

C. 提出对受伤人员的赔偿方案

D. 提出对事故责任者的处理建议

36. 根据《生产安全事故报告和调查处理条例》，关于事故处理的说法，正确的是（　　　）。

A. 重大事故的事故调查报告由国务院批复

B. 较大事故的批复时间为 30 日

C. 事故发生单位不得依照批复对本单位负有事故责任的人员进行处理

D. 特别重大事故的批复时间可以延长，但延长时间最长不超过 30 日

二　多项选择题

1. 根据《生产安全事故报告和调查处理条例》，生产安全事故等级划分包括（　　　）。

A. 一般事故 　　　　　　　　B. 较大事故

C. 重大事故 　　　　　　　　D. 特大事故

E. 特别重大事故

2. 根据《生产安全事故报告和调查处理条例》，事故分级要素包括（　　　）。

A. 事故发生地点 　　　　　　B. 社会影响程度

C. 直接经济损失数额 　　　　D. 事故发生时间

E. 人员伤亡数量

3. 根据《生产安全事故应急预案管理办法》，生产经营单位应急预案分为（　　　）。

A. 综合应急预案 　　　　　　B. 专项应急预案

C. 总体应急预案 　　　　　　D. 详细应急预案

E. 现场处置方案

4. 根据《建设工程安全生产管理条例》，施工单位应当对应急救援工作做到（　　　）。

A. 配备必要的应急救援器材

B. 制定本单位生产安全事故应急救援预案

C. 不定期组织演练

D. 配备专职应急救援人员

E. 建立应急救援组织

5. 根据《生产安全事故应急预案管理办法》，应急预案应当及时修订并归档的情形包括（　　　）。

A．重要应急资源发生重大变化的

B．应急指挥机构的人员发生调整的

C．安全生产面临的风险发生重大变化的

D．依据的法规、标准及上位预案发生重大变化的

E．在应急演练和事故应急救援中发现需要修订预案的重大问题的

6．根据《生产安全事故应急条例》，发生生产安全事故后，生产经营单位应当立即启动生产安全事故应急救援预案，采取的应急救援措施包括（　　）。

A．迅速控制危险源，组织抢救遇险人员

B．根据事故危害程度，组织现场人员撤离或者采取可能的应急措施后撤离

C．及时通知受到事故影响的单位和人员

D．采取必要措施，防止事故危害扩大和次生、衍生灾害发生

E．维护事故现场秩序，保护事故现场和相关证据

7．根据《生产安全事故报告和调查处理条例》，关于事故调查管辖的说法，正确的有（　　）。

A．重大事故是由事故发生地设区的市级人民政府负责调查

B．省级人民政府可以授权或委托有关部门组织事故调查组进行调查

C．上级人民政府认为必要时，可以调查由下级人民政府负责调查的事故

D．对一般事故，县级人民政府可委托事故发生单位组织事故调查组调查

E．特别重大事故由国务院或者国务院授权有关部门组织事故调查组进行调查

8．根据《生产安全事故报告和调查处理条例》，事故报告的内容包括（　　）。

A．事故发生单位概况

B．事故发生的时间、地点以及事故现场情况

C．事故发生经过和救援情况

D．事故已经造成或者可能造成的伤亡人数

E．事故防范和整改措施

9．根据《生产安全事故报告和调查处理条例》，事故调查组应履行的职责有（　　）。

A．查明事故发生的经过、原因、人员伤亡情况

B．提出对事故责任者的处理建议

C．落实事故的防范与整改措施

D．提交事故调查报告

E．公布事故处理结果

10．根据《生产安全事故应急条例》，生产经营单位的下列行为中，属于应当由县级以上人民政府负有安全生产监督管理职责的部门责令限期改正，逾期未改正的，处以罚款的情形包括（　　）。

A．未建立应急值班制度

B．未配备应急值班人员

C．未建立应急救援队伍

D．未配备应急物资与设施

E．未将生产安全事故应急救援预案报送备案

11. 根据《生产安全事故应急条例》，生产经营单位的下列行为中，属于应当由县级以上人民政府负有安全生产监督管理职责的部门依照《安全生产法》有关规定追究法律责任的情形包括（　　）。

　　A. 未制定生产安全事故应急救援预案

　　B. 未定期组织应急救援预案演练

　　C. 未对从业人员进行应急教育和培训

　　D. 未配备应急救援器材、设备和物资

　　E. 未对应急救援器材、设备和物资进行经常性维护、保养

【答案与解析】

一、单项选择题

1. D；　　2. B；　　3. C；　　4. B；　　5. C；　　6. D；　　7. C；　　8. D；

9. B；　　10. D；　　11. D；　　12. D；　　13. B；　　14. D；　　15. A；　　16. D；

17. B；　　18. B；　　19. D；　　20. D；　　21. D；　　22. A；　　23. D；　　24. B；

25. C；　　26. D；　　27. C；　　*28. B；　　29. A；　　30. C；　　31. A；　　32. D；

33. D；　　34. D；　　35. D；　　36. D

【解析】

28.【答案】B

根据《生产安全事故报告和调查处理条例》，特别重大事故由国务院或者国务院授权有关部门组织事故调查组进行调查。重大事故、较大事故、一般事故分别由事故发生地省级人民政府、设区的市级人民政府、县级人民政府负责调查。省级人民政府、设区的市级人民政府、县级人民政府可以直接组织事故调查组进行调查，也可以授权或者委托有关部门组织事故调查组进行调查。未造成人员伤亡的一般事故，县级人民政府也可以委托事故发生单位进行调查。上级人民政府认为必要时，可以调查由下级人民政府负责调查的事故。所以，选项A、C、D错误，选项B正确。因此，本题的正确答案是B。

二、多项选择题

1. A、B、C、E；　　2. C、E；　　3. A、B、E；　　4. A、B、E；

*5. A、C、D、E；　　*6. A、B、D、E；　　7. B、C、E；　　*8. A、B、D；

9. A、B、D；　　10. A、B、E；　　11. A、B、C

【解析】

5.【答案】A、C、D、E

根据《生产安全事故应急预案管理办法》第36条，有下列情形之一的，应急预案应当及时修订并归档：（1）依据的法律、法规、规章、标准及上位预案中的有关规定发生重大变化的；（2）应急指挥机构及其职责发生调整的；（3）安全生产面临的风险发生重大变化的；（4）重要应急资源发生重大变化的；（5）在应急演练和事故应急救援中发现需要修订预案的重大问题的；（6）编制单位认为应当修订的其他情况。显然，选项A、C、D、E正确，选项B错误。因此，本题的正确答案是A、C、D、E。

6.【答案】A、B、D、E

根据《生产安全事故应急条例》，发生生产安全事故后，生产经营单位应当立即启动生产安全事故应急救援预案，采取下列一项或者多项应急救援措施，并按照国家有关规定报告事故情况：（1）迅速控制危险源，组织抢救遇险人员；（2）根据事故危害程度，组织现场人员撤离或者采取可能的应急措施后撤离；（3）及时通知可能受到事故影响的单位和人员；（4）采取必要措施，防止事故危害扩大和次生、衍生灾害发生；（5）根据需要请求邻近的应急救援队伍参加救援，并向参加救援的应急救援队伍提供相关技术资料、信息和处置方法；（6）维护事故现场秩序，保护事故现场和相关证据；（7）法律、法规规定的其他应急救援措施。显然，A、B、D、E选项分别对应（1）（2）（4）与（6），均正确，而选项C与（3）相似，但是表述不准确，范围错误。因此，本题的正确答案是 A、B、D、E。

8.【答案】A、B、D

根据《生产安全事故报告和调查处理条例》，事故报告应当包括下列内容：（1）事故发生单位概况；（2）事故发生的时间、地点以及事故现场情况；（3）事故的简要经过；（4）事故已经造成或者可能造成的伤亡人数（包括下落不明的人数）和初步估计的直接经济损失；（5）已经采取的措施；（6）其他应当报告的情况。所以，选项 A、B、D 正确，选项 C、E 错误。因此，本题的正确答案是 A、B、D。

6.6 政府主管部门安全生产监督管理

1. 建设工程安全生产的监督管理体制

监督主体	依照《安全生产法》的规定，国务院负责安全生产监督管理的部门对全国建设工程安全生产工作实施综合监督管理。县级以上地方人民政府负责安全生产监督管理的部门对本行政区域内建设工程安全生产工作实施综合监督管理
监督对象	县级以上地方人民政府住房城乡建设主管部门或其所属的施工安全监督机构（以下合称监督机构）应当对本行政区域内已办理施工安全监督手续并取得施工许可证的工程项目实施施工安全监督
监督内容	（1）抽查工程建设责任主体履行安全生产职责情况； （2）抽查工程建设责任主体执行法律、法规、规章、制度及工程建设强制性标准情况； （3）抽查建筑施工安全生产标准化开展情况； （4）组织或参与工程项目施工安全事故的调查处理； （5）依法对工程建设责任主体违法违规行为实施行政处罚； （6）依法处理与工程项目施工安全相关的投诉、举报

2. 政府主管部门实施安全生产行政执法工作的法定职权

应急管理部门和其他负有安全生产监督管理职责的部门依法开展安全生产行政执法工作，行使以下职权：

（1）进入生产经营单位进行检查，调阅有关资料，向有关单位和人员了解情况。

（2）对检查中发现的安全生产违法行为，当场予以纠正或者要求限期改正；对依法应当给予行政处罚的行为，依照《安全生产法》和其他有关法律、行政法规的规定作出行政处罚决定。

（3）对检查中发现的事故隐患，应当责令立即排除；重大事故隐患排除前或者排除过程中无法保证安全的，应当责令从危险区域内撤出作业人员，责令暂时停产停业或者停止使用相关设施、设备；重大事故隐患排除后，经审查同意，方可恢复生产经营和使用。

（4）对有根据认为不符合保障安全生产的国家标准或者行业标准的设施、设备、器材以及违法生产、储存、使用、经营、运输的危险物品予以查封或者扣押，对违法生产、储存、使用、经营危险物品的作业场所予以查封，并依法作出处理决定。监督检查不得影响被检查单位的正常生产经营活动。

3．安全生产工艺、设备、材料淘汰制度

国家对严重危及施工安全的工艺、设备、材料实行淘汰制度。具体目录由国务院建设行政主管部门会同国务院其他有关部门制定并公布。

一　单项选择题

1．根据《建设工程安全生产管理条例》，关于建设工程安全生产监督管理体制的说法，错误的是（　　）。

    A．国务院负责安全生产监督管理的部门对全国建设工程安全生产工作实施综合监督管理

    B．县级以上地方人民政府负责安全生产监督管理的部门对本行政区域内建设工程安全生产工作实施综合监督管理

    C．国务院建设行政主管部门对全国的建设工程安全生产实施监督管理

    D．负有安全生产监督管理职责的部门就是指应急管理部门

2．根据《安全生产法》，负有安全生产监督管理职责的部门对存在重大事故隐患的生产经营单位依法采取停止供电措施的，除有危及生产安全的紧急情形外，应当提前（　　）通知生产经营单位。

    A．12 小时   B．36 小时

    C．24 小时   D．48 小时

3．关于负责特种设备安全监督管理部门执法行为的说法，正确的是（　　）。

    A．可以进入监理单位检查特种设备

    B．对存在事故隐患的特种设备实施查封、扣押

    C．对违反安全技术规范要求的行为责令改正

    D．为统计安全生产信息，复制特种设备使用单位的合同

4．根据《安全生产法》，应急管理部门和其他负有安全生产监督管理职责的部门开展的安全生产行政执法行为中，正确的是（　　）。

    A．对生产经营单位拒绝、阻碍其依法实施监督检查的，可处以罚款

    B．对检查中发现的安全生产违法行为，应当当场予以行政处罚

    C．对检查中发现的重大事故隐患，应当责令立即排除

    D．对违法生产、储存、使用、经营危险物品的作业场所予以查封，并依法作出处理决定

1. 根据《房屋建筑和市政基础设施工程施工安全监督工作规程》，关于工程项目中止施工安全监督的说法，正确的是（　　）。

    A. 项目因故中止施工的，建设单位应向监督机构申请办理中止施工安全监督手续

    B. 监督机构收到申请后，应当向建设单位发放《中止施工安全监督告知书》

    C. 中止施工的项目恢复施工，建设单位应向监督机构提交复工条件验收报告

    D. 验收报告应当经建设、施工单位项目负责人签字并加盖单位公章

    E. 监督机构经查验符合复工条件的，应向建设单位发放《恢复施工安全监督告知书》，恢复实施施工安全监督

2. 根据《安全生产法》，应急管理部门和其他负有安全生产监督管理职责的部门依法开展安全生产行政执法工作，可以行使的职权有（　　）。

    A. 进入生产经营单位进行检查，调阅有关资料，向有关单位和人员了解情况

    B. 对检查中发现的安全生产违法行为，当场予以纠正或者要求限期改正

    C. 对检查中发现的事故隐患，应当责令立即排除

    D. 负有安全生产监督管理职责的部门在监督检查中，应当互相配合，实行联合检查

    E. 监督检查不得影响被检查单位的正常生产经营活动

3. 根据《建筑起重机械安全监督管理规定》，下列建筑起重机械不得出租、使用的情形有（　　）。

    A. 经检验达不到安全技术标准的

    B. 没有完整安全技术电子档案的

    C. 属国家明令淘汰或者禁止使用的

    D. 没有齐全有效的安全保护装置的

    E. 超过安全技术标准或者制造厂家规定的使用年限的

【答案与解析】

一、单项选择题

1. D；　2. C；　3. C；　4. D

二、多项选择题

1. A、B、C、E；　　2. A、B、C、E；　　3. A、C、D、E

第 7 章　建设工程质量法律制度

7.1　工程建设标准

复习要点

微信扫一扫
在线做题 + 答疑

1. 工程建设标准的制定

工程建设标准分为工程建设国家标准、工程建设行业标准、工程建设地方标准、工程建设团体标准、工程建设企业标准。工程建设标准的制定是指标准制定相关单位对需要制定工程建设标准的项目，提出立项建议、编制计划、组织起草、征求意见、技术审查、报批和发布等一系列的活动。

1）工程建设国家标准的制定

类型	事项	内容
工程建设国家标准的范围和类型	工程建设强制性国家标准	对保障人身健康和生命财产安全、国家安全、生态环境安全以及满足经济社会管理基本需要的技术要求，应当制定强制性国家标准
		推荐性国家标准、行业标准、地方标准、团体标准、企业标准的技术要求不得低于强制性国家标准的相关技术要求
		强制性国家标准的技术要求应当全部强制，并且可验证、可操作
	工程建设推荐性标准	工程建设推荐性国家标准
		工程建设行业标准
		工程建设地方标准
	其他标准	工程建设团体标准
		工程建设企业标准
工程建设国家标准		工程建设勘察、规划、设计、施工（包括安装）及验收等通用的质量要求
		工程建设通用的有关安全、卫生和环境保护的技术要求
		工程建设通用的术语、符号、代号、量与单位、建筑模数和制图方法
		工程建设通用的试验、检验和评定等方法
		工程建设通用的信息技术要求
		国家需要控制的其他工程建设通用的技术要求
工程建设强制性国家标准		工程建设勘察、规划、设计、施工（包括安装）及验收等通用的综合标准和重要的通用的质量标准
		工程建设通用的有关安全、卫生和环境保护的标准
		工程建设重要的通用的术语、符号、代号、量与单位、建筑模数和制图方法标准
		工程建设重要的通用的试验、检验和评定方法等标准

232

类型	事项	内容
工程建设强制性国家标准		工程建设重要的通用的信息技术标准
		国家需要控制的其他工程建设通用的标准
工程建设国家标准制定的基本要求		国务院有关行政主管部门依据职责负责强制性国家标准的项目提出、组织起草、征求意见和技术审查。国务院标准化行政主管部门负责强制性国家标准的立项、编号和对外通报
		省、自治区、直辖市人民政府标准化行政主管部门可以向国务院标准化行政主管部门提出强制性国家标准的立项建议，由国务院标准化行政主管部门会同国务院有关行政主管部门决定。社会团体、企业事业组织以及公民可以向国务院标准化行政主管部门提出强制性国家标准的立项建议，国务院标准化行政主管部门认为需要立项的，会同国务院有关行政主管部门决定
		强制性国家标准编写应当遵守国家有关规定，并在前言中载明组织起草部门信息，但不得涉及具体的起草单位和起草人信息
		推荐性国家标准由国务院标准化行政主管部门制定
工程建设国家标准的批准发布和编号		强制性国家标准由国务院批准发布或者授权批准发布。推荐性国家标准由国务院标准化行政主管部门统一批准、编号，以公告形式发布。强制性标准文本应当免费向社会公开。国家推动免费向社会公开推荐性标准文本
		国务院标准化行政主管部门应当自发布之日起20日内在全国标准信息公共服务平台上免费公开强制性国家标准文本。强制性国家标准的解释与标准具有同等效力。解释发布后，国务院标准化行政主管部门应当自发布之日起20日内在全国标准信息公共服务平台上免费公开解释文本
		国家标准的代号由大写汉语拼音字母构成。强制性国家标准的代号为"GB"，推荐性国家标准的代号为"GB/T"，国家标准样品的代号为"GSB"。指导性技术文件的代号为"GB/Z"。国家标准的编号由国家标准的代号、国家标准发布的顺序号和国家标准发布的年份号构成
工程建设国家标准的复审与修订		国务院标准化行政主管部门和国务院有关行政主管部门、设区的市级以上地方人民政府标准化行政主管部门应当建立标准实施信息反馈和评估机制，根据反馈和评估情况对其制定的标准进行复审。标准的复审周期一般不超过5年。经过复审，对不适应经济社会发展需要和技术进步的应当及时修订或者废止
		强制性国家标准的修订，按照《强制性国家标准管理办法》规定的强制性国家标准制定程序执行；个别技术要求需要调整、补充或者删减，采用修改单方式予以修订的，无需经国务院标准化行政主管部门立项

2）工程建设行业标准的制定

事项		内容
工程建设行业标准的范围	可以制定行业标准	工程建设勘察、规划、设计、施工（包括安装）及验收等行业专用的质量要求
		工程建设行业专用的有关安全、卫生和环境保护的技术要求
		工程建设行业专用的术语、符号、代号、量与单位和制图方法
		工程建设行业专用的试验、检验和评定等方法
		工程建设行业专用的信息技术要求
		其他工程建设行业专用的技术要求
	基本要求	行业标准不得与国家标准相抵触
		行业标准的某些规定与国家标准不一致时，必须有充分的科学依据和理由，并经国家标准的审批部门批准
		行业标准在相应的国家标准实施后，应当及时修订或废止

事项	内容
工程建设行业标准的制定、复审与修订程序	工程建设行业标准的制定、修订程序，可以按准备、征求意见、送审和报批四个阶段进行
	工程建设行业标准实施后，根据科学技术的发展和工程建设的实际需要，该标准的批准部门应当适时进行复审，确认其继续有效或予以修订、废止
	一般也是5年复审1次，复审结果报国务院工程建设行政主管部门备案

3）工程建设其他标准的制定

事项		内容
工程建设地方标准的制定	可以制定行业标准	为满足地方自然条件、风俗习惯等特殊技术要求
	基本要求	地方标准由省、自治区、直辖市人民政府标准化行政主管部门制定
		设区的市级人民政府标准化行政主管部门根据本行政区域的特殊需要，经所在地省、自治区、直辖市人民政府标准化行政主管部门批准，可以制定本行政区域的地方标准
工程建设团体标准的制定		国家鼓励学会、协会、商会、联合会、产业技术联盟等社会团体协调相关市场主体共同制定满足市场和创新需要的团体标准，由本团体成员约定采用或者按照本团体的规定供社会自愿采用
		应当遵循开放、透明、公平的原则，保证各参与主体获取相关信息，反映各参与主体的共同需求，并应当组织对标准相关事项进行调查分析、实验、论证
		国家支持在重要行业、战略性新兴产业、关键共性技术等领域利用自主创新技术制定团体标准、企业标准。国家鼓励社会团体、企业制定高于推荐性标准相关技术要求的团体标准、企业标准
		禁止利用团体标准实施妨碍商品、服务自由流通等排除、限制市场竞争的行为。团体标准应当符合相关法律法规的要求，不得与国家有关产业政策相抵触。团体标准的技术要求不得低于强制性标准的相关技术要求
工程建设企业标准的制定		企业可以根据需要自行制定企业标准，或者与其他企业联合制定企业标准
		国家实行团体标准、企业标准自我声明公开和监督制度。企业应当公开其执行的强制性标准、推荐性标准、团体标准或者企业标准的编号和名称；企业执行自行制定的企业标准的，还应当公开产品、服务的功能指标和产品的性能指标。国家鼓励团体标准、企业标准通过标准信息公共服务平台向社会公开
		企业应当按照标准组织生产经营活动，其生产的产品、提供的服务应当符合企业公开标准的技术要求
		有效实施企业标准自我声明公开和监督制度，将企业产品和服务符合标准情况纳入社会信用体系建设。建立标准实施举报、投诉机制，鼓励社会公众对标准实施情况进行监督

2．工程建设强制性标准实施
1）工程建设各方主体实施强制性标准的法律规定

单位	要求
建设单位	不得以任何理由，要求建筑设计单位或者建筑施工企业在工程设计或者施工作业中，违反法律、行政法规和建筑工程质量、安全标准，降低工程质量
	不得明示或者暗示设计单位或者施工单位违反工程建设强制性标准，降低建设工程质量。建筑设计单位和建筑施工企业对建设单位违反规定提出的降低工程质量的要求，应当予以拒绝。勘察、设计单位必须按照工程建设强制性标准进行勘察、设计，并对其勘察、设计的质量负责

单位	要求
勘察、设计单位	建筑工程设计应当符合按照国家规定制定的建筑安全规程和技术规范，保证工程的安全性能
	勘察、设计文件应当符合有关法律、行政法规的规定和建筑工程质量、安全标准、建筑工程勘察、设计技术规范以及合同的约定
	设计文件选用的建筑材料、建筑构配件和设备，应当注明其规格、型号、性能等技术指标，其质量要求必须符合国家规定的标准
监理单位	建筑工程监理应当依照法律、行政法规及有关的技术标准、设计文件和建筑工程承包合同，对承包单位在施工质量、建设工期和建设资金使用等方面，代表建设单位实施监督
	工程监理人员认为工程施工不符合工程设计要求、施工技术标准和合同约定的，有权要求建筑施工企业改正
	工程监理人员发现工程设计不符合建筑工程质量标准或者合同约定的质量要求的，应当报告建设单位要求设计单位改正
施工单位	必须按照工程设计图纸和施工技术标准施工，不得擅自修改工程设计，不得偷工减料
	必须按照工程设计要求、施工技术标准和合同约定，对建筑材料、建筑构配件、设备和商品混凝土进行检验，检验应当有书面记录和专人签字；未经检验或者检验不合格的，不得使用

2）工程建设强制性标准的实施管理

事项		要求
监督管理机构及分工	分级管理	国务院住房和城乡建设主管部门负责全国实施工程建设强制性标准的监督管理工作
		国务院有关主管部门按照国务院的职能分工负责实施工程建设强制性标准的监督管理工作
		县级以上地方人民政府住房和城乡建设主管部门负责本行政区域内实施工程建设强制性标准的监督管理工作
	具体实施监督	建设项目规划审查机构应当对工程建设规划阶段执行强制性标准的情况实施监督
		施工图设计文件审查单位应当对工程建设勘察、设计阶段执行强制性标准的情况实施监督
		建筑安全监督管理机构应当对工程建设施工阶段执行施工安全强制性标准的情况实施监督
		工程质量监督机构应当对工程建设施工、监理、验收等阶段执行强制性标准的情况实施监督
	其他要求	建设项目规划审查机关、施工设计图设计文件审查单位、建筑安全监督管理机构、工程质量监督机构的技术人员必须熟悉、掌握工程建设强制性标准
监督检查的内容和方式	强制性标准监督检查的内容	有关工程技术人员是否熟悉、掌握强制性标准
		工程项目的规划、勘察、设计、施工、验收等是否符合强制性标准的规定
		工程项目采用的材料、设备是否符合强制性标准的规定
		工程项目的安全、质量是否符合强制性标准的规定
		工程中采用的导则、指南、手册、计算机软件的内容是否符合强制性标准的规定

事项		要求
监督检查的内容和方式	工程建设标准批准部门	应当定期对建设项目规划审查机关、施工图设计文件审查单位、建筑安全监督管理机构、工程质量监督机构实施强制性标准的监督进行检查
		对监督不力的单位和个人，给予通报批评，建议有关部门处理
		工程建设标准批准部门应当对工程项目执行强制性标准情况进行监督检查。监督检查可以采取重点检查、抽查和专项检查的方式
		应当将强制性标准监督检查结果在一定范围内公告

3．建设工程抗震管理制度
1）建设工程抗震相关主体的责任和义务

单位	要求
建设单位	建设单位应当对建设工程勘察、设计和施工全过程负责，在勘察、设计和施工合同中明确拟采用的抗震设防强制性标准
	按照合同要求对勘察设计成果文件进行核验，组织工程验收，确保建设工程符合抗震设防强制性标准
	建设单位不得明示或者暗示勘察、设计、施工等单位和从业人员违反抗震设防强制性标准，降低工程抗震性能
	建设单位应当将建筑的设计使用年限、结构体系、抗震设防烈度、抗震设防类别等具体情况和使用维护要求记入使用说明书，并将使用说明书交付使用人或者买受人
	建设单位应当组织勘察、设计、施工、工程监理单位建立隔震减震工程质量可追溯制度，利用信息化手段对隔震减震装置采购、勘察、设计、进场检测、安装施工、竣工验收等全过程的信息资料进行采集和存储，并纳入建设项目档案
其他单位	工程总承包单位、施工单位及工程监理单位应当建立建设工程质量责任制度，加强对建设工程抗震设防措施施工质量的管理
	国家鼓励工程总承包单位、施工单位采用信息化手段采集、留存隐蔽工程施工质量信息。施工单位应当按照抗震设防强制性标准进行施工
	隔震减震装置用于建设工程前，施工单位应当在建设单位或者工程监理单位监督下进行取样，送建设单位委托的具有相应建设工程质量检测资质的机构进行检测。禁止使用不合格的隔震减震装置
	实行施工总承包的，隔震减震装置属于建设工程主体结构的施工，应当由总承包单位自行完成
	工程质量检测机构应当建立建设工程过程数据和结果数据、检测影像资料及检测报告记录与留存制度，对检测数据和检测报告的真实性、准确性负责，不得出具虚假的检测数据和检测报告
建设工程所有权人	建设工程所有权人应当对存在严重抗震安全隐患的建设工程进行安全监测，并在加固前采取停止或者限制使用等措施
	对抗震性能鉴定结果判定需要进行抗震加固且具备加固价值的已经建成的建设工程，所有权人应当进行抗震加固
	建设工程所有权人应当按照规定对建设工程抗震构件、隔震沟、隔震缝、隔震减震装置及隔震标识进行检查、修缮和维护，及时排除安全隐患
	任何单位和个人不得擅自变动、损坏或者拆除建设工程抗震构件、隔震沟、隔震缝、隔震减震装置及隔震标识
	任何单位和个人发现擅自变动、损坏或者拆除建设工程抗震构件、隔震沟、隔震缝、隔震减震装置及隔震标识的行为，有权予以制止，并向住房和城乡建设主管部门或者其他有关监督管理部门报告

2）建设工程抗震性能鉴定制度

事项		要求
未抗震的既有项目，应当鉴定、加固	情形	重大建设工程
		可能发生严重次生灾害的建设工程
		具有重大历史、科学、艺术价值或者重要纪念意义的建设工程
		学校、医院等人员密集场所的建设工程
		地震重点监视防御区内的建设工程
	由所有权人委托具有相应技术条件和技术能力的机构进行鉴定	
	国家鼓励对除前款规定以外的未采取抗震设防措施或者未达到抗震设防强制性标准的已经建成的建设工程进行抗震性能鉴定	
	抗震性能鉴定结果应当对建设工程是否存在严重抗震安全隐患以及是否需要进行抗震加固作出判定。抗震性能鉴定结果应当真实、客观、准确	

3）政府主管部门建设工程抗震监督管理

事项	要求
建设工程抗震的监督管理体制	县级以上人民政府住房和城乡建设主管部门和其他有关监督管理部门应当按照职责分工，加强对建设工程抗震设防强制性标准执行情况的监督检查
	县级以上人民政府住房和城乡建设主管部门应当会同有关部门建立完善建设工程抗震设防数据信息库，并与应急管理、地震等部门实时共享数据
	县级以上人民政府住房和城乡建设主管部门或者其他有关监督管理部门开展监督检查时，可以委托专业机构进行抽样检测、抗震性能鉴定等技术支持工作
	县级以上人民政府住房和城乡建设主管部门或者其他有关监督管理部门应当建立建设工程抗震责任企业及从业人员信用记录制度，将相关信用记录纳入全国信用信息共享平台
政府主管部门对超限高层建筑工程抗震设防的审批	对超限高层建筑工程，设计单位应当在设计文件中予以说明
	建设单位应当在初步设计阶段将设计文件等材料报送省、自治区、直辖市人民政府住房和城乡建设主管部门进行抗震设防审批。住房和城乡建设主管部门应当组织专家审查，对采取的抗震设防措施合理可行的，予以批准
	超限高层建筑工程抗震设防审批意见应当作为施工图设计和审查的依据
政府主管部门实施建设工程抗震监督管理的法定职权	对建设工程或者施工现场进行监督检查
	向有关单位和人员调查了解相关情况
	查阅、复制被检查单位有关建设工程抗震的文件和资料
	对抗震结构材料、构件和隔震减震装置实施抽样检测
	查封涉嫌违反抗震设防强制性标准的施工现场
	发现可能影响抗震质量的问题时，责令相关单位进行必要的检测、鉴定

一　单项选择题

1. 下列单位中，应当对工程建设勘察、设计阶段执行强制性标准的情况实施监督的是（　　　）。

  A．建设项目规划审查机构   B．施工图设计文件审查单位

  C．建筑安全监督管理机构   D．工程质量监督机构

2．建设工程勘察、设计文件中规定采用的新技术、新材料，可能影响建设工程质量和安全，又没有国家技术标准的，应当进行技术、材料试验、论证的是（　　　）。

  A．质量安全监督机构   B．建设行政主管部门

  C．建设单位   D．国家认可的检测机构

3．关于团体标准的说法，正确的是（　　　）。

  A．国家限制利用团体标准实施妨碍商品、服务自由流通等排除、限制市场竞争的行为

  B．团体标准可以与相关法律法规的要求抵触

  C．团体标准的技术要求可以低于强制性标准的相关技术要求

  D．不得与国家有关产业政策相抵触

4．关于企业标准的说法，正确的是（　　　）。

  A．大中型企业应当制定企业标准

  B．企业独立制定企业标准，不得联合制定

  C．国家实行企业标准自我声明公开和监督制度

  D．企业可以选择不公开其执行的企业标准的编号和名称

5．根据《建设工程抗震管理条例》，下列责任和义务中，属于建设单位抗震责任和义务的是（　　　）。

  A．应当对建设工程勘察、设计和施工全过程负责

  B．应当采用信息化手段采集、留存隐蔽工程施工质量信息

  C．应当建立建设工程过程数据和结果数据、检测影像资料及检测报告记录与留存制度

  D．应当建立隔震减震工程质量可追溯制度

6．下列主体中，对抗震性能鉴定结果判定需要进行抗震加固且具备加固价值的已经建成的建设工程，应当进行抗震加固的是（　　　）。

  A．施工总承包单位   B．工程总承包单位

  C．所有权人   D．设计单位

7．关于政府主管部门对超限高层建筑工程抗震设防监管的说法，正确的是（　　　）。

  A．对超限高层建筑工程，设计单位根据情况在设计文件中予以说明

  B．建设单位应当在方案设计阶段将设计文件等材料报送主管部门进行抗震设防审批

  C．建设单位应当组织专家审查抗震设防措施

  D．超限高层建筑工程抗震设防审批意见应当作为施工图设计和审查的依据

8．关于工程总承包项目中建设工程抗震设防责任、义务的说法，正确的是（　　　）。

  A．工程总承包单位应当将建筑的设计使用年限、结构体系、抗震设防烈度、抗震设防类别等具体情况和使用维护要求记入使用说明书

  B．工程总承包单位应当建立建设工程质量责任制度

C．工程总承包单位组织有关单位建立隔震减震工程质量可追溯制度

D．工程总承包单位建立建设工程过程数据和结果数据记录与留存制度

9．实行施工总承包的，隔震减震装置属于建设工程主体结构的施工，应当由（　　　）完成。

A．质量检测机构　　　　　　　　B．专业抗震施工单位

C．专业分包单位　　　　　　　　D．总承包单位

二 多项选择题

1．根据《标准化法》，属于标准基本分类的有（　　　）。

A．国家标准　　　　　　　　　　B．行业标准

C．地方标准　　　　　　　　　　D．国际标准

E．管理标准

2．下列标准中，属于推荐性标准的有（　　　）。

A．国家标准　　　　　　　　　　B．行业标准

C．地方标准　　　　　　　　　　D．团体标准

E．企业标准

3．根据《标准化法》，下列保障技术要求中，应当制定强制性国家标准的有（　　　）。

A．人身健康　　　　　　　　　　B．生命财产安全

C．生态环境安全　　　　　　　　D．企业效益

E．社会影响

4．强制性标准监督检查的内容包括（　　　）。

A．有关工程技术人员是否了解强制性标准

B．工程项目的规划、勘察、设计、施工、验收等是否符合标准的规定

C．工程项目采用的材料、设备是否符合强制性标准的规定

D．工程项目的安全、质量是否符合强制性标准的规定

E．工程中采用的导则、指南、手册、计算机软件的内容是否符合强制性标准的规定

5．已经建成的下列建设工程，未采取抗震设防措施或者抗震设防措施未达到抗震设防要求的，应当按照国家有关规定进行抗震性能鉴定，并采取必要的抗震加固措施的有（　　　）。

A．较大建设工程

B．可能发生次生灾害的建设工程

C．学校建设工程

D．医院建设工程

E．具有重大历史、科学、艺术价值或者重要纪念意义的建设工程

一、单项选择题

1. B；　2. D；　3. D；　4. C；　5. A；　6. C；　7. D；　8. B；
*9. D

【解析】

9.【答案】D

根据《建设工程抗震管理条例》，实行施工总承包的，隔震减震装置属于建设工程主体结构的施工，应当由总承包单位自行完成。该条款是《建筑法》《建设工程质量管理条例》等法规中关于主体结构必须由施工总承包单位或者施工单位自行完成在抗震管理中的延伸。因此，本题的正确答案是D。

二、多项选择题

1. A、B、C；　　*2. B、C；　　　3. A、B、C；　　　4. C、D、E；
5. C、D、E

【解析】

2.【答案】B、C

根据《标准化法》，国家标准分为强制性标准、推荐性标准，行业标准、地方标准是推荐性标准。强制性标准必须执行。所以选项B、C正确。推荐性标准有特定涵义，虽然并非法律强制实施，但国家对其体现了较强的意志。团体标准与企业标准不在此列，不属于推荐性标准。因此，本题的正确答案是B、C。

7.2　无障碍环境建设制度

复习要点

1．无障碍设施建设
1）无障碍设施、建设范围及其基本建设要求

事项	内容
无障碍设施的定义	为残疾人、老年人自主安全地通行道路、出入建筑物以及使用其附属设施、搭乘公共交通运输工具，获取、使用和交流信息，获得社会服务等提供便利的设施
	残疾人、老年人之外的其他人有无障碍需求的，可以享受无障碍环境便利
无障碍设施建设范围	道路、建筑物及其附属设施、公共交通运输工具、信息交流和社会服务等
	与建造师密切相关的主要是交通和建筑领域，具体包括新建、改建、扩建的居住建筑、居住区、公共建筑、公共场所、交通运输设施、城乡道路，以及前述范围内既有建筑或设施的无障碍设施改造项目
	"公共场所"主要指广场、绿地、公园、户外停车场等缺少建筑物或者构筑物的开阔场所
无障碍设施基本建设要求	新建、改建、扩建的居住建筑、居住区、公共建筑、公共场所、交通运输设施、城乡道路等，应当符合无障碍设施工程建设标准

事项	内容
无障碍设施基本建设要求	无障碍设施应当与主体工程同步规划、同步设计、同步施工、同步验收、同步交付使用，并与周边的无障碍设施有效衔接、实现贯通
	无障碍设施应当设置符合标准的无障碍标识，并纳入周边环境或者建筑物内部的引导标识系统

2）各有关单位参与建设的要求

事项		内容
无障碍环境建设模式		无障碍环境建设不能仅依赖于政府投入，还需要全员参与
		国家鼓励和支持企业事业单位、社会组织、个人等社会力量，通过捐赠、志愿服务等方式参与无障碍环境建设
		国家支持开展无障碍环境建设工作的国际交流与合作
		国家鼓励工程建设、设计、施工等单位采用先进的理念和技术，建设人性化、系统化、智能化并与周边环境相协调的无障碍设施
各参建单位的无障碍环境建设义务	建设单位	应当将无障碍设施建设经费纳入工程建设项目概预算
		不得明示或者暗示设计、施工单位违反无障碍设施工程建设标准
		不得擅自将未经验收或者验收不合格的无障碍设施交付使用
		未按照法律、法规和无障碍设施工程建设标准开展无障碍设施验收或者验收不合格的，不予办理竣工验收备案手续
		鼓励工程建设单位在新建、改建、扩建建设项目的规划、设计和竣工验收等环节，邀请残疾人、老年人代表以及残疾人联合会、老龄协会等组织，参加意见征询和体验试用等活动
	设计单位	应当按照无障碍设施工程建设标准进行设计
		依法需要进行施工图设计文件审查的，施工图审查机构应当按照法律、法规和无障碍设施工程建设标准，对无障碍设施设计内容进行审查；不符合有关规定的，不予审查通过
	施工、监理单位	应当按照施工图设计文件以及相关标准进行无障碍设施施工和监理
	所有权人或者管理人	对损坏的无障碍设施和标识进行维修或者替换
		对需改造的无障碍设施进行改造
		纠正占用无障碍设施的行为
		进行其他必要的维护和保养
		所有权人、管理人和使用人之间有约定的，由约定的责任人负责维护和管理

3）无障碍设施改造

事项	内容
无障碍设施改造的强制性规定	无障碍设施的建设和改造，应当符合残疾人的实际需要
	新建、改建和扩建建筑物、道路、交通设施等，应当符合国家有关无障碍设施工程建设标准

事项	内容
无障碍设施改造的强制性规定	各级人民政府和有关部门应当按照国家无障碍设施工程建设规定，逐步推进已建成设施的改造，优先推进与残疾人日常工作、生活密切相关的公共服务设施的改造
	对无障碍设施应当及时维修和保护
	县级以上人民政府应当支持、指导家庭无障碍设施改造
	对符合条件的残疾人、老年人家庭应当给予适当补贴
	居民委员会、村民委员会、居住区管理服务单位以及业主委员会应当支持并配合家庭无障碍设施改造
无障碍设施改造的计划与实施主体	对既有的不符合无障碍设施工程建设标准的居住建筑、居住区、公共建筑、公共场所、交通运输设施、城乡道路等，县级以上人民政府应当根据实际情况，制定有针对性的无障碍设施改造计划并组织实施
	改造工作由所有权人或者管理人负责；所有权人、管理人和使用人之间约定改造责任的，由约定的责任人负责
	不具备无障碍设施改造条件的，责任人应当采取必要的替代性措施
家庭无障碍设施改造	县级以上人民政府应当支持、指导家庭无障碍设施改造
	对符合条件的残疾人、老年人家庭应当给予适当补贴
	居民委员会、村民委员会、居住区管理服务单位以及业主委员会应当支持并配合家庭无障碍设施改造
既有多层住宅加装电梯或者其他无障碍设施	国家支持城镇老旧小区既有多层住宅加装电梯或者其他无障碍设施，为残疾人、老年人提供便利
	县级以上人民政府及其有关部门应当采取措施、创造条件，并发挥社区基层组织作用，推动既有多层住宅加装电梯或者其他无障碍设施
	房屋所有权人应当弘扬中华民族与邻为善、守望相助等传统美德，加强沟通协商，依法配合既有多层住宅加装电梯或者其他无障碍设施

4）特定场所无障碍设施的建设和改造

事项	内容
公共建筑、公共场所、交通运输设施以及居住区	新建、改建、扩建公共建筑、公共场所、交通运输设施以及居住区的公共服务设施，应当按照无障碍设施工程建设标准，配套建设无障碍设施
	既有的上述建筑、场所和设施不符合无障碍设施工程建设标准的，应当进行必要的改造
	居住区是广大人民群众生活的重心，是国家现有法律、政策保障的重点，应实施适老化改造
城市主干路、主要商业区和大型居住区的人行天桥和人行地下通道	新建、改建、扩建和具备改造条件的城市主干路、主要商业区和大型居住区的人行天桥和人行地下通道，应当按照无障碍设施工程建设标准，建设或者改造无障碍设施
	城市主干路、主要商业区等无障碍需求比较集中的区域的人行道，应当按照标准设置盲道
	城市中心区、残疾人集中就业单位和集中就读学校周边的人行横道的交通信号设施，应当按照标准安装过街音响提示装置

事项	内容
停车场	无障碍停车位为肢体残疾人使用
	停车场应当按照无障碍设施工程建设标准，设置无障碍停车位，并设置显著标志标识
	无障碍停车位优先供肢体残疾人驾驶或者乘坐的机动车使用
	优先使用无障碍停车位的，应当在显著位置放置残疾人车辆专用标志或者提供残疾人证
	在无障碍停车位充足的情况下，其他行动不便的残疾人、老年人、孕妇、婴幼儿等驾驶或者乘坐的机动车也可以使用
公共交通运输工具	新投入运营的民用航空器、客运列车、客运船舶、公共汽电车、城市轨道交通车辆等公共交通运输工具，应当确保一定比例符合无障碍标准
	既有公共交通运输工具具备改造条件的，应当进行无障碍改造，逐步符合无障碍标准的要求；不具备改造条件的，公共交通运输工具的运营单位应当采取必要的替代性措施
	县级以上地方人民政府根据当地情况，逐步建立城市无障碍公交导乘系统，规划配置适量的无障碍出租汽车
临时无障碍设施	因特殊情况设置的临时无障碍设施，应当符合无障碍设施工程建设标准
	任何单位和个人不得擅自改变无障碍设施的用途或者非法占用、损坏无障碍设施
	因特殊情况临时占用无障碍设施的，应当公告并设置护栏、警示标志或者信号设施，同时采取必要的替代性措施。临时占用期满，应当及时恢复原状

2. 无障碍环境建设保障措施

事项	内容
经费落实	县级以上人民政府应当将无障碍环境建设纳入国民经济和社会发展规划，将所需经费纳入本级预算，建立稳定的经费保障机制
	在城市更新、乡村振兴、国家综合立体交通网、数字中国、健康老龄化、基本公共服务等相关规划中统筹纳入无障碍环境建设，落实经费保障
	国家通过经费支持、政府采购、税收优惠等方式，促进新科技成果在无障碍环境建设中的运用，鼓励无障碍技术、产品和服务的研发、生产、应用和推广，支持无障碍设施、信息和服务的融合发展
宣传教育	国家开展无障碍环境理念的宣传教育，普及无障碍环境知识，传播无障碍环境文化，提升全社会的无障碍环境意识；新闻媒体应当积极开展无障碍环境建设方面的公益宣传，形成全社会的无障碍环境建设意识的全面提升
	国家建立无障碍环境建设相关领域人才培养机制
	国家鼓励机关、企业事业单位、社会团体以及其他社会组织，对工作人员进行无障碍服务知识与技能培训
标准与法律建设	推广通用设计理念，以满足残疾人、老年人使用无障碍设施需求为基础，兼顾其他有需求的人群，建立健全以《建筑与市政工程无障碍通用规范》GB 55019—2021 为代表的国家标准、行业标准、地方标准，鼓励发展具有引领性的团体标准、企业标准，加强标准之间的衔接配合，构建无障碍环境建设标准体系
	制定或者修改涉及无障碍环境建设的法律、法规、规章、规划、其他规范性文件以及标准，应当征求残疾人、老年人代表以及残疾人联合会、老龄协会等组织的意见
	残疾人联合会、老龄协会等组织可以依法提出制定或者修改无障碍环境建设标准的建议

事项	内容
认证和评测制度	国家建立健全无障碍设计、设施、产品、服务的认证和无障碍信息的评测制度，并推动结果采信应用，为完善标准体系和推广无障碍设计、设施、产品、服务的认证及无障碍信息的评测制度提供法律保障
	组织开展互联网应用适老化及无障碍改造专项行动，通过对网站和移动互联网应用进行评测，推动无障碍信息化建设
创优与表彰	文明城市、文明村镇、文明单位、文明社区、文明校园等创建活动，应当将无障碍环境建设情况作为重要内容
	对在无障碍环境建设工作中做出显著成绩的单位和个人，按照国家有关规定给予表彰和奖励

3. 无障碍环境建设监督管理

事项	内容
全社会共建共治共享机制	无障碍环境建设应当坚持中国共产党的领导
	发挥政府主导作用
	调动市场主体积极性
	引导社会组织和公众广泛参与
	推动全社会共建共治共享
职责分工	县级以上人民政府应当统筹协调和督促指导有关部门在各自职责范围内做好无障碍环境建设工作
	县级以上人民政府住房和城乡建设、民政、工业和信息化、交通运输、自然资源、文化和旅游、教育、卫生健康等部门应当在各自职责范围内，开展无障碍环境建设工作
	乡镇人民政府、街道办事处应当协助有关部门做好无障碍环境建设工作
	残疾人联合会、老龄协会等组织依照法律、法规以及各自章程，协助各级人民政府及其有关部门做好无障碍环境建设工作

一 单项选择题

1. 下列义务中，属于工程建设单位无障碍环境建设义务的是（　　　）。

   A．应当按照无障碍设施工程建设标准进行设计

   B．应当将无障碍设施建设经费纳入工程建设项目概预算

   C．对未经验收交付使用的无障碍设施及时检查

   D．应当对无障碍设施履行维护和管理责任

2. 无障碍设施经验收交付后，所有权人或者管理人的管理责任是（　　　）。

   A．对无障碍设施和标识进行提标改造

   B．对损坏的无障碍设施和标识进行维修或者替换

   C．劝阻违法占用无障碍设施的行为

   D．适当收取无障碍设施使用费用

3. 根据《无障碍环境建设法》，关于无障碍停车位的说法，正确的是（　　）。

    A．无障碍停车位专为肢体残疾人使用

    B．无障碍停车位优先供有需求的人使用

    C．在无障碍停车位充足的情况下，其他行动不便的残疾人、老年人、孕妇、婴幼儿等驾驶或者乘坐的机动车也可以使用

    D．优先使用无障碍停车位的，应当与其他使用人协商确定

4. 根据《无障碍环境建设条例》，关于新投入运营的城市轨道交通车辆等公共交通运输工具的无障碍标准的说法，正确的是（　　）。

    A．应当确保一定比例符合无障碍标准

    B．应当逐步进行无障碍改造，符合无障碍标准的要求

    C．应当采取必要的替代性措施

    D．改造费用列入政府预算

5. 根据《无障碍环境建设条例》，关于无障碍设施的说法，正确的是（　　）。

    A．任何单位和个人不得改变无障碍设施的用途

    B．因特殊情况临时占用无障碍设施的，应当及时向主管部门备案

    C．因特殊情况设置的临时无障碍设施，应当符合无障碍设施工程建设标准

    D．无障碍设施的所有权归国家所有

6. 根据《无障碍环境建设法》，关于无障碍环境建设经费落实的说法，正确的是（　　）。

    A．省级以上人民政府应当将无障碍环境建设纳入国民经济和社会发展规划

    B．所需经费纳入本级预算

    C．经费保障根据财政收入实施动态机制

    D．通过在相关规划中统筹纳入无障碍环境建设落实经费

7. 根据《无障碍环境建设法》，关于宣传教育的说法，正确的是（　　）。

    A．国家开展无障碍环境理念的宣传教育，重点提升特定人群的无障碍环境意识

    B．新闻媒体应当积极开展无障碍环境建设方面的公益宣传，形成全社会的无障碍环境建设意识的全面提升

    C．高等学校、中等职业学校应当开设无障碍环境建设相关专业和课程

    D．国家鼓励相关领域职业资格、继续教育以及其他培训的考试内容包括无障碍环境建设知识

8. 根据《无障碍环境建设法》，关于制定或者修改涉及无障碍环境建设的法律等文件，应当向其征求意见的是（　　）。

    A．建设单位   B．老龄协会

    C．专家学者   D．社会代表

9. 根据《无障碍环境建设法》，国家建立健全（　　）评测制度。

    A．无障碍设计   B．无障碍设施

    C．无障碍信息   D．无障碍服务

10. 根据《无障碍环境建设法》，关于无障碍设施改造的强制性规定的说法，正确的是（　　）。

A．政府应当支持、指导家庭无障碍设施改造

B．无障碍设施的建设和改造，优先符合老年人的实际需要

C．已建成设施的改造应当一步到位

D．对残疾人家庭无障碍设施改造全员给予补贴

二 多项选择题

1. 下列人群中，属于无障碍设施主要服务对象的有（　　　）。

    A．残疾人　　　　　　　　　B．儿童

    C．老年人　　　　　　　　　D．妇女

    E．快递员

2. 无障碍设施应当与主体工程同步（　　　）。

    A．投资　　　　　　　　　　B．规划

    C．设计　　　　　　　　　　D．施工

    E．交付使用

3. 下列主体中，属于无障碍设施改造工作负责人的有（　　　）。

    A．原建设单位　　　　　　　B．所有权人

    C．原施工单位　　　　　　　D．管理人

    E．各级人民政府

4. 根据《无障碍环境建设法》，应当按照无障碍设施工程建设标准，建设或者改造无障碍设施的有（　　　）。

    A．新建市政项目　　　　　　B．扩建市政项目

    C．既有城市主干路　　　　　D．改建市政项目

    E．既有人行地下通道

5. 根据《无障碍环境建设法》，下列场所中的交通信号设施中，应当按照标准安装过街音响提示装置的有（　　　）。

    A．校园教学区　　　　　　　B．城市中心区

    C．残疾人集中就业单位　　　D．城市快速通行道路

    E．集中就读学校周边的人行横道

【答案与解析】

一、单项选择题

1. B；　2. B；　3. C；　4. A；　5. C；　6. B；　*7. B；　8. B；

9. C；　　10. A

【解析】

7.【答案】B

《无障碍环境建设法》规定，国家开展无障碍环境理念的宣传教育，普及无障碍环境知识，传播无障碍环境文化，提升全社会的无障碍环境意识；新闻媒体应当积极开展

无障碍环境建设方面的公益宣传，形成全社会的无障碍环境建设意识的全面提升。国家建立无障碍环境建设相关领域人才培养机制。充分发挥高校等机构作为人才培养的重要阵地的作用，国家鼓励高等学校、中等职业学校等开设无障碍环境建设相关专业和课程，开展无障碍环境建设理论研究、国际交流和实践活动。建筑、交通运输、计算机科学与技术等相关学科专业应当增加无障碍环境建设的教学和实践内容，相关领域职业资格、继续教育以及其他培训的考试内容应当包括无障碍环境建设知识。国家提升全社会的无障碍环境意识，而不是仅重点提升特定人群，故选项 A 不正确。开设无障碍环境建设相关专业和课程对于高等学校、中等职业学校属于鼓励性条款，目前并不强制。而相关领域职业资格、继续教育以及其他培训的考试内容，例如建造师考试，无障碍环境建设知识属于强制包括在内的内容。故选项 C、D 不正确。因此，本题的正确答案是选项 B。

二、多项选择题

1. A、C；   2. B、C、D、E；   3. B、D；   4. A、B、D；
*5. B、C、E

【解析】

5.【答案】B、C、E

《无障碍环境建设法》规定，新建、改建、扩建和具备改造条件的城市主干路、主要商业区和大型居住区的人行天桥和人行地下通道，应当按照无障碍设施工程建设标准，建设或者改造无障碍设施。城市主干路、主要商业区等无障碍需求比较集中的区域的人行道，应当按照标准设置盲道；城市中心区、残疾人集中就业单位和集中就读学校周边的人行横道的交通信号设施，应当按照标准安装过街音响提示装置。因此，本题的正确答案是选项 B、C、E。

7.3 建设单位及相关单位的质量责任和义务

复习要点

1. 建设单位的质量责任和义务

建设单位是工程建设活动的组织者，在整个建设活动中居于主导地位。

建设单位的质量责任和义务

事项	内容
依法发包工程	应当将工程发包给具有相应资质等级的单位
	不得将建设工程肢解发包
	应当依法对工程建设项目的勘察、设计、施工、监理以及与工程建设有关的重要设备、材料等的采购进行招标
	不得肢解发包工程、违规指定分包单位，不得直接发包预拌混凝土等专业分包工程，不得指定按照合同约定应由施工单位购入用于工程的装配式建筑构配件、建筑材料和设备或者指定生产厂、供应商

事项	内容		
依法向有关单位提供原始资料	必须向有关的勘察、设计、施工、工程监理等单位提供与建设工程有关的原始资料。原始资料必须真实、准确、齐全。原始资料是勘察单位、设计单位、施工单位、工程监理单位赖以进行勘察作业、设计作业、施工作业、监理作业的基础性材料		
	根据委托任务必须向勘察单位提供如勘察任务书、项目规划总平面图、地下管线、地下构筑物、地形地貌等在内的基础资料		
	向设计单位提供政府有关部门批准的项目建议书、可行性研究报告等立项文件，设计任务书，有关城市规划、专业规划设计条件，勘察成果及其他基础资料		
	向施工单位提供概算批准文件，建设项目正式列入国家、部门或地方的年度固定资产投资计划，建设用地的征收或征用资料，有能够满足施工需要的施工图纸及技术资料，建设资金和主要建筑材料、设备的来源落实资料，建设项目所在地规划部门批准文件，施工现场完成"三通一平"的平面图等资料		
	向工程监理单位提供的原始资料除包括给施工单位的资料外，还要有建设单位与施工单位签订的承包合同文本		
建设单位的禁止性行为	不得以任何理由，要求建筑设计单位或者建筑施工企业在工程设计或者施工作业中，违反法律、行政法规和建筑工程质量、安全标准，降低工程质量		
	不得迫使承包方以低于成本的价格竞标，不得任意压缩合理工期。政府投资项目应当按照国家有关规定合理确定并严格执行建设工期，任何单位和个人不得非法干预		
	不得明示或者暗示设计单位或者施工单位违反工程建设强制性标准，降低建设工程质量		
	应当对建设工程勘察、设计和施工全过程负责，在勘察、设计和施工合同中明确拟采用的抗震设防强制性标准，按照合同要求对勘察设计成果文件进行核验，组织工程验收，确保建设工程符合抗震设防强制性标准		
	不得明示或者暗示勘察、设计、施工等单位和从业人员违反抗震设防强制性标准，降低工程抗震性能		
依法报审施工图设计文件	施工图设计文件未经审查批准的，不得使用		
	施工图设计文件审查的具体办法，由国务院建设行政主管部门、国务院其他有关部门制定		
	施工图审查内容	是否符合工程建设强制性标准	
		地基基础和主体结构的安全性	
		是否符合民用建筑节能强制性标准，对执行绿色建筑标准的项目，还应当审查是否符合绿色建筑标准	
		勘察设计企业和注册执业人员以及相关人员是否按规定在施工图上加盖相应的图章和签字	
		法律、法规、规章规定必须审查的其他内容	
依法实行工程监理	必须实行监理的范围	国家重点建设工程	对国民经济和社会发展有重大影响的骨干项目
		大中型公用事业工程	项目总投资额在 3000 万元以上的下列工程项目
			供水、供电、供气、供热等市政工程项目
			科技、教育、文化等项目
			体育、旅游、商业等项目
			卫生、社会福利等项目
			其他公用事业项目

事项	内容		
依法实行工程监理	必须实行监理的范围	成片开发建设的住宅小区工程	建筑面积在 5 万平方米以上的住宅建设工程必须实行监理
			5 万平方米以下的住宅建设工程，可以实行监理，具体范围和规模标准，由省、自治区、直辖市人民政府建设行政主管部门规定
		利用外国政府或者国际组织贷款、援助资金的工程	使用世界银行、亚洲开发银行等国际组织贷款资金的项目
			使用国外政府及其机构贷款资金的项目
			使用国际组织或者国外政府援助资金的项目
		国家规定必须实行监理的其他工程	项目总投资额在 3000 万元以上，关系社会公共利益、公众安全的下列基础设施项目
			煤炭、石油、化工、天然气、电力、新能源等项目
			铁路、公路、管道、水运、民航以及其他交通运输业等项目
			邮政、电信枢纽、通信、信息网络等项目
			防洪、灌溉、排涝、发电、引（供）水、滩涂治理、水资源保护、水土保持等水利建设项目
			道路、桥梁、地铁和轻轨交通、污水排放及处理、垃圾处理、地下管道、公共停车场等城市基础设施项目
			生态环境保护项目
			其他基础设施项目
			学校、影剧院、体育场馆项目
依法办理工程质量监督手续	建设单位在开工前，应当按照国家有关规定办理工程质量监督手续，工程质量监督手续可以与施工许可证或者开工报告合并办理		
	项目负责人应当在办理工程质量监督手续前签署工程质量终身责任承诺书，连同法定代表人授权书，报工程质量监督机构备案		
	项目负责人如有更换的，应当按规定办理变更程序，重新签署工程质量终身责任承诺书，连同法定代表人授权书，报工程质量监督机构备案		
	办理建设工程质量安全监督手续需提交下列材料	经规划部门审核的建设规划总平面图	
		施工图审查合格书	
		保证建设工程质量和施工安全措施的资料	
		与勘察、设计、施工、监理等单位签订的合同	
		勘察、设计、施工、监理等单位的资质证书	
		施工单位的中标通知书和安全生产许可证	
依法进行装修工程	涉及建筑主体和承重结构变动的装修工程，建设单位应当在施工前委托原设计单位或者具有相应资质等级的设计单位提出设计方案		
	没有设计方案的，不得施工		
	房屋建筑使用者在装修过程中，不得擅自变动房屋建筑主体和承重结构		
组织竣工验收并移交建设项目档案	建设单位收到建设工程竣工报告后，应当组织设计、施工、工程监理等有关单位进行竣工验收		
	建设单位应当严格按照国家有关档案管理的规定，及时收集、整理建设项目各环节的文件资料，建立、健全建设项目档案，并在建设工程竣工验收后，及时向建设行政主管部门或者其他有关部门移交建设项目档案		

事项	内容
消防设计、施工质量责任与义务	不得明示或者暗示设计、施工、工程监理、技术服务等单位及其从业人员违反建设工程法律法规和国家工程建设消防技术标准，降低建设工程消防设计、施工质量
	依法申请建设工程消防设计审查、消防验收，办理备案并接受抽查
	实行工程监理的建设工程，依法将消防施工质量委托监理
	委托具有相应资质的设计、施工、工程监理单位
	按照工程消防设计要求和合同约定，选用合格的消防产品和满足防火性能要求的建筑材料、建筑构配件和设备
	组织有关单位进行建设工程竣工验收时，对建设工程是否符合消防要求进行查验
	依法及时向档案管理机构移交建设工程消防有关档案

事项		内容
负责人质量终身责任追究	追究情形	发生工程质量事故
		发生投诉、举报、群体性事件、媒体报道并造成恶劣社会影响的严重工程质量问题
		由于勘察、设计或施工原因造成尚在设计使用年限内的建筑工程不能正常使用
		存在其他需追究责任的违法违规行为
	追究方式	项目负责人为国家公职人员的，将其违法违规行为告知其上级主管部门及纪检监察部门，并建议对项目负责人给予相应的行政、纪律处分
		构成犯罪的，移送司法机关依法追究刑事责任
		处单位罚款数额 5% 以上 10% 以下的罚款
		向社会公布曝光

2．勘察、设计单位的质量责任和义务

建筑工程的勘察、设计单位必须对其勘察、设计的质量负责。

勘察、设计单位的质量责任和义务

事项		内容
依法承揽工程的勘察、设计业务		国家对从事建设工程勘察、设计活动的单位，实行资质管理制度
		国家对从事建设工程勘察、设计活动的专业技术人员，实行执业资格注册管理制度
		未经注册的建设工程勘察、设计人员，不得以注册执业人员的名义从事建设工程勘察、设计活动
		从事建设工程勘察、设计的单位应当依法取得相应等级的资质证书，并在其资质等级许可的范围内承揽工程
		禁止勘察、设计单位超越其资质等级许可的范围或者以其他勘察、设计单位的名义承揽工程
		禁止勘察、设计单位允许其他单位或者个人以本单位的名义承揽工程
		勘察、设计单位不得转包或者违法分包所承揽的工程
勘察、设计必须执行强制性标准	编制依据	项目批准文件
		城乡规划
		工程建设强制性标准
		国家规定的建设工程勘察、设计深度要求
		铁路、交通、水利等专业建设工程，还应当以专业规划的要求为依据

事项	内容	
勘察、设计必须执行强制性标准	责任承担	勘察、设计单位必须按照工程建设强制性标准进行勘察、设计，并对其勘察、设计的质量负责
		注册建筑师、注册结构工程师等注册执业人员应当在设计文件上签字，对设计文件负责
		勘察、设计单位项目负责人应当保证勘察设计文件符合法律法规和工程建设强制性标准的要求，对因勘察、设计导致的工程质量事故或质量问题承担责任
勘察单位提供的勘察成果必须真实、准确	编制建设工程勘察文件，应当真实、准确，满足建设工程规划、选址、设计、岩土治理和施工的需要	
	勘察单位提供的地质、测量、水文等勘察成果必须真实、准确	
设计依据和设计深度	设计单位应当根据勘察成果文件进行建设工程设计	
	设计文件应当符合国家规定的设计深度要求，注明工程合理使用年限	
	编制方案设计文件，应当满足编制初步设计文件和控制概算的需要	
	编制初步设计文件，应当满足编制施工招标文件、主要设备材料订货和编制施工图设计文件的需要	
	编制施工图设计文件，应当满足设备材料采购、非标准设备制作和施工的需要，并注明建设工程合理使用年限	
	设计文件编制在满足《建筑工程设计文件编制深度规定》的基础上，还应符合各类专项审查和工程所在地的相关要求	
依法规范设计对建筑材料等的选用	设计单位在设计文件中选用的建筑材料、建筑构配件和设备，应当注明规格、型号、性能等技术指标，其质量要求必须符合国家规定的标准	
	除有特殊要求的建筑材料、专用设备、工艺生产线等外，设计单位不得指定生产厂、供应商	
依法对设计文件进行设计交底	建设工程勘察、设计单位应当在建设工程施工前，向施工单位和监理单位说明建设工程勘察、设计意图，解释建设工程勘察、设计文件	
	建设工程勘察、设计单位应当及时解决施工中出现的勘察、设计问题	
	设计单位应当就审查合格的施工图设计文件向施工单位作出详细说明	
依法参与建设工程质量事故分析	设计单位应当参与建设工程质量事故分析，并对因设计造成的质量事故，提出相应的技术处理方案	
设计单位的消防设计、施工质量责任与义务	按照建设工程法律法规和国家工程建设消防技术标准进行设计，编制符合要求的消防设计文件，不得违反国家工程建设消防技术标准强制性条文	
	在设计文件中选用的消防产品和具有防火性能要求的建筑材料、建筑构配件和设备，应当注明规格、性能等技术指标，符合国家规定的标准	
	参加建设单位组织的建设工程竣工验收，对建设工程消防设计实施情况签章确认，并对建设工程消防设计质量负责	

3. 工程监理单位的质量责任和义务

工程监理单位接受建设单位的委托，代表建设单位，对建设工程进行管理。监理单位要认真履行监理职责，特别要加强对关键工序、重要部位和隐蔽工程的监督检查。

事项	内容	
依法承担工程监理业务	工程监理单位应当在其资质等级许可的监理范围内，承担工程监理业务	
	工程监理单位不得转让工程监理业务	
	禁止工程监理单位超越本单位资质等级许可的范围或者以其他工程监理单位的名义承担工程监理业务	
	禁止工程监理单位允许其他单位或者个人以本单位的名义承担工程监理业务	
对有隶属关系或其他利害关系的回避	工程监理单位与被监理工程的施工承包单位以及建筑材料、建筑构配件和设备供应单位有隶属关系或者其他利害关系的，不得承担该项建设工程的监理业务	
监理工作的依据	法律法规及工程建设标准	
	建设工程勘察设计文件	
	建设工程监理合同及其他合同文件	
监理工作的监理责任	监理民事责任	
	监理行政责任	
	监理刑事责任	
工程监理的职责和权限	监理单位应根据所承担的监理任务，组建驻工地监理机构	
	监理机构一般由总监理工程师、监理工程师和其他监理人员组成	
	总监理工程师是指监理单位派到施工现场全面履行监理合同的全权负责人，全面负责受委托的监理工作	
	工程监理单位应当选派具备相应资格的总监理工程师和监理工程师进驻施工现场	
	未经监理工程师签字，建筑材料、建筑构配件和设备不得在工程上使用或者安装，施工单位不得进行下一道工序的施工	
	未经总监理工程师签字，建设单位不拨付工程款，不进行竣工验收	
工程监理的形式	旁站	是指监理人员在建筑工程施工阶段，对关键部位和关键工序的施工质量进行现场旁站的全过程监督活动
	巡视	是指监理人员在施工部位或工序现场进行的定期或不定期的监督活动，是监督工作的日常程序
	平行检验	是指在施工单位自检的基础上，利用一定的检验或检测手段，由监理人员按一定比例独立进行的工程质量检验活动
工程监理单位的消防设计、施工质量责任与义务	按照建设工程法律法规、国家工程建设消防技术标准，以及经消防设计审查合格或者满足工程需要的消防设计文件实施工程监理	
	在消防产品和具有防火性能要求的建筑材料、建筑构配件和设备使用、安装前，核查产品质量证明文件，不得同意使用或者安装不合格的消防产品和防火性能不符合要求的建筑材料、建筑构配件和设备	
	参加建设单位组织的建设工程竣工验收，对建设工程消防施工质量签章确认，并对建设工程消防施工质量承担监理责任	

一 单项选择题

1. 工程建设活动的总牵头单位是（　　）。

A．建设单位   B．施工总承包单位

C．勘察单位   D．全过程工程咨询单位

2．关于建设单位发包工程的说法，正确的是（   ）。

A．可以指定分包单位

B．应当将工程发包给具有相应资质等级的单位

C．可以直接发包预拌混凝土等专业分包工程

D．可以指定生产厂、供应商

3．关于建设单位依法向有关单位提供原始资料的说法，正确的是（   ）。

A．建设单位根据勘察、设计、施工、工程监理等单位的要求，提供与建设工程有关的原始资料

B．原始资料供使用单位参考

C．原始资料是使用单位赖以进行作业的基础性材料

D．原始资料的范围由法律明确规定

4．建设单位的禁止性行为是（   ）。

A．要求建筑设计单位或者建筑施工企业在工程设计或者施工作业中，违反法律、行政法规和建筑工程质量、安全标准，降低工程质量

B．要求承包方低价竞标

C．要求施工单位缩短工期

D．与施工单位协商变更承包范围

5．根据《建设工程监理范围和规模标准规定》，公用事业工程的范围是（   ）。

A．市政道桥项目   B．小微企业商业配套项目

C．体育、旅游、商业等项目   D．成片住宅小区工程

6．关于设计单位在设计文件中选用的建筑材料、建筑构配件和设备的说法，正确的是（   ）。

A．应当注明品牌、规格、型号、性能等

B．质量要求必须符合国家规定的标准

C．一律不得指定生产厂、供应商

D．以低价为首要考虑因素

7．关于建设工程的设计合理使用年限的说法，正确的是（   ）。

A．只能由国家文件确定

B．设计单位必须在相关的设计文件中注明

C．有特殊要求的，可以低于强制性国家标准的规定

D．由建设单位自行决定

8．设计文件进行设计交底通常发生在（   ）。

A．方案设计完成后   B．施工图审查合格后、施工前

C．施工后、完工前   D．完工后、交付前

9．根据《建设工程质量管理条例》，下列主体中，应当参与建设工程质量事故分析，并对因设计造成的质量事故，提出相应的技术处理方案的是（   ）。

A．建设单位   B．建设行政主管部门

C. 设计单位　　　　　　　　D. 施工图审查机构

10. 与下列单位有利害关系，不得承担该项建设工程的监理业务的主体是（　　　）。

　　A. 建设单位　　　　　　　　B. 设计单位

　　C. 设备供应单位　　　　　　D. 代建单位

二　多项选择题

1. 建设单位必须向设计单位提供的原始资料有（　　　）。

　　A. 勘察任务书　　　　　　　B. 建设资金来源

　　C. 设备的来源落实资料　　　　D. 立项文件

　　E. 勘察成果

2. 施工图审查机构应当对施工图审查的内容有（　　　）。

　　A. 是否符合工程建设标准

　　B. 地基基础和主体结构的安全性

　　C. 是否符合民用建筑节能强制性标准

　　D. 建筑业企业是否按规定在施工图上加盖相应的图章和签字

　　E. 注册执业人员以及相关人员是否按规定在施工图上加盖相应的图章和签字

3. 必须实行监理的建设工程有（　　　）。

　　A. 重点建设工程　　　　　　　B. 大中型公用事业工程

　　C. 成片开发建设的住宅小区工程　D. 利用外国政府贷款的工程

　　E. 利用外国组织援助资金的工程

4. 根据《建设工程勘察设计管理条例》，编制建设工程勘察、设计文件的依据有（　　　）。

　　A. 项目批准文件

　　B. 城乡规划

　　C. 工程建设强制性标准

　　D. 项目盈利分析

　　E. 国家规定的建设工程勘察、设计深度要求

5. 根据《建设工程勘察设计管理条例》，编制施工图设计文件，应当满足的事项有（　　　）。

　　A. 编制施工招标文件的需要　　B. 设备材料采购的需要

　　C. 非标准设备制作的需要　　　D. 控制概算的需要

　　E. 施工的需要

【答案与解析】

一、单项选择题

1. A;　　2. B;　　3. C;　　4. A;　　5. C;　　6. B;　　*7. B;　　8. B;

9. C;　　10. C

7.【答案】B

根据《关于设计单位执行有关建设工程合理使用年限问题的通知》，凡在建设工程有关建设标准、规范中有合理使用年限规定的，设计单位必须在相关的设计文件中注明。因此，建设工程的设计合理使用年限由设计单位根据国家有关规定确定，选项 A 不正确，选项 B 正确。目前建设工程标准、规范中尚未制定合理使用年限规定的，或建设单位对建设工程的合理使用年限有特殊要求的，须由建设单位与设计单位签订合同时予以明确，并由设计单位在设计文件中注明。需注意双方约定和设计单位注明均不得低于国家标准的规定，选项 C、D 不正确。因此，本题的正确答案是选项 B。

二、多项选择题

1. D、E；   2. B、C、E；   3. B、C、D；   4. A、B、C、E；
*5. B、C、E

【解析】
5.【答案】B、C、E

《建设工程勘察设计管理条例》规定，编制方案设计文件，应当满足编制初步设计文件和控制概算的需要。编制初步设计文件，应当满足编制施工招标文件、主要设备材料订货和编制施工图设计文件的需要。编制施工图设计文件，应当满足设备材料采购、非标准设备制作和施工的需要，并注明建设工程合理使用年限。因此，本题的正确答案是选项 B、C、E。

7.4 施工单位的质量责任和义务

复习要点

1. 对施工质量负责和总分包单位的质量责任

对施工质量负责和总分包单位的质量责任

事项	内容
依法承揽工程的施工业务	施工单位应当依法取得相应等级的资质证书，并在其资质等级许可的范围内承揽工程
	禁止施工单位超越本单位资质等级许可的业务范围或者以其他施工单位的名义承揽工程
	禁止施工单位允许其他单位或者个人以本单位的名义承揽工程
	施工单位不得转包或者违法分包工程
施工单位对施工质量负责	施工单位对建设工程的施工质量负责
	施工单位应当建立质量责任制，确定工程项目的项目经理、技术负责人和施工管理负责人
	工程总承包单位、施工单位及工程监理单位应当建立建设工程质量责任制度，加强对建设工程抗震设防措施施工质量的管理
	国家鼓励工程总承包单位、施工单位采用信息化手段采集、留存隐蔽工程施工质量信息
	施工单位应当按照抗震设防强制性标准进行施工
	施工单位项目经理应当按照经审查合格的施工图设计文件和施工技术标准进行施工，对因施工导致的工程质量事故或质量问题承担责任

事项	内容
总分包单位的质量责任	建筑工程实行总承包的，工程质量由工程总承包单位负责，总承包单位将建筑工程分包给其他单位的，应当对分包工程的质量与分包单位承担连带责任
	分包单位应当接受总承包单位的质量管理
	建设工程实行总承包的，总承包单位应当对全部建设工程质量负责；建设工程勘察、设计、施工、设备采购的一项或者多项实行总承包的，总承包单位应当对其承包的建设工程或者采购的设备的质量负责
	总承包单位依法将建设工程分包给其他单位的，分包单位应当按照分包合同的约定对其分包工程的质量向总承包单位负责，总承包单位与分包单位对分包工程的质量承担连带责任
	实行施工总承包的，隔震减震装置属于建设工程主体结构的施工，应当由总承包单位自行完成

2. 按照工程设计图纸和施工技术标准施工

按照工程设计图纸和施工技术标准施工

事项	内容
按照工程设计图纸施工	建筑施工企业必须按照工程设计图纸和施工技术标准施工，不得偷工减料。建筑施工企业不得擅自修改工程设计
	施工单位必须按照国家工程建设消防技术标准和经消防设计审核合格或者备案的消防设计文件组织施工，不得擅自改变消防设计进行施工，降低消防施工质量
防止设计文件和图纸出现差错	发现建设工程勘察、设计文件不符合工程建设强制性标准、合同约定的质量要求的，应当报告建设单位，建设单位有权要求建设工程勘察、设计单位对建设工程勘察、设计文件进行补充、修改
	工程设计的修改由原设计单位负责，建筑施工企业不得擅自修改工程设计
	施工单位在施工过程中发现设计文件和图纸有差错的，应当及时提出意见和建议
	施工单位不得擅自改变消防设计进行施工，降低消防施工质量
消防设计、施工质量责任和义务	按照消防设计要求、施工技术标准和合同约定检验消防产品和具有防火性能要求的建筑材料、建筑构配件和设备的质量，使用合格产品，保证消防施工质量
	参加建设单位组织的建设工程竣工验收，对建设工程消防施工质量签章确认，并对建设工程消防施工质量负责

3. 建筑材料、设备等的检验检测

建筑材料、设备等的检验检测

事项		内容
对建筑材料、设备等进行检验检测	质量检测的概念	是指在新建、扩建、改建房屋建筑和市政基础设施工程活动中，建设工程质量检测机构（以下简称检测机构）接受委托，依据国家有关法律、法规和标准，对建设工程涉及结构安全、主要使用功能的检测项目，进入施工现场的建筑材料、建筑构配件、设备，以及工程实体质量等进行的检测
	检测机构资质管理	检测机构资质分为综合类资质、专项类资质
		申请检测机构资质的单位应当是具有独立法人资格的企业、事业单位，或者依法设立的合伙企业，并具备相应的人员、仪器设备、检测场所、质量保证体系等条件
		申请材料 / 检测机构资质申请表

事项	内容			
对建筑材料、设备等进行检验检测	检测机构资质管理	申请材料	主要检测仪器、设备清单	
			检测场所不动产权属证书或者租赁合同	
			技术人员的职称证书	
			检测机构管理制度以及质量控制措施	
		在资质证书有效期内名称、地址、法定代表人等发生变更的，应当在办理营业执照或者法人证书变更手续后30个工作日内办理资质证书变更手续。资质许可机关应当在2个工作日内办理完毕。检测机构检测场所、技术人员、仪器设备等事项发生变更影响其符合资质标准的，应当在变更后30个工作日内向资质许可机关提出资质重新核定申请，资质许可机关应当在20个工作日内完成审查，并作出书面决定		
检测活动管理	检测机构与人员要求	从事建设工程质量检测活动，应当遵守相关法律、法规和标准，相关人员应当具备相应的建设工程质量检测知识和专业能力		
		检测机构与所检测建设工程相关的建设、施工、监理单位，以及建筑材料、建筑构配件和设备供应单位不得有隶属关系或者其他利害关系		
		检测机构及其工作人员不得推荐或者监制建筑材料、建筑构配件和设备		
		委托方应当委托具有相应资质的检测机构开展建设工程质量检测业务		
		检测机构应当按照法律、法规和标准进行建设工程质量检测，并出具检测报告		
	建设单位要求	应当在编制工程概预算时合理核算建设工程质量检测费用，单独列支并按照合同约定及时支付		
		建设单位委托检测机构开展建设工程质量检测活动的，建设单位或者监理单位应当对建设工程质量检测活动实施见证		
		见证人员应当制作见证记录，记录取样、制样、标识、封志、送检以及现场检测等情况，并签字确认		
		提供检测试样的单位和个人，应当对检测试样的符合性、真实性及代表性负责		
		检测试样应当具有清晰的、不易脱落的唯一性标识、封志		
		建设单位委托检测机构开展建设工程质量检测活动的，施工人员应当在建设单位或者监理单位的见证人员监督下现场取样		
	检测要求	现场检测或者检测试样送检时，应当由检测内容提供单位、送检单位等填写委托单		
		委托单应当由送检人员、见证人员等签字确认		
		检测机构接收检测试样时，应当对试样状况、标识、封志等符合性进行检查，确认无误后方可进行检测		
		检测报告经检测人员、审核人员、检测机构法定代表人或者其授权的签字人等签署，并加盖检测专用章后方可生效		
		检测报告中应当包括检测项目代表数量（批次）、检测依据、检测场所地址、检测数据、检测结果、见证人员单位及姓名等相关信息		
		非建设单位委托的检测机构出具的检测报告不得作为工程质量验收资料		
		检测机构应当建立建设工程过程数据和结果数据、检测影像资料及检测报告记录与留存制度，对检测数据和检测报告的真实性、准确性负责		
		任何单位和个人不得明示或者暗示检测机构出具虚假检测报告，不得篡改或者伪造检测报告		

事项	内容		
检测异常处理	检测机构在检测过程中发现建设、施工、监理单位存在违反有关法律法规规定和工程建设强制性标准等行为，以及检测项目涉及结构安全、主要使用功能检测结果不合格的，应当及时报告建设工程所在地县级以上地方人民政府住房和城乡建设主管部门		
	检测结果利害关系人对检测结果存在争议的，可以委托共同认可的检测机构复检		
	检测机构应当建立档案管理制度。检测合同、委托单、检测数据原始记录、检测报告按照年度统一编号，编号应当连续，不得随意抽撤、涂改		
	检测机构应当单独建立检测结果不合格项目台账		
检测机构建设	检测机构应当建立信息化管理系统，对检测业务受理、检测数据采集、检测信息上传、检测报告出具、检测档案管理等活动进行信息化管理，保证建设工程质量检测活动全过程可追溯		
	检测机构应当保持人员、仪器设备、检测场所、质量保证体系等方面符合建设工程质量检测资质标准，加强检测人员培训，按照有关规定对仪器设备进行定期检定或者校准，确保检测技术能力持续满足所开展建设工程质量检测活动的要求		
	检测机构跨省、自治区、直辖市承担检测业务的，应当向建设工程所在地的省、自治区、直辖市人民政府住房和城乡建设主管部门备案		
	检测机构在承担检测业务所在地的人员、仪器设备、检测场所、质量保证体系等应当满足开展相应建设工程质量检测活动的要求		
禁止性行为	超出资质许可范围从事建设工程质量检测活动		
	转包或者违法分包建设工程质量检测业务		
	涂改、倒卖、出租、出借或者以其他形式非法转让资质证书		
	违反工程建设强制性标准进行检测		
	使用不能满足所开展建设工程质量检测活动要求的检测人员或者仪器设备		
	出具虚假的检测数据或者检测报告		
	同时受聘于两家或者两家以上检测机构		
	违反工程建设强制性标准进行检测		
	出具虚假的检测数据		
	违反工程建设强制性标准进行结论判定或者出具虚假判定结论		
监督管理	进入建设工程施工现场或者检测机构的工作场地进行检查、抽测		
	向检测机构、委托方、相关单位和人员询问、调查有关情况		
	对检测人员的建设工程质量检测知识和专业能力进行检查		
	查阅、复制有关检测数据、影像资料、报告、合同以及其他相关资料		
	组织实施能力验证或者比对试验		
	法律、法规规定的其他措施		
见证取样和送检	概念	见证取样和送检是指在建设单位或工程监理单位人员的见证下，由施工单位的现场试验人员对工程中涉及结构安全的试块、试件和材料在现场取样，并送至经过省级以上建设行政主管部门对其资质认可和质量技术监督部门对其计量认证的质量检测单位进行检测	
	必须检测内容	用于承重结构的混凝土试块	
		用于承重墙体的砌筑砂浆试块	
		用于承重结构的钢筋及连接接头试件	

事项		内容
见证取样和送检	必须检测内容	用于承重墙的砖和混凝土小型砌块
		用于拌制混凝土和砌筑砂浆的水泥
		用于承重结构的混凝土中使用的掺加剂
		地下、屋面、厕浴间使用的防水材料
		国家规定必须实行见证取样和送检的其他试块、试件和材料
	要求	见证人员应由建设单位或该工程的监理单位具备建筑施工试验知识的专业技术人员担任,并应由建设单位或该工程的监理单位书面通知施工单位、检测单位和负责该项工程的质量监督机构
		在施工过程中,见证人员应按照见证取样和送检计划,对施工现场的取样和送检进行见证,取样人员应在试样或其包装上作出标识、封志
		标识和封志应标明工程名称、取样部位、取样日期、样品名称和样品数量,并由见证人员和取样人员签字
		见证人员应制作见证记录,并将见证记录归入施工技术档案
		见证人员和取样人员应对试样的代表性和真实性负责
		见证取样的试块、试件和材料送检时,应由送检单位填写委托单,委托单应有见证人员和送检人员签字
		检测单位应检查委托单及试样上的标识和封志,确认无误后方可进行检测
		检测单位应严格按照有关管理规定和技术标准进行检测,出具公正、真实、准确的检测报告
		见证取样和送检的检测报告必须加盖见证取样检测的专用章

4. 施工质量检验和返修

施工质量检验和返修

事项	内容
施工质量检验制度	施工单位必须建立、健全施工质量的检验制度,严格工序管理,作好隐蔽工程的质量检查和记录
	隐蔽工程在隐蔽前,施工单位应当通知建设单位和建设工程质量监督机构
建设工程的返修	对已发现的质量缺陷,建筑施工企业应当修复
	施工单位对施工中出现质量问题的建设工程或者竣工验收不合格的建设工程,应当负责返修
	因施工人的原因致使建设工程质量不符合约定的,发包人有权请求施工人在合理期限内无偿修理或者返工、改建
	经过修理或者返工、改建后,造成逾期交付的,施工人应当承担违约责任

5. 建立健全职工教育培训制度

建立健全职工教育培训制度

事项	内容
行业要求	完善建筑工人技能培训组织实施体系,制定建筑工人职业技能标准和评价规范,完善职业(工种)类别

事项	内容
行业要求	鼓励各地加大实训基地建设资金支持力度，在技能劳动者供需缺口较大、产业集中度较高的地区建设公共实训基地，支持企业和院校共建产教融合实训基地。探索开展智能建造相关培训，加大对装配式建筑、建筑信息模型（BIM）等新兴职业（工种）建筑工人培养，增加高技能人才供给
	鼓励企业和行业协会积极举办各类技能竞赛，以赛促练、以赛促训
	推行终身职业技能培训制度，加强建筑工人岗前培训和技能提升培训
企业要求	强化企业技能培训主体作用，发挥设计、生产、施工等资源优势，大力推行现代学徒制和企业新型学徒制
	鼓励企业采取建立培训基地、校企合作、购买社会培训服务等多种形式，解决建筑工人理论与实操脱节的问题，实现技能培训、实操训练、考核评价与现场施工有机结合
	施工单位应当建立、健全教育培训制度，加强对职工的教育培训
	未经教育培训或者考核不合格的人员，不得上岗作业

一 单项选择题

1. 根据《建设工程质量管理条例》，关于承揽工程的施工业务的做法，正确的是（　　）。

 A. 施工单位以行贿手段承揽工程

 B. 资质升级过程中，施工单位超出其资质等级许可的范围内承揽工程

 C. 施工单位无法承担施工任务的，将工程转包

 D. 施工单位取得相应等级的资质证书

2. 总承包单位将建筑工程分包给其他单位的，应当对分包工程的质量与分包单位承担（　　）。

 A. 独立责任　　　　　　　　B. 连带责任

 C. 按份责任　　　　　　　　D. 补充责任

3. 关于修改建设工程勘察、设计文件的说法，正确的是（　　）。

 A. 国家重点建设工程勘察、设计文件不得修改

 B. 确需修改建设工程勘察、设计文件的，由施工单位直接实施

 C. 修改单位对修改的勘察、设计文件承担相应责任

 D. 建设单位应当报经原审批机关批准后，方可修改

4. 检测机构在检测过程中发现检测项目涉及结构安全、主要使用功能检测结果不合格的，应当及时报告（　　）。

 A. 上级单位

 B. 县级以上地方人民政府住房城乡建设行政主管部门

 C. 设计单位

 D. 监理单位

5. 下列试块、试件和材料中，必须实施见证取样和送检的是（　　）。

 A. 混凝土试块

B. 砌筑砂浆试块

C. 用于承重结构的钢筋连接接头试件

D. 混凝土中使用的掺加剂

6. 根据《建设工程质量管理条例》，施工单位返修发生在（　　）。

A. 施工准备阶段　　　　　　　　B. 施工阶段

C. 质量保修阶段　　　　　　　　D. 维保阶段

7. 关于总分包单位的质量责任的说法，正确的是（　　）。

A. 建设单位与分包单位基于物权关系产生质量责任

B. 总承包单位就承包范围内的全部工程向建设单位承担质量责任

C. 分包单位就分包工程仅向总承包单位承担质量责任

D. 总分包单位的质量责任由监理单位确定

8. 根据《建筑工程五方责任主体项目负责人质量终身责任追究暂行办法》，发生较大工程质量事故，对施工单位项目经理进行责任追究的方式是（　　）。

A. 吊销执业资格证书　　　　　　B. 终身不予注册

C. 向社会公布曝光　　　　　　　D. 移送司法机关依法追究刑事责任

9. 关于建筑材料、设备等的检验检测的说法，正确的是（　　）。

A. 施工单位根据监理单位的要求对建筑材料、建筑构配件、设备和商品混凝土进行检验

B. 检验的书面记录和签字按照有利于生产实践和工作方便实施

C. 主要检验依据是建设行政主管部门下达的通知

D. 未经检验或者检验不合格的，不得使用

10. 非（　　）委托的检测机构出具的检测报告不得作为工程质量验收资料。

A. 建设单位　　　　　　　　　　B. 监理单位

C. 施工单位　　　　　　　　　　D. 建设行政主管部门

二　多项选择题

1. 根据《建设工程质量管理条例》，施工单位应当建立质量责任制，确定工程项目的（　　）。

A. 项目经理　　　　　　　　　　B. 分包人员

C. 技术负责人　　　　　　　　　D. 施工管理负责人

E. 造价工程师

2. 施工单位应当在（　　）监督下进行取样。

A. 建设行政主管部门　　　　　　B. 质量检测机构

C. 建设单位　　　　　　　　　　D. 社会公众代表

E. 工程监理单位

3. 下列单位中，不得与检测机构有隶属关系或者其他利害关系的有（　　）。

A. 建设单位　　　　　　　　　　B. 施工单位

C. 勘察单位　　　　　　　　　　D. 设计单位

E．建筑材料供应单位

4．根据《建设工程质量管理条例》，隐蔽工程在隐蔽前，施工单位应当通知的单位有（　　　）。

A．设计单位　　　　　　　　　　B．质量检测机构

C．建设单位　　　　　　　　　　D．材料供应单位

E．建设工程质量监督机构

5．关于见证取样和送检的说法，正确的有（　　　）。

A．见证人员应由建设单位和施工单位共同委托的具备建筑施工试验知识的专业技术人员担任

B．见证人员应由建设单位或该工程的监理单位书面通知施工单位、检测单位和负责该项工程的质量监督机构

C．在施工过程中，见证人员应按照见证取样和送检计划，对施工现场的取样和送检进行见证

D．见证人员应制作见证记录，并将见证记录归入施工技术档案

E．建设单位或该工程的监理单位负责人应对试样的代表性和真实性负责

【答案与解析】

一、单项选择题

*1．D；　　2．B；　　3．C；　　4．B；　　5．C；　　6．C；　　*7．B；　　*8．C；

9．D；　　10．A

【解析】

1.【答案】D

《建设工程质量管理条例》规定，施工单位应当依法取得相应等级的资质证书，并在其资质等级许可的范围内承揽工程。禁止施工单位超越本单位资质等级许可的业务范围或者以其他施工单位的名义承揽工程。禁止施工单位允许其他单位或者个人以本单位的名义承揽工程。施工单位不得转包或者违法分包工程。选项 A、B、C 均为违法行为，选项 D 正确。因此，本题的正确答案是选项 D。

7.【答案】B

《建筑法》规定，建筑工程实行总承包的，工程质量由工程总承包单位负责，总承包单位将建筑工程分包给其他单位的，应当对分包工程的质量与分包单位承担连带责任。分包单位应当接受总承包单位的质量管理。《建设工程质量管理条例》进一步规定，建设工程实行总承包的，总承包单位应当对全部建设工程质量负责；建设工程勘察、设计、施工、设备采购的一项或者多项实行总承包的，总承包单位应当对其承包的建设工程或者采购的设备的质量负责。总承包单位依法将建设工程分包给其他单位的，分包单位应当按照分包合同的约定对其分包工程的质量向总承包单位负责，总承包单位与分包单位对分包工程的质量承担连带责任。建设单位与分包单位之间没有合同法律关系，也不基于同一物权产生关系，分包单位的连带责任来自法律直接规定了合同相对性的例外，选项 A、C 不正确。总承包单位与建设单位之间存在总承包合同，应就承包范围内

的全部工程向建设单位承担质量责任，不因分包工程的存在而免除，所以选项 B 正确。总分包单位的质量责任由有关主体协商或者司法程序确定，所以选项 D 不正确。因此，本题的正确答案是选项 B。

8.【答案】C

《建筑工程五方责任主体项目负责人质量终身责任追究暂行办法》规定，发生本办法第 6 条所列情形之一的，对施工单位项目经理按以下方式进行责任追究：（1）项目经理为相关注册执业人员的，责令停止执业 1 年；造成重大质量事故的，吊销执业资格证书，5 年以内不予注册；情节特别恶劣的，终身不予注册。（2）构成犯罪的，移送司法机关依法追究刑事责任。（3）处单位罚款数额 5% 以上 10% 以下的罚款。（4）向社会公布曝光。发生较大质量事故的，尚不构成吊销执业资格证书、终身不予注册，选项 A、B 不正确。构成犯罪的，才移送司法机关，选项 D 不正确。向社会公布曝光属于通用方式，选项 C 正确。因此，本题的正确答案是选项 C。

二、多项选择题

1. A、C、D;   2. C、E;   3. A、B、E;   4. C、E;
*5. B、C、D

【解析】

5.【答案】B、C、D

见证人员应由建设单位或该工程的监理单位具备建筑施工试验知识的专业技术人员担任，并应由建设单位或该工程的监理单位书面通知施工单位、检测单位和负责该项工程的质量监督机构。因此，见证人员属于建设单位或该工程的监理单位工作人员，而非建设单位和施工单位共同委托的其他人员。选项 A 不正确，选项 B 正确。在施工过程中，见证人员应按照见证取样和送检计划，对施工现场的取样和送检进行见证，取样人员应在试样或其包装上作出标识、封志。标识和封志应标明工程名称、取样部位、取样日期、样品名称和样品数量，并由见证人员和取样人员签字。见证人员应制作见证记录，并将见证记录归入施工技术档案，选项 C、D 正确。见证人员和取样人员而非单位负责人对试样的代表性和真实性负责，选项 E 不正确。因此，本题的正确答案是选项 B、C、D。

7.5　建设工程竣工验收制度

复习要点

1. 竣工验收的主体和法定条件

竣工验收的主体和法定条件

事项	要求
建设工程竣工验收的主体	建设单位收到建设工程竣工报告后，应当组织设计、施工、工程监理等有关单位进行竣工验收
	检查整个工程项目是否已按照设计要求和合同约定全部建设完成，并符合竣工验收条件

事项	要求
竣工验收应当具备的法定条件	完成建设工程设计和合同约定的各项内容
	有完整的技术档案和施工管理资料
	有工程使用的主要建筑材料、建筑构配件和设备的进场试验报告
	有勘察、设计、施工、工程监理等单位分别签署的质量合格文件
	有施工单位签署的工程保修书

2．规划、消防、环保和节能验收

规划、消防、环保和节能验收

事项	要求
建设工程竣工规划验收	县级以上地方人民政府城乡规划主管部门按照国务院规定对建设工程是否符合规划条件予以核实
	未经核实或者经核实不符合规划条件的，建设单位不得组织竣工验收
	建设单位应当在竣工验收后6个月内向城乡规划主管部门报送有关竣工验收资料
建设工程竣工消防验收	国务院住房和城乡建设主管部门规定应当申请消防验收的建设工程竣工，建设单位应当向住房和城乡建设主管部门申请消防验收
	上述规定以外的其他建设工程，建设单位在验收后应当报住房和城乡建设主管部门备案，住房和城乡建设主管部门应当进行抽查
	依法应当进行消防验收的建设工程，未经消防验收或者消防验收不合格的，禁止投入使用；其他建设工程经依法抽查不合格的，应当停止使用
建设工程竣工环保验收	编制环境影响报告书、环境影响报告表的建设项目竣工后，建设单位应当按照国务院环境保护行政主管部门规定的标准和程序，对配套建设的环境保护设施进行验收，编制验收报告
	建设单位在环境保护设施验收过程中，应当如实查验、监测、记载建设项目环境保护设施的建设和调试情况，不得弄虚作假
	除按照国家规定需要保密的情形外，建设单位应当依法向社会公开验收报告
	分期建设、分期投入生产或者使用的建设项目，其相应的环境保护设施应当分期验收
	编制环境影响报告书、环境影响报告表的建设项目，其配套建设的环境保护设施经验收合格，方可投入生产或者使用；未经验收或者验收不合格的，不得投入生产或者使用
建筑工程节能验收	基本要求	国家实行固定资产投资项目节能评估和审查制度
		不符合强制性节能标准的项目，建设单位不得开工建设；已经建成的，不得投入生产、使用
		政府投资项目不符合强制性节能标准的，依法负责项目审批的机关不得批准建设
		建设单位组织竣工验收，应当对民用建筑是否符合民用建筑节能强制性标准进行查验；对不符合民用建筑节能强制性标准的，不得出具竣工验收合格报告
	建筑节能分部工程进行质量验收的条件	建筑节能分部工程的质量验收，应在施工单位自检合格，且检验批、分项工程全部合格的基础上，进行外墙节能构造外窗气密性现场实体检测和设备系统节能性能检测，确认建筑节能工程质量达到验收的条件后方可进行

3. 竣工验收备案

竣工验收备案

事项		要求
竣工验收备案的时间及须提交的文件	基本要求	建设单位应当自工程竣工验收合格之日起15日内，向工程所在地的县级以上地方人民政府建设主管部门（以下简称备案机关）备案
	应当提交的文件	工程竣工验收备案表
		工程竣工验收报告
		法律、行政法规规定应当由规划等部门出具的认可文件或者准许使用文件
		消防设计审查验收主管部门对特殊建设工程出具的消防验收意见
		施工单位签署的工程质量保修书
		法规、规章规定必须提供的其他文件
		住宅工程还应当提交《住宅质量保证书》《住宅使用说明书》
竣工验收备案文件的签收和处理		备案机关收到建设单位报送的竣工验收备案文件，验证文件齐全后，应当在工程竣工验收备案表上签署文件收讫
		工程竣工验收备案表一式两份，1份由建设单位保存，1份留备案机关存档
		工程质量监督机构应当在工程竣工验收之日起5日内，向备案机关提交工程质量监督报告
		备案机关发现建设单位在竣工验收过程中有违反国家有关建设工程质量管理规定行为的，应当在收讫竣工验收备案文件15日内，责令停止使用，重新组织竣工验收

4. 应提交的档案资料

应提交的档案资料

依据	具体规定
《建设工程质量管理条例》	建设单位应当严格按照国家有关档案管理的规定，及时收集、整理建设项目各环节的文件资料，建立健全建设项目档案，并在建设工程竣工验收后，及时向建设行政主管部门或者其他有关部门移交建设项目档案
《城市建设档案管理规定》	建设单位应当在工程竣工验收后3个月内，向城建档案馆报送一套符合规定的建设工程档案
	凡建设工程档案不齐全的，应当限期补充
	对改建、扩建和重要部位维修的工程，建设单位应当组织设计、施工单位据实修改、补充和完善原建设工程档案
	凡结构和平面布置等改变的，应当重新编制建设工程档案，并在工程竣工后三个月内向城建档案馆报送
	建设单位在组织工程竣工验收前，应按要求将全部文件材料收集齐全并完成工程档案的立卷；在组织竣工验收时，应组织对工程档案进行验收，验收结论应在工程竣工验收报告、专家组竣工验收意见中明确
	对列入城建档案管理机构接收范围的工程，工程竣工验收备案前，应向当地城建档案管理机构移交一套符合规定的工程档案
《建设工程文件归档规范（2019年版）》	勘察、设计、施工、监理等单位应将本单位形成的工程文件立卷后向建设单位移交
	建设工程项目实行总承包管理的，总包单位应负责收集、汇总各分包单位形成的工程档案，并应及时向建设单位移交；各分包单位应将本单位形成的工程文件整理、立卷后及时移交总包单位

依据	具体规定
《建设工程文件归档规范（2019年版）》	建设工程项目由几个单位承包的，各承包单位应负责收集、整理立卷其承包项目的工程文件，并应及时向建设单位移交
	每项建设工程应编制一套电子档案，随纸质档案一并移交城建档案管理机构
	电子档案签署了具有法律效力的电子印章或电子签名的，可不移交相应纸质档案

一 单项选择题

1. 根据《民法典》，建设工程竣工后，应当根据施工图纸及说明书、国家颁发的施工验收规范和质量检验标准及时进行验收的主体是（　　）。

    A. 发包人　　　　　　　　　　B. 全过程工程咨询单位

    C. 监理人　　　　　　　　　　D. 工程质量监督机构

2. 根据《建设工程质量管理条例》，建设工程竣工验收应当具备的条件是（　　）。

    A. 基本完成建设工程设计和合同约定的各项内容

    B. 有技术档案和施工管理资料

    C. 有工程使用的主要建筑材料、建筑构配件和设备的进场试验报告

    D. 有勘察、设计、施工、工程监理等单位分别签署的工程保修书

3. 建设单位应当在竣工验收后（　　）内向城乡规划主管部门报送有关竣工验收资料。

    A. 3个月　　　　　　　　　　B. 6个月

    C. 12个月　　　　　　　　　　D. 24个月

4. 应当申请消防验收的特殊建设工程竣工，建设单位应当向（　　）申请消防验收。

    A. 消防部门　　　　　　　　　B. 住房和城乡建设主管部门

    C. 规划部门　　　　　　　　　D. 人民政府

5. 根据《节约能源法》，关于节能评估和审查制度的说法，正确的是（　　）。

    A. 国家鼓励固定资产投资项目节能评估和审查制度

    B. 不符合强制性节能标准的项目，不得开工建设

    C. 不符合强制性节能标准的项目，已经建成的，降级投入生产、使用

    D. 政府投资项目不符合强制性节能标准的，经批准后方可建设

6. 单位工程竣工验收和建筑节能分部工程验收的关系是（　　）。

    A. 单位工程竣工验收应在建筑节能分部工程验收合格后进行

    B. 两者同时进行

    C. 建筑节能分部工程验收应在单位工程竣工验收合格后进行

    D. 两者独立实施，彼此无关

7. 关于建筑节能分部工程进行质量验收的条件的说法，正确的是（　　）。

    A. 应在施工单位自检时一并进行

B. 应在检验批、分项工程全部合格的基础上进行

C. 进行内部构造气密性现场实体检测

D. 完成建筑材料节能性能检测

8. 建设单位应当自建设工程竣工验收合格之日起（   ）内，将建设工程竣工验收报告和规划等部门出具的认可文件或者准许使用文件报建设行政主管部门或者其他有关部门备案。

A. 3 日   B. 5 日

C. 7 日   D. 15 日

9. 房屋建筑和市政基础设施工程竣工验收后，有关机关对建设单位报送的文件验证齐全后，在表上签署文件收讫的行为是（   ）。

A. 行政审批   B. 行政裁决

C. 备案   D. 核准

二 多项选择题

1. 根据《建设工程文件归档规范》，工程技术档案和施工管理资料有（   ）。

A. 工程项目竣工验收报告

B. 分项、分部工程和单位工程技术人员名单

C. 图纸审查记录

D. 设计变更通知单，技术变更核实单

E. 隐蔽工程验收记录及施工日志

2. 对建设工程使用的主要建筑材料、建筑构配件和设备，除须具有质量合格证明资料外，还应当有（   ）。

A. 质量承诺   B. 检验标准

C. 进场试验报告   D. 使用说明

E. 检验报告

3. 建设单位应当按照国务院环境保护行政主管部门规定的标准和程序，对配套建设的环境保护设施进行验收，编制验收报告的建设项目有（   ）。

A. 填报环境影响登记表的建设项目

B. 编制环境影响报告书的建设项目

C. 编制环境影响报告表的建设项目

D. 配备了建设项目环境保护设施的建设项目

E. 分期建设、分期投入生产或者使用的建设项目

4. 建设单位办理住宅工程竣工验收备案应当特别提交的文件有（   ）。

A. 工程竣工验收备案表   B.《住宅质量保证书》

C. 施工图设计文件审查意见   D. 由规划等部门出具的认可文件

E.《住宅使用说明书》

5. 关于建设工程项目实行总承包管理的归档的说法，正确的有（   ）。

A. 总承包单位应负责收集、汇总各分包单位形成的工程档案，并应及时向建

设单位移交

    B．各分包单位应将本单位形成的工程文件整理、立卷后及时移交总承包单位

    C．建设工程项目由几个单位承包的，应当指定一个牵头人负责收集、汇总各承包单位形成的工程档案

    D．总承包单位、各分包单位各自形成工程档案，并应及时向建设单位移交

    E．总承包单位向城建档案馆报送符合规定的建设工程档案

【答案与解析】

一、单项选择题

1．A；   *2．C；   3．B；   4．B；   5．B；   6．A；   *7．B；   8．D；
9．C

【解析】

2．【答案】C

《建设工程质量管理条例》规定，建设工程竣工验收应当具备的条件有：（1）完成建设工程设计和合同约定的各项内容；（2）有完整的技术档案和施工管理资料；（3）有工程使用的主要建筑材料、建筑构配件和设备的进场试验报告；（4）有勘察、设计、施工、工程监理等单位分别签署的质量合格文件；（5）有施工单位签署的工程保修书。选项A只是基本完成，并未完成相应内容，不正确。选项B忽略了"完整"，不满足验收条件，不正确。选项D中的工程保修书，仅由施工单位签署即可，不正确。因此，本题的正确答案是选项C。

7．【答案】B

根据《建筑节能工程施工质量验收标准》，建筑节能分部工程的质量验收，应在施工单位自检合格，且检验批、分项工程全部合格的基础上，进行外墙节能构造外窗气密性现场实体检测和设备系统节能性能检测，确认建筑节能工程质量达到验收的条件后方可进行。建筑节能分部工程进行质量验收以施工单位自检合格为前提，而不是同时进行，选项A不正确。选项C不当地扩大到内部构造气密性，不正确。建材不像设备系统那样，不是分部工程质量验收的重点，选项D不正确。因此，本题的正确答案是选项B。

二、多项选择题

1．A、B、D、E；   2．C、E；   3．B、C；   *4．B、E；
5．A、B

【解析】

4．【答案】B、E

根据《房屋建筑和市政基础设施工程竣工验收备案管理办法》《住房和城乡建设部关于取消部分部门规章和规范性文件设定的证明事项（第二批）的决定》（建法规〔2020〕2号）的规定，建设单位办理工程竣工验收备案应当提交下列文件：（1）工程竣工验收备案表；（2）工程竣工验收报告。竣工验收报告应当包括工程报建日期，施工许可证号，施工图设计文件审查意见，勘察、设计、施工、工程监理等单位分别签署的质量合格文件及验收人员签署的竣工验收原始文件，市政基础设施的有关质量检测和功能性试

验资料以及备案机关认为需要提供的有关资料；（3）法律、行政法规规定应当由规划等部门出具的认可文件或者准许使用文件；（4）法律规定应当由公安消防部门出具的对大型的人员密集场所和其他特殊建设工程验收合格的证明文件；（5）施工单位签署的工程质量保修书；（6）法规、规章规定必须提供的其他文件。住宅工程还应当提交《住宅质量保证书》《住宅使用说明书》，选项 B、E 正确。因此，本题的正确答案是选项 B、E。

7.6　建设工程质量保修制度

复习要点

1. 质量保修书和最低保修期限

质量保修书和最低保修期限

事项	具体规定
质量保修范围	地基基础工程
	主体结构工程
	屋面防水工程和其他土建工程
	电气管线、上下水管线的安装工程
	供热、供冷系统工程
质量保修责任	建设工程在保修范围和保修期限内发生质量问题的，施工单位应当履行保修义务，并对造成的损失承担赔偿责任
	当工程在保修期内出现一般质量缺陷时，建设单位应向施工单位发出保修通知，施工单位应进行现场勘察、制定保修方案，并进行及时修复
	当工程在保修期内出现涉及结构安全或影响使用功能的严重质量缺陷时，应由原设计单位或相应资质等级的设计单位提出保修设计方案，施工单位实施保修。保修完成后，工程应符合原设计要求
	建设单位、施工单位或受委托的其他单位在保修期内应明确保修和质量投诉受理部门、人员及联系方式，并建立相关工作记录文件
	施工单位在质量保修书中，应当向建设单位承诺保修范围、保修期限和有关具体实施保修的措施，如保修的方法、人员及联络办法，保修答复和处理时限，不履行保修责任的罚则等
建设工程质量的最低保修期限	基础设施工程、房屋建筑的地基基础工程和主体结构工程，为设计文件规定的该工程的合理使用年限
	屋面防水工程、有防水要求的卫生间、房间和外墙面的防渗漏，为 5 年
	供热与供冷系统，为 2 个采暖期、供冷期
	电气管线、给排水管道、设备安装和装修工程，为 2 年
	其他项目的保修期限由发包方与承包方约定

2. 建设工程质量保证金

建设工程质量保证金（以下简称保证金）是指发包人与承包人在建设工程承包合同中约定，从应付的工程款中预留，用以保证承包人在缺陷责任期内对建设工程出现的缺陷进行维修的资金。

工程质量保证金

事项	要求
缺陷责任期的确定	缺陷是指建设工程质量不符合工程建设强制性标准、设计文件，以及承包合同的约定
	缺陷责任期一般为 1 年，最长不超过 2 年，由发、承包双方在合同中约定
	缺陷责任期从工程通过竣工验收之日起计
	由于承包人原因导致工程无法按规定期限进行竣工验收的，缺陷责任期从实际通过竣工验收之日起计
	由于发包人原因导致工程无法按规定期限进行竣工验收的，在承包人提交竣工验收报告 90 天后，工程自动进入缺陷责任期
质量保证金的预留与使用管理	缺陷责任期内，实行国库集中支付的政府投资项目，保证金的管理应按国库集中支付的有关规定执行
	其他政府投资项目，保证金可以预留在财政部门或发包方
	缺陷责任期内，如发包方被撤销，保证金随交付使用资产一并移交使用单位管理，由使用单位代行发包人职责
	社会投资项目采用预留保证金方式的，发、承包双方可以约定将保证金交由第三方金融机构托管
	发包人应按照合同约定方式预留保证金，保证金总预留比例不得高于工程价款结算总额的 3%
	合同约定由承包人以银行保函替代预留保证金的，保函金额不得高于工程价款结算总额的 3%
	推行银行保函制度，承包人可以银行保函替代预留保证金。在工程项目竣工前，已经缴纳履约保证金的，发包人不得同时预留工程质量保证金。采用工程质量保证担保、工程质量保险等其他保证方式的，发包人不得再预留保证金
	缺陷责任期内，由承包人原因造成的缺陷，承包人应负责维修，并承担鉴定及维修费用。如承包人不维修也不承担费用，发包人可按合同约定从保证金或银行保函中扣除。费用超出保证金额的，发包人可按合同约定向承包人进行索赔。承包人维修并承担相应费用后，不免除对工程的损失赔偿责任。由他人原因造成的缺陷，发包人负责组织维修，承包人不承担费用，且发包人不得从保证金中扣除费用
质量保证金的返还	缺陷责任期到期后，承包人向发包人申请返还保证金
	发包人在接到承包人返还保证金申请后，应于 14 天内会同承包人按照合同约定的内容进行核实。如无异议，发包人应当按照约定将保证金返还给承包人
	对返还期限没有约定或者约定不明确的，发包人应当在核实后 14 天内将保证金返还承包人，逾期未返还的，依法承担违约责任
	发包人在接到承包人返还保证金申请后 14 天内不予答复，经催告后 14 天内仍不予答复，视同认可承包人的返还保证金申请
	发包人和承包人对保证金预留、返还以及工程维修质量、费用有争议的，按承包合同约定的争议和纠纷解决程序处理。建设工程实行工程总承包的，总承包单位与分包单位有关保证金的权利与义务的约定，参照发包人与承包人相应权利与义务的约定执行
	返还情形: 当事人约定的工程质量保证金返还期限届满
	当事人未约定工程质量保证金返还期限的，自建设工程通过竣工验收之日起满 2 年
	因发包人原因建设工程未按约定期限进行竣工验收的，自承包人提交工程竣工验收报告 90 日后当事人约定的工程质量保证金返还期限届满
	当事人未约定工程质量保证金返还期限的，自承包人提交工程竣工验收报告 90 日后起满 2 年
	发包人返还工程质量保证金后，不影响承包人根据合同约定或者法律规定履行工程保修义务

1. 关于建设工程质量保修的说法，正确的是（   ）。
   A. 当工程在保修期内出现一般质量缺陷时，建设单位应向缺陷责任方发出保修通知
   B. 施工单位应依据图纸直接进行修复
   C. 出现涉及结构安全或影响使用功能的严重质量缺陷时，应由施工单位提出保修设计方案
   D. 保修完成后，工程应符合原设计要求

2. 根据《建设工程质量管理条例》，屋面防水工程的法定最低保修期限是（   ）。
   A. 设计文件规定的该工程的合理使用年限
   B. 5 年
   C. 2 个雨季
   D. 2 年

3. 建设单位与施工单位经平等协商另行约定的保修期限与法定最低保修期之间的关系是（   ）。
   A. 约定期限不得低于法定最低期限
   B. 约定期限可以低于法定最低期限
   C. 约定期限与法定最低期限彼此独立
   D. 约定期限与法定最低期限两者取低确定

4. 建设工程保修期的起始日是（   ）。
   A. 竣工验收申请之日
   B. 竣工验收合格之日
   C. 竣工验收备案之日
   D. 缺陷责任期满之日

5. 根据《建设工程质量管理条例》，建设工程在超过合理使用年限后需要继续使用的，产权所有人应当委托具有相应资质等级的（   ）鉴定。
   A. 司法鉴定机构
   B. 工程监理单位
   C. 勘察、设计单位
   D. 质量监督机构

6. 关于建设工程质量保证金的说法，正确的是（   ）。
   A. 除依法依规设立的，一律取消
   B. 审慎新设保证金项目
   C. 强制实施银行保函制度
   D. 已经缴纳的履约保证金比例较低的，还可以同时预留工程质量保证金

7. 根据《建设工程质量保证金管理办法》，缺陷责任期最长不超过（   ）。
   A. 6 个月
   B. 1 年
   C. 2 年
   D. 5 年

8. 缺陷责任期内，实行国库集中支付的政府投资项目，保证金（   ）。
   A. 预留在财政部门
   B. 预留在发包人

C. 应按国库集中支付的有关规定执行

D. 预留在使用单位

9. 发包人应按照合同约定方式预留质量保证金，保证金总预留比例不得高于工程价款结算总额的（　　）。

A. 1%

B. 2%

C. 3%

D. 5%

10. 关于返还质量保证金的说法，正确的是（　　）。

A. 发包人在接到承包人返还保证金申请后，应于 28 天内会同承包人按照合同约定的内容进行核实

B. 经核实如无异议，发包人应当按照约定将保证金返还给承包人

C. 发包人逾期未返还的，依法承担违法责任

D. 事先约定经催告后一定期限内仍不予答复视同认可返还申请的，该约定无效

二 多项选择题

1. 下列事项中，属于建设工程质量保修书应当明确的有（　　）。

A. 保修范围

B. 使用说明

C. 保修期限

D. 潜在缺陷

E. 保修责任

2. 下列事项中，属于法定保修范围的有（　　）。

A. 地基基础工程

B. 主体结构工程

C. 民用建筑节能工程

D. 广告展示

E. 家具布置

3. 关于缺陷责任期的说法，正确的有（　　）。

A. 从工程通过竣工验收之日起计

B. 由于承包人原因导致工程无法按规定期限进行竣工验收的，缺陷责任期从实际通过竣工验收之日起计

C. 由于不可抗力原因导致工程无法按规定期限进行竣工验收的，在承包人提交竣工验收报告 90 天后，工程自动进入缺陷责任期

D. 与质量保修期时间一致

E. 缺陷责任期满，不再承担质量保修责任

4. 下列情形中，承包人请求发包人返还工程质量保证金，人民法院应予支持的有（　　）。

A. 当事人约定的工程质量保证金返还期限届满

B. 当事人未约定工程质量保证金返还期限的，自建设工程通过竣工验收之日起满 2 年

C. 因发包人原因建设工程未按约定期限进行竣工验收的，自承包人提交工程竣工验收报告 90 日后当事人约定的工程质量保证金返还期限届满

D. 当事人未约定工程质量保证金返还期限的，自承包人提交工程竣工验收报告 90 日后起满 2 年

E. 建设行政主管部门要求切实解决承包人经营困难

【答案与解析】

一、单项选择题

*1. D；　2. B；　3. A；　4. B；　5. C；　*6. A；　7. C；　8. C；　9. C；　10. B

【解析】

1. 【答案】D

《建筑与市政工程施工质量控制通用规范》规定，当工程在保修期内出现一般质量缺陷时，建设单位应向施工单位发出保修通知，施工单位应进行现场勘察、制定保修方案，并进行及时修复。不管最终责任方是哪个单位，施工单位都应当实施保修，选项 A 不正确。施工单位不能盲目保修，应当在通过现场勘察等方式查明质量缺陷成因的基础上，制定保修方案，进行修复，选项 B 不正确。当工程在保修期内出现涉及结构安全或影响使用功能的严重质量缺陷时，应由原设计单位或相应资质等级的设计单位提出保修设计方案，施工单位实施保修，选项 C 不正确。保修完成后，工程应符合原设计要求，选项 D 正确。因此，本题的正确答案是选项 D。

6. 【答案】A

《国务院办公厅关于清理规范工程建设领域保证金的通知》（国办发〔2016〕49 号）规定，对建筑业企业在工程建设中需缴纳的保证金，除依法依规设立的投标保证金、履约保证金、工程质量保证金、农民工工资保证金外，其他保证金一律取消；则选项 A 正确。该通知采取了一刀切的方式，严禁新设保证金项目，而不是可以审慎设立，选项 B 不正确。在转变保证金缴纳方式方面，根据当前情况，推行银行保函制度，选项 C 不正确。在工程项目竣工前，已经缴纳履约保证金的，建设单位不得同时预留工程质量保证金，选项 D 不正确。因此，本题的正确答案是选项 A。

二、多项选择题

1. A、C、E；　2. A、B、C；　3. A、B；　*4. A、B、C、D

【解析】

4. 【答案】A、B、C、D

《最高人民法院关于审理建设工程施工合同纠纷案件适用法律问题的解释（一）》规定，有下列情形之一，承包人请求发包人返还工程质量保证金的，人民法院应予支持：（1）当事人约定的工程质量保证金返还期限届满。该情形属于约定的返还期限届满，选项 A 正确。（2）当事人未约定工程质量保证金返还期限的，自建设工程通过竣工验收之日起满 2 年。该 2 年是基于未约定时的处理，综合考虑了承包人负担程度以及有关部委的缺陷责任期规定，选项 B 正确。（3）因发包人原因建设工程未按约定期限进行竣工验收的，自承包人提交工程竣工验收报告 90 日后当事人约定的工程质量保证金返还期限届满。当事人未约定工程质量保证金返还期限的，自承包人提交工程竣工验

收报告 90 日后起满 2 年。前述情形综合考虑了发包人的过错以及对提交报告的知晓等因素，选项 C、D 正确。选项 E 中建设行政主管部门要求不构成法定事由，承包人经营困难通常宜作为商业风险考虑，不能作为人民法院应予支持的理由。因此，本题的正确答案是选项 A、B、C、D。

第8章 建设工程环境保护和历史文化遗产保护法律制度

8.1 建设工程环境保护制度

复习要点

1. 建设工程大气污染防治

建设单位施工扬尘污染防治责任	建设单位应当将防治扬尘污染的费用列入工程造价，并在施工承包合同中明确施工单位扬尘污染防治责任。暂时不能开工的建设用地，建设单位应当对裸露地面进行覆盖；超过三个月的，应当进行绿化、铺装或者遮盖
施工单位扬尘污染防治责任	施工单位应制定具体的施工扬尘污染防治实施方案，在施工工地公示扬尘污染防治措施、负责人、扬尘监督管理主管部门等信息。施工单位应当采取有效防尘降尘措施，减少施工作业过程扬尘污染，并做好扬尘污染防治工作。 城市范围内主要路段的施工工地应设置高度不小于 2.5m 的封闭围挡，一般路段的施工工地应设置高度不小于 1.8m 的封闭围挡。施工工地的封闭围挡应坚固、稳定、整洁、美观。施工现场的建筑材料、构件、料具应按总平面布局进行码放。在规定区域内的施工现场应使用预拌混凝土和预拌砂浆；采用现场搅拌混凝土或砂浆的场所应采取封闭、降尘、降噪措施；水泥和其他易飞扬的细颗粒建筑材料应密闭存放或采用覆盖等措施。 施工现场土方作业应采取防止扬尘措施，主要道路应定期清扫、洒水。拆除建筑物或构筑物时，应采用隔离、洒水降噪、降尘措施，并及时清理废弃物。施工进行铣刨、切割等作业时，应采取有效防尘措施；灰土和无机料应采用预拌进场，碾压过程中应洒水降尘。施工现场的主要道路及材料加工区地面应进行硬化处理，道路应畅通，路面应平整坚实。裸露的场地和堆放的土方应采取覆盖、固化或绿化等措施。施工现场出入口应设置车辆冲洗设施，并对驶出车辆进行清洗。土方和建筑垃圾的运输应采用封闭式运输车辆或采取覆盖措施。建筑物内施工垃圾的清运，应采用器具或管道运输，严禁随意抛掷。施工现场严禁焚烧各类废弃物。 鼓励施工工地安装在线监测和视频监控设备，并与当地有关主管部门联网。当环境空气质量指数达到中度及以上污染时，施工现场应增加洒水频次，加强覆盖措施，减少易造成大气污染的施工作业。 掌握《碳排放权交易管理暂行条例》的相关规定

2. 建设工程水污染防治

施工水污染防治	（1）排污许可。实行排污许可管理的企事业单位和其他生产经营者，应当依法申请取得排污许可证。 （2）禁止事项。禁止向水体排放油类、酸液、碱液或者剧毒废液。禁止在水体清洗装贮过油类或者有毒污染物的车辆和容器。禁止向水体排放、倾倒放射性固体废物或者含有高放射性和中放射性物质的废水。禁止向水体排放、倾倒工业废渣、城镇垃圾和其他废弃物。禁止将含有汞、镉、砷、铬、铅、氰化物、黄磷等的可溶性剧毒废渣向水体排放、倾倒或者直接埋入地下。存放可溶性剧毒废渣的场所，应当采取防水、防渗漏、防流失的措施。禁止在江河、湖泊、运河、渠道、水库最高水位线以下的滩地和岸坡堆放、存贮固体废弃物和其他污染物。禁止利用渗井、渗坑、裂隙、溶洞，私设暗管，篡改、伪造监测数据，或者不正常运行水污染防治设施等逃避监管的方式排放水污染物。在饮用水水源保护区内，禁止设置排污口。

施工水污染防治	（3）管理事项。向水体排放含低放射性物质的废水，应当符合国家有关放射性污染防治的规定和标准。向水体排放含热废水，应当采取措施，保证水体的水温符合水环境质量标准。存放可溶性剧毒废渣的场所，应当采取防水、防渗漏、防流失的措施。工业集聚区、矿山开采区、尾矿库、危险废物处置场、垃圾填埋场等的运营、管理单位，应当采取防渗漏等措施，并建设地下水水质监测井进行监测，防止地下水污染。多层地下水的含水层水质差异大的，应当分层开采；对已受污染的潜水和承压水，不得混合开采。兴建地下工程设施或者进行地下勘探、采矿等活动，应当采取防护性措施，防止地下水污染。报废矿井、钻井或者取水井等，应当实施封井或者回填
建设项目的水污染防治	新建、改建、扩建市政基础设施工程应当配套建设雨水收集利用设施，增加绿地、砂石地面、可渗透路面和自然地面对雨水的滞渗能力，利用建筑物、停车场、广场、道路等建设雨水收集利用设施，削减雨水径流，提高城镇内涝防治能力。新区建设与旧城区改建，应当按照城镇排水与污水处理规划确定的雨水径流控制要求建设相关设施。 新建、改建、扩建建设工程，不得影响城镇排水与污水处理设施安全。建设工程开工前，建设单位应当查明工程建设范围内地下城镇排水与污水处理设施的相关情况。城镇排水主管部门及其他相关部门和单位应当及时提供相关资料。建设工程施工范围内有排水管网等城镇排水与污水处理设施的，建设单位应当与施工单位、设施维护运营单位共同制定设施保护方案，并采取相应的安全保护措施。因工程建设需要拆除、改动城镇排水与污水处理设施的，建设单位应当制定拆除、改动方案，报城镇排水主管部门审核，并承担重建、改建和采取临时措施的费用。从事工业、建筑、餐饮、医疗等活动的企业事业单位、个体工商户（以下称排水户）向城镇排水设施排放污水的，应当向城镇排水主管部门申请领取污水排入排水管网许可证。城镇排水主管部门应当按照国家有关标准，重点对影响城镇排水与污水处理设施安全运行的事项进行审查。排水户应当按照污水排入排水管网许可证的要求排放污水。排水单位和个人应当按照国家有关规定缴纳污水处理费。向城镇污水处理设施排放污水、缴纳污水处理费的，不再缴纳排污费

3．建设工程固体废物污染环境防治

建设项目固体废物污染环境防治	建设产生、贮存、利用、处置固体废物的项目，应当依法进行环境影响评价，并遵守国家有关建设项目环境保护管理的规定。建设项目的环境影响评价文件确定需要配套建设的固体废物污染环境防治设施，应当与主体工程同时设计、同时施工、同时投入使用。建设项目的初步设计，应当按照环境保护设计规范的要求，将固体废物污染环境防治内容纳入环境影响评价文件，落实防治固体废物污染环境和破坏生态的措施以及固体废物污染环境防治设施投资概算。建设单位应当依照有关法律法规的规定，对配套建设的固体废物污染环境防治设施进行验收，编制验收报告，并向社会公开
建筑垃圾污染防治	（1）实行建筑垃圾分类管理。施工单位应建立建筑垃圾分类收集与存放管理制度，实行分类收集、分类存放、分类处置。鼓励以末端处置为导向对建筑垃圾进行细化分类。严禁将危险废物和生活垃圾混入建筑垃圾。（2）引导施工现场建筑垃圾再利用。施工单位应充分利用混凝土、钢筋、模板、珍珠岩保温材料等余料，在满足质量要求的前提下，根据实际需求加工制作成各类工程材料，实行循环利用。施工现场不具备就地利用条件的，应按规定及时转运到建筑垃圾处置场所进行资源化处置和再利用。（3）减少施工现场建筑垃圾排放。施工单位应实时统计并监控建筑垃圾产生量，及时采取针对性措施降低建筑垃圾排放量。鼓励采用现场泥沙分离、泥浆脱水预处理等工艺，减少工程渣土和工程泥浆排放

4. 建设工程噪声污染防治

建筑施工噪声污染防治	建设单位应当按照规定将噪声污染防治费用列入工程造价，在施工合同中明确施工单位的噪声污染防治责任。施工单位应当按照规定制定噪声污染防治实施方案，采取有效措施，减少振动、降低噪声。建设单位应当监督施工单位落实噪声污染防治实施方案。在噪声敏感建筑物集中区域施工作业，应当优先使用低噪声施工工艺和设备。国务院工业和信息化主管部门会同国务院生态环境、住房和城乡建设、市场监督管理等部门，公布低噪声施工设备指导名录并适时更新
	新建、改建、扩建经过噪声敏感建筑物集中区域的高速公路、城市高架、铁路和城市轨道交通线路等的，建设单位应当在可能造成噪声污染的重点路段设置声屏障或者采取其他减少振动、降低噪声的措施，符合有关交通基础设施工程技术规范以及标准要求。在噪声敏感建筑物集中区域施工作业，建设单位应当按照国家规定，设置噪声自动监测系统，与监督管理部门联网，保存原始监测记录，对监测数据的真实性和准确性负责
	在噪声敏感建筑物集中区域，禁止夜间进行产生噪声的建筑施工作业，但抢修、抢险施工作业，因生产工艺要求或者其他特殊需要必须连续施工作业的除外。因特殊需要必须连续施工作业的，应当取得地方人民政府住房和城乡建设、生态环境主管部门或者地方人民政府指定的部门的证明，并在施工现场显著位置公示或者以其他方式告知附近居民。对已竣工交付使用的住宅楼、商铺、办公楼等建筑物进行室内装修活动，应当按照规定限定作业时间，采取有效措施，防止、减轻噪声污染
建设项目噪声污染防治	建设项目的噪声污染防治设施应当与主体工程同时设计、同时施工、同时投产使用。建设项目在投入生产或者使用之前，建设单位应当依照有关法律法规的规定，对配套建设的噪声污染防治设施进行验收，编制验收报告，并向社会公开。未经验收或者验收不合格的，该建设项目不得投入生产或者使用。 建设噪声敏感建筑物，应当符合民用建筑隔声设计相关标准要求，不符合标准要求的，不得通过验收、交付使用；在交通干线两侧、工业企业周边等地方建设噪声敏感建筑物，还应当按照规定间隔一定距离，并采取减少振动、降低噪声的措施。在噪声敏感建筑物集中区域，禁止新建排放噪声的工业企业，改建、扩建工业企业的，应当采取有效措施防止工业噪声污染。各级人民政府及其有关部门制定、修改国土空间规划和交通运输等相关规划，应当综合考虑公路、城市道路、铁路、城市轨道交通线路、水路、港口和民用机场及其起降航线对周围声环境的影响。新建公路、铁路线路选线设计，应当尽量避开噪声敏感建筑物集中区域。新建民用机场选址与噪声敏感建筑物集中区域的距离应当符合标准要求。民用机场所在地人民政府，应当根据环境影响评价以及监测结果确定的民用航空器噪声对机场周围生活环境产生影响的范围和程度，划定噪声敏感建筑物禁止建设区域和限制建设区域，并实施控制；在禁止建设区域禁止新建与航空无关的噪声敏感建筑物；在限制建设区域确需建设噪声敏感建筑物的，建设单位应当对噪声敏感建筑物进行建筑隔声设计，符合民用建筑隔声设计相关标准要求
交通运输噪声污染防治	交通运输噪声是指机动车、铁路机车车辆、城市轨道交通车辆、机动船舶、航空器等交通运输工具在运行时产生的干扰周围生活环境的声音。机动车的消声器和喇叭应当符合国家规定。禁止驾驶拆除或者损坏消声器、加装排气管等擅自改装的机动车以轰鸣、疾驶等方式造成噪声污染。机动车应当加强维修和保养，保持性能良好，防止噪声污染。机动车、铁路机车车辆、城市轨道交通车辆、机动船舶等交通运输工具运行时，应当按照规定使用喇叭等声响装置。消防救援车、工程救险车等机动车安装、使用警报器，应当符合国务院公安等部门的规定；非执行紧急任务，不得使用警报器

1. 关于建设项目噪声污染防治的说法，正确的是（　　　）。

    A. 建设项目在投入生产或者使用之后，建设单位应当依照有关法律法规的规定，对配套建设的噪声污染防治设施进行验收，编制验收报告，并向社会公开

    B. 在交通干线两侧、工业企业周边等地方建设噪声敏感建筑物，如果不能保持一定距离，应当采取减少振动、降低噪声的措施

    C. 新建公路、铁路线路选线设计，应当尽量避开噪声敏感建筑物集中区域

    D. 在噪声敏感建筑物集中区域，新建排放噪声的工业企业，应当采取有效措施防止工业噪声污染

2. 关于建设工程大气污染防治的说法，正确的是（　　　）。

    A. 编制可能对国家大气污染防治区域的大气环境造成严重污染的有关工业园区、开发区、区域产业和发展等规划，应当依法进行环境影响评价

    B. 国家大气污染防治重点区域内新建、改建、扩建用煤项目的，鼓励实行煤炭的等量替代

    C. 国家对污染大气环境的工艺、设备和产品实行淘汰制度

    D. 国家鼓励和支持高排放机动车船、非道路移动机械提前报废

3. 关于生态保护红线区域、永久基本农田集中区域和其他需要特别保护的区域的说法正确的是（　　　）。

    A. 禁止建设工业固体废物集中贮存、利用、处置的设施、场所

    B. 可以建设生活垃圾填埋场

    C. 可以建设危险废物集中贮存、利用、处置的设施、场所

    D. 可以建设工业固体废物、危险废物收集的设施、场所

4. 关于施工现场大气污染防治的说法，正确的是（　　　）。

    A. 施工单位应当在施工工地公示扬尘污染防治措施、防治扬尘污染的费用和扬尘监督管理主管部门等信息

    B. 暂时不能开工的建设用地，施工企业应当对裸露地面进行覆盖

    C. 限制在人口集中地区焚烧沥青、油毡、橡胶等产生有毒有害和恶臭气体的物质

    D. 码头、矿山、填埋场和消纳场应当实施分区作业，并采取有效措施防治扬尘污染

5. 应当制定包括源头减量、分类、处理、消纳设施和场所布局及建设等在内的建筑垃圾污染环境防治工作规划的单位是（　　　）。

    A. 乡镇以上地方人民政府　　　　B. 县级以上地方人民政府

    C. 市级以上地方人民政府　　　　D. 省级以上地方人民政府

6. 根据《城市排水与污水处理条例》，下列说法正确的是（　　　）。

    A. 新建、改建、扩建市政基础设施工程应当配套建设雨水收集利用设施，增

加绿地、砂石地面、可渗透路面和自然地面对雨水的滞渗能力

    B．新区建设应当按照城镇排水与污水处理规划确定的雨水径流控制要求建设相关设施。旧城区改建，无需按照城镇排水与污水处理规划确定的雨水径流控制要求建设相关设施

    C．排水单位和个人应当按照国家有关规定缴纳污水处理费。向城镇污水处理设施排放污水、缴纳污水处理费的，仍需缴纳排污费

    D．建设工程施工范围内有排水管网等城镇排水与污水处理设施的，建设单位应当与施工单位、设施维护运营单位各自制定设施保护方案，并采取相应的安全保护措施

7．关于建设项目噪声污染防治，以下说法正确的是（   ）。

    A．噪声敏感建筑物集中区域，可以夜间进行产生噪声的建筑施工作业

    B．抢修、抢险施工作业，因生产工艺要求或者其他特殊需要必须连续作业的，可以直接进行作业

    C．因特殊需要必须夜间连续作业的，应当取得地方人民政府住房和城乡建设、生态环境主管部门或者地方人民政府指定的部门的证明，并公告附近居民

    D．因特殊需要必须连续作业，施工现场无需在显著位置公示或者以其他方式公告附近居民

8．下列关于固体废物污染防治的说法，正确的是（   ）。

    A．煤炭、煤矸石、煤渣、煤灰、水泥、石灰、石膏、砂土等物料可以不进行密闭

    B．对不能密闭的易产生扬尘的物料，应当设置不低于堆放物高度的严密围挡，并采取有效覆盖措施防治扬尘污染

    C．装卸物料不可以采取密闭或者喷淋等方式控制扬尘排放

    D．存放煤炭、煤矸石、煤渣、煤灰等物料，通常可以不采取防燃措施

9．位于甲省的某项目产生大量建筑垃圾，经协商可转移至乙省某地进行无害化处理，关于该固体废物转移的说法正确的是（   ）。

    A．应当向甲省生态环境部门提出申请并经乙省生态环境部门同意

    B．应当向甲省生态环境部门和乙省生态环境部门提出申请

    C．应当向乙省生态环境部门提出申请并经甲省生态环境部门同意

    D．应当经过乙省生态环境部门和甲省生态环境部门同意

10．关于施工现场水污染防治的说法，正确的是（   ）。

    A．禁止利用无防渗漏措施的沟渠输送含有毒污染物的废水

    B．在具有特殊经济文化价值的水体保护区内，可以新建排污口

    C．禁止向水体排放含低放射性物质的废水

    D．禁止向水体排放生活污水

11．关于施工现场大气污染防治的规定，以下说法正确的是（   ）。

    A．施工单位应当将防治扬尘污染的费用列入工程造价

    B．施工承包合同中明确建设单位扬尘污染防治责任

    C．建设单位应当制定具体的施工扬尘污染防治实施方案

D．施工单位应当在施工工地设置硬质围挡，并采取覆盖、分段作业、择时施工、洒水抑尘、冲洗地面和车辆等有效防尘降尘措施

12．以下关于施工扬尘污染防治的说法正确的是（　　　）。

A．施工现场的建筑材料、构件、料具可以不按总平面布局进行码放

B．施工现场应使用预拌混凝土及预拌砂浆

C．采用预拌混凝土或砂浆的场所应采取封闭、降尘、降噪措施

D．水泥和其他易飞扬的细颗粒建筑材料应密闭存放或采取覆盖等措施

13．关于建设项目固体废物污染环境防治的说法，正确的是（　　　）。

A．建设项目的总体设计，应当按照环境保护设计规范的要求，将固体废物污染环境防治内容纳入环境影响评价文件，落实防治固体废物污染环境和破坏生态的措施以及固体废物污染环境防治设施投资概算

B．建设产生、贮存、利用、处置固体废物的项目，应当依法进行环境影响评价，并遵守国家有关建设项目环境保护管理的规定

C．建设单位应当依照有关法律法规的规定，对配套建设的固体废物污染环境防治设施进行验收，编制验收报告，并可以向社会公开

D．从事城市新区开发、旧区改建和住宅小区开发建设、村镇建设的单位，可以按照国家有关环境卫生的规定，配套建设生活垃圾收集设施

14．在噪声敏感建筑物集中区域，不属于法律规定的可以在夜间进行产生环境噪声污染的建筑施工作业的是（　　　）。

A．抢修施工作业　　　　　　　　B．抢险施工作业

C．抢工期施工作业　　　　　　　D．因生产工艺要求必须连续的作业

15．下列关于建设项目噪声污染防治的说法正确的是（　　　）。

A．建设噪声敏感建筑物，应当符合民用建筑隔声设计相关标准要求，不符合标准要求的，可以交付使用后改正防治措施

B．在交通干线两侧、工业企业周边等地方建设噪声敏感建筑物，可以采取密集建造的方式，应当按照规定间隔一定距离，并采取减少振动、降低噪声的措施

C．在噪声敏感建筑物集中区域，可以在设置监控下新建排放噪声的工业企业，同时改建、扩建工业企业的，应当采取有效措施防止工业噪声污染

D．各级人民政府及其有关部门制定、修改国土空间规划和交通运输等相关规划，应当综合考虑公路、城市道路、铁路、城市轨道交通线路、水路、港口和民用机场及其起降航线对周围声环境的影响

16．下列关于固体废物的说法正确的是（　　　）。

A．在生态保护区外可以擅自倾倒、堆放、丢弃、遗撒固体废物

B．在生态保护红线区域外，建设工业固体废物、危险废物集中贮存、利用、处置的设施、场所和生活垃圾填埋场

C．禁止将危险废物提供或者委托给无许可证的单位或者其他生产经营者堆放、利用、处置

D．产生工业固体废物的单位应当根据经济、技术条件对工业固体废物加以利

用；对暂时不利用或者不能利用的，必须采取无害化处置措施

17. 根据《碳排放权交易管理暂行条例》，关于纳入全国碳排放权交易市场的温室气体重点排放单位编制上一年度温室气体排放报告的说法，正确的是（   ）。

    A．由单位自行决定是否编制

    B．向社会公开其年度排放报告中的排放量

    C．无需公开其年度排放报告中的统计核算方法

    D．编制应当自行完成

二 多项选择题

1. 在噪声敏感建筑物集中区域，禁止夜间进行产生噪声的建筑施工作业，因生产工艺要求或者其他特殊需要必须连续施工作业，以下做法正确的有（   ）。

    A．应当取得附近三分之二以上居民同意

    B．应当取得地方人民政府住房和城乡建设、生态环境主管部门或者地方人民政府指定的部门的证明

    C．应当取得地方人民政府住房和城乡建设、生态环境主管部门的共同批准

    D．在施工现场显著位置公示

    E．对附近居民进行赔偿是连续施工作业的前提

2. 下列关于交通运输噪声污染防治的说法正确的是（   ）。

    A．机动车的喇叭应当符合国家规定，行驶城市道路可以不安装消声器

    B．禁止驾驶拆除或者损坏消声器、加装排气管等擅自改装的机动车以轰鸣、疾驶等方式造成噪声污染

    C．机动车应当加强维修和保养，保持性能良好，防止噪声污染

    D．机动车、铁路机车车辆、城市轨道交通车辆、机动船舶等交通运输工具运行时，应当按照规定使用喇叭等声响装置

    E．消防救援车、工程救险车等机动车安装、使用警报器，应当符合县、市政府的规定，非执行紧急任务，不得使用警报器

3. 下列关于施工工地和道路扬尘管控工作的说法，正确的有（   ）。

    A．施工现场土方作业应采取防止扬尘措施，主要道路应定期清扫、洒水

    B．拆除建筑物或构筑物时，应采用隔离、洒水等降噪、降尘措施

    C．施工进行铣刨、切割等作业时，应采取有效防扬尘措施

    D．灰土和无机料应采用预拌进场，碾压过程中应洒水降尘

    E．拆除建筑物或构筑物时，无需及时清理废物

4. 下列关于违反水污染防治禁止事项和管理事项法律责任的说法，正确的有（   ）。

    A．向水体排放油类、酸液、碱液的，由县级以上地方人民政府环境保护主管部门责令停止违法行为，限期采取治理措施，消除污染，处以罚款

    B．经地方人民政府环境主管部门责令采取治理措施，逾期不采取治理措施的，环境保护主管部门可以指定有治理能力的单位代为治理，所需费用由违法

者承担

  C. 可以向水体排放油类

  D. 禁止向水体排放剧毒废液，或者将含有汞、镉、砷、铬、铅、氰化物、黄磷等的可溶性剧毒废渣向水体排放、倾倒，应当直接埋入地下

  E. 禁止在江河、湖泊、运河、渠道、水库最高水位线以下的滩地、岸坡堆放、存贮固体废弃物或者其他污染物

 5. 下列关于水污染防治的说法，正确的有（ ）。

  A. 未依法取得排污许可证禁止排放水污染物

  B. 禁止超过水污染物排放标准或者超过重点水污染物排放总量控制指标排放水污染物

  C. 可以利用渗井、渗坑、裂隙、溶洞等天然资源接设暗管提供检测数据

  D. 按照规定进行预处理，可以向河道排放符合处理工艺要求的工业废水

  E. 禁止在江河、湖泊、运河、渠道、水库最高水位线以下的滩地和岸坡堆放、存贮固体废弃物和其他污染物

 6. 根据《固体废物污染环境防治法》的规定，下列说法正确的有（ ）。

  A. 产生、收集、贮存、运输、利用、处置固体废物的单位应当依法及时公开固体废物污染环境防治信息

  B. 生活垃圾处理单位应当按照国家有关规定安装使用监测设备、实时监测污染物的排放情况并公开污染排放数据

  C. 可以将列入限期淘汰名录被淘汰的设备转让给他人使用

  D. 产生工业固体废物的单位可以根据实际情况建立固体废物管理台账

  E. 尾矿、煤矸石、废石等矿业固体废物贮存设施停止使用后，可以不进行封场

 7. 直接或者间接向水体排放工业废水和医疗污水以及其他按照规定应当取得排污许可证方可排放的废水、污水的企业事业单位和其他生产经营者，应当取得排污许可证；城镇污水集中处理设施的运营单位，也应当取得排污许可证。关于排污许可证的说法正确的有（ ）。

  A. 应当记录排放水污染物的种类

  B. 应当记录排放水污染物的方式

  C. 应当记录排放水污染物的时间

  D. 应当记录排放水污染物的人员

  E. 无需记录排放水污染物的去向

 8. 下列关于固体废物污染环境防治的说法，正确的有（ ）。

  A. 禁止随意倾倒、抛撒、堆放或者焚烧生活垃圾

  B. 禁止擅自关闭、闲置或者拆除生活垃圾处理设施、场所

  C. 禁止工程施工单位未编制建筑垃圾处理方案报备案，或者未及时清运施工过程中产生的固体废物

  D. 禁止工程施工单位擅自倾倒、抛撒或者堆放工程施工过程中产生的建筑垃圾，或者未按照规定对施工过程中产生的固体废物进行利用或者处置

  E. 处置建筑垃圾的单位在运输建筑垃圾时，无需随车携带建筑垃圾处置核准

文件

9. 下列关于水污染防治的说法，正确的有（　　　　）。

A. 禁止向水体排放油类、酸液、碱液

B. 禁止向水体排放剧毒废液，或者将含有汞、镉、砷、铬、铅、氰化物、黄磷等的可溶性剧毒废渣向水体排放、倾倒，应当采取埋入地下的方式处理

C. 禁止在水体清洗装贮过油类、有毒污染物的车辆或者容器

D. 禁止向水体排放、倾倒放射性固体废物或者含有高放射性、中放射性物质的废水

E. 出于保护风景名胜区水体的需要，可以在保护区内新建排污口

【答案与解析】

一、单项选择题

1. C；　　2. D；　　3. A；　　*4. D；　　5. B；　　6. A；　　7. A；　　8. B；

9. A；　　10. A；　　11. D；　　12. D；　　13. B；　　14. C；　　15. D；　　16. C；

17. B

【解析】

4.【答案】D

建设单位应当将防治扬尘污染的费用列入工程造价，并在施工承包合同中明确施工单位扬尘污染防治责任。暂时不能开工的建设用地，建设单位应当对裸露地面进行覆盖；超过三个月的，应当进行绿化、铺装或者遮盖。故选项 B 错误。

施工单位应当在施工工地公示扬尘污染防治措施、负责人、扬尘监督管理主管部门等信息，故选项 A 错误。清运建筑垃圾。土方和建筑垃圾的运输应采用封闭式运输车辆或采取覆盖措施。建筑物内施工垃圾的清运，应采用器具或管道运输，严禁随意抛掷。施工现场严禁焚烧各类废弃物，故选项 C 错误。码头、矿山、填埋场和消纳场应当实施分区作业，并采取有效措施防治扬尘污染，故选项 D 正确。

二、多项选择题

1. B、D；　　　　2. B、C、D；　　　　3. A、B、C、D；　　　　4. A、B、E；

5. A、B、E；　　6. A、B；　　　　7. A、E；　　　　8. A、B、C、D；

9. A、C、D

8.2　施工中历史文化遗产保护制度

复习要点

1. 水下文物

水下文物的定义	遗存于特定水域的具有历史、艺术和科学价值的人类文化遗产
水下文物类别	遗存于中国内水、领海内的一切起源于中国的、起源国不明的和起源于外国的文物

水下文物类别	遗存于中国领海以外依照中国法律由中国管辖的其他海域内的起源于中国的和起源国不明的文物
	遗存于外国领海以外的其他管辖海域以及公海区域内的起源于中国的文物

2．历史文化名城名镇名村的认定

类别	认定主体
保存文物特别丰富并且具有重大历史价值或者革命纪念意义的城市	国务院核定公布
保存文物特别丰富并且具有重大历史价值或者革命纪念意义的城镇、街道、村庄	省、自治区、直辖市人民政府核定公布，并报国务院备案

3．在文物保护单位保护范围和建设控制地带施工的规定

	原则上	不得进行其他建设工程或者爆破、钻探、挖掘等作业	
保护范围内	特殊需要	必须保证文物保护单位的安全	
		经核定公布该文物保护单位的人民政府批准	批准前应当征得上一级人民政府文物行政部门同意
	全国重点文物	必须经省、自治区、直辖市人民政府批准	批准前应当征得国务院文物行政部门同意
建设控制地带内	不得破坏文物保护单位的历史风貌		
	工程设计方案应当根据文物保护单位的级别，经相应的文物行政部门同意后，报城乡建设规划部门批准		

一 单项选择题

1．制定文物认定的标准和办法的是（　　　）。

　　A．地方人民政府文物行政部门　　B．国务院文物行政部门

　　C．国务院住房和城乡建设部　　　D．国家文物局

2．关于我国国家所有的文物，下列说法正确的是（　　　）。

　　A．国有不可移动文物的所有权与其所依附的土地所有权或者使用权保持一致

　　B．国有可移动文物的所有权受其保管、收藏单位的终止或者变更影响

　　C．中华人民共和国境内地下、内水和领海中遗存的一切文物都属于国家所有

　　D．国家指定保护的近代现代代表性建筑属于建造者所有

3．关于我国历史文化名城名镇名村的认定，下列选项正确的是（　　　）。

　　A．保存文物特别丰富并且具有重大历史价值或者革命纪念意义的城市，由省级人民政府核定公布为历史文化名城

　　B．保存文物特别丰富并且具有重大历史价值或者革命纪念意义的城镇、街道、村庄，由省级人民政府核定公布为历史文化街区、村镇

　　C．保存文物特别丰富并且具有重大历史价值或者革命纪念意义的城镇、街道、

村庄，由县级人民政府核定公布为历史文化街区、村镇

    D. 历史文化名城和历史文化街区、村镇所在地的省级以上地方人民政府应当组织编制专门的历史文化名城和历史文化街区、村镇保护规划，并纳入城市总体规划

4. 关于文物保护单位及其控制地带，下列说法正确的是（　　）。

    A. 文物保护单位的保护范围，是指对文物保护单位本体实施重点保护的区域

    B. 在全国重点文物保护单位的保护范围内进行其他建设工程或者爆破、钻探、挖掘等作业的，必须经国务院文物行政部门批准

    C. 文物保护单位的建设控制地带，是指在文物保护单位的保护范围外，为保护文物保护单位的安全、环境、历史风貌对建设项目加以限制的区域

    D. 在文物保护单位的建设控制地带内不得进行其他建设工程或者爆破、钻探、挖掘等作业

5. 在文物保护单位的建设控制地带内进行建设工程，其工程设计方案应当根据文物保护单位的级别，经相应的（　　）同意后，报（　　）批准。

    A. 文物行政部门，城乡建设规划部门

    B. 城乡建设规划部门，文物行政部门

    C. 文物行政部门，上级文物行政部门

    D. 城乡建设规划部门，上级城乡建设规划部门

6. 进行大型基本建设工程，经建设单位报请应当组织从事考古发掘的单位在工程范围内有可能埋藏文物的地方进行考古调查、勘探的是（　　）。

    A. 国家文物局

    B. 省、自治区、直辖市人民政府环境保护行政部门

    C. 省、自治区、直辖市人民政府住房城乡建设行政部门

    D. 省、自治区、直辖市人民政府文物行政部门

7. 在历史文化街区、名镇、名村核心保护范围内，拆除历史建筑以外的建筑物、构筑物或者其他设施的，应当经城市、县人民政府城乡规划主管部门会同（　　）批准。

    A. 同级文物主管部门   B. 上级文物主管部门

    C. 同级建设行政主管部门   D. 上级建设行政主管部门

8. 违反《文物保护法》规定，构成走私行为，尚不构成犯罪的，由（　　）依照有关法律、行政法规的规定给予处罚。

    A. 公安机关   B. 文物行政部门

    C. 环境保护行政部门   D. 城乡建设规划部门

9. 在文物保护单位的保护范围内或者建设控制地带内建设污染文物保护单位及其环境的设施的，或者对已有的污染文物保护单位及其环境的设施未在规定的期限内完成治理的，由（　　）依照有关法律、法规的规定给予处罚。

    A. 公安机关   B. 文物所在单位

    C. 文物主管部门   D. 环境保护行政部门

10. 应当按照保护规划的要求，负责历史建筑的维护和修缮的是（　　）。

A．县级以上地方人民政府　　　B．历史建筑的所有权人

C．国务院文物行政部门　　　　D．国家文物局

11．对于以下违反《文物保护法》的行为，说法正确的是（　　　　）。

A．违反《文物保护法》规定，造成文物灭失、损毁，构成违反治安管理行为的，由公安机关依法给予治安管理处罚

B．擅自在文物保护单位的保护范围内进行建设工程或者爆破、钻探、挖掘等作业，尚不构成犯罪的，由县级以上人民政府城乡规划主管部门责令改正

C．发现文物隐匿不报或者拒不上交，尚不构成犯罪的，由县级以上人民政府文物主管部门追缴文物

D．在历史文化名城、名镇、名村保护范围内占用保护规划确定保留的园林绿地、河湖水系、道路等的，由城市、县人民政府文物主管部门责令停止违法行为、限期恢复原状或者采取其他补救措施

二　多项选择题

1．下列属于国家所有的文物的有（　　　　）。

A．中华人民共和国境内地下、内水和领海中遗存的文物

B．古文化遗址、古墓葬、石窟寺

C．国家指定保护的纪念建筑物、古建筑、石刻、壁画、近代现代代表性建筑

D．历史上各时代珍贵的艺术品、工艺美术品

E．公民、法人和其他组织捐赠给国家的文物

2．根据《水下文物保护管理条例》，以下属于水下文物的有（　　　　）。

A．遗存于中国内水、领海内的起源国不明的文物

B．遗存于中国内水、领海内的起源于外国的文物

C．遗存于中国领海以外依照中国法律由中国管辖的其他海域内的起源国不明的文物

D．遗存于中国领海以外依照中国法律由中国管辖的其他海域内的起源于外国的文物

E．遗存于外国领海以外的其他管辖海域以及公海区域内的起源国不明的文物

3．以下条件可以申报历史文化名城、名镇、名村的有（　　　　）。

A．保存文物的

B．保存历史建筑的

C．保留着传统格局和历史风貌的

D．历史上曾经作为政治、经济、文化、交通中心或者军事要地的

E．能够集中反映本地区建筑的文化特色、民族特色的

4．在历史文化名城、名镇、名村保护范围内禁止进行的活动有（　　　　）。

A．占用保护规划确定保留的园林绿地、河湖水系、道路等

B．改变园林绿地、河湖水系等自然状态的活动

C．在核心保护范围内进行影视摄制、举办大型群众性活动

D. 开山、采石、开矿

E. 在历史建筑上刻划、涂污

5. 以下单位可以对违反水下文物保护的行为责令改正，追缴有关文物，并给予警告的有（　　）。

A. 公安机关

B. 县级以上人民政府文物主管部门

C. 海上执法机关

D. 海关

E. 国家文物局

6. 对于刻划、涂污或者损坏文物尚不严重的，或者损毁依照《文物保护法》规定设立的文物保护单位标志的行为，可以给予警告、并处罚款的有（　　）。

A. 文物主管部门　　　　　　　B. 国家文物局

C. 公安机关　　　　　　　　　D. 环境保护行政部门

E. 文物所在单位

【答案与解析】

一、单项选择题

1. B;　　*2. C;　　*3. B;　　*4. C;　　5. A;　　6. D;　　7. A;　　8. B;

9. D;　　10. B;　　*11. A

【解析】

2.【答案】C

国有不可移动文物的所有权不因其所依附的土地所有权或者使用权的改变而改变，选项 A 错误。属于国家所有的可移动文物的所有权不因其保管、收藏单位的终止或者变更而改变，选项 B 错误。根据《文物保护法》，中华人民共和国境内地下、内水和领海中遗存的一切文物，属于国家所有，选项 C 正确。国家指定保护的纪念建筑物、古建筑、石刻、壁画、近代现代代表性建筑等不可移动文物，除国家另有规定的以外，属于国家所有，选项 D 错误。因此，本题的正确答案是选项 C。

3.【答案】B

保存文物特别丰富并且具有重大历史价值或者革命纪念意义的城市，由国务院核定公布为历史文化名城，选项 A 错误。保存文物特别丰富并且具有重大历史价值或者革命纪念意义的城镇、街道、村庄，由省、自治区、直辖市人民政府核定公布为历史文化街区、村镇，并报国务院备案，选项 B 正确，选项 C 错误。历史文化名城和历史文化街区、村镇所在地的县级以上地方人民政府应当组织编制专门的历史文化名城和历史文化街区、村镇保护规划，并纳入城市总体规划，选项 D 错误。因此，本题的正确答案是选项 B。

4.【答案】C

文物保护单位的保护范围，是指对文物保护单位本体及周围一定范围实施重点保护的区域，选项 A 错误。在全国重点文物保护单位的保护范围内进行其他建设工程或者爆破、钻探、挖掘等作业的，必须经省、自治区、直辖市人民政府批准，在批准前应当征得国务院文物行政部门同意，选项B错误。文物保护单位的建设控制地带，是指在文物保护单位的保护范围外，为保护文物保护单位的安全、环境、历史风貌对建设项目加以限制的区域，选项C正确。文物保护单位的保护范围内不得进行其他建设工程或者爆破、钻探、挖掘等作业，选项D错误。因此，本题的正确答案是选项C。

11.【答案】A

盗掘古文化遗址、古墓葬，造成文物灭失、损毁，构成违反治安管理行为的，由公安机关依法给予治安管理处罚，选项A正确。擅自在文物保护单位的保护范围内进行建设工程或者爆破、钻探、挖掘等作业，尚不构成犯罪的，由县级以上人民政府文物主管部门责令改正，选项B错误。发现文物隐匿不报或者拒不上交，尚不构成犯罪的，由县级以上人民政府文物主管部门会同公安机关追缴文物，选项C错误。在历史文化名城、名镇、名村保护范围内占用保护规划确定保留的园林绿地、河湖水系、道路等的，由城市、县人民政府城乡规划主管部门责令停止违法行为、限期恢复原状或者采取其他补救措施，选项D错误。因此，本题的正确答案是选项A。

二、多项选择题

1. A、B、C、E；　　*2. A、B、C；　　　*3. C、D、E；　　　*4. A、D、E；
5. B、C；　　　　6. C、E

【解析】

2.【答案】A、B、C

根据《水下文物保护管理条例》第2条，水下文物，是指遗存于下列水域的具有历史、艺术和科学价值的人类文化遗产：（1）遗存于中国内水、领海内的一切起源于中国的、起源国不明的和起源于外国的文物；（2）遗存于中国领海以外依照中国法律由中国管辖的其他海域内的起源于中国的和起源国不明的文物；（3）遗存于外国领海以外的其他管辖海域以及公海区域内的起源于中国的文物。故选项A、B、C正确，选项D、E错误。因此，本题的正确答案是选项A、B、C。

3.【答案】C、D、E

根据《历史文化名城名镇名村保护条例》第7条，具备下列条件的城市、镇、村庄，可以申报历史文化名城、名镇、名村：（1）保存文物特别丰富；（2）历史建筑集中成片；（3）保留着传统格局和历史风貌；（4）历史上曾经作为政治、经济、文化、交通中心或者军事要地，或者发生过重要历史事件，或者其传统产业、历史上建设的重大工程对本地区的发展产生过重要影响，或者能够集中反映本地区建筑的文化特色、民族特色。故选项A、B错误，选项C、D、E正确。因此，本题的正确答案是选项C、D、E。

4.【答案】A、D、E

根据《历史文化名城名镇名村保护条例》，在历史文化名城、名镇、名村保护范围内禁止进行下列活动：（1）开山、采石、开矿等破坏传统格局和历史风貌的活动；（2）占用保护规划确定保留的园林绿地、河湖水系、道路等；（3）修建生产、储存爆炸性、易燃性、放射性、毒害性、腐蚀性物品的工厂、仓库等；（4）在历史建筑上刻划、涂污。在历史文化名城、名镇、名村保护范围内进行下列活动，应当保护其传统格局、历史风貌和历史建筑；制订保护方案，并依照有关法律、法规的规定办理相关手续：（1）改变园林绿地、河湖水系等自然状态的活动；（2）在核心保护范围内进行影视摄制、举办大型群众性活动；（3）其他影响传统格局、历史风貌或者历史建筑的活动。故选项 A、D、E 是在历史文化名城、名镇、名村保护范围内禁止进行的活动，选项 B、C 是依照有关法律、法规的规定办理相关手续后，在保护历史文化名城、名镇、名城传统格局、历史风貌和历史建筑的前提下可以进行的活动。因此，本题的正确答案是选项 A、D、E。

第 9 章　建设工程劳动保障法律制度

9.1　劳动合同制度

复习要点

1．订立原则

《劳动法》规定，订立和变更劳动合同，应当遵循平等自愿、协商一致的原则，不得违反法律、行政法规的规定。

《劳动合同法》规定，订立劳动合同，应当遵循合法、公平、平等自愿、协商一致、诚实信用的原则。

2．劳动合同分类

根据不同的分类标准可以把劳动合同分为不同的类型。常用的三种分类具体如下：

按照就业方式划分	1）全日制劳动合同 全日制劳动合同是劳动者依照国家法定工作时间，从事全日制劳动而订立的劳动合同，是传统就业的主要方式。现行《劳动合同法》的一般规定主要是以全日制劳动合同为对象。 2）非全日制劳动合同 非全日制劳动合同是基于非全日制用工而订立的劳动合同。根据《劳动合同法》，集体合同、劳务派遣与非全日制用工是劳动用工的三种特别形式
按照劳动合同的期限划分	1）固定期限劳动合同 固定期限劳动合同，也称为定期劳动合同。《劳动合同法》规定，固定期限劳动合同，是指用人单位与劳动者约定合同终止时间的劳动合同。用人单位与劳动者协商一致，可以订立固定期限劳动合同。 2）无固定期限劳动合同 无固定期限劳动合同，也称不定期劳动合同。《劳动合同法》规定，无固定期限劳动合同，是指用人单位与劳动者约定无确定终止时间的劳动合同。用人单位与劳动者协商一致，可以订立无固定期限劳动合同。 3）以完成一定工作任务为期限的劳动合同 《劳动合同法》规定，以完成一定工作任务为期限的劳动合同，是指用人单位与劳动者约定以某项工作的完成为合同期限的劳动合同。用人单位与劳动者协商一致，可以订立以完成一定工作任务为期限的劳动合同
按照劳动合同主体的数量划分	1）个人劳动合同 个人劳动合同，是指由单个的劳动者本人与用人单位依法订立的劳动合同。合同主体一方为单一或者唯一劳动主体，是劳动合同的主流形态。 2）集体劳动合同 集体劳动合同，是指由多个劳动者与用人单位依法订立的劳动合同。合同主体一方为多个劳动者。《劳动法》规定，企业职工一方与企业可以就劳动报酬、工作时间、休息休假、劳动安全卫生、保险福利等事项签订集体合同。《劳动合同法》规定，企业职工一方与用人单位通过平等协商，可以就劳动报酬、工作时间、休息休假、劳动安全卫生、保险福利等事项订立集体合同

3．劳动合同的形式、内容、双方主体义务、效力

劳动合同的形式	1）书面劳动合同 《劳动法》与《劳动合同法》明确规定，劳动合同应当以书面形式订立。 《劳动合同法》规定，用人单位自用工之日起即与劳动者建立劳动关系。已建立劳动关系，未同时订立书面劳动合同的，应当自用工之日起1个月内订立书面劳动合同。用人单位与劳动者在用工前订立劳动合同的，劳动关系自用工之日起建立。 2）例外情形的口头协议 《劳动合同法》规定，非全日制用工双方当事人可以订立口头协议
劳动合同的内容	劳动合同的内容，由必备条款和约定条款两部分组成，这两部分也被称为法定内容和约定内容。 1）劳动合同的必备条款（法定内容） 《劳动合同法》规定，劳动合同应当具备以下条款：（1）用人单位的名称、住所和法定代表人或者主要负责人；（2）劳动者的姓名、住址和居民身份证或者其他有效身份证件号码；（3）劳动合同期限；（4）工作内容和工作地点；（5）工作时间和休息休假；（6）劳动报酬；（7）社会保险；（8）劳动保护、劳动条件和职业危害防护；（9）法律、法规规定应当纳入劳动合同的其他事项。 2）劳动合同的约定条款（约定内容） 《劳动合同法》规定，劳动合同除前款规定的必备条款外，用人单位与劳动者可以约定试用期、培训、保守秘密、补充保险和福利待遇等其他事项。 劳动合同的试用期是一个重要的约定条款。试用期是指用人单位与劳动者约定彼此互相衡量以确定是否继续履行劳动合同的期限。劳动者和用人单位双方在不违背《劳动合同法》的强制性规定的前提下可以在劳动合同中约定试用期的期限
劳动合同双方主体的义务	1）如实告知的义务 《劳动合同法》规定，用人单位招用劳动者时，应当如实告知劳动者工作内容、工作条件、工作地点、职业危害、安全生产状况、劳动报酬，以及劳动者要求了解的其他情况；用人单位有权了解劳动者与劳动合同直接相关的基本情况，劳动者应当如实说明。 双方当事人了解对方的必要信息不仅有利于劳动的具体实现，还关系到劳动者在劳动中的生命健康以及劳动待遇等问题。 2）用人单位不得扣押劳动者有效证件或要求劳动者提供担保的义务 《劳动合同法》规定，用人单位招用劳动者，不得扣押劳动者的居民身份证和其他证件，不得要求劳动者提供担保或者以其他名义向劳动者收取财物
劳动合同的效力	1）劳动合同的生效 劳动合同由用人单位与劳动者协商一致，并经用人单位与劳动者在劳动合同文本上签字或者盖章生效。 2）劳动合同无效或者部分无效 劳动合同无效的情形：（1）以欺诈、胁迫的手段或者乘人之危，使对方在违背真实意思的情况下订立或者变更劳动合同的；（2）用人单位免除自己的法定责任、排除劳动者权利的；（3）违反法律、行政法规强制性规定的。 劳动合同部分无效，不影响其他部分效力的，其他部分仍然有效

4．劳动合同的履行和变更

劳动合同履行的原则	1）全面履行原则 《劳动法》规定，劳动合同依法订立即具有法律约束力，当事人必须履行劳动合同规定的义务。用人单位与劳动者应当按照劳动合同的约定，全面履行各自的义务。 2）亲自履行原则 亲自履行原则是劳动合同的双方当事人必须亲自完成合同约定的义务，未经对方同意，一方当事人不得让他人代替履行义务。

劳动合同履行的原则	3）禁止强迫劳动原则 《劳动合同法》规定，劳动者拒绝用人单位管理人员违章指挥、强令冒险作业的，不视为违反劳动合同。用人单位以暴力胁迫或者非法限制人身自由的手段，强迫劳动者劳动的，或者用人单位违章指挥强令冒险作业危及劳动者人身安全的，劳动者可以立即解除劳动合同，不需要事先告知用人单位
用人单位的主要义务	1）依法支付劳动报酬 《劳动合同法》规定，用人单位应当按照劳动合同约定和国家规定，向劳动者及时足额支付劳动报酬。用人单位拖欠或者未足额支付劳动报酬的，劳动者可以依法向当地人民法院申请支付令，人民法院应当依法发出支付令。 2）不得强迫或者变相强迫劳动者加班 用人单位应当严格执行劳动定额标准，不得强迫或者变相强迫劳动者加班。用人单位安排加班的，应当按照国家有关规定向劳动者支付加班费
劳动者的重要权利	《劳动合同法》规定，劳动者拒绝用人单位管理人员违章指挥、强令冒险作业的，不视为违反劳动合同。劳动者对危害生命安全和身体健康的劳动条件，有权对用人单位提出批评、检举和控告
劳动合同变更后的履行	1）用人单位名称、法定代表人等变更后劳动合同的履行 《劳动合同法》规定，用人单位变更名称、法定代表人、主要负责人或者投资人等事项，不影响劳动合同的履行。 2）用人单位合并或分立后劳动合同的履行 《劳动合同法》规定，用人单位发生合并或者分立等情况，原劳动合同继续有效，劳动合同由承继其权利和义务的用人单位继续履行

5．劳动合同的解除和终止

	双方协商解除	《劳动合同法》规定，用人单位与劳动者协商一致，可以解除劳动合同
劳动合同的解除	单方法定解除	1）用人单位单方法定解除 《劳动合同法》要求用人单位单方解除劳动合同必须具有法定理由。用人单位单方法定解除具体分为以下三种情形。 （1）即时解除合同 即时解除合同也称为过错性解除合同，是指用人单位因劳动者的过错可以不必提前预告而解除劳动合同的行为。 《劳动合同法》规定，劳动者有下列情形之一的，用人单位可以解除劳动合同：① 在试用期间被证明不符合录用条件的；② 严重违反用人单位的规章制度的；③ 严重失职，营私舞弊，给用人单位造成重大损害的；④ 劳动者同时与其他用人单位建立劳动关系，对完成本单位的工作任务造成严重影响，或者经用人单位提出，拒不改正的；⑤ 因《劳动合同法》第 26 条第 1 款第 1 项规定的情形（以欺诈、胁迫的手段或乘人之危，使对方在违背真实意思的情况下订立或者变更劳动合同的）致使劳动合同无效的；⑥ 被依法追究刑事责任的。 上述情形是用人单位因劳动者的过错与劳动者解除合同的，所以用人单位也不需要向劳动者支付经济补偿金。 （2）预告解除合同 预告解除合同也称为非过错性解除合同，用人单位提前告知劳动者解除合同的情形。 《劳动合同法》规定，有下列情形之一的，用人单位提前 30 日以书面形式通知劳动者本人或者额外支付劳动者 1 个月工资后，可以解除劳动合同：① 劳动者患病或者非因工负伤，在规定的医疗期满后不能从事原工作，也不能从事由用人单位另行安排的工作的；② 劳动者不能胜任工作，经过培训或者调整工作岗位，仍不能胜任工作的；③ 劳动合同订立时所依据的客观情况发生重大变化，致使劳动合同无法履行，经用人单位与劳动者协商，未能就变更劳动合同内容达成协议的。

劳动合同的解除	单方法定解除	（3）经济性裁员 《劳动合同法》规定，有下列情形之一，需要裁减人员 20 人以上或者裁减不足 20 人但占企业职工总数 10% 以上的，用人单位提前 30 日向工会或者全体职工说明情况，听取工会或者职工的意见后，裁减人员方案经向劳动行政部门报告，可以裁减人员：① 依照企业破产法规定进行重整的；② 生产经营发生严重困难的；③ 转产、重大技术革新或者经营方式调整，经变更劳动合同后，仍需裁减人员的；④ 其他因劳动合同订立时所依据的客观经济情况发生重大变化，致使劳动合同无法履行的。 裁减人员时，应当优先留用下列人员：① 与本单位订立较长期限的固定期限劳动合同的；② 与本单位订立无固定期限劳动合同的；③ 家庭无其他就业人员，有需要扶养的老人或者未成年人的。用人单位依照上述规定裁减人员，在 6 个月内重新招用人员的，应当通知被裁减的人员，并在同等条件下优先招用被裁减的人员。 2）劳动者单方法定解除 劳动者单方法定解除合同分为即时解除和预告解除两种情形。 （1）即时解除合同 《劳动合同法》规定，用人单位有下列情形之一的，劳动者可以解除劳动合同：① 未按照劳动合同约定提供劳动保护或者劳动条件的；② 未及时足额支付劳动报酬的；③ 未依法为劳动者缴纳社会保险费的；④ 单位的规章制度违反法律、法规的规定，损害劳动者权益的；⑤ 因《劳动合同法》第 26 条规定的情形致使劳动合同无效的；⑥ 法律、行政法规规定劳动者可以解除劳动合同的其他情形。用人单位以暴力、威胁或者非法限制人身自由的手段强迫劳动者劳动的，或者用人单位违章指挥、强令冒险作业危及劳动者人身安全的，劳动者可以立即解除劳动合同，不需事先告知用人单位。 （2）预告解除合同 《劳动合同法》规定，劳动者提前 30 日以书面形式通知用人单位，可以解除劳动合同。劳动者在试用期内提前 3 日通知用人单位，可以解除劳动合同
劳动合同的终止	劳动合同终止的情形	（1）劳动合同期满的；（2）劳动者开始依法享受基本养老保险待遇的；（3）劳动者死亡，或者被人民法院宣告死亡或者宣告失踪的；（4）用人单位被依法宣告破产的；（5）用人单位被吊销营业执照、责令关闭、撤销或者用人单位决定提前解散的；（6）法律、行政法规规定的其他情形
	终止劳动合同经济补偿的情形	根据《劳动合同法》有两种情形下，用人单位要向劳动者支付经济补偿： 第一，用人单位被依法宣告破产的； 第二，用人单位被吊销营业执照、责令关闭、撤销或者用人单位决定提前解散的

一 单项选择题

1. 下列就业特点中，属于固定期限劳动合同中长期合同特点的是（　　）。

A．临时性 　　　　　　　　　B．替代性

C．稳定性 　　　　　　　　　D．季节性

2. 甲某与某施工企业订立了期限为 2 年的劳动合同，合同生效时间为 3 月 5 日，则该劳动合同试用期结束的最迟日期为（　　）。

A．4 月 5 日 　　　　　　　　B．5 月 5 日

C．6 月 5 日 　　　　　　　　D．9 月 5 日

3. 根据《劳动合同法》，用人单位初次实行劳动合同制度或者国有企业改制重新订立劳动合同时，劳动者在该用人单位连续工作满10年且距法定退休年龄不足10年，劳动者提出或者同意续订、订立劳动合同的，除非劳动者另有想法，应当订立（　　　）。

  A. 固定期限劳动合同   B. 无固定期限劳动合同

  C. 全日制劳动合同   D. 非全日制劳动合同

4. 根据《劳动合同法》，用人单位与劳动者已建立劳动关系，但未同时订立书面劳动合同的，应当自用工之日起（　　　）内订立书面劳动合同。

  A. 1个月   B. 2个月

  C. 3个月   D. 半年

5. 根据《劳动合同法》，企业职工一方与用人单位通过平等协商，可以就劳动报酬、工作时间、休息休假、劳动安全卫生、保险福利等事项订立（　　　）。

  A. 固定期限劳动合同   B. 无固定期限劳动合同

  C. 全日制劳动合同   D. 集体劳动合同

6. 根据《劳动合同法》，关于劳动者试用期的说法，正确的是（　　　）。

  A. 试用期不包含在劳动合同期限之内

  B. 以完成一定工作任务为期限的劳动合同，试用期最长1个月

  C. 劳动合同期限为2年的，试用期不得超过6个月

  D. 同一用人单位与同一劳动者只能约定一次试用期

7. 根据《劳动合同法》，用人单位与劳动者建立劳动关系的时间是（　　　）。

  A. 通知录用之日   B. 用工之日

  C. 劳动合同订立之日   D. 劳动合同生效之日

8. 根据《劳动合同法》，视为用人单位与劳动者已订立无固定期限劳动合同的情形，是指用人单位已经开始用工但不与劳动者订立书面劳动合同，自用工之日起满（　　　）。

  A. 3个月   B. 6个月

  C. 9个月   D. 1年

9. 根据《劳动合同法》，下列劳动合同的情形中，属于合同无效或部分无效的是（　　　）。

  A. 与对方协商一致，自愿订立或变更劳动合同的

  B. 乘人之危，使对方在违背真实意思的情况下订立或者变更劳动合同的

  C. 用人单位减轻自己法定责任、排除劳动者权利的

  D. 违反法律、行政法规规定的

10. 下列施工企业的职工中，有权要求企业订立无固定期限劳动合同的是（　　　）。

  A. 甲某在该企业连续工作满9年

  B. 乙某在该企业工作2年，后被任命为总经理

  C. 丙某在该企业工作累计10年，期间曾跳槽别的企业

  D. 丁某在该企业连续订立两次固定期限劳动合同，但因工负伤不能从事原工作

11. 下列人员于2021年2月分别向其所在单位提出订立无固定期限劳动合同，其中不满足订立无固定期限劳动合同法定条件的是（　　　）。

A．赵先生 2020 年 1 月入职单位后，该企业在 2020 年 11 月与之订立书面劳动合同

B．张女士于 2001 年 1 月入职单位后一直在该企业工作

C．王先生于 1999 年入职国有企业工作，2018 年 3 月企业改制，王先生已年满 50 岁

D．李女士已连续与其单位订立两次固定期限劳动合同，再次续订劳动合同时，该企业将李女士晋升为行政主管

12．根据《劳动合同法》，劳动者拒绝用人单位管理人员违章指挥、强令冒险作业的，不视为违反劳动合同。该规定体现了劳动合同的（　　）。

A．全面履行原则　　　　　　　　B．亲自履行原则

C．禁止强迫劳动原则　　　　　　D．平等自愿原则

13．关于劳动合同履行的说法，正确的是（　　）。

A．用人单位名称变更，原劳动合同变更

B．用人单位发生合并或者分立，原劳动合同解除

C．用人单位法定代表人变更，应当重新订立劳动合同

D．用人单位投资人变更不影响劳动合同的履行

14．甲施工企业与乙施工企业合并，甲企业在合并前与其职工订立的劳动合同（　　）。

A．效力待定　　　　　　　　　　B．自动解除

C．自动终止　　　　　　　　　　D．继续有效

15．根据《劳动合同法》，劳动者的下列情形中，用人单位可以随时解除劳动合同的是（　　）。

A．在试用期结束后被证明不符合录用条件

B．严重违反用人单位的规章制度

C．因企业转产致使劳动合同无法履行

D．不能胜任工作，经过培训仍然不能胜任

16．根据《劳动合同法》，劳动者患病或者非因工负伤，在规定的医疗期满后不能从事原工作，也不能从事由用人单位另行安排的工作的，用人单位有权解除劳动合同，但需要提前（　　）以书面形式通知劳动者本人。

A．10 日　　　　　　　　　　　　B．15 日

C．20 日　　　　　　　　　　　　D．30 日

17．下列情形中，用人单位可以解除劳动合同的是（　　）。

A．职工患病，在规定的医疗期内

B．女职工在孕期、哺乳期内

C．因工负伤丧失或者部分丧失劳动能力

D．在试用期间被证明不符合录用条件

18．根据《劳动合同法》，用人单位拖欠或者未足额支付劳动报酬的，劳动者可以依法向当地（　　）申请支付令。

A．工会　　　　　　　　　　　　B．人民法院

C．劳动行政部门　　　　　　　　D．劳动争议仲裁机构

19．甲某被某施工企业录用，双方于本年度3月15日订立了为期2年的劳动合同，并约定试用期2个月，次日合同开始履行。同年7月8日，甲某决定解除该劳动合同。下列做法中正确的是（　　）。

A．必须取得用人单位同意

B．可提前3日通知用人单位

C．应提前30日以书面形式通知用人单位

D．应向用人单位支付违约金

20．某钢材公司因为生产经营发生严重困难决定裁员，2022年3月1日，李某成为被裁减人员。如果该建筑公司（　　）前重新招用人员的，应当优先招用李某等被裁减人员。

A．2020年3月1日　　　　　　　B．2020年5月1日

C．2020年6月1日　　　　　　　D．2020年9月1日

21．根据《劳动合同法》，下列情形中，劳动者可以立即解除劳动合同而无需事先告知用人单位的是（　　）。

A．用人单位未按照劳动合同约定提供劳动保护或者劳动条件

B．用人单位以暴力、威胁或者非法限制人身自由的手段强迫劳动者劳动

C．用人单位未及时足额支付劳动报酬

D．用人单位制定的规章制度违反法律法规，损害劳动者的权益

22．根据《劳动合同法》，关于劳动合同变更的说法，错误的是（　　）。

A．双方协商一致，可以变更劳动合同

B．变更劳动合同，应当采用书面形式

C．变更劳动合同，可以采用口头形式

D．变更后的劳动合同文本由双方各执一份

23．根据《劳动合同法》，用人单位违反相关规定不与劳动者订立无固定期限劳动合同的，自应当订立无固定期限劳动合同之日起向劳动者每月支付（　　）倍的工资。

A．1.5　　　　　　　　　　　　B．2

C．3　　　　　　　　　　　　　D．4

二　多项选择题

1．根据《劳动法》《劳动合同法》，下列原则中，属于劳动合同订立原则的有（　　）。

A．合法的原则　　　　　　　　　B．公平的原则

C．诚实信用的原则　　　　　　　D．公序良俗的原则

E．平等自愿、协商一致的原则

2．根据《劳动合同法》，按照合同期限，劳动合同可以划分为（　　）。

A．全日制劳动合同

B．非全日制劳动合同

C．固定期限劳动合同

D．无固定期限劳动合同

E．以完成一定工作任务为期限的劳动合同

3．根据《劳动合同法》，按照就业方式的不同，劳动合同可以划分为（　　）。

A．全日制劳动合同

B．非全日制劳动合同

C．固定期限劳动合同

D．无固定期限劳动合同

E．以完成一定工作任务为期限的劳动合同

4．根据《劳动合同法》，用人单位在招用劳动者时，不得（　　）。

A．约定保守秘密　　　　　　　　B．扣押劳动者的证件

C．向劳动者收取财物　　　　　　D．要求劳动者提供担保

E．订立无终止时间的劳动合同

5．根据《劳动合同法》，关于非全日制劳动合同的说法，正确的有（　　）。

A．非全日制用工，以天计酬为主

B．非全日制用工，以小时计酬为主

C．每周工作时间累计不超过 20 小时

D．每周工作时间累计不超过 24 小时

E．在同一用人单位一般平均每日工作时间不超过 4 小时

6．根据《劳动合同法》，下列情形中，除劳动者另有想法外，属于应当订立无固定期限劳动合同的有（　　）。

A．劳动者在该用人单位连续工作满 10 年的

B．连续订立两次固定期限劳动合同，且劳动者没有用人单位可以解除劳动合同情形的

C．用人单位初次实行劳动合同制度时，劳动者在该用人单位连续工作满 10 年且距法定退休年龄不足 10 年的

D．用人单位国有企业改制重新订立劳动合同时，劳动者在该用人单位连续工作满 10 年且距法定退休年龄不足 10 年的

E．劳动者先后两次在该用人单位工作，全部工作时间已满 10 年的

7．关于劳动合同订立的说法，正确的有（　　）。

A．试用期包含在劳动合同期限内

B．固定期限劳动合同不能超过 10 年

C．社会保险是劳动合同的必备条款

D．劳动关系自劳动合同订立之日起建立

E．非全日制用工双方当事人可以订立口头协议

8．根据《劳动合同法》，关于无固定期限劳动合同的说法，正确的有（　　）。

A．无固定期限劳动合同就是约定无确定终止时间的劳动合同

B．该合同适用于技术性较强且需要长期保持人员稳定的工作岗位

C．劳动者在某用人单位连续工作满 10 年的，可以订立无固定期限劳动合同

D．已连续订立两次固定期限劳动合同的，可以订立无固定期限劳动合同

E．用人单位自用工之日起满 1 年不与劳动者订立书面劳动合同的，视为已订立无固定期限劳动合同

9．根据《劳动合同法》，下列合同条款中属于劳动合同必备条款的有（　　　）。

A．试用期　　　　　　　　　　　B．劳动报酬

C．社会保险　　　　　　　　　　D．工作内容与工作地点

E．劳动条件和职业危害防护

10．根据《劳动合同法》，下列信息中，属于用人单位招用劳动者时，应当如实告知劳动者的有（　　　）。

A．劳动报酬　　　　　　　　　　B．岗位工作流程

C．安全生产状况　　　　　　　　D．工作地点与条件

E．工作内容与职业危害

11．根据《劳动合同法》，下列合同条款中属于劳动合同约定条款的有（　　　）。

A．培训　　　　　　　　　　　　B．试用期

C．保守秘密　　　　　　　　　　D．劳动报酬

E．补充保险和福利待遇

12．下列劳动合同中，不能约定试用期的特殊情形包括（　　　）。

A．全日制用工劳动合同

B．非全日制用工劳动合同

C．期限不满 3 个月的劳动合同

D．期限为 6 个月的劳动合同

E．以完成一定的工作任务为期限的劳动合同

13．根据《劳动合同法》，对劳动合同的无效或者部分无效有争议的，提请确认的机构有（　　　）。

A．工会　　　　　　　　　　　　B．人民法院

C．仲裁机构　　　　　　　　　　D．劳动行政部门

E．劳动争议仲裁机构

14．根据《劳动合同法》，下列劳动合同无效或者部分无效情形的说法中，正确的有（　　　）。

A．用人单位免除自己的法定责任、排除劳动者权利的

B．违反法律、行政法规强制性规定的

C．以欺诈、胁迫的手段或者乘人之危，违背真实意思订立或变更劳动合同的

D．对劳动合同的无效或部分无效有争议的，由当地劳动行政部门确认

E．对劳动合同的无效或部分无效有争议的，由劳动争议仲裁机构或人民法院确认

15．根据《劳动合同法》，下列用人单位的变更事项中，不影响劳动合同履行的情形有（　　　）。

A．名称变更　　　　　　　　　　B．法定代表人变更

C．主要负责人变更　　　　　　　D．投资人变更

E．经营范围变更

16．根据《劳动合同法》，下列劳动合同履行的情形中，属于劳动者不需预先告知用人单位，可以即时与用人单位解除劳动合同的情形有（　　　）。

A．在试用期内的

B．用人单位合并或者分立的

C．用人单位未依法缴纳社会保险费的

D．用人单位以暴力、威胁手段强迫劳动者劳动的

E．用人单位违章指挥、强令冒险作业危及劳动者人身安全的

17．根据《劳动合同法》，下列情形中，用人单位应当向劳动者支付经济补偿的情形包括（　　　）。

A．用人单位决定提前解散的

B．用人单位被依法宣告破产的

C．用人单位被吊销营业执照、责令关闭、撤销的

D．用人单位与其他单位合并的

E．用人单位因市场变化改变经营范围的

18．根据《劳动合同法》，用人单位提供的劳动合同文本未载明本法规定的劳动合同必备条款或者用人单位未将劳动合同文本交付劳动者的，下列说法正确的有（　　　）。

A．由工会责令改正

B．由劳动行政部门责令改正

C．由劳动争议仲裁机构责令改正

D．由当地人民法院责令改正

E．给劳动者造成损害的，应当承担赔偿责任

19．根据《劳动合同法》，用人单位有权实施经济性裁员的情形有（　　　）。

A．依照企业破产法规定进行重整的

B．生产经营发生严重困难的

C．股东会意见严重分歧导致董事会主要成员更换的

D．企业转产、重大技术革新或经营方式调整，变更劳动合同后，仍需裁减人员的

E．因合同订立时所依据的客观经济情况发生重大变化，使劳动合同无法履行的

20．根据《劳动合同法》，关于经济性裁员的说法，正确的有（　　　）。

A．应当优先留用与本单位订立较长期限的固定期限劳动合同的人员

B．应当优先留用与本单位订立无固定期限劳动合同的人员

C．应当优先留用家庭无其他就业人员，有需要扶养的老人或者未成年人的人员

D．应当优先留用高学历的研发人员

E．在 6 个月内重新招用人员的，应当在同等条件下优先招用被裁减的人员

21．用人单位可以不提前通知，直接解除劳动合同的情形有（　　　）。

A．在试用期间被证明不符合录用条件的

B．严重违反用人单位的规章制度的

C．劳动者不能胜任工作的

D. 劳动者非因工负伤，在规定的医疗期满后不能从事原工作的

E. 被依法追究刑事责任的

【答案与解析】

一、单项选择题

1. C; 　2. B; 　3. B; 　4. A; 　5. D; 　6. D; 　7. B; 　8. D;

9. C; 　10. D; 　11. A; 　12. C; 　13. D; 　14. D; 　15. B; 　16. D;

17. D; 　18. B; 　19. C; 　20. D; 　21. B; 　22. C; 　*23. B

【解析】

23.【答案】B

根据《劳动合同法》，用人单位违反本法规定不与劳动者订立无固定期限劳动合同的，自应当订立无固定期限劳动合同之日起向劳动者每月支付2倍的工资。显然，选项A、C、D错误，选项B正确。因此，本题的正确答案是选项B。

二、多项选择题

1. A、B、C、E; 　2. C、D、E; 　3. A、B; 　4. B、C、D;

5. B、D、E; 　*6. A、B、C、D; 　7. A、C、E; 　8. A、B、C、E;

*9. B、C、D、E; 　10. A、C、D、E; 　11. A、B、C、E; 　12. B、C、E;

13. D、E; 　14. A、B、C、E; 　15. A、B、C、D; 　16. C、D、E;

17. A、B、C; 　18. B、E; 　19. A、B、D、E; 　20. A、B、C、E;

21. A、B、E

【解析】

6.【答案】A、B、C、D

根据《劳动合同法》，具有下列情形之一，劳动者提出或者同意续订、订立劳动合同的，除劳动者提出订立固定期限劳动合同外，应当订立无固定期限劳动合同：① 劳动者在该用人单位连续工作满10年的；② 用人单位初次实行劳动合同制度或国有企业改制重新订立劳动合同时，劳动者在该用人单位连续工作满10年且距法定退休年龄不足10年的；③ 连续订立2次固定期限劳动合同，且劳动者没有《劳动合同法》第39条和第40条第1项、第2项规定的情形，续订劳动合同的。显然，选项A正确，而选项E错误；选项C、D正确。选项B所述内容就是上述③的情形，其中，《劳动合同法》第39条是用人单位可以直接解除劳动合同的情形，第40条第1项、第2项是用人单位提前30日以书面形式通知劳动者本人或者额外支付劳动者一个月工资后可以解除劳动合同的情形。这也就是选项B中所说的用人单位可以解除劳动合同的法定情形。所以，选项B正确。因此，本题的正确答案是选项A、B、C、D。

9.【答案】B、C、D、E

根据《劳动合同法》，劳动合同应当具备以下条款：① 用人单位的名称、住所和法定代表人或者主要负责人；② 劳动者的姓名、住址和居民身份证或者其他有效身份证件号码；③ 劳动合同期限；④ 工作内容和工作地点；⑤ 工作时间和休息休假；⑥ 劳动报酬；⑦ 社会保险；⑧ 劳动保护、劳动条件和职业危害防护；⑨ 法律、法规

规定应当纳入劳动合同的其他事项。劳动合同除前款规定的必备条款外，用人单位与劳动者可以约定试用期、培训、保守秘密、补充保险和福利待遇等其他事项。显然，选项B、C、D、E为必备条款，而选项A为约定条款。因此，本题的正确答案是选项B、C、D、E。

9.2 劳动用工和工资支付保障

复习要点

1. 劳动用工

劳务派遣	1）概念 劳务派遣是指依法设立的劳务派遣机构（派遣单位）与接受派遣的单位（用工单位）订立劳务派遣协议，约定由派遣单位根据用工单位的用工需求招聘劳动者，并把劳动者派到用工单位去劳动的一种用工方式。 2）主体关系特征 （1）劳务派遣关系涉及三方主体。劳务派遣涉及劳务派遣单位、用工单位和被派遣的劳动者三方主体，形成特殊的三方法律关系。 （2）劳动关系与用工关系相分离。对于劳动者而言，劳动关系存在于劳动者与派遣单位之间订立的劳动合同中，劳务派遣单位是劳动者的用人单位，而接受派遣的单位才是用工单位，劳动者的劳动发生在用工单位。 （3）劳务派遣用工属于补充形式。只能在临时性、辅助性或者替代性的工作岗位上实施
劳务派遣协议	《劳务派遣暂行规定》规定，劳务派遣协议应当载明下列内容：派遣的工作岗位名称和岗位性质；工作地点；派遣人员数量和派遣期限；按照同工同酬原则确定的劳动报酬数额和支付方式；社会保险费的数额和支付方式；工作时间和休息休假事项；被派遣劳动者工伤、生育或者患病期间的相关待遇；劳动安全卫生以及培训事项；经济补偿等费用；劳务派遣协议期限；劳务派遣服务费的支付方式和标准；违反劳务派遣协议的责任；法律、法规、规章规定应当纳入劳务派遣协议的其他事项
劳务派遣单位的义务	《劳动合同法》规定，劳务派遣单位应当将劳务派遣协议的内容告知被派遣劳动者。劳务派遣单位不得克扣用工单位按照劳务派遣协议支付给被派遣劳动者的劳动报酬。劳务派遣单位和用工单位不得向被派遣劳动者收取费用。 《劳务派遣暂行规定》具体规定了劳务派遣单位应当对被派遣劳动者履行的义务
被派遣劳动者的权利	1）同工同酬的权利 《劳动合同法》规定，被派遣劳动者享有与用工单位的劳动者同工同酬的权利。用工单位应当按照同工同酬原则，对被派遣劳动者与本单位同类岗位的劳动者实行相同的劳动报酬分配办法。 2）参加或者组织工会的权利 《劳动合同法》规定，被派遣劳动者有权在劳务派遣单位或者用工单位依法参加或者组织工会，维护自身的合法权益。 3）依法解除劳动合同的权利 《劳动合同法》规定，被派遣劳动者可以依照《劳动合同法》第36条、第38条的规定与劳务派遣单位解除劳动合同
用工单位的义务	1）用工单位的一般义务 《劳动合同法》规定，用工单位应当履行下列义务：（1）执行国家劳动标准，提供相应的劳动条件和劳动保护；（2）告知被派遣劳动者的工作要求和劳动报酬；（3）支付加班费、绩效奖金，提供与工作岗位相关的福利待遇；（4）对在岗被派遣劳动者进行工作岗位所需的培训；（5）连续用工的，实行正常的工资调整机制。用工单位不得将被派遣劳动者再派遣到其他用人单位。

用工单位的义务	2）用工单位的特定义务 （1）不得歧视被派遣劳动者。《劳务派遣暂行规定》规定，用工单位应当按照《劳动合同法》第62条规定，向被派遣劳动者提供与工作岗位相关的福利待遇，不得歧视被派遣劳动者。（2）协助工伤认定的调查核实工作。《劳务派遣暂行规定》规定，被派遣劳动者在用工单位因工作遭受事故伤害的，劳务派遣单位应当依法申请工伤认定，用工单位应当协助工伤认定的调查核实工作

2. 工资支付保障

最低工资保障制度	国家实行最低工资保障制度。最低工资的具体标准由省、自治区、直辖市人民政府规定，报国务院备案。用人单位支付劳动者的工资不得低于当地最低工资标准。 在劳动者提供正常劳动的情况下，用人单位应支付给劳动者的工资在剔除下列各项以后，不得低于当地最低工资标准：（1）延长工作时间工资；（2）中班、夜班、高温、低温、井下、有毒有害等特殊工作环境、条件下的津贴；（3）法律、法规和国家规定的劳动者福利待遇等
农民工工资支付保障制度	（1）农民工工资基本保障制度。 （2）农民工最低工资保障制度。 （3）农民工工资保证金制度。 （4）工资专用账户制度

一 单项选择题

1. 关于劳务派遣的说法，正确的是（　　　）。
   A．劳务派遣用工是劳动用工的主要方式
   B．被派遣劳动者与用工单位的劳动者同工同酬
   C．劳务派遣用工不受用工单位的岗位限制
   D．用人单位可以设立劳务派遣单位向本单位派遣劳动者

2. 根据《劳动合同法》，被派遣劳动者在无工作期间，劳务派遣单位应当向其按月支付报酬，其标准为所在地人民政府规定的（　　　）。
   A．最低工资标准　　　　　　　　B．最低生活保障标准
   C．行业工资指导线　　　　　　　D．失业保险金领取标准

3. 在建筑行业劳务派遣中，劳务派遣协议的订立主体是（　　　）。
   A．劳务派遣单位与用工单位　　　B．劳务派遣单位与建设单位
   C．劳务派遣单位与劳动者　　　　D．劳动者与用工单位

4. 下列主体中，不属于劳务派遣关系主体的是（　　　）。
   A．劳动者　　　　　　　　　　　B．用工单位
   C．建设单位　　　　　　　　　　D．劳务派遣单位

5. 根据《劳务派遣暂行规定》，用工单位可以使用被派遣劳动者的工作岗位不包括（　　　）岗位。
   A．临时性　　　　　　　　　　　B．辅助性
   C．替代性　　　　　　　　　　　D．永久性

6. 根据《劳动合同法》，劳务派遣单位应当与被派遣劳动者订立（　　　）以上的

固定期限劳动合同。

    A. 5年   B. 3年

    C. 2年   D. 1年

7. 根据《劳务派遣暂行规定》，关于劳务派遣关系的说法，错误的是（   ）。

    A. 劳务派遣单位应当与被派遣劳动者订立劳务派遣协议

    B. 劳务派遣单位应当与被派遣劳动者订立固定期限书面劳动合同

    C. 劳务派遣单位可以依法与被派遣劳动者约定试用期

    D. 劳务派遣单位与同一被派遣劳动者只能约定一次试用期

8. 根据《劳务派遣暂行规定》，劳务派遣单位与被派遣劳动者订立的固定期限书面劳动合同期限应当为（   ）以上。

    A. 3个月   B. 6个月

    C. 12个月   D. 24个月

9. 根据《最低工资规定》，下列款项中属于最低工资组成部分的是（   ）。

    A. 加班工资

    B. 特殊工作环境条件下的津贴

    C. 法定的劳动者保险福利待遇

    D. 法定工作时间内正常劳动应支付的工资

10. 某企业今年国庆假期通知为10月1日至7日放假7天，其中3天属于法定休假日，4天属于前后两周的周末休息日。企业安排王某在这7天全部加班并且不能安排补休，王某的日工资为100元。则企业应当向王某支付加班费合计为（   ）元。

    A. 700   B. 1400

    C. 1700   D. 1800

11. 根据《工资支付暂行规定》，关于工资支付时间保障制度的说法，错误的是（   ）。

    A. 工资必须在用人单位与劳动者约定的日期支付

    B. 如遇节假日或休息日，则应提前在最近的工作日支付

    C. 如遇节假日或休息日，则应推后在最近的工作日支付

    D. 工资至少每月支付一次

12. 某工程基坑施工时出现险情，施工单位安排工人抢险直到深夜。关于该抢险加班时间和加班费用的说法，正确的是（   ）。

    A. 加班时间不超过1小时，不需要支付加班费用

    B. 加班时间不超过3小时，需要支付150%的加班费用

    C. 加班时间不超过3小时，不需要支付加班费用

    D. 加班时间不受限制，需支付150%的加班费用

二 多项选择题

1. 根据《劳动合同法》，关于被派遣劳动者权利的说法，正确的有（   ）。

    A. 被派遣劳动者享有与用工单位的劳动者同工同酬的权利

B. 被派遣劳动者可以依法与用工单位解除劳动派遣协议

C. 被派遣劳动者可以依法与劳务派遣单位解除劳动合同

D. 被派遣劳动者有权在劳务派遣单位或用工单位依法参加或者组织工会

E. 用工单位对被派遣劳动者与本单位同类岗位劳动者实行相同劳动报酬分配办法

2. 根据《劳动合同法》，下列关于劳务派遣的说法中，正确的有（　　　）。

A. 劳务派遣单位和用工单位不得向被派遣劳动者收取费用

B. 用工单位应当与劳务派遣单位订立劳务派遣协议

C. 劳务派遣单位不得跨地区派遣劳动者

D. 用工单位不得将被派遣劳动者再派遣到其他用人单位

E. 劳务派遣单位不得克扣用工单位支付给被派遣劳动者的劳动报酬

3. 根据《劳动合同法》，下列属性中，属于劳务派遣用工岗位具有特性的有（　　　）。

A. 替代性　　　　　　　　　　B. 辅助性

C. 临时性　　　　　　　　　　D. 长期性

E. 关键性

4. 关于劳务派遣的说法，正确的有（　　　）。

A. 劳务派遣用工属于劳动用工的补充形式

B. 劳务派遣用工方式使劳动关系与用工关系相分离

C. 劳务派遣涉及劳务派遣单位、用工单位和被派遣劳动者三方主体

D. 劳务派遣包含劳务派遣协议和劳动合同两种法律关系

E. 经营劳务派遣业务无需申请行政许可

5. 根据《劳动合同法》，下列用工单位的义务中，正确的有（　　　）。

A. 执行国家劳动标准，提供相应的劳动条件和劳动保护

B. 对在岗被派遣劳动者进行工作岗位所必需的培训

C. 告知被派遣劳动者的工作要求和劳动报酬

D. 对在岗被派遣劳动者，实行正常的工资调整机制

E. 支付加班费、绩效奖金，提供与工作岗位相关的福利待遇

6. 根据《劳务派遣暂行规定》，劳务派遣协议的内容应当包括（　　　）。

A. 工作地点　　　　　　　　　B. 派遣的工作岗位名称和岗位性质

C. 派遣人员姓名　　　　　　　D. 派遣人员数量和派遣期限

E. 法定的劳动报酬数额和支付方式

7. 根据《劳动合同法》，下列合同条款中，属于劳务派遣单位与被派遣劳动者订立的劳动合同所特有的条款包括（　　　）。

A. 用工单位　　　　　　　　　B. 派遣期限

C. 工作岗位　　　　　　　　　D. 社会保险

E. 劳动合同期限

8. 根据《劳务派遣暂行规定》，用工单位对劳务派遣者的特定义务包括（　　　）。

A. 依法出具解除或者终止劳动合同的证明

B. 依法为被派遣劳动者缴纳社会保险费，并办理社会保险相关手续

C．被派遣劳动者在用工单位因工作遭受事故伤害的，应当依法申请工伤认定

D．被派遣劳动者在用工单位因工作遭受事故伤害的，协助工伤认定调查核实工作

E．向被派遣劳动者提供与工作岗位相关的福利待遇，不得歧视被派遣劳动者

9．根据《劳动合同法》，关于劳务派遣单位对被派遣劳动者义务的说法，正确的有（　　）。

A．如实告知被派遣劳动者劳务派遣协议的内容

B．应当与被派遣劳动者2年以上固定期限劳动合同

C．被派遣劳动者在无工作期间，劳务派遣单位无需向其支付报酬

D．劳务派遣单位和用工单位不得向被派遣劳动者收取费用

E．劳务派遣单位不得克扣用工单位按照劳务派遣协议支付给被派遣劳动者的劳动报酬

10．根据《劳务派遣暂行规定》，关于被派遣劳动者在用工单位因工作遭受事故伤害时承担工伤保险责任的说法，正确的有（　　）。

A．劳务派遣单位应当依法申请工伤认定

B．用工单位应当协助工伤认定的调查核实工作

C．工会应当协助工伤认定的调查核实工作

D．劳务派遣单位承担工伤保险责任，但可以与用工单位约定补偿办法

E．劳务派遣单位与用工单位共同承担工伤保险责任

11．根据《工资支付暂行规定》，下列工资保障的说法中，属于特殊情况工资保障的有（　　）。

A．劳动者依法享受年休假、探亲假等假期工资保障

B．依法解除或终止劳动合同时，用人单位应一次付清劳动者工资

C．劳动者在法定工作时间内依法参加社会活动期间，享受工资保障

D．非因劳动者原因造成单位停工、停产在一个工资支付周期内的，劳动者享受工资保障

E．国家实行最低工资保障制度

12．根据《劳动合同法》，关于最低工资的说法，正确的有（　　）。

A．国家实行最低工资保障制度

B．用人单位支付劳动者的工资不得低于当地最低工资标准

C．用人单位支付劳动者的工资不得低于当地相同岗位最低工资标准

D．最低工资的具体标准由省、自治区、直辖市人民政府规定，报国务院备案

E．最低工资由用人单位支付

13．根据《保障农民工工资支付条例》，关于农民工工资基本保障制度的说法，正确的有（　　）。

A．农民工有按时足额获得工资的权利

B．任何单位和个人不得拖欠农民工工资

C．用人单位拖欠农民工工资的，应当依法予以清偿

D．实行计件工资制的，工资支付周期按周支付

E．用人单位应当按照约定或法定的支付周期和日期足额支付工资

【答案与解析】

一、单项选择题

1．B；　　2．A；　　3．A；　　4．C；　　5．D；　　6．C；　　7．A；　　8．D；

9．D；　　10．C；　　11．C；　　12．D

二、多项选择题

1．A、C、D、E；　　2．A、B、D、E；　　3．A、B、C；　　4．A、B、C、D；

5．A、B、C、E；　　6．A、B、D；　　7．A、B、C；　　8．C、D、E；

9．A、B、D、E；　　10．A、B、D；　　11．A、B、C、D；　　12．A、B、D、E；

13．A、B、C、E

9.3　劳动安全卫生和保护

复习要点

产生职业病危害的工作场所应当符合的职业卫生要求	《职业病防治法》规定，产生职业病危害的用人单位的设立除应当符合法律、行政法规规定的设立条件外，其工作场所还应当符合下列职业卫生要求：（1）职业病危害因素的强度或者浓度符合国家职业卫生标准；（2）有与职业病危害防护相适应的设施；（3）生产布局合理，符合有害与无害作业分开的原则；（4）有配套的更衣间、洗浴间、孕妇休息间等卫生设施；（5）设备、工具、用具等设施符合保护劳动者生理、心理健康的要求；（6）法律、行政法规和国务院卫生行政部门关于保护劳动者健康的其他要求
用人单位应当在劳动过程中采取的职业病防治管理措施	《职业病防治法》规定，用人单位应当采取下列职业病防治管理措施：（1）设置或者指定职业卫生管理机构或者组织，配备专职或者兼职的职业卫生管理人员，负责本单位的职业病防治工作；（2）制定职业病防治计划和实施方案；（3）建立、健全职业卫生管理制度和操作规程；（4）建立、健全职业卫生档案和劳动者健康监护档案；（5）建立、健全工作场所职业病危害因素监测及评价制度；（6）建立、健全职业病危害事故应急救援预案
劳动者享有的职业卫生保护权利	《职业病防治法》规定，劳动者享有下列职业卫生保护权利：（1）获得职业卫生教育、培训；（2）获得职业健康检查、职业病诊疗、康复等职业病防治服务；（3）了解工作场所产生或者可能产生的职业病危害因素、危害后果和应当采取的职业病防护措施；（4）要求用人单位提供符合防治职业病要求的职业病防护设施和个人使用的职业病防护用品，改善工作条件；（5）对违反职业病防治法律、法规以及危及生命健康的行为提出批评、检举和控告；（6）拒绝违章指挥和强令进行没有职业病防护措施的作业；（7）参与用人单位职业卫生工作的民主管理，对职业病防治工作提出意见和建议。 用人单位应当保障劳动者行使职业卫生保护权利。因劳动者依法行使正当权利而降低其工资、福利等待遇或者解除、终止与其订立的劳动合同的，其行为无效
劳动保护管理制度内容	（1）劳动安全卫生监察制度。 （2）职业病防治管理制度。包括：职业病危害项目申报制度；工作场所职业病危害因素监测及检测、评价制度；职业危害的警示告知制度；职业健康监护制度。 （3）职业病诊断、鉴定制度
女职工的特殊保护	（1）保障妇女就业权，实行男女同工同酬。 （2）禁止安排女职工从事繁重体力劳动及有毒有害工作。 （3）侵害女职工权益的法律责任

未成年工的 特殊保护	（1）禁止使用童工 招用不满16周岁的未成年人，统称使用童工。《未成年人保护法》规定，任何组织或者个人不得招用未满16周岁未成年人，国家另有规定的除外。 （2）对未成年工保护的基本规定 招用已满16周岁未成年人的单位和个人应当执行国家在工种、劳动时间、劳动强度和保护措施等方面的规定，不得安排其从事过重、有毒、有害等危害未成年人身心健康的劳动或者危险作业。 ① 工作时间限制、种类限制。 ② 进行定期身体健康检查。 ③ 实施登记发证制度。 ④ 未成年工禁忌从事的劳动范围

一 单项选择题

1. 根据《职业病防治法》，关于职业病的说法，正确的是（　　）。

   A. 劳动者在劳动过程中所患的疾病

   B. 用人单位的工人在生产劳动过程中，因噪声引起的听力障碍

   C. 用人单位的工人在生产劳动过程中，因接触粉尘、有毒物质而引起的疾病

   D. 用人单位的劳动者在职业活动中，因接触粉尘、放射性物质和其他有毒、有害物质等因素而引起的疾病

2. 根据《职业病防治法》，用人单位组织的职业健康检查费用由（　　）承担。

   A. 劳动者　　　　　　　　　　B. 用人单位

   C. 劳动和社会保障部门　　　　D. 工会组织

3. 关于未成年工保护的说法，错误的是（　　）。

   A. 未成年工须持《未成年工登记证》上岗

   B. 对未成年工的使用和特殊保护实行登记制度

   C. 禁止安排未成年工从事加班和夜班工作

   D. 限制安排未成年工从事矿山井下、有毒有害工作

4. 根据《职业病防治法》，建设项目可能产生职业病危害的，建设单位应当进行职业病危害预评价的阶段是指（　　）。

   A. 可行性论证阶段　　　　　　B. 招标投标阶段

   C. 设计阶段　　　　　　　　　D. 施工阶段

二 多项选择题

1. 根据《劳动法》，关于对用人单位劳动安全卫生要求的说法，正确的有（　　）。

   A. 必须建立、健全劳动安全卫生制度

   B. 严格执行国家劳动安全卫生规程和标准

   C. 对劳动者进行劳动安全卫生教育，减少职业危害

   D. 对从事有职业危害作业的劳动者应当定期进行健康检查

E．劳动安全卫生设施必须与主体工程同时设计、同时施工

2．根据《职业病防治法》，对从事接触职业病危害的作业的劳动者，关于用人单位应当按照规定组织其职业健康检查的时间要求的说法，正确的有（　　　）。

A．上岗前　　　　　　　　　　B．休假期间

C．在岗期间　　　　　　　　　D．生病期间

E．离岗时

3．根据《职业病防治法》，产生职业病危害的用人单位，其工作场所应当符合的职业卫生要求有（　　　）。

A．有与职业病危害防护相适应的设施

B．职业病危害因素的强度或者浓度高于国家职业卫生标准

C．生产布局合理，符合有害与无害作业分开的原则

D．设备、工具等设施符合保护劳动者生理、心理健康的要求

E．有配套的更衣间、洗浴间、孕妇休息间等卫生设施

4．根据《职业病防治法》，下列措施中，属于用人单位应当采取的职业病防治管理措施的有（　　　）。

A．设置或指定职业卫生管理机构或者组织，制定职业病防治计划和实施方案

B．建立、健全职业病危害事故应急救援预案

C．建立、健全职业卫生管理制度和操作规程

D．建立、健全职业卫生档案和劳动者健康监护档案

E．建立、健全工作与生活场所职业病危害因素监测及评价制度

5．根据《职业病防治法》，下列权利中，属于劳动者享有的职业卫生保护权利的有（　　　）。

A．获得职业卫生教育、培训

B．获得职业健康检查、职业病诊疗、康复等职业病防治服务及带薪假

C．了解工作场所产生或者可能产生的职业病危害情况与防护措施

D．要求用人单位提供合格的职业病防护设施和个人使用的职业病防护用品

E．拒绝违章指挥和强令进行没有职业病防护措施的作业

6．根据《职业病防治法》，关于职业病前期预防的说法，正确的是（　　　）。

A．产生职业病危害的用人单位的设立应当符合法律法规

B．产生职业病危害的用人单位的工作场所应当符合法定职业卫生要求

C．国家建立职业病危害项目申报制度

D．用人单位工作场所存在职业病目录所列职业病危害因素的，应及时、如实申报

E．职业病危害因素分类目录由国务院劳动保障行政部门制定、调整并公布

7．根据《女职工劳动保护特别规定》，用人单位对于女职工因为怀孕、生育、哺乳的做法中，违反规定的有（　　　）。

A．降低工资　　　　　　　　　B．予以辞退

C．解除劳动合同　　　　　　　D．减轻劳动量

E．安排其他能够适应的劳动

8. 根据《劳动法》，关于未成年工劳动特殊保护的说法，正确的有（　　）。

A. 未成年工是指年满十六周岁未满十八周岁的劳动者

B. 不得安排未成年工从事矿山井下、有毒有害的劳动

C. 不得安排未成年工从事高处、低温、冷水作业

D. 不得安排未成年工从事国家规定的第四级体力劳动强度的劳动

E. 用人单位应当对未成年工定期进行健康检查

9. 根据《劳动法》，关于女职工劳动特殊保护的说法，正确的有（　　）。

A. 不得安排女职工从事高处、低温、冷水作业

B. 禁止安排女职工从事矿山井下、国家规定的第四级体力劳动强度的劳动

C. 不得安排女职工怀孕期间从事国家规定的第三级体力劳动强度的劳动

D. 对怀孕 7 个月以上的女职工，不得安排其延长工作时间和夜班劳动

E. 用人单位应当对女职工定期进行健康检查

10. 根据《职业病防治法》，建设项目可能产生职业病危害的，建设单位应当进行职业病危害预评价。其中建设项目具体包括（　　）。

A. 新建项目　　　　　　　　　B. 扩建项目

C. 改建项目　　　　　　　　　D. 技术开发项目

E. 技术引进项目

11. 根据《职业病防治法》，关于建设项目可能产生职业病危害的前期预防的说法，正确的有（　　）。

A. 建设项目可能产生职业病危害的，建设单位在可行性论证阶段应当进行职业病危害预评价

B. 建设项目包括新建、扩建、改建建设项目和技术改造、技术引进项目

C. 建设项目职业病危害分类管理办法由国务院建设行政主管部门制定

D. 医疗机构建设项目可能产生放射性职业病危害的，建设单位应当向卫生行政部门提交放射性职业病危害预评价报告

E. 医疗机构建设项目可能产生放射性职业病危害的，未提交预评价报告或者预评价报告未经审核同意的，不得开工建设

12. 根据《职业病防治法》，关于建设项目实施的说法，正确的有（　　）。

A. 建设项目的职业病防护设施所需费用应当纳入建设项目工程预算

B. 建设项目的职业病防护设施要与主体工程同时设计，同时施工，同时投入生产和使用

C. 建设项目的职业病防护设施设计应当符合国家职业卫生标准和卫生要求

D. 建设项目在竣工验收前，建设单位应当进行职业病危害控制效果评价

E. 建设项目的职业病防护设施经卫生行政部门验收合格后，方可投入使用

13. 根据《职业病防治法》，下列用人单位劳动保护管理的说法中，属于职业危害警示告知制度的有（　　）。

A. 将工作中可能产生的职业病危害及其后果、职业病防护措施和待遇等如实告知劳动者，并在劳动合同中写明

B. 组织从事接触职业病危害作业的劳动者进行职业健康检查，并将检查结果

书面告知劳动者

C. 对产生严重职业病危害的作业岗位，应当在其醒目位置，设置标识和中文警示说明

D. 产生职业病危害的用人单位，应当在醒目位置公布有关职业病防治的规章制度和工作场所职业病危害因素检测结果

E. 工作场所存在职业病目录所列职业病的危害因素的，应当及时、如实申报危害项目，接受监督

14. 下列关于用人单位违反劳动安全保护的法律责任中，正确的有（   ）。

A. 强令劳动者违章冒险作业，发生重大伤亡事故，造成严重后果的，对责任人员依法追究刑事责任

B. 非法招用未满16周岁的未成年人，情节严重的，由市场监督管理部门吊销营业执照

C. 侵害女职工和未成年工合法权益，对其造成损害，应当承担赔偿责任，并处罚款

D. 侮辱、体罚、殴打、非法搜查和拘禁劳动者，构成犯罪的，对责任人员依法追究刑事责任

E. 以暴力、威胁或者非法限制人身自由的手段强迫劳动，构成犯罪的，对责任人员依法追究刑事责任

【答案与解析】

一、单项选择题
1. D；   2. B；   3. D；   4. A

二、多项选择题
1. A、B、C、D；   2. A、C、E；   3. A、C、D、E；   4. A、B、C、D；
5. A、C、D、E；   6. A、B、C、D；   7. A、B、C；   8. A、B、D、E；
9. B、C、D；   10. A、B、C、E；   11. A、B、D、E；   12. A、B、C、D；
13. A、B、C、D；   14. A、B、D、E

9.4　工伤保险制度

复习要点

1. 工伤认定

认定工伤情形	《工伤保险条例》规定，职工有下列情形之一的，应当认定为工伤：（1）在工作时间和工作场所内，因工作原因受到事故伤害的；（2）工作时间前后在工作场所内，从事与工作有关的预备性或者收尾性工作受到事故伤害的；（3）在工作时间和工作场所内，因履行工作职责受到暴力等意外伤害的；（4）患职业病的；（5）因工外出期间，由于工作原因受到伤害或者发生事故下落不明的；（6）在上下班途中，受到非本人主要责任的交通事故或者城市轨道交通、客运轮渡、火车事故伤害的；（7）法律、行政法规规定应当认定为工伤的其他情形

视同工伤情形	《工伤保险条例》规定，职工有下列情形之一的，视同工伤：(1)在工作时间和工作岗位，突发疾病死亡或者在48小时之内经抢救无效死亡的；(2)在抢险救灾等维护国家利益、公共利益活动中受到伤害的；(3)职工原在军队服役，因战、因公负伤致残，已取得革命伤残军人证，到用人单位后旧伤复发的。 职工有上述第(1)项、第(2)项情形的，按照《工伤保险条例》的有关规定享受工伤保险待遇；职工有上述第(3)项情形的，按照本条例的有关规定享受除一次性伤残补助金以外的工伤保险待遇
不得认定为工伤或视同工伤	《工伤保险条例》规定，有下列情形之一的，不得认定为工伤或者视同工伤：(1)故意犯罪的；(2)醉酒或者吸毒的；(3)自残或者自杀的

2. 工伤认定申请的期限

用人单位一方的申请期限	《工伤保险条例》规定，职工发生事故伤害或者按照职业病防治法规定被诊断、鉴定为职业病，所在单位应当自事故伤害发生之日或者被诊断、鉴定为职业病之日起30日内，向统筹地区社会保险行政部门提出工伤认定申请。遇有特殊情况，经报社会保险行政部门同意，申请时限可以适当延长
劳动者一方的申请期限	用人单位未在规定的时限内提出工伤认定申请的，受伤害职工或者其近亲属、工会组织在事故伤害发生之日或者被诊断、鉴定为职业病之日起1年内，可以向用人单位所在地统筹地区社会保险行政部门提出工伤认定申请。 工会组织也是可以提出工伤认定申请的
超过一年申请期限的特别规定	根据《最高人民法院关于审理工伤保险行政案件若干问题的规定》规定，由于不属于职工或者其近亲属自身原因超过工伤认定申请期限的，被耽误的时间不计算在工伤认定申请期限内。 有下列情形之一耽误申请时间的认定为不属于职工或者其近亲属自身原因：(1)不可抗力；(2)人身自由受到限制；(3)属于用人单位原因；(4)社会保险行政部门登记制度不完善；(5)当事人对是否存在劳动关系申请仲裁、提起民事诉讼

3. 工伤保险待遇

工伤医疗待遇	(1)工伤治疗过程中的医疗待遇； (2)工伤康复过程中的医疗待遇； (3)工伤纠纷过程中的医疗待遇； (4)获得辅助性器械的待遇； (5)因工伤停工留薪期内的医疗待遇
工伤致残待遇	(1)职工因工致残被鉴定为一级至四级伤残的待遇； (2)职工因工致残被鉴定为五级、六级伤残的待遇； (3)职工因工致残被鉴定为七级至十级伤残的待遇
因工死亡待遇	(1)职工因工死亡的待遇； (2)伤残职工在停工留薪期内因工伤导致死亡的待遇； (3)职工因工外出期间发生事故或者在抢险救灾中下落不明的待遇

4. 停止享受工伤保险待遇的情形

《工伤保险条例》规定，工伤职工有下列情形之一的，停止享受工伤保险待遇：

(1)丧失享受待遇条件的；

(2)拒不接受劳动能力鉴定的；

（3）拒绝治疗的。

一 单项选择题

1. 下列情形中，不属于工伤保险范围的是（　　　）。
    A. 工作时间内在工作场所因工受伤
    B. 上下班途中遭遇交通事故受伤
    C. 工作时间内在工作场所因病死亡
    D. 工作时间内在工作场所因非工作原因受伤

2. 根据《工伤认定办法》，对于工伤的认定，社会保险行政部门应当将认定工伤决定书或者不予认定工伤决定书送达受伤害职工（或者其近亲属）和用人单位，并抄送社会保险经办机构。该期限为自工伤认定决定作出之日起（　　　）日内。
    A. 10　　　　　　　　　　　　B. 20
    C. 30　　　　　　　　　　　　D. 60

3. 根据《工伤保险条例》，职工或者其近亲属认为是工伤，用人单位不认为是工伤的，承担举证责任的主体是（　　　）。
    A. 用人单位　　　　　　　　　B. 劳动保障部门
    C. 职工或者其直系亲属　　　　D. 劳动能力鉴定委员会

4. 根据《工伤保险条例》，下列用途中，不属于工伤保险基金法定使用范围的是（　　　）。
    A. 工伤保险待遇　　　　　　　B. 劳动能力鉴定
    C. 社会保险机构的办公补贴　　D. 工伤预防的宣传、培训

5. 我国工伤保险制度中，工伤保险待遇的种类不包括（　　　）。
    A. 工伤医疗待遇　　　　　　　B. 工伤致残待遇
    C. 因工死亡待遇　　　　　　　D. 工伤康复待遇

6. 根据《工伤保险条例》，应当参加工伤保险而未参加工伤保险的用人单位职工发生工伤的，则应为工伤职工支付费用的主体是（　　　）。
    A. 用人单位　　　　　　　　　B. 工伤职工
    C. 工伤保险基金　　　　　　　D. 工伤保险基金和用人单位

7. 根据《工伤保险条例》，关于停工留薪期内，工伤职工原工资福利待遇的说法，正确的是（　　　）。
    A. 由所在单位按月支付　　　　B. 由工伤保险基金按月支付
    C. 不再享受原工资福利待遇　　D. 仅享受部分工资福利待遇

8. 根据《工伤保险条例》，劳动功能障碍分为（　　　）个伤残等级。
    A. 十　　　　　　　　　　　　B. 八
    C. 五　　　　　　　　　　　　D. 三

9. 根据《工伤保险条例》，职工因工致残被鉴定为一级至四级伤残的，由用人单位和职工个人以伤残津贴为基数，缴纳（　　　）保险费。
    A. 基本养老　　　　　　　　　B. 基本医疗

C．工伤　　　　　　　　　　　D．失业

10. 根据《工伤保险条例》，停工留薪期一般不超过（　　　）个月。

A．6　　　　　　　　　　　　B．9

C．10　　　　　　　　　　　 D．12

11. 根据《工伤保险条例》，一级至四级工伤职工达到退休年龄并办理退休手续后，停发伤残津贴，按照国家有关规定享受基本养老保险待遇。基本养老保险待遇低于伤残津贴的，则由（　　　）补足差额。

A．用人单位　　　　　　　　 B．民政部门

C．工伤保险基金　　　　　　 D．工会组织

12. 职工因工外出期间发生事故或者在抢险救灾中下落不明的，从事故发生当月起（　　　）个月内照发工资。

A．1　　　　　　　　　　　　B．3

C．6　　　　　　　　　　　　D．12

13. 根据《工伤保险条例》，职工因工死亡，其近亲属按照规定从工伤保险基金领取的费用不包括（　　　）。

A．丧葬补助金　　　　　　　 B．供养亲属抚恤金

C．一次性工亡补助金　　　　 D．一次性伤残补助金

14. 根据《工伤保险条例》，一次性工亡补助金标准是（　　　）的 20 倍。

A．上一年度全省城镇居民人均可支配收入

B．上一年度全国居民人均可支配收入

C．上一年度全国城镇居民人均可支配收入

D．本年度工伤保险统筹区内城镇居民人均可支配收入

15. 关于工伤保险的说法，正确的是（　　　）。

A．工伤保险是面向用人单位全体职工的强制性保险

B．事业单位、社会团体不参加工伤保险

C．工伤保险费用由用人单位和职工共同缴纳

D．工伤保险实行无过错责任原则

16. 根据《工伤保险条例》，下列情形中，属于视同工伤的是（　　　）。

A．患职业病的

B．自残或自杀的

C．在工作时间和工作岗位，突发疾病死亡的

D．因公外出期间，因为工作原因受到伤害的

二　多项选择题

1. 根据《工伤保险条例》，下列用人单位中，属于应当依法参加工伤保险，为本单位全部职工或者雇工缴纳工伤保险费的有（　　　）。

A．企业、事业单位　　　　　 B．社会团体、基金会

C．民办非企业单位　　　　　 D．无雇工的个体工商户

E．律师事务所、会计师事务所

2．根据《工伤保险条例》，下列施工企业职工的情形中，不应当认定为工伤的有
（   ）。

A．甲某上班时因醉酒摔伤

B．乙某因吸毒致使工作中受伤

C．丙某上班时因职场挫败自残

D．丁某上班时因纵火导致重伤

E．戊某上班时因机器操作失误导致重伤

3．根据《工伤保险条例》，下列施工企业职工的情形中，应当认定为工伤的有
（   ）。

A．甲某下班后在单位餐厅用餐滑倒摔伤

B．乙某值夜班时上厕所因地滑摔伤

C．丙某上班时接收私人快递摔倒受伤

D．丁某下班后在施工现场清点建材被砸伤

E．戊某下班途中因公交车事故导致重伤

4．关于工伤认定申请程序的说法，正确的有（   ）。

A．用人单位或者劳动者一方应当自事故伤害发生之日或者被诊断、鉴定为职
业病之日起 30 日内提出工伤认定申请

B．社会保险行政部门收到工伤认定申请后，应当在 15 日内作出受理或者不予
受理的决定

C．社会保险行政部门应当自受理工伤认定申请之日起 60 日内作出工伤认定的
决定

D．社会保险行政部门对受理的事实清楚、权利义务明确的工伤认定申请，应
当在 15 日内作出工伤认定的决定

E．社会保险行政部门应当自工伤认定决定作出之日起 20 日内，将认定结论文
件送达受伤害职工（或者其近亲属）和用人单位

5．下列原则中，属于工伤保险基本原则的有（   ）。

A．经济补偿原则

B．精神补偿原则

C．无过错责任原则

D．预防、补偿与惩罚相结合原则

E．预防、补偿与康复相结合原则

6．根据《工伤保险条例》，关于职工因工致残被鉴定为一级至四级伤残应当享受
待遇的说法，正确的有（   ）。

A．保留劳动关系，退出工作岗位

B．从工伤保险基金按伤残等级支付一次性伤残补助金

C．从工伤保险基金按月支付伤残津贴

D．退休后停发伤残津贴，按规定享受基本养老保险待遇

E．基本养老保险待遇低于伤残津贴的，由用人单位补足差额

7. 根据《工伤保险条例》，关于职工因工致残被鉴定为五级、六级伤残应当享受待遇的说法，正确的有（　　）。

    A．从工伤保险基金按伤残等级支付一次性伤残补助金

    B．保留与用人单位的劳动关系，由用人单位安排适当工作

    C．难以安排工作的，由用人单位按月发给伤残津贴

    D．伤残津贴实际金额低于当地最低工资标准的，由用人单位补足差额

    E．如该职工与用人单位解除或终止劳动关系，则用人单位无需支付一次性伤残就业补助金

8. 根据《工伤认定办法》，职工或者其近亲属、用人单位对不予受理决定不服或者对工伤认定决定不服的，可以采取的办法是（　　）。

    A．申请调解　　　　　　　　B．申请专家评议

    C．申请劳动仲裁　　　　　　D．申请行政复议

    E．提起行政诉讼

【答案与解析】

一、单项选择题

1. D;　　2. B;　　3. A;　　4. C;　　5. D;　　6. A;　　7. A;　　8. A;
*9. B;　　10. D;　　11. C;　　12. B;　　13. D;　　14. C;　　15. A;　　16. C

【解析】

9.【答案】B

根据《工伤保险条例》，职工因工致残被鉴定为一级至四级伤残的，由用人单位和职工个人以伤残津贴为基数，缴纳基本医疗保险费。显然选项 A、C、D 错误，而选项 B 正确。因此，本题的正确答案是选项 B。

二、多项选择题

1. A、B、C、E;　　2. A、B、C、D;　　3. A、B、D、E;　　4. B、C、D、E;
5. B、C、D、E;　　6. A、B、C、D;　　7. A、B、C、D　　8. D、E

9.5　劳动争议的解决

复习要点

1. 劳动争议的概念和特征

劳动争议的概念	劳动争议又称劳动纠纷，是指劳动关系双方当事人之间因实现劳动权利、履行劳动义务而发生的纠纷或争议
劳动争议的特征	劳动争议的特征： （1）劳动争议的产生建立在劳动法律关系的基础之上。 （2）劳动争议双方当事人一方为用人单位，一方为劳动者或代表劳动者利益的工会组织。 （3）劳动争议的标的是劳动权利或劳动义务

2．劳动争议的范围

劳动争议的范围	根据《最高人民法院关于审理劳动争议案件适用法律问题的解释（一）》，劳动者与用人单位之间发生的下列纠纷，属于劳动争议，当事人不服劳动争议仲裁机构作出的裁决，依法提起诉讼的，人民法院应予受理：（1）劳动者与用人单位在履行劳动合同过程中发生的纠纷；（2）劳动者与用人单位之间没有订立书面劳动合同，但已形成劳动关系后发生的纠纷；（3）劳动者与用人单位因劳动关系是否已经解除或者终止，以及应否支付解除或者终止劳动关系经济补偿金发生的纠纷；（4）劳动者与用人单位解除或者终止劳动关系后，请求用人单位返还其收取的劳动合同定金、保证金、抵押金、抵押物发生的纠纷，或者办理劳动者的人事档案、社会保险关系等移转手续发生的纠纷；（5）劳动者以用人单位未为其办理社会保险手续，且社会保险经办机构不能补办导致其无法享受社会保险待遇为由，要求用人单位赔偿损失发生的纠纷；（6）劳动者退休后，与尚未参加社会保险统筹的原用人单位因追索养老金、医疗费、工伤保险待遇和其他社会保险待遇而发生的纠纷；（7）劳动者因为工伤、职业病，请求用人单位依法给予工伤保险待遇发生的纠纷；（8）劳动者依据劳动合同法第85条规定，要求用人单位支付加付赔偿金发生的纠纷；（9）因企业自主进行改制发生的纠纷
不属于劳动争议的纠纷	根据《最高人民法院关于审理劳动争议案件适用法律问题的解释（一）》，下列纠纷不属于劳动争议：（1）劳动者请求社会保险经办机构发放社会保险金的纠纷；（2）劳动者与用人单位因住房制度改革产生的公有住房转让纠纷；（3）劳动者对劳动能力鉴定委员会的伤残等级鉴定结论或者对职业病诊断鉴定委员会的职业病诊断鉴定结论的异议纠纷；（4）家庭或者个人与家政服务人员之间的纠纷；（5）个体工匠与帮工、学徒之间的纠纷；（6）农村承包经营户与受雇人之间的纠纷

3．劳动争议的解决方式

协商	发生劳动争议，劳动者可以与用人单位协商，也可以请工会或者第三方共同与用人单位协商，达成和解协议
劳动争议调解	调解组织：《劳动争议调解仲裁法》规定，劳动争议调解组织包括：（1）企业劳动争议调解委员会；（2）依法设立的基层人民调解组织；（3）在乡镇、街道设立的具有劳动争议调解职能的组织。 法律依据：《劳动争议调解仲裁法》。 调解协议书的效力：《劳动争议调解仲裁法》规定，调解协议生效后，对双方当事人具有约束力，当事人应当履行。《最高人民法院关于审理劳动争议案件适用法律若干问题的解释（二）》规定，当事人在劳动争议调解委员会主持下达成的具有劳动权利义务内容的调解协议，具有劳动合同的约束力，可以作为人民法院裁判的根据
劳动争议仲裁	仲裁机构：劳动争议仲裁委员会。 法律依据：《劳动争议调解仲裁法》。 当事人一方也可以直接向劳动争议仲裁委员会申请仲裁。劳动争议仲裁委员会由劳动行政部门代表、工会代表和企业方面代表组成。劳动争议申请仲裁的时效期间为1年。仲裁时效期间从当事人知道或者应当知道其权利被侵害之日起计算
诉讼	略

4．《劳动争议调解仲裁法》的适用范围

1）因确认劳动关系发生的争议；

2）因订立、履行、变更、解除和终止劳动合同发生的争议；

3）因除名、辞退和辞职、离职发生的争议；

4）因工作时间、休息休假、社会保险、福利、培训以及劳动保护发生的争议；

5）因劳动报酬、工伤医疗费、经济补偿或者赔偿金等发生的争议；

6）法律、法规规定的其他劳动争议。

一 单项选择题

1. 根据《劳动法》，下列纠纷中属于劳动争议的是（　　）。
   A. 甲某因不服对其工伤认定结论与社保局发生纠纷
   B. 职工乙某因支付劳动报酬与公司发生纠纷
   C. 公司股东丙某因股息分配与公司发生纠纷
   D. 丁某求职时因性别原因被拒绝聘用发生纠纷

2. 根据《劳动争议调解仲裁法》，关于劳动争议调解的说法，正确的是（　　）。
   A. 当事人申请劳动争议调解应当书面申请
   B. 经调解达成协议的，应当制作调解协议书
   C. 调解协议书由双方签名或盖章，并经调解员签名后生效
   D. 自调解组织收到申请之日起 10 日内未达成调解协议的，当事人可依法申请仲裁

3. 甲某所在的施工企业连续三个月未发工资，下列选项中，其可以直接采取的措施是（　　）。
   A. 申请劳动仲裁
   B. 向人民法院提起劳动纠纷诉讼
   C. 向人民法院申请支付令
   D. 向人民法院申请强制执行

4. 根据《劳动法》，关于劳动争议解决方式的说法，正确的是（　　）。
   A. 劳动者与用人单位发生劳动争议，应先申请本单位劳动争议调解委员会调解
   B. 调解不成的，当事人才能向劳动争议仲裁委员会申请仲裁
   C. 用人单位与劳动者发生劳动争议，劳动者可以依法申请调解、仲裁、提起诉讼，也可以协商解决
   D. 用人单位与劳动者发生劳动争议的，可以向仲裁委员会申请仲裁

5. 关于用人单位与劳动者发生劳动争议申请劳动仲裁的说法，正确的是（　　）。
   A. 双方必须在调解不成时，才可以申请劳动仲裁
   B. 劳动争议申请仲裁的时效期限为 2 年
   C. 仲裁时效期间从权利被侵害之日起计算
   D. 劳动关系存续期间因拖欠劳动报酬发生争议的，不受仲裁时效期间限制

6. 根据《劳动争议调解仲裁法》，劳动争议申请仲裁的时效期间为（　　）。
   A. 6 个月
   B. 1 年
   C. 2 年
   D. 3 年

7. 根据《最高人民法院关于审理劳动争议案件适用法律问题的解释（一）》，下列纠纷中，不属于劳动争议的是（　　）。
   A. 劳动者与用人单位在履行劳动合同过程中发生的纠纷
   B. 劳动者与用人单位因劳动关系是否已经解除或者终止发生的纠纷
   C. 劳动关系解除后，请求用人单位返还劳动合同定金等发生的纠纷
   D. 劳动者与用人单位因住房制度改革产生的公有住房转让纠纷

8. 根据《劳动争议调解仲裁法》，关于劳动争议仲裁委员会法定职责的说法，错误的是（   ）。

    A．聘任、解聘专职或者兼职仲裁员

    B．受理重大或者疑难的劳动争议案件

    C．讨论重大或者疑难的劳动争议案件

    D．对仲裁活动进行监督

二　多项选择题

1. 根据《劳动争议调解仲裁法》，关于劳动争议调解的说法，正确的有（   ）。

    A．当事人申请劳动争议调解可以书面申请，也可以口头申请

    B．调解后制作的调解协议书，由双方当事人签名或者盖章，并加盖调解组织印章后生效

    C．调解协议生效后，一方当事人不履行的，另一方当事人可以申请仲裁

    D．调解劳动争议一般不公开进行，但双方当事人要求公开调解的除外

    E．劳动争议调解委员会可以在征得双方当事人同意后，主动调解

2. 根据《最高人民法院关于审理劳动争议案件适用法律问题的解释（一）》，下列纠纷中属于劳动争议的有（   ）。

    A．因订立、履行、变更、解除和终止劳动合同发生的争议

    B．劳动者请求社会保险经办机构发放社会保险金的纠纷

    C．因劳动报酬、工伤医疗费、经济补偿或者赔偿金等发生的争议

    D．劳动者因为工伤、职业病，请求用人单位依法给予工伤保险待遇发生的纠纷

    E．家庭或者个人与家政服务人员之间的纠纷

3. 根据《劳动争议调解仲裁法》，下列争议中，属于其适用范围的有（   ）。

    A．因确认劳动关系发生的争议

    B．因除名、辞退和辞职、离职发生的争议

    C．因订立、履行、变更、解除和终止劳动合同发生的争议

    D．因劳动报酬、工伤医疗费、经济补偿或赔偿金等发生的争议

    E．因企业自主进行改制发生的纠纷

4. 根据《最高人民法院关于审理劳动争议案件适用法律问题的解释（一）》，下列纠纷情形中，属于劳动争议范围的有（   ）。

    A．因企业自主进行改制发生的纠纷

    B．劳动者与用人单位在履行劳动合同过程中发生的纠纷

    C．双方未订立书面劳动合同，但已形成劳动关系后发生的纠纷

    D．双方因劳动关系是否已经成立发生的纠纷

    E．劳动者因为工伤、职业病，请求用人单位依法给予工伤保险待遇发生的纠纷

5. 根据《劳动法》，解决劳动争议的机构包括（   ）。

    A．行业协会   B．人民法院

    C．仲裁委员会   D．劳动争议调解委员会

E．劳动争议仲裁委员会

6．根据《劳动法》，关于集体合同发生争议解决的说法，正确的有（　　）。

　　A．因签订集体合同发生争议，当事人可以协商解决

　　B．因签订集体合同发生争议协商解决不成的，由当地工会组织相关方协调处理

　　C．因履行集体合同发生争议，当事人可以协商解决

　　D．协商解决不成的，可以向劳动争议仲裁委员会申请仲裁

　　E．对仲裁裁决不服的，可以向人民法院提起诉讼

7．根据《劳动争议调解仲裁法》，关于劳动争议解决方式的说法，正确的有（　　）。

　　A．发生劳动争议，劳动者可以与用人单位协商解决

　　B．可以请工会共同与用人单位协商，达成和解协议

　　C．当事人不愿协商、协商不成或者达成和解协议后不履行的，可以向调解组织申请调解

　　D．不愿调解、调解不成或者达成调解协议后不履行的，可以向劳动争议仲裁委员会申请仲裁

　　E．对仲裁裁决不服的，除本法另有规定的外，可以向人民法院提起诉讼

8．根据《劳动争议调解仲裁法》，发生劳动争议，当事人可以申请调解的调解组织有（　　）。

　　A．企业职工代表大会

　　B．企业劳动争议调解委员会

　　C．依法设立的基层人民调解组织

　　D．企业所属的省市级行业协会

　　E．在乡镇、街道设立的具有劳动争议调解职能的组织

9．根据《劳动争议调解仲裁法》，关于企业劳动争议调解委员会组成的说法，正确的有（　　）。

　　A．企业劳动争议调解委员会由职工代表和企业代表组成

　　B．委员会中的企业代表由企业负责人指定

　　C．委员会中的职工代表由工会成员担任或者由全体职工推举产生

　　D．企业劳动争议调解委员会主任由企业工会主席担任

　　E．企业劳动争议调解委员会主任由工会成员或者双方推举的人员担任

【答案与解析】

一、单项选择题

*1．B；　　2．B；　　*3．A；　　*4．C；　　*5．D；　　6．B；　　*7．D；　　8．B

【解析】

1．【答案】B

　　根据《劳动法》，在我国境内的企业、个体经济组织（即用人单位）和与之形成劳动关系的劳动者，适用本法。因此，劳动争议为用人单位与劳动者发生的纠纷，显然，

选项 A、C、D 错误，选项 B 正确。因此，本题的正确答案是选项 B。

3.【答案】A

根据《劳动法》，用人单位与劳动者发生劳动争议，当事人一方也可以直接向劳动争议仲裁委员会申请仲裁。对仲裁裁决不服的，可以向人民法院提起诉讼。也即用人单位与劳动者发生劳动争议，可以直接向劳动争议仲裁委员会申请仲裁，但不能直接向法院提起诉讼，更不能直接申请支付令或者申请强制执行。所以，选项 A 正确，而选项 B、C、D 错误。因此，本题的正确答案是选项 A。

4.【答案】C

根据《劳动法》，用人单位与劳动者发生劳动争议，当事人可以依法申请调解、仲裁、提起诉讼，也可以协商解决。劳动争议发生后，当事人可以向本单位劳动争议调解委员会申请调解；调解不成，当事人一方要求仲裁的，可以向劳动争议仲裁委员会申请仲裁。当事人一方也可以直接向劳动争议仲裁委员会申请仲裁。对仲裁裁决不服的，可以向人民法院提起诉讼。显然，调解不是必须的程序，所以，选项 A、B 错误，选项 C 正确，选项 D 错误。因此，本题的正确答案是选项 C。

5.【答案】D

根据《劳动法》，当事人一方可以直接向劳动争议仲裁委员会申请仲裁，所以，选项 A 错误。根据《劳动争议调解仲裁法》第 27 条第 1 款规定，劳动争议申请仲裁的时效期间为 1 年，仲裁时效期间从当事人知道或者应当知道其权利被侵害之日起计算。所以，选项 B、C 错误。第 27 条第 4 款规定，劳动关系存续期间因拖欠劳动报酬发生争议的，劳动者申请仲裁不受仲裁时效期间 1 年的限制；但是劳动关系终止的，应当自劳动关系终止之日起 1 年内提出。所以选项 D 正确。因此，本题的正确答案是选项 D。

7.【答案】D

根据《最高人民法院关于审理劳动争议案件适用法律问题的解释（一）》第 1 条劳动争议范围，劳动者与用人单位之间发生的下列纠纷，属于劳动争议，当事人不服劳动争议仲裁机构作出的裁决，依法提起诉讼的，人民法院应予受理：（1）劳动者与用人单位在履行劳动合同过程中发生的纠纷……（3）劳动者与用人单位因劳动关系是否已经解除或者终止，以及应否支付解除或者终止劳动关系经济补偿金发生的纠纷；（4）劳动者与用人单位解除或者终止劳动关系后，请求用人单位返还其收取的劳动合同定金、保证金、抵押金、抵押物发生的纠纷，或者办理劳动者的人事档案、社会保险关系等移转手续发生的纠纷……所以，选项 A、B、C 均属于劳动争议。根据第 2 条，下列纠纷不属于劳动争议……（2）劳动者与用人单位因住房制度改革产生的公有住房转让纠纷……所以，选项 D 不属于劳动争议。因此，本题的正确答案是选项 D。

二、多项选择题

1. A、C、D、E；　　2. A、C、D；　　*3. A、B、C、D；　　4. A、B、C、E；
*5. B、D、E；　　*6. A、C、D、E；　　7. A、C、D、E；　　8. B、C、E；
9. A、B、C、E

【解析】

3.【答案】A、B、C、D

根据《劳动争议调解仲裁法》，中华人民共和国境内的用人单位与劳动者发生的下列劳动争议，适用本法：（1）因确认劳动关系发生的争议；（2）因订立、履行、变更、解除和终止劳动合同发生的争议；（3）因除名、辞退和辞职、离职发生的争议；（4）因工作时间、休息休假、社会保险、福利、培训以及劳动保护发生的争议；（5）因劳动报酬、工伤医疗费、经济补偿或者赔偿金等发生的争议；（6）法律、法规规定的其他劳动争议。所以，选项 A、B、C、D 均属于该法的适用范围，而选项 E 不在其内。因此，本题的正确答案是选项 A、B、C、D。

5.【答案】B、D、E

根据《劳动法》，劳动争议发生后，当事人可以向本单位劳动争议调解委员会申请调解；调解不成，当事人一方要求仲裁的，可以向劳动争议仲裁委员会申请仲裁。当事人一方也可以直接向劳动争议仲裁委员会申请仲裁。对仲裁裁决不服的，可以向人民法院提起诉讼。显然解决劳动争议的机构包括劳动争议调解委员会、劳动争议仲裁委员会和人民法院，所以，选项 B、D、E 正确。选项 A、C 错误。因此，本题的正确答案是选项 B、D、E。

6.【答案】A、C、D、E

根据《劳动法》，因签订集体合同发生争议，当事人协商解决不成的，当地人民政府劳动行政部门可以组织有关各方协调处理。因履行集体合同发生争议，当事人协商解决不成的，可以向劳动争议仲裁委员会申请仲裁；对仲裁裁决不服的，可以自收到仲裁裁决书之日起 15 日内向人民法院提起诉讼。所以，选项 A、C、D、E 正确，选项 B 错误。因此，本题的正确答案是选项 A、C、D、E。

第 10 章　建设工程争议解决法律制度

10.1　建设工程争议和解、调解制度

复习要点

微信扫一扫
在线做题＋答疑

和解和调解均是当事人自愿达成协议解决争议的方式。和解无需借助第三人的介入，而调解则是在第三人的主持、协调之下达成。

1．和解

民事诉讼中的和解	双方当事人可以自行和解。 在执行中，双方当事人可以自行和解达成协议，如义务人不履行和解协议的，人民法院可以根据当事人的申请，恢复对原生效法律文书的执行
仲裁和解	仲裁案件当事人可以在仲裁中达成和解。当事人达成和解协议的，可以请求仲裁庭根据和解协议作出裁决书，也可以撤回仲裁申请。当事人达成和解协议，撤回仲裁申请后反悔的，可以根据仲裁协议申请仲裁

2．调解
1）人民调解

概念	人民调解是指人民调解委员会通过说服、疏导等方法，促使当事人在平等协商基础上自愿达成调解协议，解决民间纠纷的活动
人民调解委员会	人民调解委员会是依法设立的调解民间纠纷的群众性组织。人民调解委员会调解民间纠纷，不收取任何费用
调解协议的效力	经人民调解委员会调解达成的调解协议，具有法律约束力，当事人应当按照约定履行。经人民调解委员会调解达成调解协议后，当事人之间就调解协议的履行或者调解协议的内容发生争议的，一方当事人可以向人民法院提起诉讼
司法确认	经人民调解委员会调解达成调解协议后，双方当事人认为有必要的，可以自调解协议生效之日起 30 日内共同向人民法院申请司法确认。人民法院依法确认调解协议有效，一方当事人拒绝履行或者未全部履行的，对方当事人可以向人民法院申请强制执行

2）法院调解

概念	法院调解是指审判人员依据平等自愿原则，在事实清楚的基础上，分清是非，进行调解，促使双方当事人就诉争事项达成一致、解决纠纷的诉讼活动和结案方式
基本原则	法院调解的人民法院调解案件，应当遵循自愿原则，当事人一方或者双方坚持不愿调解、调解未达成协议或者调解书送达前一方反悔的，人民法院应当及时判决。 人民法院调解案件，应当遵循合法原则。 人民法院审理民事案件，除当事人同意公开的外，调解过程不公开；调解协议内容不公开，但为保护国家利益、社会公共利益、他人合法权益，人民法院认为确有必要公开的除外

调解协议	调解达成协议,人民法院应当制作调解书。调解书经双方当事人签收后,即具有法律效力,最后收到调解书的当事人签收的日期为调解书生效日期。 下列案件调解达成协议,人民法院可以不制作调解书:(1)调解和好的离婚案件;(2)调解维持收养关系的案件;(3)能够即时履行的案件;(4)其他不需要制作调解书的案件。对不需要制作调解书的协议,应当记入笔录,由双方当事人、审判人员、书记员签名或者盖章后,即具有法律效力。 当事人自行和解或者调解达成协议后,请求人民法院按照和解协议或者调解协议的内容制作判决书的,人民法院不予准许。 适用特别程序、督促程序、公示催告程序的案件,婚姻等身份关系确认案件以及其他根据案件性质不能进行调解的案件,不得调解

3)仲裁调解

先行调解	仲裁庭在作出裁决前,可以先行调解。当事人自愿调解的,仲裁庭应当调解。调解不成的,应当及时作出裁决
调解书	调解达成协议的,仲裁庭应当制作调解书或者根据协议的结果制作裁决书。调解书与裁决书具有同等法律效力。调解书经双方当事人签收后,即发生法律效力。在调解书签收前当事人反悔的,仲裁庭应当及时作出裁决

3. 多元化纠纷解决机制

完善人民法院源头化解矛盾纠纷的工作格局	建立分类分级预防化解矛盾纠纷路径
	强化人民法院分流对接功能
	建立健全基层解纷服务体系
	推动重点行业领域矛盾纠纷预防化解工作
	发挥社会各方力量协同作用

一 单项选择题

1. 关于民事纠纷和解的说法,正确的是(   )。
   A. 和解达成的协议不具有法律效力
   B. 和解协议必须采用书面形式
   C. 和解达成的协议不具有强制执行力
   D. 达成和解后当事人不得再行起诉

2. 根据《民事诉讼法》,关于法院调解的说法,正确的是(   )。
   A. 调解书的效力低于判决书
   B. 人民法院审理离婚案件,应当进行调解
   C. 调解达成的所有协议,人民法院均应当制作调解书
   D. 人民法院审理民事案件,在判决作出之前应当进行调解

3. 关于仲裁调解的说法,正确的是(   )。
   A. 仲裁庭在作出裁决前,应当先行调解
   B. 法院在强制执行仲裁裁决时应当进行调解

C．调解书经双方当事人签收后，若当事人反悔，则调解书不具有法律效力

D．在调解书签收前当事人反悔的，仲裁庭应当及时作出裁决

4．关于人民调解的说法，正确的是（　　　）。

A．经人民调解委员会调解达成调解协议的，必须制作调解协议书

B．经人民调解委员会调解达成的调解协议具有法律强制力

C．调解协议的履行发生争议的，一方当事人可以向人民法院申请强制执行

D．经人民调解委员会调解达成调解协议后，双方当事人可以共同向调解组织所在地基层人民法院申请司法确认

5．甲乙因损害赔偿纠纷诉至法院，双方在诉讼中达成和解协议，下列说法正确的是（　　　）。

A．当事人无权向法院申请撤诉

B．因当事人已达成和解协议，法院应当裁定终结诉讼程序

C．当事人可以申请法院依和解协议的内容制作调解书

D．当事人可以申请法院依和解协议的内容制作判决书

6．下列法律文书中，不具有强制执行效力的是（　　　）。

A．由国家行政机关作出的调解书

B．由仲裁机构作出的仲裁调解书

C．经法院司法确认的人民调解委员会作出的调解协议书

D．由人民法院对民事纠纷案件作出的调解书

7．关于建设工程合同纠纷和解的说法，正确的是（　　　）。

A．诉中和解达成协议的，即可结束全部或部分诉讼程序

B．民事诉讼的当事人可以在民事诉讼的任何阶段达成和解

C．执行中和解达成协议的，即可结束执行程序，且不可恢复

D．仲裁中和解达成协议的，视为撤回仲裁申请，且不可反悔

8．关于仲裁和解的说法，正确的是（　　　）。

A．当事人申请仲裁后达成和解协议的，应当撤回仲裁申请

B．仲裁庭可以根据当事人的和解协议作出裁决书

C．当事人达成和解协议，撤回仲裁申请后反悔的，不得再根据仲裁协议申请仲裁

D．当事人申请仲裁后和解的，应当在仲裁庭的主持下进行

9．根据《民事诉讼法》的规定，在执行中当事人自行和解达成协议后，一方当事人不履行和解协议的，另一方当事人可以（　　　）。

A．向人民法院起诉

B．向仲裁机构申请仲裁

C．申请人民法院强制执行和解协议

D．申请人民法院强制执行原生效法律文书

10．根据《民事诉讼法》，当事人申请司法确认调解协议，由双方当事人依法共同向（　　　）基层人民法院提出。

A．当事人住所地　　　　　　　　B．调解协议履行地

C．调解组织所在地　　　　　　　D．调解协议签订地

11. 人民法院制作的调解书，（　　）即具有法律效力。

    A．一经作出　　　　　　　　B．上诉期满后

    C．人民法院盖章后　　　　　D．经双方当事人签收后

12. 国家行政机关应纠纷当事人的请求，依据法律、法规和政策，对属于其职权管辖范围内的纠纷，通过耐心的说服教育，使纠纷的双方当事人互相谅解，在平等协商的基础上达成一致协议，促成当事人解决纠纷的方式为（　　）。

    A．行政裁决　　　　　　　　B．行政调解

    C．专业机构调解　　　　　　D．行政强制

13. 甲乙因合同纠纷申请仲裁，在审理过程中，双方和解并根据和解协议制作了仲裁裁决书。后甲反悔，则（　　）。

    A．该裁决书不需履行　　　　B．甲应当履行裁决书

    C．甲可以申请法院撤销裁决书　　D．乙可以向法院起诉

二　多项选择题

1. 关于民事纠纷解决方式的说法，正确的有（　　）。

    A．调解只能在民事诉讼阶段进行

    B．和解可以在民事纠纷的任何阶段进行

    C．仲裁机构受理案件的管辖权来自当事人双方的协议

    D．仲裁实行一裁终局制

    E．民事诉讼实行两审终审制

2. 关于人民法院调解民事案件的说法，正确的有（　　）。

    A．人民法院只能由审判员一人进行调解

    B．人民法院只能在双方当事人都同意的情况下才能进行调解

    C．调解达成协议，人民法院应当制作调解书

    D．调解书一经制作，即发生法律效力

    E．能够即时履行的案件，人民法院可以不制作调解书

3. 关于调解法律效力的说法，正确的有（　　）。

    A．仲裁调解书经人民法院确认后，即发生法律效力

    B．经调解组织调解达成的调解协议，具有强制执行的法律效力

    C．法院调解书经双方当事人签收后，具有强制执行的法律效力

    D．经人民调解委员会调解达成的调解协议具有法律约束力

    E．专业机构调解达成的调解协议具有法律约束力

4. 关于人民调解的说法，正确的有（　　）。

    A．人民调解制度是一种信访辅助制度

    B．人民调解的组织形式是居民委员会

    C．人民调解达成调解协议的，可以采取口头协议的方式

    D．人民调解达成的调解协议，具有强制执行效力

    E．当事人认为有必要的，可以自调解协议生效之日起30日内向人民法院申请

司法确认

5. 下列案件中，调解达成协议，人民法院可以不制作调解书的有（　　）。

    A. 调解和好的离婚案件   B. 调解维持收养关系的案件

    C. 能够即时履行的案件   D. 适用督促程序的案件

    E. 适用公示催告程序的案件

6. 关于和解的说法，正确的有（　　）。

    A. 和解协议具有强制执行力

    B. 当事人申请仲裁后，达成和解协议的，可以撤回仲裁申请

    C. 当事人申请仲裁后，达成和解协议的，可以请求仲裁庭根据和解协议作出裁决书

    D. 民事诉讼第一审普通程序中，当事人达成和解协议的，应继续进行诉讼程序

    E. 民事诉讼第二审人民法院审理上诉案件，不适用和解

【答案与解析】

一、单项选择题

1. C；   2. B；   3. D；   4. D；   5. C；   6. A；   7. B；   *8. B；

9. D；   10. D；   *11. D；   12. B；   13. B

【解析】

8.【答案】B

当事人申请仲裁后，可以自行和解。达成和解协议的，可以请求仲裁庭根据和解协议作出裁决书，也可以撤回仲裁申请。当事人达成和解协议，撤回仲裁申请后反悔的，仍可以根据原仲裁协议申请仲裁。因此，选项A、C、D错误，本题的正确答案是选项B。

11.【答案】D

调解达成协议，人民法院应当制作调解书。调解书经双方当事人签收后，即具有法律效力，最后收到调解书的当事人签收的日期为调解书生效日期。因此，本题的正确答案是选项D。

二、多项选择题

*1. B、C、D、E；   2. B、C、E；   3. C、D、E；   *4. C、E；

*5. A、B、C；   6. B、C

【解析】

1.【答案】B、C、D、E

选项A错误，调解可以在仲裁阶段进行。调解的主要方式有人民调解、行政调解、仲裁调解、司法调解，行业调解以及专业机构调解，并非只能在诉讼阶段进行。因此，本题的正确答案是选项B、C、D、E。

4.【答案】C、E

人民调解制度是一种司法辅助制度，选项A错误。人民调解的组织形式是人民调解委员会，选项B错误。当事人认为无需制作调解协议书的，可以采取口头协议的方

式，人民调解员应当记录协议内容，选项 C 正确。人民调解达成的调解协议，不具有强制执行效力，选项 D 错误。因此，本题的正确答案是选项 C、E。

5.【答案】A、B、C

下列案件调解达成协议，人民法院可以不制作调解书：（1）调解和好的离婚案件；（2）调解维持收养关系的案件；（3）能够即时履行的案件；（4）其他不需要制作调解书的案件。适用特别程序、督促程序、公示催告程序的案件，婚姻等身份关系确认案件以及其他根据案件性质不能进行调解的案件，不得调解。因此，本题的正确答案是选项A、B、C。

10.2　仲裁制度

1. 仲裁协议

概念	仲裁协议是当事人之间达成的，旨在将其间业已发生或将来产生于特定法律关系的争议提交仲裁解决的书面协议。合同中的仲裁条款和独立的仲裁协议这两种类型，都属于仲裁协议
特征	仲裁协议必须以书面形式作出
	仲裁协议具有自治性和合意性
	仲裁协议的内容是对纠纷解决途径的处分
	仲裁协议的主体具有缔约能力
	仲裁协议所处分的客体范围受一定程度的法律限制。下列纠纷不能仲裁：（1）婚姻、收养、监护、扶养、继承纠纷；（2）依法应当由行政机关处理的行政争议
	仲裁协议具有相对独立性。仲裁协议独立存在，合同的变更、解除、终止或者无效，不影响仲裁协议的效力
仲裁协议的内容	（1）请求仲裁的意思表示；（2）仲裁事项；（3）选定的仲裁委员会。这三项内容必须同时具备，仲裁协议才能有效
仲裁协议的效力	仲裁协议对当事人的效力范围通常仅限于签订仲裁协议的当事人，而不及于第三人
	没有仲裁协议，一方申请仲裁的，仲裁委员会不予受理。同时，仲裁协议也限制仲裁的范围，仲裁庭只能对当事人在仲裁协议中约定的仲裁事项进行仲裁，对仲裁协议约定范围之外的其他争议无权仲裁
	当事人达成仲裁协议，一方向人民法院起诉的，人民法院不予受理，但仲裁协议无效的除外
仲裁协议的独立性	仲裁协议独立存在，合同的变更、解除、终止或者无效，以及合同成立后未生效、被撤销等，均不影响仲裁协议的效力。有下列情形之一的，仲裁协议无效：（1）约定的仲裁事项超出法律规定的仲裁范围的；（2）无民事行为能力人或者限制民事行为能力人订立的仲裁协议；（3）一方采取胁迫手段，迫使对方订立仲裁协议的
仲裁协议效力的确认	当事人对仲裁协议的效力有异议的，可以请求仲裁委员会作出决定或者请求人民法院作出裁定。一方请求仲裁委员会作出决定，另一方请求人民法院作出裁定的，由人民法院裁定。当事人对仲裁协议的效力有异议的，应当在仲裁庭首次开庭前提出
起诉未声明有仲裁协议的处理	当事人达成仲裁协议，一方向人民法院起诉未声明有仲裁协议，人民法院受理后，另一方在首次开庭前提交仲裁协议的，人民法院应当驳回起诉，但仲裁协议无效的除外；另一方在首次开庭前未对人民法院受理该案提出异议的，视为放弃仲裁协议，人民法院应当继续审理

2．仲裁庭的组成、开庭和裁决
1）仲裁庭的组成

合议仲裁庭	合议仲裁庭是指由3名仲裁员组成的仲裁庭。由3名仲裁员组成的合议仲裁庭，设首席仲裁员。当事人约定由3名仲裁员组成仲裁庭的，应当各自选定或者各自委托仲裁委员会主任指定1名仲裁员，第3名仲裁员由当事人共同选定或者共同委托仲裁委员会主任指定。第3名仲裁员是首席仲裁员
独任仲裁庭	独任仲裁庭是指由1名仲裁员组成的仲裁庭。当事人约定由1名仲裁员成立仲裁庭的，应当由当事人共同选定或者共同委托仲裁委员会主任指定仲裁员
仲裁员回避	仲裁员有下列情形之一的，必须回避，当事人也有权提出回避申请：（1）是本案当事人或者当事人、代理人的近亲属；（2）与本案有利害关系；（3）与本案当事人、代理人有其他关系，可能影响公正仲裁的；（4）私自会见当事人、代理人，或者接受当事人、代理人的请客送礼的
	当事人提出回避申请，应当说明理由，在首次开庭前提出。回避事由在首次开庭后知道的，可以在最后一次开庭终结前提出。仲裁员是否回避，由仲裁委员会主任决定；仲裁委员会主任担任仲裁员时，由仲裁委员会集体决定

2）开庭

开庭	仲裁应当开庭进行，当事人协议不开庭的，仲裁庭可以根据仲裁申请书、答辩书以及其他材料作出裁决。仲裁不公开进行。当事人协议公开的，可以公开进行，但涉及国家秘密的除外
	仲裁委员会应当在仲裁规则规定的期限内将开庭日期通知双方当事人。当事人有正当理由的，可以在仲裁规则规定的期限内请求延期开庭。是否延期，由仲裁庭决定
	证据应当在开庭时出示，当事人可以质证
	当事人在仲裁过程中有权进行辩论。辩论终结时，首席仲裁员或者独任仲裁员应当征询当事人的最后意见。仲裁庭应当将开庭情况记入笔录

3）裁决

仲裁和解	当事人申请仲裁后，可以自行和解。达成和解协议的，可以请求仲裁庭根据和解协议作出裁决书，也可以撤回仲裁申请。当事人达成和解协议，撤回仲裁申请后反悔的，可以根据仲裁协议申请仲裁
仲裁调解	仲裁庭在作出裁决前，可以先行调解。当事人自愿调解的，仲裁庭应当调解。调解不成的，应当及时作出裁决。调解达成协议的，仲裁庭应当制作调解书或者根据协议的结果制作裁决书。调解书与裁决书具有同等法律效力。调解书经双方当事人签收后，即发生法律效力
仲裁裁决	裁决应当按照多数仲裁员的意见作出，少数仲裁员的不同意见可以记入笔录。仲裁庭不能形成多数意见时，裁决应当按照首席仲裁员的意见作出。裁决书自作出之日起发生法律效力
申请撤销裁决	当事人提出证据证明裁决有下列情形之一的，可以向仲裁委员会所在地的中级人民法院申请撤销裁决：（1）没有仲裁协议的；（2）裁决的事项不属于仲裁协议的范围或者仲裁委员会无权仲裁的；（3）仲裁庭的组成或者仲裁的程序违反法定程序的；（4）裁决所根据的证据是伪造的；（5）对方当事人隐瞒了足以影响公正裁决的证据的；（6）仲裁员在仲裁该案时有索贿受贿，徇私舞弊，枉法裁决行为的。人民法院经组成合议庭审查核实裁决有前款规定情形之一的，应当裁定撤销。人民法院认定该裁决违背社会公共利益的，应当裁定撤销。 当事人申请撤销裁决的，应当自收到裁决书之日起6个月内提出
仲裁裁决执行	当事人申请执行仲裁裁决案件，由被执行人住所地或者被执行的财产所在地的中级人民法院管辖。申请执行的期间为2年。申请执行时效的中止、中断，适用法律有关诉讼时效中止、中断的规定

裁定不予执行仲裁裁决	被申请人提出证据证明仲裁裁决有下列情形之一的，经人民法院组成合议庭审查核实，裁定不予执行：（1）当事人在合同中没有订有仲裁条款或者事后没有达成书面仲裁协议的；（2）裁决的事项不属于仲裁协议的范围或者仲裁机构无权仲裁的；（3）仲裁庭的组成或者仲裁的程序违反法定程序的；（4）裁决所根据的证据是伪造的；（5）对方当事人向仲裁机构隐瞒了足以影响公正裁决的证据的；（6）仲裁员在仲裁该案时有贪污受贿，徇私舞弊，枉法裁决行为的。 人民法院认定执行该裁决违背社会公共利益的，裁定不予执行。裁定书应当送达双方当事人和仲裁机构。仲裁裁决被人民法院裁定不予执行的，当事人可以根据双方达成的书面仲裁协议重新申请仲裁，也可以向人民法院起诉

一 单项选择题

1. 根据《仲裁法》，关于仲裁裁决撤销的说法，正确的是（　　）。

A. 违约金的计算不符合合同约定，当事人可以申请撤销仲裁裁决

B. 仲裁的程序违反法定程序，当事人可以申请撤销仲裁裁决

C. 当事人需要申请撤销仲裁裁决时，可以向财产所在地的中级人民法院申请

D. 仲裁裁决被撤销后，当事人可以根据双方重新达成的仲裁协议申请仲裁，不可以向人民法院起诉

2. 仲裁委员会就某施工合同纠纷案件进行仲裁，首席仲裁员甲认为应当裁定合同无效，仲裁员乙和丙认为应当裁定合同有效，则仲裁庭应当（　　）。

A. 按甲的意见作出裁决

B. 请示仲裁委员会主任，并按其意见作出裁决

C. 重新组成仲裁庭，经评议后作出裁决

D. 按乙和丙的意见作出裁决

3. 有效仲裁协议的内容不包括（　　）。

A. 请求仲裁的意思表示　　　　B. 仲裁事项

C. 选定的仲裁委员会　　　　　D. 具体的仲裁事实、理由

4. 关于仲裁协议效力确认的说法，正确的是（　　）。

A. 当事人对仲裁协议效力有异议的，应当在仲裁裁决作出前提出

B. 当事人既可以请求仲裁委员会作出决定，也可以请求人民法院裁定

C. 当事人对仲裁委员会就仲裁协议效力作出的决定不服的，可以向人民法院申请撤销该决定

D. 当事人向人民法院申请确认仲裁协议效力的案件，只能由仲裁协议约定的仲裁委员会所在地的中级人民法院管辖

5. 关于申请撤销仲裁裁决的说法，正确的是（　　）。

A. 仲裁裁决认定事实不清的，当事人可以申请撤销仲裁裁决

B. 当事人可以向仲裁委员会所在地的中级人民法院申请撤销裁决

C. 当事人申请撤销裁决的，应当在收到裁决书之日起 3 个月内提出

D. 仲裁裁决被人民法院依法撤销后，当事人就该纠纷不得再行申请仲裁

6. 甲建设单位与乙施工企业在施工合同中约定因合同所发生的争议，提交 A 仲裁

委员会仲裁。后双方对仲裁协议的效力有异议，甲请求 A 仲裁委员会作出决定，但乙请求人民法院作出裁定。该案中仲裁协议效力的确认权属于（　　　）。

  A．A 仲裁委员会所在地的基层人民法院

  B．仲裁协议签订地的中级人民法院

  C．仲裁协议签订地的基层人民法院

  D．A 仲裁委员会所在地的中级人民法院

7．关于仲裁庭组成的说法，正确的是（　　　）。

  A．首席仲裁员应当由仲裁委员会指定

  B．当事人双方必须各自选定合议仲裁庭中的 1 名仲裁员

  C．当事人未在规定期限内选定仲裁员的，由仲裁委员会主任指定

  D．仲裁庭应当由 3 名仲裁员组成

8．关于仲裁协议效力的说法，正确的是（　　　）。

  A．仲裁协议独立存在，不受合同变更、撤销、终止、无效等的影响

  B．口头的仲裁协议对当事人同样有法律约束力

  C．仲裁协议并不排除法院的司法管辖权

  D．当事人对仲裁协议效力有异议的，应当请求仲裁委员会作出决定

9．关于仲裁员回避的说法，正确的是（　　　）。

  A．仲裁员是否回避，由仲裁庭决定

  B．当事人提出回避申请，应当说明理由，在首次开庭前提出

  C．因回避而重新选定或者指定仲裁员后，已进行的仲裁程序不再重新进行

  D．仲裁员因回避不能履行职责的，应当由仲裁委员会主任重新指定仲裁员

10．甲施工企业就施工合同纠纷向仲裁委员会申请仲裁，该仲裁案件由 3 名仲裁员组成仲裁庭，该案件的仲裁员（　　　）。

  A．只能由仲裁委员会主任指定　　 B．由甲施工企业选定 1 名

  C．由甲施工企业选定 2 名　　 D．由甲施工企业选定 3 名

11．当事人约定由 3 名仲裁员组成仲裁庭的，应各自选定 1 名或各自委托仲裁委员会主任指定 1 名仲裁员，第 3 名仲裁员的产生方式可以是（　　　）。

  A．由当事人共同选定

  B．由仲裁委员会主任直接指定

  C．由已选定或已指定的 2 名仲裁员共同选定

  D．由已选定或已指定的 2 名仲裁员共同委托仲裁委员会主任指定

12．关于仲裁裁决书的说法，正确的是（　　　）。

  A．裁决应当按照首席仲裁员的意见作出

  B．对裁决持不同意见的仲裁员，必须签名

  C．裁决书自作出之日起发生法律效力

  D．裁决书由仲裁员签名，不必加盖仲裁委员会印章

13．有效的仲裁裁决做出后，一方当事人不履行的，另一方当事人可以（　　　）。

  A．向仲裁机构申请强制执行

  B．向人民法院申请强制执行

C．就争议事项向人民法院起诉

D．请求仲裁庭向人民法院申请强制执行

14．甲乙两公司就某一合同纠纷进行仲裁，达成和解协议，向仲裁委员会撤回仲裁申请。后乙公司未按和解协议履行其义务，则甲公司（　　　　）。

A．可以根据仲裁协议申请仲裁

B．只能向人民法院起诉

C．既可以根据仲裁协议申请仲裁，也可以向人民法院起诉

D．可以向仲裁委员会申请恢复仲裁程序

15．关于仲裁开庭和审理的说法，正确的是（　　　　）。

A．仲裁开庭审理必须经当事人达成一致

B．仲裁审理案件应当公开进行

C．当事人可以协议仲裁不开庭审理

D．仲裁庭不能做出缺席裁决

16．当事人对仲裁协议的效力有异议，应当（　　　　）。

A．在仲裁庭首次开庭前提出　　　　B．在答辩时提出

C．在裁决前提出　　　　　　　　　D．在执行前提出

17．关于仲裁调解的说法，正确的是（　　　　）。

A．仲裁裁决书的法律效力高于仲裁调解书

B．仲裁调解达成协议的，仲裁庭应当根据协议的结果制作裁决书

C．仲裁调解书经双方当事人签收后，即发生法律效力

D．在仲裁调解书签收前当事人反悔的，当事人应当重新申请仲裁

18．关于不予执行仲裁裁决的说法，正确的是（　　　　）。

A．人民法院裁定撤销裁决的，应当裁定终止执行

B．一方当事人申请执行裁决，另一方当事人申请撤销裁决的，人民法院应当裁定终结执行

C．仲裁裁决被人民法院裁定不予执行的，当事人只能向人民法院起诉

D．撤销裁决的申请被裁定驳回的，人民法院应当裁定恢复执行

19．关于仲裁裁决效力的说法，正确的是（　　　　）。

A．仲裁裁决具有强制执行力，一方当事人不履行，对方当事人可以向仲裁委员会申请强制执行

B．仲裁裁决书经双方当事人签收后，即发生法律效力

C．当事人向人民法院请求撤销裁决决定的，该裁决书不发生法律效力

D．一裁终局，当事人就同一纠纷再申请仲裁或向人民法院起诉的不予受理

20．仲裁裁决书自（　　　　）之日起发生法律效力。

A．发出　　　　　　　　　　　　　B．当事人收到

C．申请撤销期限届满　　　　　　　D．作出

21．关于仲裁和解的说法，正确的是（　　　　）。

A．当事人申请仲裁后达成和解协议的，应当撤回仲裁申请

B．仲裁庭可以根据当事人的和解协议作出裁决书

C．当事人达成和解协议，撤回仲裁申请后反悔的，不得再根据仲裁协议申请仲裁

D．当事人申请仲裁后和解的，应当在仲裁庭的主持下进行

22．仲裁机构受理仲裁案件经调解达成协议的，仲裁庭应当制作调解书或者根据协议的结果制作裁决书。关于调解书和裁决书的说法，正确的是（　　）。

A．调解书与裁决书具有同等法律效力

B．调解书不具有强制执行效力

C．调解书自作出之日起发生法律效力

D．裁决书不可以申请撤销

23．根据《仲裁法》，合议仲裁庭作出仲裁裁决应当（　　）。

A．按照首席仲裁员的意见作出

B．按照多数仲裁员的意见作出

C．按照仲裁委员会主任的意见作出

D．按照首席仲裁员和仲裁委员会主任的共同意见作出

24．关于我国仲裁基本制度的说法，正确的是（　　）。

A．当事人对仲裁不服的，可以提起诉讼

B．当事人达成有仲裁协议，一方向法院起诉的，人民法院不予受理

C．当事人没有仲裁协议而申请仲裁的，仲裁委员会应当受理

D．仲裁协议不能排除法院对案件的司法管辖权

25．根据《仲裁法》，关于我国仲裁基本制度的说法，正确的是（　　）。

A．平等主体的公民、法人和其他组织之间发生的财产权益纠纷，可以仲裁

B．仲裁委员会是按行政区划层层设立的

C．仲裁委员会是行政机关

D．限制民事行为能力人订立的仲裁协议效力待定

二　多项选择题

1．关于仲裁裁决的说法，正确的有（　　）。

A．仲裁裁决应当根据仲裁庭多数仲裁员的意见作出，形不成多数意见的，由仲裁委员会讨论决定

B．仲裁裁决没有强制执行力

C．当事人可以请求仲裁庭根据双方的和解协议作出裁决

D．仲裁实行一裁终局，当事人不得就已经裁决的事项再次申请仲裁

E．仲裁裁决一经作出立即发生法律效力

2．关于仲裁开庭与裁决的说法，正确的有（　　）。

A．当事人协议不开庭的，仲裁庭可以根据仲裁申请书、答辩书以及其他材料作出裁决

B．仲裁裁决是由仲裁庭作出的具有强制执行效力的法律文书

C．被申请人在开庭审理时未经仲裁庭许可中途退庭的，仲裁庭不可缺席审理

并作出裁决

  D．裁决的事项不属于仲裁协议范围的，当事人可以向人民法院申请撤销仲裁裁决

  E．申请仲裁裁决强制执行时效的中断适用法律有关诉讼时效中断的规定

3．关于仲裁庭组成的说法，正确的有（ ）。

  A．首席仲裁员应当由仲裁委员会指定

  B．当事人双方必须各自选定合议仲裁庭中的1名仲裁员

  C．当事人未在规定期限内选定仲裁员的，由仲裁委员会主任指定

  D．仲裁庭可以由3名仲裁员组成

  E．仲裁庭可以由1名仲裁员组成

4．根据《仲裁法》，关于仲裁的说法，正确的有（ ）。

  A．仲裁机构受理案件的依据是司法行政主管部门的授权

  B．当事人达成有效仲裁协议后，人民法院仍然对案件享有管辖权

  C．劳动争议仲裁不属于《仲裁法》的调整范围

  D．仲裁不公开进行

  E．仲裁裁决作出后，当事人不服的可以向人民法院起诉

5．关于仲裁协议的说法，正确的有（ ）。

  A．仲裁协议必须在纠纷发生前达成

  B．仲裁协议可以采用口头形式，但需双方认可

  C．当事人对仲裁协议效力有异议的，应当在仲裁庭首次开庭前提出

  D．仲裁协议约定两个以上仲裁机构，当事人不能就选择达成一致的，可以由司法行政主管部门指定

  E．合同解除后，合同中的仲裁条款仍然有效

6．关于仲裁协议效力的说法，正确的是（ ）。

  A．仲裁协议是争议合同的附属协议，合同无效则仲裁协议无效

  B．仲裁裁决具有强制执行力，一方当事人不履行，对方当事人可以向仲裁委员会申请强制执行

  C．仲裁委员会可就当事人在仲裁协议中约定的事项和未约定的事项进行裁决

  D．当事人对仲裁协议效力有异议的，应当在仲裁庭首次开庭前提出

  E．当事人向人民法院申请确认仲裁协议效力的案件，可以由仲裁协议约定的仲裁机构所在地中级人民法院管辖

7．下列案件纠纷中，受《仲裁法》调整的是（ ）。

  A．婚姻、继承纠纷   B．建设工程施工合同纠纷

  C．农业承包合同纠纷   D．加工承揽合同纠纷

  E．劳动争议

8．有效的仲裁协议必须同时具有下列内容：（ ）。

  A．选定的仲裁委员会   B．仲裁事项

  C．仲裁地点   D．选定的仲裁员

  E．请求仲裁的意思表示

一、单项选择题

1. B;　　2. D;　　3. D;　　4. B;　　5. B;　　6. D;　　*7. C;　　*8. A;

9. B;　　*10. B;　　11. A;　　12. C;　　13. B;　　14. A;　　15. C;　　16. A;

17. C;　　18. D;　19. D;　　20. D;　　21. B;　　22. A;　　23. B;　　24. B;

25. A

【解析】

7.【答案】C

仲裁庭可以由3名仲裁员或者1名仲裁员组成。在我国，仲裁庭的组成形式有两种，即合议仲裁庭和独任仲裁庭。（1）合议仲裁庭。合议仲裁庭是指由3名仲裁员组成的仲裁庭，即以集体合议的方式对当事人交付仲裁的争议事项进行审理并作出裁决。由3名仲裁员组成的合议仲裁庭，设首席仲裁员。当事人约定由3名仲裁员组成仲裁庭的，应当各自选定或者各自委托仲裁委员会主任指定1名仲裁员，第3名仲裁员由当事人共同选定或者共同委托仲裁委员会主任指定。第3名仲裁员是首席仲裁员。（2）独任仲裁庭。独任仲裁庭是指由1名仲裁员组成的仲裁庭，即由1名仲裁员组成仲裁庭对当事人交付仲裁的争议事项进行审理并作出裁决。独任仲裁是仲裁协议及案件当事人依意思自治原则行使选择权的结果。当事人约定由1名仲裁员成立仲裁庭的，应当由当事人共同选定或者共同委托仲裁委员会主任指定仲裁员。当事人没有在仲裁规则规定的期限内约定仲裁庭的组成方式或者选定仲裁员的，由仲裁委员会主任指定。仲裁庭组成后，仲裁委员会应当将仲裁庭的组成情况书面通知当事人。因此，本题的正确答案是选项C。

8.【答案】A

仲裁协议独立存在，合同的变更、解除、终止或者无效，不影响仲裁协议的效力。仲裁协议应当采用书面形式，口头方式达成的仲裁意思表示无效。《最高人民法院关于适用〈中华人民共和国仲裁法〉若干问题的解释》规定，仲裁法规定的"其他书面形式"的仲裁协议，包括以合同书、信件和数据电文（包括电报、电传、传真、电子数据交换和电子邮件）等形式达成的请求仲裁的协议，故选项B错误。仲裁协议是当事人申请仲裁、排除法院管辖的依据。当事人达成仲裁协议，一方向人民法院起诉的，人民法院不予受理，但仲裁协议无效的除外。故选项C错误。当事人对仲裁协议的效力有异议的，可以请求仲裁委员会作出决定或者请求人民法院作出裁定。一方请求仲裁委员会作出决定，另一方请求人民法院作出裁定的，由人民法院裁定。当事人对仲裁协议的效力有异议，应当在仲裁庭首次开庭前提出。故选项D错误。因此，本题的正确答案是选项A。

10.【答案】B

仲裁庭的组成形式包括合议仲裁庭和独任仲裁庭两种，即仲裁庭可以由3名仲裁员或者1名仲裁员组成。根据仲裁规则的规定或者当事人约定由3名仲裁员组成仲裁庭的，应当各自选定或者各自委托仲裁委员会主任指定1名仲裁员，第3名仲裁员由当事人共同选定或者共同委托仲裁委员会主任指定。第3名仲裁员是首席仲裁员。因此，本题的正确答案是选项B。

二、多项选择题

1. C、D、E；　　2. A、B、D、E；　　3. C、D、E；　　*4. C、D；
*5. C、E；　　6. D、E；　　*7. B、D；　　8. A、B、E

【解析】

4.【答案】C、D

A 为错误选项，仲裁协议是当事人仲裁自愿的体现，当事人申请仲裁，仲裁委员会受理仲裁、仲裁庭对仲裁案件的审理和裁决，都必须以当事人依法订立的仲裁协议为前提。B 为错误选项，有效的仲裁协议可以排除法院对案件的司法管辖权，只有在没有仲裁协议或者仲裁协议无效的情况下，法院才可以对当事人的纠纷予以受理。E 为错误选项，仲裁实行一裁终局的制度。裁决作出后，当事人就同一纠纷再申请仲裁或者向人民法院起诉的，仲裁委员会或者人民法院不予受理。因此，本题的正确答案是选项 C、D。

5.【答案】C、E

仲裁协议包括双方当事人在合同中订立的仲裁条款和以其他书面方式在纠纷发生前或者纠纷发生后达成的请求仲裁的协议，选项 A 错误。仲裁协议必须以书面方式订立，以口头方式订立的仲裁协议不受法律保护，选项 B 错误。当事人不能就仲裁机构选择达成一致的仲裁协议无效，选项 D 错误。因此，本题的正确答案是选项 C、E。

7.【答案】B、D

《仲裁法》第 2 条规定：平等主体的公民、法人和其他组织之间发生的合同纠纷和其他财产权益纠纷，可以仲裁。第 77 条规定：劳动争议和农业集体经济组织内部的农业承包合同纠纷的仲裁，另行规定。选项 A 不属于财产权益纠纷，选项 C 和 E 属于"另行规定"的范围，也不受《仲裁法》调整。因此，本题的正确答案是选项 B、D。

10.3　民事诉讼制度

1. 民事诉讼的法院管辖

1）级别管辖

级别管辖是确定各级人民法院之间审理第一审民事案件的分工和权限的管辖制度。

基层人民法院	除法律另有规定外，第一审民事案件由基层人民法院管辖
中级人民法院	中级人民法院管辖下列第一审民事案件：（1）重大涉外案件；（2）在本辖区有重大影响的案件；（3）最高人民法院确定由中级人民法院管辖的案件。其中，重大涉外案件包括争议标的额大的案件、案情复杂的案件，或者一方当事人人数众多等具有重大影响的案件
高级人民法院	高级人民法院管辖在本辖区有重大影响的第一审民事案件
最高人民法院	最高人民法院管辖下列第一审民事案件：（1）在全国有重大影响的案件；（2）认为应当由本院审理的案件

2）地域管辖

地域管辖是按照法院辖区来确定同级法院之间受理第一审民事案件的分工和权限的一种管辖制度。

一般地域管辖	对公民提起的民事诉讼，由被告住所地人民法院管辖；被告住所地与经常居住地不一致的，由经常居住地人民法院管辖。对法人或者其他组织提起的民事诉讼，由被告住所地人民法院管辖	
	下列民事诉讼，由原告住所地人民法院管辖；原告住所地与经常居住地不一致的，由原告经常居住地人民法院管辖：（1）对不在中华人民共和国领域内居住的人提起的有关身份关系的诉讼；（2）对下落不明或者宣告失踪的人提起的有关身份关系的诉讼；（3）对被采取强制性教育措施的人提起的诉讼；（4）对被监禁的人提起的诉讼	
特殊地域管辖	因合同纠纷的管辖，合同履行地的确定： 合同约定履行地点的，以约定的履行地点为合同履行地。合同对履行地点没有约定或者约定不明确，争议标的为给付货币的，接收货币一方所在地为合同履行地；交付不动产的，不动产所在地为合同履行地；其他标的，履行义务一方所在地为合同履行地。即时结清的合同，交易行为地为合同履行地。合同没有实际履行，当事人双方住所地都不在合同约定的履行地的，由被告住所地人民法院管辖。 财产租赁合同、融资租赁合同以租赁物使用地为合同履行地。以信息网络方式订立的买卖合同，通过信息网络交付标的的，以买受人住所地为合同履行地；通过其他方式交付标的的，收货地为合同履行地。合同对履行地有约定的，从其约定。 因保险合同纠纷提起的诉讼，由被告住所地或者保险标的物所在地人民法院管辖	
	（1）因不动产纠纷提起的诉讼，由不动产所在地人民法院管辖；农村土地承包经营合同纠纷、房屋租赁合同纠纷、建设工程施工合同纠纷、政策性房屋买卖合同纠纷，按照不动产纠纷确定管辖。不动产已登记的，以不动产登记簿记载的所在地为不动产所在地；不动产未登记的，以不动产实际所在地为不动产所在地。 （2）因港口作业中发生纠纷提起的诉讼，由港口所在地人民法院管辖。 （3）因继承遗产纠纷提起的诉讼，由被继承人死亡时住所地或者主要遗产所在地人民法院管辖。 （4）因侵权行为提起的诉讼，由侵权行为地或者被告住所地人民法院管辖	
协议管辖	合同或者其他财产权益纠纷的当事人可以书面协议选择被告住所地、合同履行地、合同签订地、原告住所地、标的物所在地等与争议有实际联系的地点的人民法院管辖，但不得违反《民事诉讼法》对级别管辖和专属管辖的规定	
移送管辖和指定管辖	人民法院发现受理的案件不属于本院管辖的，应当移送有管辖权的人民法院，受移送的人民法院应当受理。受移送的人民法院认为受移送的案件依照规定不属于本院管辖的，应当报请上级人民法院指定管辖，不得再自行移送	
	有管辖权的人民法院由于特殊原因，不能行使管辖权的，由上级人民法院指定管辖。人民法院之间因管辖权发生争议，由争议双方协商解决；协商解决不了的，报请它们的共同上级人民法院指定管辖。 上级人民法院有权审理下级人民法院管辖的第一审民事案件；确有必要将本院管辖的第一审民事案件交下级人民法院审理的，应当报请其上级人民法院批准。下级人民法院对它所管辖的第一审民事案件，认为需要由上级人民法院审理的，可以报请上级人民法院审理	
管辖权的异议	人民法院受理案件后，当事人对管辖权有异议的，应当在提交答辩状期间提出。人民法院对当事人提出的异议，应当审查。异议成立的，裁定将案件移送有管辖权的人民法院；异议不成立的，裁定驳回。 当事人未提出管辖异议，并应诉答辩或者提出反诉的，视为受诉人民法院有管辖权，但违反级别管辖和专属管辖规定的除外。 当事人不服地方人民法院管辖异议裁定的，有权在裁定书送达之日起10日内向上一级人民法院提起上诉	

2．民事审判组织、诉讼参加人
1）民事审判组织

合议制度	人民法院审理案件的组织形式分合议制和独任制两种。 独任制主要适用于以下情形：（1）依简易程序审理的民事案件和依特别程序审理的非讼案件，但是重大或疑难的非讼案件以及在公示催告程序中作出除权判决的，应当组成合议庭。（2）基层人民法院审理的基本事实清楚、权利义务关系明确的第一审民事案件。（3）中级人民法院对第一审适用简易程序审结或者不服裁定提起上诉的，事实清楚、权利义务关系明确，经双方当事人同意的第二审民事案件。 下列民事案件，不得由审判员一人独任审理：（1）涉及国家利益、社会公共利益的案件；（2）涉及群体性纠纷，可能影响社会稳定的案件；（3）人民群众广泛关注或者其他社会影响较大的案件；（4）属于新类型或者疑难复杂的案件；（5）法律规定应当组成合议庭审理的案件；（6）其他不宜由审判员一人独任审理的案件
回避制度	审判人员有下列情形之一的，应当自行回避，当事人有权申请其回避：（1）本案当事人或者当事人近亲属的；（2）本人或者其近亲属与本案有利害关系的；（3）担任过本案的证人、鉴定人、辩护人、诉讼代理人、翻译人员的；（4）本案诉讼代理人近亲属的；（5）本人或者其近亲属持有本案非上市公司当事人的股份或者股权的；（6）与本案当事人或者诉讼代理人有其他利害关系，可能影响公正审理的。 审判人员有下列情形之一的，当事人有权申请其回避：（1）接受本案当事人及其受托人宴请，或者参加由其支付费用的活动的；（2）索取、接受本案当事人及其受托人财物或者其他利益的；（3）违反规定会见本案当事人、诉讼代理人的；（4）为本案当事人推荐、介绍诉讼代理人，或者为律师、其他人员介绍代理本案的；（5）向本案当事人及其受托人借用款物的；（6）有其他不正当行为，可能影响公正审理的。 审判人员，包括参与本案审理的人民法院院长、副院长、审判委员会委员、庭长、副庭长、审判员和人民陪审员。法官助理、书记员、司法技术人员、翻译人员、鉴定人、勘验人适用审判人员回避的有关规定
公开审判制度	（1）人民法院审理民事案件，应当在开庭3日前通知当事人和其他诉讼参与人。（2）开庭审理案件的过程向群众公开。（3）人民法院对公开审理或者不公开审理的案件，一律公开宣告判决。（4）公众可以查阅发生法律效力的判决书、裁定书，但涉及国家秘密、商业秘密和个人隐私的内容除外。 人民法院审理民事案件，除涉及国家秘密、个人隐私或者法律另有规定的以外，应当公开进行。离婚案件，涉及商业秘密的案件，当事人申请不公开审理的，可以不公开审理
两审终审制度	当事人不服地方人民法院第一审判决的，有权在判决书送达之日起15日内向上一级人民法院提起上诉。当事人对人民法院作出不予受理、对管辖权有异议的和驳回起诉的裁定不服的，有权在裁定书送达之日起10日内向上一级人民法院提起上诉。超过上诉期没有上诉的判决、裁定，是发生法律效力的判决、裁定。第二审人民法院的判决、裁定，是终审的判决、裁定

2）诉讼参加人

当事人	公民、法人和其他组织可以作为民事诉讼的当事人。法人由其法定代表人进行诉讼。其他组织由其主要负责人进行诉讼。当事人一方或者双方为二人以上，其诉讼标的是共同的，或者诉讼标的是同一种类、人民法院认为可以合并审理并经当事人同意的，为共同诉讼
第三人	对当事人双方的诉讼标的，第三人认为有独立请求权的，有权提起诉讼。对当事人双方的诉讼标的，第三人虽然没有独立请求权，但案件处理结果同他有法律上的利害关系的，可以申请参加诉讼，或者由人民法院通知他参加诉讼

诉讼代理人	无诉讼行为能力人由他的监护人作为法定代理人代为诉讼。当事人、法定代理人可以委托1至2人作为诉讼代理人。下列人员可以被委托为诉讼代理人：（1）律师、基层法律服务工作者；（2）当事人的近亲属或者工作人员；（3）当事人所在社区、单位以及有关社会团体推荐的公民。 诉讼代理人代为承认、放弃、变更诉讼请求，进行和解，提起反诉或者上诉，必须有委托人的特别授权

3．民事诉讼证据的种类、保全和应用
1）证据的种类和保全

种类	（1）当事人的陈述；（2）书证；（3）物证；（4）视听资料；（5）电子数据；（6）证人证言；（7）鉴定意见；（8）勘验笔录
保全	因情况紧急，在证据可能灭失或者以后难以取得的情况下，利害关系人可以在提起诉讼或者申请仲裁前向证据所在地、被申请人住所地或者对案件有管辖权的人民法院申请保全证据

2）证据的应用

当事人收集证据	当事人对自己提出的主张，有责任提供证据。下列事实，当事人无须举证证明：（1）自然规律以及定理、定律；（2）众所周知的事实；（3）根据法律规定推定的事实；（4）根据已知的事实和日常生活经验法则推定出的另一事实；（5）已为人民法院发生法律效力的裁判所确认的事实；（6）已为仲裁机构生效裁决所确认的事实；（7）已为有效公证文书所证明的事实
法院收集证据	人民法院认为审理案件需要的证据，应当主动调查收集，主要包括：（1）涉及可能损害国家利益、社会公共利益的；（2）涉及身份关系的；（3）涉及《民事诉讼法》第58条规定诉讼的；（4）当事人有恶意串通损害他人合法权益可能的；（5）涉及依职权追加当事人、中止诉讼、终结诉讼、回避等程序性事项的。 当事人及其诉讼代理人因客观原因不能自行收集的证据，可以在举证期限届满前书面申请人民法院调查收集
证据的认定	证据应当在法庭上出示，并由当事人互相质证。对涉及国家秘密、商业秘密和个人隐私的证据应当保密，需要在法庭出示的，不得在公开开庭时出示
	凡是知道案件情况的单位和个人，都有义务出庭作证。不能正确表达意思的人，不能作证。经人民法院通知，证人应当出庭作证。有下列情形之一的，经人民法院许可，可以通过书面证言、视听传输技术或者视听资料等方式作证：（1）因健康原因不能出庭的；（2）因路途遥远，交通不便不能出庭的；（3）因自然灾害等不可抗力不能出庭的；（4）其他有正当理由不能出庭的
	下列证据不能单独作为认定案件事实的根据：（1）当事人的陈述；（2）无民事行为能力人或者限制民事行为能力人所作的与其年龄、智力状况或者精神健康状况不相当的证言；（3）与一方当事人或者其代理人有利害关系的证人陈述的证言；（4）存有疑点的视听资料、电子数据；（5）无法与原件、原物核对的复制件、复制品

4．民事诉讼时效

概念	诉讼时效是指权利人在一定期间内不行使权利，则义务人有权提出拒绝履行的抗辩的制度。 诉讼时效期间届满的，义务人可以提出不履行义务的抗辩。人民法院不得主动适用诉讼时效的规定。 诉讼时效届满，权利人的实体权利仍然存在，诉讼时效期间届满后，义务人同意履行的，不得以诉讼时效期间届满为由抗辩；义务人已经自愿履行的，不得请求返还。 诉讼时效的期间、计算方法以及中止、中断的事由由法律规定，当事人约定无效。当事人对诉讼时效利益的预先放弃无效。法律对仲裁时效有规定的，依照其规定；没有规定的，适用诉讼时效的规定。 法律规定或者当事人约定的撤销权、解除权等权利的存续期间，除法律另有规定外，自权利人知道或者应当知道权利产生之日起计算，不适用有关诉讼时效中止、中断和延长的规定。存续期间届满，撤销权、解除权等权利消灭
诉讼时效的 适用范围	下列请求权不适用诉讼时效的规定：（1）请求停止侵害、排除妨碍、消除危险；（2）不动产物权和登记的动产物权的权利人请求返还财产；（3）请求支付抚养费、赡养费或者扶养费；（4）依法不适用诉讼时效的其他请求权
诉讼时效期间	向人民法院请求保护民事权利的诉讼时效期间为 3 年。法律另有规定的，依照其规定
诉讼时效期间及其起算	诉讼时效期间自权利人知道或者应当知道权利受到损害以及义务人之日起计算。但是，自权利受到损害之日起超过 20 年的，人民法院不予保护。当事人约定同一债务分期履行的，诉讼时效期间自最后一期履行期限届满之日起计算。无民事行为能力人或者限制民事行为能力人对其法定代理人的请求权的诉讼时效期间，自该法定代理终止之日起计算
诉讼时效的 中止	在诉讼时效期间的最后 6 个月内，因下列障碍，不能行使请求权的，诉讼时效中止：（1）不可抗力；（2）无民事行为能力人或者限制民事行为能力人没有法定代理人，或者法定代理人死亡、丧失民事行为能力、丧失代理权；（3）继承开始后未确定继承人或者遗产管理人；（4）权利人被义务人或者其他人控制；（5）其他导致权利人不能行使请求权的障碍。 自中止时效的原因消除之日起满 6 个月，诉讼时效期间届满
诉讼时效的 中断	根据《民法典》第 195 条，有下列情形之一的，诉讼时效中断，从中断、有关程序终结时起，诉讼时效期间重新计算：（1）权利人向义务人提出履行请求；（2）义务人同意履行义务；（3）权利人提起诉讼或者申请仲裁；（4）与提起诉讼或者申请仲裁具有同等效力的其他情形

5．民事诉讼的审判程序
1）起诉和受理

起诉	起诉必须符合下列条件：（1）原告是与本案有直接利害关系的公民、法人和其他组织；（2）有明确的被告；（3）有具体的诉讼请求和事实、理由；（4）属于人民法院受理民事诉讼的范围和受诉人民法院管辖
开庭审理	人民法院应当在立案之日起 5 日内将起诉状副本发送被告，被告应当在收到之日起 15 日内提出答辩状。人民法院适用普通程序审理的案件，应当在立案之日起 6 个月内审结。有特殊情况需要延长的，经本院院长批准，可以延长 6 个月；还需要延长的，报请上级人民法院批准
诉讼中止	有下列情形之一的，中止诉讼：（1）一方当事人死亡，需要等待继承人表明是否参加诉讼的；（2）一方当事人丧失诉讼行为能力，尚未确定法定代理人的；（3）作为一方当事人的法人或者其他组织终止，尚未确定权利义务承受人的；（4）一方当事人因不可抗拒的事由，不能参加诉讼的；（5）本案必须以另一案的审理结果为依据，而另一案尚未审结的；（6）其他应当中止诉讼的情形。中止诉讼的原因消除后，恢复诉讼
诉讼终结	有下列情形之一的，终结诉讼：（1）原告死亡，没有继承人，或者继承人放弃诉讼权利的；（2）被告死亡，没有遗产，也没有应当承担义务的人的；（3）离婚案件一方当事人死亡的；（4）追索赡养费、扶养费、抚养费以及解除收养关系案件的一方当事人死亡的

2）判决和裁定

判决	法庭辩论终结，应当依法作出判决。判决前能够调解的，还可以进行调解，调解不成的，应当及时判决
裁定	裁定适用于下列范围：（1）不予受理；（2）对管辖权有异议的；（3）驳回起诉；（4）保全和先予执行；（5）准许或者不准许撤诉；（6）中止或者终结诉讼；（7）补正判决书中的笔误；（8）中止或者终结执行；（9）撤销或者不予执行仲裁裁决；（10）不予执行公证机关赋予强制执行效力的债权文书；（11）其他需要裁定解决的事项。对前款第（1）项至第（3）项裁定，可以上诉

3）简易程序和小额诉讼

简易程序	基层人民法院和它派出的法庭审理事实清楚、权利义务关系明确、争议不大的简单的民事案件，可以适用简易程序。基层人民法院和它派出的法庭审理前款规定以外的民事案件，当事人双方也可以约定适用简易程序。人民法院适用简易程序审理案件，应当在立案之日起3个月内审结。有特殊情况需要延长的，经本院院长批准，可以延长1个月
小额诉讼	基层人民法院和它派出的法庭审理事实清楚、权利义务关系明确、争议不大的简单金钱给付民事案件，标的额为各省、自治区、直辖市上年度就业人员年平均工资50%以下的，适用小额诉讼的程序审理，实行一审终审。 基层人民法院和它派出的法庭审理前款规定的民事案件，标的额超过各省、自治区、直辖市上年度就业人员年平均工资50%但在2倍以下的，当事人双方也可以约定适用小额诉讼的程序
	人民法院审理下列民事案件，不适用小额诉讼的程序：（1）人身关系、财产确权案件；（2）涉外案件；（3）需要评估、鉴定或者对诉前评估、鉴定结果有异议的案件；（4）一方当事人下落不明的案件；（5）当事人提出反诉的案件；（6）其他不宜适用小额诉讼的程序审理的案件
	人民法院适用小额诉讼的程序审理案件，应当在立案之日起2个月内审结。有特殊情况需要延长的，经本院院长批准，可以延长1个月

4）第二审程序

提起	当事人不服地方人民法院第一审判决的，有权在判决书送达之日起15日内向上一级人民法院提起上诉。当事人不服地方人民法院第一审裁定的，有权在裁定书送达之日起10日内向上一级人民法院提起上诉
审理	第二审人民法院应当对上诉请求的有关事实和适用法律进行审查
	第二审人民法院对上诉案件，经过审理，按照下列情形，分别处理：（1）原判决、裁定认定事实清楚，适用法律正确的，以判决、裁定方式驳回上诉，维持原判决、裁定；（2）原判决、裁定认定事实错误或者适用法律错误的，以判决、裁定方式依法改判、撤销或者变更；（3）原判决认定基本事实不清的，裁定撤销原判决，发回原审人民法院重审，或者查清事实后改判；（4）原判决遗漏当事人或者违法缺席判决等严重违反法定程序的，裁定撤销原判决，发回原审人民法院重审。原审人民法院对发回重审的案件作出判决后，当事人提起上诉的，第二审人民法院不得再次发回重审
	第二审人民法院审理上诉案件，可以进行调解。人民法院审理对判决不服的上诉案件，应当在第二审立案之日起3个月内审结
第三人撤销之诉	因不能归责于本人的事由未参加诉讼的第三人认为发生法律效力的判决、裁定、调解书的全部或者部分内容错误，损害其民事权益，自知道或者应当知道其民事权益受到损害之日起6个月内，向作出生效判决、裁定、调解书的人民法院提出撤销该生效判决、裁定、调解书的诉讼

5）审判监督程序

当事人申请再审的	当事人的申请符合下列情形之一的，人民法院应当再审：（1）有新的证据，足以推翻原判决、裁定的；（2）原判决、裁定认定的基本事实缺乏证据证明的；（3）原判决、裁定认定事实的主要证据是伪造的；（4）原判决、裁定认定事实的主要证据未经质证的；（5）对审理案件需要的主要证据，当事人因客观原因不能自行收集，书面申请人民法院调查收集，人民法院未调查收集的；（6）原判决、裁定适用法律确有错误的；（7）审判组织的组成不合法或者依法应当回避的审判人员没有回避的；（8）无诉讼行为能力人未经法定代理人代为诉讼或者应当参加诉讼的当事人，因不能归责于本人或者其诉讼代理人的事由，未参加诉讼的；（9）违反法律规定，剥夺当事人辩论权利的；（10）未经传票传唤，缺席判决的；（11）原判决、裁定遗漏或者超出诉讼请求的；（12）据以作出原判决、裁定的法律文书被撤销或者变更的；（13）审判人员审理该案件时有贪污受贿，徇私舞弊，枉法裁判行为的
人民法院决定再审	各级人民法院院长对本院已经发生法律效力的判决、裁定、调解书，发现确有错误，认为需要再审的，应当提交审判委员会讨论决定。最高人民法院对地方各级人民法院已经发生法律效力的判决、裁定、调解书，上级人民法院对下级人民法院已经发生法律效力的判决、裁定、调解书，发现确有错误的，有权提审或者指令下级人民法院再审
人民检察院提起抗诉	最高人民检察院对各级人民法院已经发生法律效力的判决、裁定，上级人民检察院对下级人民法院已经发生法律效力的判决、裁定，发现有《民事诉讼法》第207条规定情形之一的，或者发现调解书损害国家利益、社会公共利益的，应当提出抗诉。 地方各级人民检察院对同级人民法院已经发生法律效力的判决、裁定，发现有前述第211条规定情形之一的，或者发现调解书损害国家利益、社会公共利益的，可以向同级人民法院提出检察建议，并报上级人民检察院备案；也可以提请上级人民检察院向同级人民法院提出抗诉

6．民事诉讼的执行

执行申请	一方拒绝履行发生法律效力的民事判决、裁定的，对方当事人可以向人民法院申请执行，也可以由审判员移送执行员执行。具有强制执行力的调解书和其他应当由人民法院执行的法律文书，当事人必须履行。一方拒绝履行的，对方当事人可以向人民法院申请执行。 申请执行的期间为2年。申请执行时效的中止、中断，适用法律有关诉讼时效中止、中断的规定
执行管辖	发生法律效力的民事判决、裁定，以及刑事判决、裁定中的财产部分，由第一审人民法院或者与第一审人民法院同级的被执行的财产所在地人民法院执行。 发生法律效力的实现担保物权裁定、确认调解协议裁定、支付令，由作出裁定、支付令的人民法院或者与其同级的被执行财产所在地的人民法院执行
执行措施	（1）强制报告当前以及收到执行通知之日前1年的财产情况；（2）查询被执行人的存款、债券、股票、基金份额等财产情况；（3）查封、扣押、冻结、拍卖、变卖被执行人应当履行义务部分的财产；（4）扣留、提取被执行人应当履行义务部分的收入；（5）拍卖、变卖被查封、扣押的财产；（6）发出搜查令，对被执行人及其住所或者财产隐匿地进行搜查；（7）强制交付法律文书的指定交付财物或者票证；（8）强制迁出房屋或者强制退出土地；（9）向有关单位发出协助执行通知书，协助办理有关财产权证照转移手续；（10）强制执行或者委托有关单位或者其他人完成判决、裁定和其他法律文书指定的行为；（11）采取或者通知有关单位协助采取限制出境；（12）在征信系统记录、通过媒体公布不履行义务信息；（13）其他强制执行措施。 被执行人未按判决、裁定和其他法律文书指定的期间履行给付金钱义务的，应当加倍支付迟延履行期间的债务利息

执行异议	（1）当事人、利害关系人对执行行为的异议。当事人、利害关系人提出书面异议的，人民法院应当自收到书面异议之日起15日内审查，理由成立的，裁定撤销或者改正；理由不成立的，裁定驳回。当事人、利害关系人对裁定不服的，可以自裁定送达之日起10日内向上一级人民法院申请复议。执行异议审查期间不停止执行。 （2）案外人对执行标的的异议。执行过程中，案外人对执行标的提出书面异议的，人民法院应当自收到书面异议之日起15日内审查，理由成立的，裁定中止对该标的的执行；理由不成立的，裁定驳回。案外人、当事人对裁定不服，认为原判决、裁定错误的，依照审判监督程序办理；与原判决、裁定无关的，可以自裁定送达之日起15日内向人民法院提起诉讼。 执行异议之诉，由执行法院管辖
执行中止和 执行终结	有下列情形之一的，人民法院应当裁定中止执行：（1）申请人表示可以延期执行的；（2）案外人对执行标的提出确有理由的异议的；（3）作为一方当事人的公民死亡，需要等待继承人继承权利或者承担义务的；（4）作为一方当事人的法人或者其他组织终止，尚未确定权利义务承受人的；（5）人民法院认为应当中止执行的其他情形。 有下列情形之一的，人民法院裁定终结执行：（1）申请人撤销申请的；（2）据以执行的法律文书被撤销的；（3）作为被执行人的公民死亡，无遗产可供执行，又无义务承担人的；（4）追索赡养费、扶养费、抚养费案件的权利人死亡的；（5）作为被执行人的公民因生活困难无力偿还借款，无收入来源，又丧失劳动能力的；（6）人民法院认为应当终结执行的其他情形
执行回转	执行完毕后，据以执行的判决、裁定和其他法律文书确有错误，被人民法院撤销的，如法院制作的先予执行裁定书、判决书、裁定书、调解书或仲裁裁决、公证债权文书等生效并执行完毕后因确有错误被依法撤销，对已被执行的财产，人民法院应当作出裁定，责令取得财产的人返还；拒不返还的，强制执行

一 单项选择题

1. 下列管辖不是《民事诉讼法》规定的民事案件管辖的是（ ）。

A. 级别管辖   B. 地域管辖

C. 仲裁管辖   D. 移送管辖

2. 建设工程施工合同纠纷的合同履行地是指（ ）。

A. 施工合同签订地   B. 施工单位住所地

C. 施工行为地   D. 施工项目业主住所地

3. 在民事诉讼执行阶段，人民法院应当裁定中止执行的是（ ）。

A. 申请人撤销强制执行申请的

B. 据以执行的法律文书被撤销的

C. 案外人对执行标的提出确有理由的异议的

D. 作为被执行人的公民因生活困难无力偿还借款，无收入来源，又丧失劳动能力的

4. 下列人员中，不能出庭作证的是（ ）。

A. 因路途遥远，交通不便不能出庭的

B. 不能正确表达意思的

C. 因健康原因不能出庭的

D. 因自然灾害等不可抗力不能出庭的

5. 民事诉讼活动中，诉讼代理人代为承认、放弃、变更诉讼请求的，必须有委托

人的授权。该授权属于（　　　　）。

    A．一般授权   B．无条件授权

    C．特别授权   D．全面授权

  6．发生法律效力的民事判决、裁定，当事人可以向人民法院申请执行，该人民法院应当是（　　　　）。

    A．终审人民法院

    B．申请执行人住所地人民法院

    C．被执行的财产所在地基层人民法院

    D．与第一审人民法院同级的被执行的财产所在地人民法院

  7．下列债权请求权提出诉讼时效抗辩的情形中，人民法院可予支持的是（　　　　）。

    A．支付存款本金请求权

    B．基于投资关系产生的缴付出资请求权

    C．工程款请求权

    D．兑付金融债券本息请求权

  8．根据《民事诉讼法》，在生效民事判决的执行中，当事人自行和解达成协议后，一方当事人不履行和解协议的，对方当事人可以（　　　　）。

    A．向人民法院起诉

    B．向仲裁机构申请仲裁

    C．申请人民法院强制执行和解协议

    D．申请人民法院按照原生效法律文书强制执行

  9．关于民事诉讼中简易程序的说法，正确的是（　　　　）。

    A．第一审民事案件和第二审民事案件的审理均可适用简易程序

    B．基层人民法院审理的民事案件，当事人双方可以约定适用简易程序

    C．简易程序应当在立案之日起6个月内审结

    D．简易程序的审理期限由本院院长批准可以延长

  10．甲建设单位拖欠乙施工企业工程款，乙发函催告甲还款。乙的催告行为在提起诉讼时产生的效果是（　　　　）。

    A．诉讼时效的中止   B．诉讼时效的延长

    C．改变法定时效期间   D．诉讼时效的中断

  11．关于民事诉讼管辖权异议的说法，正确的是（　　　　）。

    A．人民法院受理案件后，当事人对管辖权有异议的，可以在诉讼进行的任何阶段提出

    B．人民法院审查后，认为异议成立的，判决将案件移送有管辖权的人民法院

    C．对人民法院就级别管辖异议作出的裁定，当事人不得上诉

    D．当事人未提出管辖异议，并应诉答辩的，视为受诉人民法院有管辖权，但违反级别管辖和专属管辖规定的除外

  12．根据《民法典》，向人民法院请求保护民事权利的诉讼时效期间为（　　　　）。

    A．1年   B．2年

    C．3年   D．4年

13. 下列人员中，可以被委托为民事诉讼代理人的是（　　）。

    A．基层法律服务工作者　　　　　B．知名法学家

    C．当事人的亲属　　　　　　　　D．建设行政主管部门推荐的公民

14. 当事人提出证据证明存在下列情形，人民法院应当准许重新鉴定的是（　　）。

    A．鉴定人员工作有瑕疵的

    B．鉴定程序违法的

    C．鉴定结论依据不足的

    D．经质证认定不能作为证据使用的

15. 按照各法院的辖区划分同级法院受理第一审民事案件的分工和权限，称为（　　）。

    A．级别管辖　　　　　　　　　　B．指定管辖

    C．地域管辖　　　　　　　　　　D．移送管辖

16. 当事人对法院管辖权有异议的，应当在（　　）提出。

    A．第一次开庭时　　　　　　　　B．提交答辩状期间

    C．法庭辩论终结前　　　　　　　D．第一审判决作出前

17. 关于小额诉讼程序的说法，正确的是（　　）。

    A．人民法院适用小额诉讼的程序审理案件，应当在立案之日起 3 个月内审结

    B．适用小额诉讼的程序审理，实行一审终审

    C．当事人双方不得约定适用小额诉讼的程序

    D．人民法院审理人身关系确权案件，可以适用小额诉讼的程序

18. 施工企业与建设单位发生合同纠纷，委托律师全权代理诉讼，但未作具体的授权。则该律师在诉讼中有权实施的行为是（　　）。

    A．提起反诉　　　　　　　　　　B．提出和解

    C．提出管辖权异议　　　　　　　D．部分变更诉讼请求

19. 关于民事诉讼中第三人的说法，正确的是（　　）。

    A．对当事人双方的诉讼标的，第三人认为有独立请求权的，只能参加诉讼，不得提起诉讼

    B．因不可归责于本人的事由未参加诉讼的当事人，无权向作出裁定的人民法院提起诉讼

    C．对当事人双方的诉讼标的，第三人虽然没有独立请求权，但案件处理结果同他有法律上的利害关系的，只能由人民法院通知其参加诉讼

    D．人民法院判决承担民事责任的第三人，有当事人的诉讼权利义务

20. 关于民事诉讼中证人证言的说法，正确的是（　　）。

    A．当事人一方同意证人以其他方式作证并经人民法院准许的，证人可以不出庭作证

    B．无正当理由未出庭的证人以书面等方式提供的证言，不得作为认定案件事实的根据

    C．证人作证可以以宣读事先准备的书面材料的方式陈述证言

    D．限制民事行为能力人作为证人作证之前应当签署保证书，并在法庭上宣读

保证书的内容

21. 关于诉讼时效的说法，正确的是（   ）。

   A. 超过诉讼时效期间权利人起诉的，人民法院不予受理

   B. 人民法院应当主动适用诉讼时效的规定

   C. 当事人对诉讼时效利益的预先放弃无效

   D. 诉讼时效期间届满后，义务人已经自愿履行的，可以请求返还

22. 下列纠纷案件的审理，可以适用小额诉讼程序的是（   ）。

   A. 财产确权纠纷

   B. 对诉前鉴定结果有异议的纠纷

   C. 一方当事人下落不明的纠纷

   D. 标的额为人民币6万元的简单金钱给付类案件

23. 在执行过程中，人民法院应当裁定中止执行的情形有（   ）。

   A. 案外人对执行标的提出确有理由的异议的

   B. 据以执行的法律文书被撤销的

   C. 作为被执行人的公民因生活困难无力偿还借款，无收入来源，又丧失劳动
   能力的

   D. 追索赡养费、扶养费、抚育费案件的权利人死亡的

24. 关于第二审程序的说法，正确的是（   ）。

   A. 当事人不服地方人民法院第一审裁定的，有权在裁定书送达之日起15日内
   提起上诉

   B. 上诉状必须通过原审人民法院提出，不得直接向第二审人民法院上诉

   C. 第二审人民法院应当对上诉请求的有关事实和适用法律进行审查

   D. 当事人提起上诉的，第二审人民法院可以再次发回重审

25. 关于民事案件开庭审理的说法，正确的是（   ）。

   A. 除涉及国家秘密、个人隐私的案件外，均应公开审理

   B. 原告无正当理由拒不到庭的，应当缺席判决

   C. 宣判前，原告申请撤诉的，不予准许

   D. 公开审理与不公开审理的案件，一律公开宣告判决

26. 多名劳务工人共同委托律师甲代理其进行民事诉讼讨要工资，授权委托书中
代理权限仅写明是"全权代理"。依此授权书，下列关于律师甲的代理权限，说法错误
的是（   ）。

   A. 律师甲获得了特别授权

   B. 律师甲未获得特别授权

   C. 律师甲无权代为承认、放弃、变更诉讼请求

   D. 律师甲无权代为变更诉讼请求

27. 关于民事诉讼证据的说法，正确的是（   ）。

   A. 在民事诉讼中，书证可以只提交复印件

   B. 凡是知道案件情况的单位和个人，都有义务出庭作证

   C. 未经对方当事人同意私自录制的谈话资料不能作为证据使用

D．当事人对鉴定结论有异议，鉴定人可以书面答复而不必出庭作证

28．在一起钢材买卖合同纠纷的诉讼过程中，作为买方的施工企业将钢材厂家在互联网上发布的价目表下载并打印，并在法庭上作为证据出示，该证据属于（　　）。

A．书证 　　　　　　　　　B．物证

C．视听资料 　　　　　　　D．电子数据

29．按照一定的标准，划分上下级法院之间审理第一审民事案件的分工和权限的管辖制度称为（　　）。

A．级别管辖 　　　　　　　B．指定管辖

C．地域管辖 　　　　　　　D．移送管辖

30．关于民事诉讼回避制度的说法，正确的是（　　）。

A．司法技术人员和翻译人员不适用审判人员回避的有关规定

B．审判人员的回避，由审判委员会决定

C．人民法院对当事人提出的回避申请，可以以口头或者书面形式作出决定

D．申请人对回避决定不服的，可以在接到决定时向上一级人民法院上诉

二　多项选择题

1．关于民事诉讼管辖制度的说法，正确的有（　　）。

A．甲区人民法院受理某技术转让合同纠纷案后，发现自己没有级别管辖权，将案件移送至甲市中级人民法院审理，属于管辖权转移

B．因房屋买卖合同纠纷提起的诉讼应由房屋所在地人民法院管辖

C．房屋买卖合同纠纷案件不可约定管辖法院

D．移送管辖有可能是因为受理法院违反了级别管辖的规定所导致

E．当事人可以通过协议变更案件的级别管辖

2．在不违反《民事诉讼法》关于级别管辖和专属管辖的规定的情况下，合同当事人可以书面协议选择管辖的法院包括（　　）。

A．被告住所地人民法院 　　　B．合同履行地人民法院

C．标的物所在地人民法院 　　D．合同纠纷发生地人民法院

E．合同签订地人民法院

3．根据《民法典》，关于民事诉讼时效的说法，正确的有（　　）。

A．超过诉讼时效期间，权利人的胜诉权消灭

B．诉讼时效期间届满后，义务人自愿履行债务的，不得请求返还

C．向人民法院请求保护民事权利的诉讼时效期间均为3年

D．当事人违反法律规定，预先放弃诉讼时效利益的，人民法院不予认可

E．超过诉讼时效期间，当事人起诉的，人民法院不予受理

4．下列情形中，可以引起诉讼时效中断的有（　　）。

A．不可抗力

B．权利人申请仲裁

C．义务人同意履行义务

D．权利人向义务人提出履行请求

E．权利人被义务人或者其他人控制

5．下列民事案件执行过程中出现的情形中，人民法院应当裁定终结执行的有（　　　）。

A．案外人对执行标的提出确有理由异议的

B．作为一方当事人的法人或者其他组织终止，尚未确定权利义务承受人的

C．据以执行的法律文书被撤销的

D．作为被执行人的公民死亡，无遗产可供执行，又无义务承担人的

E．作为被执行人的公民因生活困难无力偿还借款，无收入来源，又丧失劳动能力的

6．根据《民事诉讼法》，人民法院审理下列民事案件，不适用小额诉讼程序的有（　　　）。

A．人身关系、财产确权案件

B．基层人民法院审理事实清楚、权利义务关系明确、争议不大的简单金钱给付民事案件

C．基层人民法院派出的法庭审理事实清楚、权利义务关系明确、争议不大的简单金钱给付民事案件

D．一方当事人下落不明的案件

E．当事人提出反诉的案件

7．根据《民事诉讼法》，起诉必须符合的条件有（　　　）。

A．有完整的证据目录和证据材料

B．原告是与本案有直接利害关系的公民、法人和其他组织

C．有明确的被告

D．有具体的诉讼请求和事实、理由

E．属于人民法院受理民事诉讼的范围和受诉人民法院管辖

8．民事诉讼特殊地域管辖中，合同当事人对履行地点没有约定时，关于履行地点确定的说法，正确的有（　　　）。

A．争议标的为给付货币的，给付货币一方所在地为合同履行地

B．即时结清的合同，标的物所在地为合同履行地

C．合同没有实际履行的，当事人双方住所地为合同履行地

D．交付不动产的，不动产所在地为合同履行地

E．其他标的，履行义务一方所在地为合同履行地

9．关于诉讼时效中断的说法，正确的有（　　　）。

A．义务人同意履行义务的，诉讼时效中断

B．诉讼时效中断的，诉讼时效期间重新计算

C．在诉讼时效期间的最后 6 个月内发生不可抗力的，诉讼时效中断

D．权利人被义务人控制的，诉讼时效中断

E．诉讼时效中断的，自中断时效的原因消除之日顺延 6 个月

10．关于地域管辖的说法，正确的有（　　　）。

A．原告向两个以上有管辖权的人民法院起诉的，由最先立案的人民法院管辖

B．因人身保险合同纠纷提起的诉讼，可以由被保险人住所地人民法院管辖

C．因港口作业中发生纠纷提起的诉讼，由原告所在地人民法院管辖

D．房屋租赁合同纠纷，按照不动产纠纷确定管辖

E．对被监禁的人提起的诉讼，由监禁地人民法院管辖

11．根据《民事诉讼法》，关于法院调解的调解书的说法，正确的有（　　）。

A．调解书应当写明诉讼请求、调解结果和理由

B．调解书有审判员、书记员署名并加盖印章，送达双方当事人

C．法院调解达成协议的，人民法院可以不制作调解书

D．能够即时履行的案件，人民法院可以不制作调解书

E．调解书经双方当事人签收的，即具有法律效力

12．下列当事人提出的证据中，可以单独作为认定案件事实的有（　　）。

A．与一方当事人或者其代理人有利害关系的证人出具的证言

B．与书证原件核对无误的复印件

C．无法与原件、原物核对的复印件、复制品

D．有其他证据佐证并以合法手段取得的、无疑点的视听资料

E．无正当理由未出庭作证的证人证言

13．某建设工程合同纠纷经第二审人民法院审理，裁定发回原审人民法院重审。属于发回重审的情形是（　　）。

A．原判决认定基本事实不清　　　B．原判决遗漏当事人

C．原判决违法缺席判决　　　　　D．原判决适用法律错误

E．原判决认定事实错误

14．关于民事诉讼中的级别管辖的说法，正确的有（　　）。

A．只有第一审民事案件才涉及级别管辖的问题

B．争议标的额的大小，往往是确定级别管辖的重要依据

C．级别管辖是划分同级法院受理第一审民事案件的分工和权限

D．诉讼审判程序为两审终审，因此我国法院也只有两级

E．最高人民法院为终审法院，因此只受理二审案件

15．根据《民事诉讼法》，下列民事案件，不得由审判员一人独任审理的有（　　）。

A．涉及国家利益、社会公共利益的案件

B．涉及群体性纠纷，可能影响社会稳定的案件

C．属于新类型或者疑难复杂的案件

D．人民群众广泛关注或者其他社会影响较大的案件

E．依特别程序审理的非讼案件

【答案与解析】

一、单项选择题

1. C;　　2. C;　　3. C;　　*4. B;　　*5. C;　　*6. D;　　7. C;　　8. D;

9. B;　　10. D;　　11. D;　　12. C;　　13. A;　　14. D;　　15. C;　　16. B;

*17. B;　　18. C;　　19. D;　　20. B;　　21. C;　　22. D;　　23. A;　　24. C;

25. D;　　26. A;　　27. B;　　28. A;　　29. A;　　*30. C

【解析】

4.【答案】B

凡是知道案件情况的单位和个人，都有义务出庭作证。有关单位的负责人应当支持证人作证。不能正确表达意思的人，不能作证。经人民法院通知，证人应当出庭作证。有下列情形之一的，经人民法院许可，可以通过书面证言、视听传输技术或者视听资料等方式作证：（1）因健康原因不能出庭的；（2）因路途遥远，交通不便不能出庭的；（3）因自然灾害等不可抗力不能出庭的；（4）其他有正当理由不能出庭的。因此，选项 B 为正确答案。

5.【答案】C

诉讼代理人通常也可分为法定诉讼代理人、委托诉讼代理人和指定诉讼代理人。在建设工程领域，最常见的是委托诉讼代理人。委托他人代为诉讼的，必须向人民法院提交由委托人签名或盖章的授权委托书，授权委托书必须记明委托事项和权限。《民事诉讼法》规定，"诉讼代理人代为承认、放弃、变更诉讼请求，进行和解，提起反诉或者上诉，必须有委托人的特别授权"。针对实践中经常出现的授权委托书仅写"全权代理"而无具体授权的情形，最高人民法院还特别规定，在这种情况下不能认定为诉讼代理人已获得特别授权，即诉讼代理人无权代为承认、放弃、变更诉讼请求，进行和解、提起反诉或者上诉。因此，本题的正确答案是选项 C。

6.【答案】D

发生法律效力的民事判决、裁定，以及刑事判决、裁定中的财产部分，由第一审人民法院或者与第一审人民法院同级的被执行的财产所在地人民法院执行。法律规定由人民法院执行的其他法律文书，由被执行人住所地或者被执行的财产所在地人民法院执行。因此，本题的正确答案是选项 D。

17.【答案】B

根据《民事诉讼法》，基层人民法院和它派出的法庭审理事实清楚、权利义务关系明确、争议不大的简单金钱给付民事案件，标的额为各省、自治区、直辖市上年度就业人员年平均工资 50% 以下的，适用小额诉讼的程序审理，实行一审终审。基层人民法院和它派出的法庭审理前款规定的民事案件，标的额超过各省、自治区、直辖市上年度就业人员年平均工资 50% 但在 2 倍以下的，当事人双方也可以约定适用小额诉讼的程序。根据《民事诉讼法》，人民法院审理下列民事案件，不适用小额诉讼的程序：（1）人身关系、财产确权案件；（2）涉外案件；（3）需要评估、鉴定或者对诉前评估、鉴定结果有异议的案件；（4）一方当事人下落不明的案件；（5）当事人提出反诉的案件；（6）其他不宜适用小额诉讼的程序审理的案件。人民法院适用小额诉讼的程序审理案件，应当在立案之日起 2 个月内审结。因此，本题的正确答案是选项 B。

30.【答案】C

审判人员，包括参与本案审理的人民法院院长、副院长、审判委员会委员、庭长、副庭长、审判员和人民陪审员。依据《民事诉讼法》，法官助理、书记员、司法技术人员、翻译人员、鉴定人、勘验人适用审判人员回避的有关规定。院长担任审判长或者独任审判员时的回避，由审判委员会决定；审判人员的回避，由院长决定；其他人员的回避，由审判长或者独任审判员决定。人民法院对当事人提出的回避申请，应当在申请提出的 3 日内，以口头或者书面形式作出决定。申请人对决定不服的，可以在接到决定时申请复议一次。复议期间，被申请回避的人员，不停止参与本案的工作。人民法院对复议申请，应当在 3 日内作出复议决定，并通知复议申请人。因此，本题的正确答案是选项 C。

二、多项选择题

1．B、C、D;	2．A、B、C、E;	3．A、B、D;	4．B、C、D;
5．C、D、E;	6．A、D、E;	7．B、C、D、E;	8．D、E;
9．A、B;	10．A、B、D;	*11．A、D、E;	12．B、D;
13．A、B、C;	*14．A、B;	*15．A、B、C、D	

【解析】

11.【答案】A、D、E

选项 B 错误，调解书由审判员、书记员署名，加盖人民法院印章，送达双方当事人。选项 C 错误，调解达成协议，人民法院应当制作调解书。因此，本题的正确答案是选项 A、D、E。

14.【答案】A、B

本题考查的是民事诉讼的法院管辖。级别管辖是划分不同级别法院受理第一审民事案件的分工和权限，故选项 C 错误。我国法院共有四级，故选项 D 错误。《民事诉讼法》规定，最高人民法院管辖下列第一审民事案件：（1）在全国有重大影响的案件；（2）认为应当由本院审理的案件，故选项 E 错误。因此，本题的正确答案是选项 A、B。

15.【答案】A、B、C、D

独任制主要适用于以下情形：（1）依简易程序审理的民事案件和依特别程序审理的非讼案件，但是重大或疑难的非讼案件以及在公示催告程序中作出除权判决的，应当组成合议庭。（2）基层人民法院审理的基本事实清楚、权利义务关系明确的第一审民事案件。（3）中级人民法院对第一审适用简易程序审结或者不服裁定提起上诉的，事实清楚、权利义务关系明确，经双方当事人同意的第二审民事案件。下列民事案件，不得由审判员一人独任审理：（1）涉及国家利益、社会公共利益的案件；（2）涉及群体性纠纷，可能影响社会稳定的案件；（3）人民群众广泛关注或者其他社会影响较大的案件；（4）属于新类型或者疑难复杂的案件；（5）法律规定应当组成合议庭审理的案件；（6）其他不宜由审判员一人独任审理的案件。因此，本题的正确答案是选项 A、B、C、D。

10.4　行政复议制度

1.　行政复议范围

可申请复议的范围	有下列情形之一的，公民、法人或者其他组织可以依法申请行政复议：（1）对行政机关作出的行政处罚决定不服；（2）对行政机关作出的行政强制措施、行政强制执行决定不服；（3）申请行政许可，行政机关拒绝或者在法定期限内不予答复，或者对行政机关作出的有关行政许可的其他决定不服；（4）对行政机关作出的确认自然资源的所有权或者使用权的决定不服；（5）对行政机关作出的征收征用决定及其补偿决定不服；（6）对行政机关作出的赔偿决定或者不予赔偿决定不服；（7）对行政机关作出的不予受理工伤认定申请的决定或者工伤认定结论不服；（8）认为行政机关侵犯其经营自主权或者农村土地承包经营权、农村土地经营权；（9）认为行政机关滥用行政权力排除或者限制竞争；（10）认为行政机关违法集资、摊派费用或者违法要求履行其他义务；（11）申请行政机关履行保护人身权利、财产权利、受教育权利等合法权益的法定职责，行政机关拒绝履行、未依法履行或者不予答复；（12）申请行政机关依法给付抚恤金、社会保险待遇或者最低生活保障等社会保障，行政机关没有依法给付；（13）认为行政机关不依法订立、不依法履行、未按照约定履行或者违法变更、解除政府特许经营协议、土地房屋征收补偿协议等行政协议；（14）认为行政机关在政府信息公开工作中侵犯其合法权益；（15）认为行政机关的其他行政行为侵犯其合法权益
不能申请复议的范围	《行政复议法》第12条规定，下列事项不属于行政复议范围：（1）国防、外交等国家行为；（2）行政法规、规章或者行政机关制定、发布的具有普遍约束力的决定、命令等规范性文件；（3）行政机关对行政机关工作人员的奖惩、任免等决定；（4）行政机关对民事纠纷作出的调解

2.　行政复议的申请和决定
1）行政复议的申请

行政复议参加人	申请人	依法申请行政复议的公民、法人或者其他组织是申请人。有权申请行政复议的公民死亡的，其近亲属可以申请行政复议。有权申请行政复议的法人或者其他组织终止的，其权利义务承受人可以申请行政复议。申请人、第三人可以委托一至二名律师、基层法律服务工作者或者其他代理人代为参加行政复议
	被申请人	公民、法人或者其他组织对行政行为不服申请行政复议的，作出行政行为的行政机关或者法律、法规、规章授权的组织是被申请人
申请期限		公民、法人或者其他组织认为行政行为侵犯其合法权益的，可以自知道或者应当知道该行政行为之日起60日内提出行政复议申请；但是法律规定的申请期限超过60日的除外。因不动产提出的行政复议申请自行政行为作出之日起超过20年，其他行政复议申请自行政行为作出之日起超过5年的，行政复议机关不予受理
形式		申请人申请行政复议，可以书面申请；书面申请有困难的，也可以口头申请
复议前置		有下列情形之一的，申请人应当先向行政复议机关申请行政复议，对行政复议决定不服的，可以再依法向人民法院提起行政诉讼：（1）对当场作出的行政处罚决定不服；（2）对行政机关作出的侵犯其已经依法取得的自然资源的所有权或者使用权的决定不服；（3）认为行政机关存在《行政复议法》第11条规定的未履行法定职责情形；（4）申请政府信息公开，行政机关不予公开；（5）法律、行政法规规定应当先向行政复议机关申请行政复议的其他情形
复议管辖		县级以上地方各级人民政府管辖下列行政复议案件：（1）对本级人民政府工作部门作出的行政行为不服的；（2）对下一级人民政府作出的行政行为不服的；（3）对本级人民政府依法设立的派出机关作出的行政行为不服的；（4）对本级人民政府或者其工作部门管理的法律、法规、规章授权的组织作出的行政行为不服的。除上述规定外，省、自治区、直辖市人民政府同时管辖对本机关作出的行政行为不服的行政复议案件。 国务院部门管辖下列行政复议案件：（1）对本部门作出的行政行为不服的；（2）对本部门依法设立的派出机构依照法律、行政法规、部门规章规定，以派出机构的名义作出的行政行为不服的；（3）对本部门管理的法律、行政法规、部门规章授权的组织作出的行政行为不服的

2）行政复议的决定

一般规定	行政复议机关受理行政复议申请后，依法适用普通程序或者简易程序进行审理。行政复议机关依照法律、法规、规章审理行政复议案件。行政复议期间行政行为不停止执行；但是有下列情形之一的，应当停止执行：（1）被申请人认为需要停止执行；（2）行政复议机关认为需要停止执行；（3）申请人、第三人申请停止执行，行政复议机关认为其要求合理，决定停止执行；（4）法律、法规、规章规定停止执行的其他情形
复议中止	行政复议期间有下列情形之一的，行政复议中止：（1）作为申请人的公民死亡，其近亲属尚未确定是否参加行政复议；（2）作为申请人的公民丧失参加行政复议的行为能力，尚未确定法定代理人参加行政复议；（3）作为申请人的公民下落不明；（4）作为申请人的法人或者其他组织终止，尚未确定权利义务承受人；（5）申请人、被申请人因不可抗力或者其他正当理由，不能参加行政复议；（6）依照规定进行调解、和解，申请人和被申请人同意中止；（7）行政复议案件涉及的法律适用问题需要有权机关作出解释或者确认；（8）行政复议案件审理需要以其他案件的审理结果为依据，而其他案件尚未审结；（9）有《行政复议法》第56条或者第57条规定的情形；（10）需要中止行政复议的其他情形
复议终止	行政复议期间有下列情形之一的，行政复议机关决定终止行政复议：（1）申请人撤回行政复议申请，行政复议机构准予撤回；（2）作为申请人的公民死亡，没有近亲属或者其近亲属放弃行政复议权利；（3）作为申请人的法人或者其他组织终止，没有权利义务承受人或者其权利义务承受人放弃行政复议权利；（4）申请人对行政拘留或者限制人身自由的行政强制措施不服申请行政复议后，因同一违法行为涉嫌犯罪，被采取刑事强制措施；（5）依照规定中止行政复议满60日，行政复议中止的原因仍未消除
时限	适用普通程序审理的行政复议案件，行政复议机关应当自受理申请之日起60日内作出行政复议决定；但是法律规定的行政复议期限少于60日的除外。适用简易程序审理的行政复议案件，行政复议机关应当自受理申请之日起30日内作出行政复议决定
复议决定	行政行为有下列情形之一的，行政复议机关决定变更该行政行为：（1）事实清楚，证据确凿，适用依据正确，程序合法，但是内容不适当；（2）事实清楚，证据确凿，程序合法，但是未正确适用依据；（3）事实不清、证据不足，经行政复议机关查清事实和证据。行政复议机关不得作出对申请人更为不利的变更决定，但是第三人提出相反请求的除外。 行政行为有下列情形之一的，行政复议机关决定撤销或者部分撤销该行政行为，并可以责令被申请人在一定期限内重新作出行政行为：（1）主要事实不清、证据不足；（2）违反法定程序；（3）适用的依据不合法；（4）超越职权或者滥用职权。行政复议机关责令被申请人重新作出行政行为的，被申请人不得以同一事实和理由作出与申请行政复议的行政行为相同或者基本相同的行政行为，但是行政复议机关以违反法定程序为由决定撤销或者部分撤销的除外。 行政行为有下列情形之一的，行政复议机关不撤销该行政行为，但是确认该行政行为违法：（1）依法应予撤销，但是撤销会给国家利益、社会公共利益造成重大损害；（2）程序轻微违法，但是对申请人权利不产生实际影响。行政行为有下列情形之一，不需要撤销或者责令履行的，行政复议机关确认该行政行为违法：（1）行政行为违法，但是不具有可撤销内容；（2）被申请人改变原违法行政行为，申请人仍要求撤销或者确认该行政行为违法；（3）被申请人不履行或者拖延履行法定职责，责令履行没有意义。 被申请人不履行法定职责的，行政复议机关决定被申请人在一定期限内履行。行政行为有实施主体不具有行政主体资格或者没有依据等重大且明显违法情形，申请人申请确认行政行为无效的，行政复议机关确认该行政行为无效。行政行为认定事实清楚，证据确凿，适用依据正确，程序合法，内容适当的，行政复议机关决定维持该行政行为。行政复议机关受理申请人认为被申请人不履行法定职责的行政复议申请后，发现被申请人没有相应法定职责或者在受理前已经履行法定职责的，决定驳回申请人的行政复议请求
行政补偿	被申请人不依法订立、不依法履行、未按照约定履行或者违法变更、解除行政协议的，行政复议机关决定被申请人承担依法订立、继续履行、采取补救措施或者赔偿损失等责任。被申请人变更、解除行政协议合法，但是未依法给予补偿或者补偿不合理的，行政复议机关决定被申请人依法给予合理补偿

行政赔偿	申请人在申请行政复议时一并提出行政赔偿请求，行政复议机关对符合《国家赔偿法》的有关规定应当给予赔偿的，在决定撤销或者部分撤销、变更行政行为或者确认行政行为违法、无效时，应当同时决定被申请人依法给予赔偿
复议调解与和解	当事人经调解达成协议的，行政复议机关应当制作行政复议调解书，经各方当事人签字或者签章，并加盖行政复议机关印章，即具有法律效力。 当事人在行政复议决定作出前可以自愿达成和解，和解内容不得损害国家利益、社会公共利益和他人合法权益，不得违反法律、法规的强制性规定。当事人达成和解后，由申请人向行政复议机构撤回行政复议申请
复议决定的履行	被申请人不履行或者无正当理由拖延履行行政复议决定书、调解书、意见书的，行政复议机关或者有关上级行政机关应当责令其限期履行，并可以约谈被申请人的有关负责人或者予以通报批评。 申请人、第三人逾期不起诉又不履行行政复议决定书、调解书的，或者不履行最终裁决的行政复议决定的，按照下列规定分别处理：（1）维持行政行为的行政复议决定书，由作出行政行为的行政机关依法强制执行，或者申请人民法院强制执行；（2）变更行政行为的行政复议决定书，由行政复议机关依法强制执行，或者申请人民法院强制执行；（3）行政复议调解书，由行政复议机关依法强制执行，或者申请人民法院强制执行

一 单项选择题

1. 关于行政复议决定的说法，正确的是（　　）。
   A. 确有证据的，行政复议机关有权作出对申请人更为不利的变更决定
   B. 行政复议决定书一经作出，即发生法律效力
   C. 行政复议机关决定撤销该具体行政行为的，可以责令被申请人在一定期限内重新作出具体行政行为
   D. 申请人不得在申请行政复议时一并提出行政赔偿请求

2. 关于行政复议的说法，正确的是（　　）。
   A. 当事人可以向具体行政行为的作出机关申请复议
   B. 对行政复议决定不服的，不得再向人民法院提起行政诉讼
   C. 行政复议原则上采用开庭审理的办法
   D. 行政复议机关应当审查申请行政复议的具体行政行为是否合法与适当

3. 关于行政复议申请人的说法，正确的是（　　）。
   A. 有权申请行政复议的公民死亡的，近亲属不得申请行政复议
   B. 有权申请行政复议的其他组织终止的，其权利义务承受人不得申请行政复议
   C. 有权申请行政复议的公民为限制民事行为能力人的，其法定代理人可以代为申请行政复议
   D. 申请人不得委托基层法律服务工作者代为参加行政复议

4. 关于行政复议调解与和解的说法，正确的是（　　）。
   A. 行政复议调解书作出后即具有法律效力
   B. 调解书生效前一方反悔的，当事人有权就调解书申请人民法院强制执行
   C. 当事人经调解达成协议的，行政复议机关应当制作行政复议调解书

D．当事人达成和解后，由行政复议机构根据和解协议制作行政复议调解书

5．根据《行政复议法》，下列事项中，属于不可申请行政复议的情形是（　　）。

A．对建设行政主管部门责令施工企业停止施工的决定不服的

B．对建设行政主管部门撤销施工企业资质证书的决定不服的

C．对建设行政主管部门撤销建设工程规划许可证的决定不服的

D．对建设行政主管部门就建设工程合同争议进行的调解结果不服的

6．建设工程项目实施过程中发生的下列情形，不能申请行政复议的是（　　）。

A．甲施工企业参与串通投标被没收违法所得

B．乙工程监理单位转让工程监理业务被吊销资质证书

C．丙建设单位压缩合理工期被处以罚款

D．国家机关工作人员丁在建设工程质量监督工作中玩忽职守被开除

7．国务院某部对一企业做出罚款50万元的处罚。该企业不服，向该部申请行政复议。下列说法正确的是（　　）。

A．在行政复议中，不应对罚款决定的适当性进行审查

B．企业委托代理人参加行政复议的，可以口头委托

C．如在复议过程中企业撤回复议的，即不得再以同一事实和理由提出复议申请

D．如企业对复议决定不服向国务院申请裁决，企业对国务院的裁决不服向法院起诉的，法院不予受理

8．施工企业不服建设行政主管部门对其作出的责令停产整顿决定，欲进行复议，应从企业知道该具体行政行为之日起（　　）日内提出行政复议申请。

A．15　　　　　　　　　　　　B．30

C．45　　　　　　　　　　　　D．60

9．建筑企业对行政处罚结果不服，可提请行政复议，对行政复议决定不服，则（　　）。

A．不可以提起诉讼

B．可以提起诉讼，应在收到复议决定书之日起15日内向人民法院提起

C．可以提起诉讼，应在收到复议决定书之日起30日内向人民法院提起

D．可以提起诉讼，应在收到复议决定书之日起60日内向人民法院提起

10．某施工企业对G省甲市H区住房和城乡建设局做出的行政处罚不服的，可以向（　　）申请行政复议。

A．G省住房和城乡建设厅　　　　B．甲市人民政府

C．G省人民政府　　　　　　　　D．甲市住房和城乡建设厅

11．下列事项，不属于行政复议范围的是（　　）。

A．行政机关对民事纠纷作出调解的

B．对行政机关作出的行政处罚决定不服的

C．对行政机关作出的行政强制执行决定不服的

D．认为行政机关滥用行政权力排除或者限制竞争的

12．有下列情形之一的，公民、法人或者其他组织可以申请行政复议的是（　　）。

A．认为行政机关侵犯其经营自主权或者农村土地承包经营权、农村土地经营

权的

  B．行政机关对行政机关工作人员的奖惩、任免等决定的

  C．行政机关对民事纠纷作出调解的

  D．行政机关制定、发布的具有普遍约束力的决定、命令的

13．根据《行政复议法》，行政复议期间发生下列情形，行政复议中止的是（　　）。

  A．申请人、被申请人因不可抗力，不能参加行政复议的

  B．作为申请人的公民死亡，没有近亲属或者其近亲属放弃行政复议权利的

  C．作为申请人的法人终止，没有权利义务承受人或者其权利义务承受人放弃行政复议权利的

  D．申请人对行政拘留不服申请行政复议后，因同一违法行为涉嫌犯罪，被采取刑事强制措施的

14．适用普通程序审理的行政复议案件，行政复议机关应当自受理申请之日起（　　）内作出行政复议决定。

  A．15 日   B．30 日

  C．45 日   D．60 日

二　多项选择题

1．A 市 B 区国土资源局以甲施工企业非法占地违规建造为由，责令甲限期拆除其建筑，退还所占土地。甲不服，欲申请行政复议。关于有权受理该案行政复议的行政机关的说法，正确的有（　　）。

  A．可以是 A 市人民政府   B．只能是 A 市国土资源局

  C．可以是 A 市国土资源局 D．只能是 B 区人民政府

  E．可以是 B 区人民政府

2．具体行政行为在行政复议期间不停止执行，但（　　）可以停止执行。

  A．被申请人认为需要停止执行的

  B．申请人申请停止执行的

  C．申请人提供担保的

  D．行政复议机关认为需要停止执行的

  E．被申请人被撤销的

3．根据《行政复议法》，下列事项，不属于行政复议范围的是（　　）。

  A．国防、外交等国家行为

  B．行政法规、规章

  C．行政机关制定、发布的具有普遍约束力的决定、命令

  D．认为行政机关滥用行政权力排除或者限制竞争

  E．行政机关对行政机关工作人员的奖惩、任免等决定

4．公民、法人或者其他组织认为行政机关的行政行为所依据的规范性文件不合法，在对行政行为申请行政复议时，可以一并向行政复议机关提出附带审查的规范性文件包括（　　）。

A．法律

B．行政法规

C．国务院部门的规范性文件

D．县级以上地方各级人民政府及其工作部门的规范性文件

E．乡、镇人民政府的规范性文件

5. 同一行政复议案件申请人人数众多推选代表人参加行政复议的，应当经被代表的申请人同意方对其所代表的申请人发生效力的事项有（　　　　）。

A．变更行政复议请求　　　　　　B．撤回行政复议申请

C．承认第三人请求　　　　　　　D．代为参加庭审答辩

E．代为签收法律文书

6. 下列情形中，申请人应当先向行政复议机关申请行政复议，对行政复议决定不服的，可以再依法向人民法院提起行政诉讼的有（　　　　）。

A．对当场作出的行政处罚决定不服

B．对行政机关作出的侵犯其已经依法取得的自然资源使用权的决定不服

C．申请政府信息公开，行政机关不予公开

D．对行政机关作出的征收征用决定及其补偿决定不服

E．对行政机关作出的赔偿决定或者不予赔偿决定不服

7. 行政复议期间有下列情形，行政复议机关决定终止行政复议的有（　　　　）。

A．申请人撤回行政复议申请，行政复议机构准予撤回的

B．作为申请人的公民死亡，没有近亲属或者其近亲属放弃行政复议权利的

C．作为申请人的其他组织终止，没有权利义务承受人或者其权利义务承受人放弃行政复议权利的

D．申请人对限制人身自由的行政强制措施不服申请行政复议后，因同一违法行为涉嫌犯罪，被采取刑事强制措施的

E．行政复议案件涉及的法律适用问题需要有权机关作出解释或者确认的

8. 行政机关审理行政复议案件，应以（　　　　）为依据。

A．上级行政机关对案件处理的意见

B．地方性法规

C．行政法规

D．法律

E．会议纪要

9. 材料供应商张某对工商局违法扣押其货物的行为提起行政复议。在复议期间，工商局具体行政行为可以停止执行的情形有（　　　　）。

A．张某申请停止执行，行政复议机关认为其要求合理

B．工商局将扣押改为查封

C．工商局认为需要停止执行

D．行政复议机关认为需要停止执行

E．张某提起行政诉讼

10. 关于行政复议程序的说法，正确的有（　　　　）。

A．对当场作出的行政处罚决定不服，申请人应当先向行政复议机关申请行政复议

B．法人向人民法院提起行政诉讼，人民法院已经依法受理的，不得申请行政复议

C．行政复议机关受理行政复议申请后，发现该行政复议申请不符合规定的，应当决定维持原行政处理决定

D．行政复议期间作为申请人的公民下落不明的，行政复议中止

E．提请行政复议委员会提出咨询意见的行政复议案件，行政复议机关不得将咨询意见作为作出行政复议决定的参考依据

11．申请人对县级以上地方各级人民政府工作部门的具体行政行为不服的，可以申请行政复议。关于该行政复议的说法，正确的有（　　　）。

A．申请人申请行政复议不可以口头申请

B．申请人可以向该部门的本级人民政府申请行政复议

C．申请人可以向上一级主管部门申请行政复议

D．申请人应当自知道该具体行政行为之日起 60 日内提出行政复议申请

E．行政复议机关应当在收到行政复议申请后 15 日内进行审查，决定是否受理

【答案与解析】

一、单项选择题

1. C；　　2. D；　　3. C；　　4. C；　　5. D；　　6. D；　　7. D；　　8. D；

9. B；　　10. D；　　11. A；　　*12. A；　　*13. A；　　14. D

【解析】

12.【答案】A

公民、法人或者其他组织认为行政机关的行政行为侵犯其合法权益，有权向行政复议机关提出行政复议申请。该行政行为，包括法律、法规、规章授权的组织的行政行为。《行政复议法》第 11 条规定，有下列情形之一的，公民、法人或者其他组织可以依照本法申请行政复议：（1）对行政机关作出的行政处罚决定不服；（2）对行政机关作出的行政强制措施、行政强制执行决定不服；（3）申请行政许可，行政机关拒绝或者在法定期限内不予答复，或者对行政机关作出的有关行政许可的其他决定不服；（4）对行政机关作出的确认自然资源的所有权或者使用权的决定不服；（5）对行政机关作出的征收征用决定及其补偿决定不服；（6）对行政机关作出的赔偿决定或者不予赔偿决定不服；（7）对行政机关作出的不予受理工伤认定申请的决定或者工伤认定结论不服；（8）认为行政机关侵犯其经营自主权或者农村土地承包经营权、农村土地经营权；（9）认为行政机关滥用行政权力排除或者限制竞争；（10）认为行政机关违法集资、摊派费用或者违法要求履行其他义务；（11）申请行政机关履行保护人身权利、财产权利、受教育权利等合法权益的法定职责，行政机关拒绝履行、未依法履行或者不予答复；（12）申请行政机关依法给付抚恤金、社会保险待遇或者最低生活保障等社会保障，行政机关没有依法给付；（13）认为行政机关不依法订立、不依法履行、未按照约定履行或者违法变

更、解除政府特许经营协议、土地房屋征收补偿协议等行政协议；（14）认为行政机关在政府信息公开工作中侵犯其合法权益；（15）认为行政机关的其他行政行为侵犯其合法权益。《行政复议法》第12条规定，下列事项不属于行政复议范围：（1）国防、外交等国家行为；（2）行政法规、规章或者行政机关制定、发布的具有普遍约束力的决定、命令等规范性文件；（3）行政机关对行政机关工作人员的奖惩、任免等决定；（4）行政机关对民事纠纷作出的调解。因此，本题的正确答案是选项A。

13.【答案】A

《行政复议法》第39条规定，行政复议期间有下列情形之一的，行政复议中止：（1）作为申请人的公民死亡，其近亲属尚未确定是否参加行政复议；（2）作为申请人的公民丧失参加行政复议的行为能力，尚未确定法定代理人参加行政复议；（3）作为申请人的公民下落不明；（4）作为申请人的法人或者其他组织终止，尚未确定权利义务承受人；（5）申请人、被申请人因不可抗力或者其他正当理由，不能参加行政复议；（6）依照规定进行调解、和解，申请人和被申请人同意中止；（7）行政复议案件涉及的法律适用问题需要有权机关作出解释或者确认；（8）行政复议案件审理需要以其他案件的审理结果为依据，而其他案件尚未审结；（9）有《行政复议法》第56条或者第57条规定的情形；（10）需要中止行政复议的其他情形。因此，本题的正确答案是选项A。

二、多项选择题

1. C、E；	2. A、D；	3. A、B、C、E；	*4. C、D、E；
*5. A、B、C；	*6. A、B、C；	*7. A、B、C、D；	8. B、C、D；
9. A、C、D；	10. A、B、D；	11. B、C、D	

【解析】

4.【答案】C、D、E

公民、法人或者其他组织认为行政机关的行政行为所依据的下列规范性文件不合法，在对行政行为申请行政复议时，可以一并向行政复议机关提出对该规范性文件的附带审查申请：（1）国务院部门的规范性文件；（2）县级以上地方各级人民政府及其工作部门的规范性文件；（3）乡、镇人民政府的规范性文件；（4）法律、法规、规章授权的组织的规范性文件。上述所列规范性文件不含规章。规章的审查依照法律、行政法规办理。选项C、D、E属于可以附带审查的规范性文件的范围。因此，本题的正确答案是选项C、D、E。

5.【答案】A、B、C

同一行政复议案件申请人人数众多的，可以由申请人推选代表人参加行政复议。代表人参加行政复议的行为对其所代表的申请人发生效力，但是代表人变更行政复议请求、撤回行政复议申请、承认第三人请求的，应当经被代表的申请人同意。因此，本题的正确答案是选项A、B、C。

6.【答案】A、B、C

有下列情形之一的，申请人应当先向行政复议机关申请行政复议，对行政复议决定不服的，可以再依法向人民法院提起行政诉讼：（1）对当场作出的行政处罚决定不服；（2）对行政机关作出的侵犯其已经依法取得的自然资源的所有权或者使用权的决定不服；（3）认为行政机关存在《行政复议法》第11条规定的未履行法定职责情形；（4）申请政府信息公开，行政机关不予公开；（5）法律、行政法规规定应当先向行政复议机关申请行政复议的其他情形。对上述规定的情形，行政机关在作出行政行为时应当告知公民、法人或者其他组织先向行政复议机关申请行政复议。因此，本题的正确答案是选项A、B、C。

7.【答案】A、B、C、D

行政复议期间有下列情形之一的，行政复议机关决定终止行政复议：（1）申请人撤回行政复议申请，行政复议机构准予撤回；（2）作为申请人的公民死亡，没有近亲属或者其近亲属放弃行政复议权利；（3）作为申请人的法人或者其他组织终止，没有权利义务承受人或者其权利义务承受人放弃行政复议权利；（4）申请人对行政拘留或者限制人身自由的行政强制措施不服申请行政复议后，因同一违法行为涉嫌犯罪，被采取刑事强制措施；（5）依照《行政复议法》规定中止行政复议满60日，行政复议中止的原因仍未消除。因此，本题的正确答案是选项A、B、C、D。

10.5　行政诉讼制度

1．行政诉讼与行政复议

行政诉讼与 行政复议的 区别	监督的性质不同：行政复议属于行政监督，行政诉讼属于司法监督
	权利救济的属性不同：行政复议是行政救济，而行政诉讼则属于司法救济
	审查的内容不同：在行政复议中，复议机关既审查行政行为的合法性，又审查其适当性；行政诉讼中，法院一般只审查行政主体行政行为的合法性

2．行政诉讼的受案范围

肯定列举的 范围	《行政诉讼法》第12条规定，人民法院受理公民、法人或者其他组织提起的下列诉讼：（1）对行政拘留、暂扣或者吊销许可证和执照、责令停产停业、没收违法所得、没收非法财物、罚款、警告等行政处罚不服的；（2）对限制人身自由或者对财产的查封、扣押、冻结等行政强制措施和行政强制执行不服的；（3）申请行政许可，行政机关拒绝或者在法定期限内不予答复，或者对行政机关作出的有关行政许可的其他决定不服的；（4）对行政机关作出的关于确认土地、矿藏、水流、森林、山岭、草原、荒地、滩涂、海域等自然资源的所有权或者使用权的决定不服的；（5）对征收、征用决定及其补偿决定不服的；（6）申请行政机关履行保护人身权、财产权等合法权益的法定职责，行政机关拒绝履行或者不予答复的；（7）认为行政机关侵犯其经营自主权或者农村土地承包经营权、农村土地经营权的；（8）认为行政机关滥用行政权力排除或者限制竞争的；（9）认为行政机关违法集资、摊派费用或者违法要求履行其他义务的；（10）认为行政机关没有依法支付抚恤金、最低生活保障待遇或者社会保险待遇的；（11）认为行政机关不依法履行、未按照约定履行或者违法变更、解除政府特许经营协议、土地房屋征收补偿协议等协议的；（12）认为行政机关侵犯其他人身权、财产权等合法权益。除上述规定外，人民法院受理法律、法规规定可以提起诉讼的其他行政案件。 《最高人民法院关于审理行政协议案件若干问题的规定》（法释〔2019〕17号）第2条规定，公民、法人或者其他组织就下列行政协议提起行政诉讼的，人民法院应当依法受理：（1）政府特许经营协议；（2）土地、房屋等征收征用补偿协议；（3）矿业权等国有自然资源使用权出让协议；（4）政府投资的保障性住房的租赁、买卖等协议；（5）符合规定的政府与社会资本合作协议；（6）其他行政协议

否定列举的范围	《行政诉讼法》第13条规定，人民法院不受理公民、法人或者其他组织对下列事项提起的诉讼：（1）国防、外交等国家行为；（2）行政法规、规章或者行政机关制定、发布的具有普遍约束力的决定、命令；（3）行政机关对行政机关工作人员的奖惩、任免等决定；（4）法律规定由行政机关最终裁决的行政行为。 《最高人民法院关于适用〈中华人民共和国行政诉讼法〉的解释》（法释〔2018〕1号）第1条规定，公民、法人或者其他组织对行政机关及其工作人员的行政行为不服，依法提起诉讼的，属于人民法院行政诉讼的受案范围。下列行为不属于人民法院行政诉讼的受案范围：（1）公安、国家安全等机关依照刑事诉讼法的明确授权实施的行为；（2）调解行为以及法律规定的仲裁行为；（3）行政指导行为；（4）驳回当事人对行政行为提起申诉的重复处理行为；（5）行政机关作出的不产生外部法律效力的行为；（6）行政机关为作出行政行为而实施的准备、论证、研究、层报、咨询等过程性行为；（7）行政机关根据人民法院的生效裁判、协助执行通知书作出的执行行为，但行政机关扩大执行范围或者采取违法方式实施的除外；（8）上级行政机关基于内部层级监督关系对下级行政机关作出的听取报告、执法检查、督促履责等行为；（9）行政机关针对信访事项作出的登记、受理、交办、转送、复查、复核意见等行为；（10）对公民、法人或者其他组织权利义务不产生实际影响的行为

3．行政诉讼的法院管辖

级别管辖	基层人民法院管辖第一审行政案件。中级人民法院管辖下列第一审行政案件：（1）对国务院部门或者县级以上地方人民政府所作的行政行为提起诉讼的案件；（2）海关处理的案件；（3）本辖区内重大、复杂的案件；（4）其他法律规定由中级人民法院管辖的案件。高级人民法院管辖本辖区内重大、复杂的第一审行政案件。最高人民法院管辖全国范围内重大、复杂的第一审行政案件
地域管辖	行政案件由最初作出行政行为的行政机关所在地人民法院管辖。经复议的案件，也可以由复议机关所在地人民法院管辖。对限制人身自由的行政强制措施不服提起的诉讼，由被告所在地或者原告所在地人民法院管辖。因不动产提起的行政诉讼，由不动产所在地人民法院管辖
移送管辖与指定管辖	人民法院发现受理的案件不属于本院管辖的，应当移送有管辖权的人民法院，受移送的人民法院应当受理。受移送的人民法院认为受移送的案件按照规定不属于本院管辖的，应当报请上级人民法院指定管辖，不得再自行移送。 有管辖权的人民法院由于特殊原因不能行使管辖权的，由上级人民法院指定管辖。人民法院对管辖权发生争议，由争议双方协商解决。协商不成的，报它们的共同上级人民法院指定管辖。上级人民法院有权审理下级人民法院管辖的第一审行政案件。下级人民法院对其管辖的第一审行政案件，认为需要由上级人民法院审理或者指定管辖的，可以报请上级人民法院决定
管辖权异议	人民法院受理案件后，被告提出管辖异议的，应当在收到起诉状副本之日起15日内提出。对当事人提出的管辖异议，人民法院应当进行审查。异议成立的，裁定将案件移送有管辖权的人民法院；异议不成立的，裁定驳回

4．行政诉讼参加人

原告	行政行为的相对人以及其他与行政行为有利害关系的公民、法人或者其他组织，有权提起诉讼。有权提起诉讼的公民死亡，其近亲属可以提起诉讼。有权提起诉讼的法人或者其他组织终止，承受其权利的法人或者其他组织可以提起诉讼
行政公益诉讼起诉人	人民检察院在履行职责中发现生态环境和资源保护、食品药品安全、国有财产保护、国有土地使用权出让等领域负有监督管理职责的行政机关违法行使职权或者不作为，致使国家利益或者社会公共利益受到侵害的，应当向行政机关提出检察建议，督促其依法履行职责。行政机关不依法履行职责的，人民检察院依法向人民法院提起诉讼。行政机关应当在收到检察建议书之日起2个月内依法履行职责，并书面回复人民检察院。出现国家利益或者社会公共利益损害继续扩大等紧急情形的，行政机关应当在15日内书面回复。行政机关不依法履行职责的，人民检察院依法向人民法院提起诉讼

被告	公民、法人或者其他组织直接向人民法院提起诉讼的，作出行政行为的行政机关是被告。两个以上行政机关作出同一行政行为的，共同作出行政行为的行政机关是共同被告。行政机关被撤销或者职权变更的，继续行使其职权的行政机关是被告
	行政机关委托的组织所作的行政行为，委托的行政机关是被告
	经复议的案件，复议机关决定维持原行政行为的，作出原行政行为的行政机关和复议机关是共同被告；复议机关改变原行政行为的，复议机关是被告。复议机关在法定期限内未作出复议决定，公民、法人或者其他组织起诉原行政行为的，作出原行政行为的行政机关是被告；起诉复议机关不作为的，复议机关是被告
	当事人不服经上级行政机关批准的行政行为，向人民法院提起诉讼的，以在对外发生法律效力的文书上署名的机关为被告
	当事人对由国务院、省级人民政府批准设立的开发区管理机构作出的行政行为不服提起诉讼的，以该开发区管理机构为被告；对由国务院、省级人民政府批准设立的开发区管理机构所属职能部门作出的行政行为不服提起诉讼的，以其职能部门为被告
	当事人对村民委员会或者居民委员会依据法律、法规、规章的授权履行行政管理职责的行为不服提起诉讼的，以村民委员会或者居民委员会为被告。当事人对村民委员会、居民委员会受行政机关委托作出的行为不服提起诉讼的，以委托的行政机关为被告
	当事人对高等学校等事业单位以及律师协会、注册会计师协会等行业协会依据法律、法规、规章的授权实施的行政行为不服提起诉讼的，以该事业单位、行业协会为被告。当事人对高等学校等事业单位以及律师协会、注册会计师协会等行业协会受行政机关委托作出的行为不服提起诉讼的，以委托的行政机关为被告
	市、县级人民政府确定的房屋征收部门组织实施房屋征收与补偿工作过程中作出行政行为，被征收人不服提起诉讼的，以房屋征收部门为被告。征收实施单位受房屋征收部门委托，在委托范围内从事的行为，被征收人不服提起诉讼的，应当以房屋征收部门为被告
第三人	公民、法人或者其他组织同被诉行政行为有利害关系但没有提起诉讼，或者同案件处理结果有利害关系的，可以作为第三人申请参加诉讼，或者由人民法院通知参加诉讼。人民法院判决第三人承担义务或者减损第三人权益的，第三人有权依法提起上诉
共同诉讼人	必须共同进行诉讼的当事人没有参加诉讼的，人民法院应当依法通知其参加；当事人也可以向人民法院申请参加。 当事人一方人数众多的共同诉讼，可以由当事人推选代表人进行诉讼。代表人的诉讼行为对其所代表的当事人发生效力，但代表人变更、放弃诉讼请求或者承认对方当事人的诉讼请求，应当经被代表的当事人同意
诉讼代理人	没有诉讼行为能力的公民，由其法定代理人代为诉讼。当事人、法定代理人，可以委托1至2人作为诉讼代理人。下列人员可以被委托为诉讼代理人：（1）律师、基层法律服务工作者；（2）当事人的近亲属或者工作人员；（3）当事人所在社区、单位以及有关社会团体推荐的公民

5．行政诉讼证据的种类和举证责任

证据的种类	（1）书证；（2）物证；（3）视听资料；（4）电子数据；（5）证人证言；（6）当事人的陈述；（7）鉴定意见；（8）勘验笔录、现场笔录

举证责任	被告对作出的行政行为负有举证责任，应当提供作出该行政行为的证据和所依据的规范性文件。被告不提供或者无正当理由逾期提供证据，视为没有相应证据。在诉讼过程中，被告及其诉讼代理人不得自行向原告、第三人和证人收集证据
	在起诉被告不履行法定职责的案件中，原告应当提供其向被告提出申请的证据。但有下列情形之一的除外：（1）被告应当依职权主动履行法定职责的；（2）原告因正当理由不能提供证据的。在行政赔偿、补偿的案件中，原告应当对行政行为造成的损害提供证据。因被告的原因导致原告无法举证的，由被告承担举证责任
补充证据与调取证据	人民法院有权要求当事人提供或者补充证据。对当事人无争议，但涉及国家利益、公共利益或者他人合法权益的事实，人民法院可以责令当事人提供或者补充有关证据。 人民法院有权向有关行政机关以及其他组织、公民调取证据。但是，不得为证明行政行为的合法性调取被告作出行政行为时未收集的证据。与本案有关的下列证据，原告或者第三人不能自行收集的，可以申请人民法院调取：（1）由国家机关保存而须由人民法院调取的证据；（2）涉及国家秘密、商业秘密和个人隐私的证据；（3）确因客观原因不能自行收集的其他证据

6．行政诉讼的起诉和受理
1）起诉

程序条件	对属于人民法院受案范围的行政案件，公民、法人或者其他组织可以先向行政机关申请复议，对复议决定不服的，再向人民法院提起诉讼；也可以直接向人民法院提起诉讼。法律、法规规定应当先向行政机关申请复议，对复议决定不服再向人民法院提起诉讼的，依照法律、法规的规定。法律、法规规定应当先申请复议，公民、法人或者其他组织未申请复议直接提起诉讼的，人民法院裁定不予立案。 公民、法人或者其他组织不服复议决定的，可以在收到复议决定书之日起15日内向人民法院提起诉讼。复议机关逾期不作决定的，申请人可以在复议期满之日起15日内向人民法院提起诉讼。法律另有规定的除外。复议机关不受理复议申请或者在法定期限内不作出复议决定，公民、法人或者其他组织不服，依法向人民法院提起诉讼的，人民法院应当依法立案
时间条件	公民、法人或者其他组织直接向人民法院提起诉讼的，应当自知道或者应当知道作出行政行为之日起6个月内提出。法律另有规定的除外。因不动产提起诉讼的案件自行政行为作出之日起超过20年，其他案件自行政行为作出之日起超过5年提起诉讼的，人民法院不予受理
一般条件	（1）原告是符合规定的公民、法人或者其他组织；（2）有明确的被告；（3）有具体的诉讼请求和事实根据；（4）属于人民法院受案范围和受诉人民法院管辖

2）受理

受理	人民法院在接到起诉状时对符合本法规定的起诉条件的，应当登记立案。对当场不能判定是否符合规定的起诉条件的，应当接收起诉状，出具注明收到日期的书面凭证，并在7日内决定是否立案。不符合起诉条件的，作出不予立案的裁定。裁定书应当载明不予立案的理由。原告对裁定不服的，可以提起上诉
	人民法院既不立案，又不作出不予立案裁定的，当事人可以向上一级人民法院起诉。上一级人民法院认为符合起诉条件的，应当立案、审理，也可以指定其他下级人民法院立案、审理
	公民、法人或者其他组织认为行政行为所依据的国务院部门和地方人民政府及其部门制定的规范性文件不合法，在对行政行为提起诉讼时，可以一并请求对该规范性文件进行审查

7．行政诉讼的审理、判决和执行
1）行政诉讼的审理和判决

一般规定	人民法院公开审理行政案件，但涉及国家秘密、个人隐私和法律另有规定的除外。涉及商业秘密的案件，当事人申请不公开审理的，可以不公开审理。 诉讼期间，不停止行政行为的执行。但有下列情形之一的，裁定停止执行：（1）被告认为需要停止执行的；（2）原告或者利害关系人申请停止执行，人民法院认为该行政行为的执行会造成难以弥补的损失，并且停止执行不损害国家利益、社会公共利益的；（3）人民法院认为该行政行为的执行会给国家利益、社会公共利益造成重大损害的；（4）法律、法规规定停止执行的。当事人对停止执行或者不停止执行的裁定不服的，可以申请复议一次。 人民法院审理行政案件，不适用调解。但是，行政赔偿、补偿以及行政机关行使法律、法规规定的自由裁量权的案件可以调解。 人民法院审理行政案件，以法律和行政法规、地方性法规为依据。地方性法规适用于本行政区域内发生的行政案件。人民法院审理民族自治地方的行政案件，并以该民族自治地方的自治条例和单行条例为依据。人民法院审理行政案件，参照规章。
第一审 普通程序	人民法院应当在立案之日起5日内，将起诉状副本发送被告。被告应当在收到起诉状副本之日起15日内向人民法院提交作出行政行为的证据和所依据的规范性文件，并提出答辩状。人民法院审理行政案件，由审判员组成合议庭，或者由审判员、陪审员组成合议庭 行政案件的判决可以：（1）驳回诉讼请求判决。（2）撤销判决。（3）履行判决。（4）变更判决。（5）确认判决。人民法院对公开审理和不公开审理的案件，一律公开宣告判决。人民法院应当在立案之日起6个月内作出第一审判决
简易程序	人民法院审理下列第一审行政案件，认为事实清楚、权利义务关系明确、争议不大的，可以适用简易程序：（1）被诉行政行为是依法当场作出的；（2）案件涉及款额2000元以下的；（3）属于政府信息公开案件的。除上述规定以外的第一审行政案件，当事人各方同意适用简易程序的，可以适用简易程序。发回重审、按照审判监督程序再审的案件不适用简易程序。 适用简易程序审理的行政案件，由审判员一人独任审理，并应当在立案之日起45日内审结
第二审程序	当事人不服人民法院第一审判决的，有权在判决书送达之日起15日内向上一级人民法院提起上诉。当事人不服人民法院第一审裁定的，有权在裁定书送达之日起10日内向上一级人民法院提起上诉。逾期不提起上诉的，人民法院的第一审判决或者裁定发生法律效力。 人民法院对上诉案件，应当组成合议庭，开庭审理。人民法院审理上诉案件，应当在收到上诉状之日起3个月内作出终审判决。 人民法院审理上诉案件，按照下列情形，分别处理：（1）原判决、裁定认定事实清楚，适用法律、法规正确的，判决或者裁定驳回上诉，维持原判决、裁定；（2）原判决、裁定认定事实错误或者适用法律、法规错误的，依法改判、撤销或者变更；（3）原判决认定基本事实不清、证据不足的，发回原审人民法院重审，或者查清事实后改判；（4）原判决遗漏当事人或者违法缺席判决等严重违反法定程序的，裁定撤销原判决，发回原审人民法院重审。人民法院审理上诉案件，需要改变原审判决的，应当同时对被诉行政行为作出判决
审判监督 程序	当事人对已经发生法律效力的判决、裁定，认为确有错误的，可以向上一级人民法院申请再审，但判决、裁定不停止执行。 各级人民法院院长对本院已经发生法律效力的判决、裁定，发现有《行政诉讼法》规定情形之一，或者发现调解违反自愿原则或者调解书内容违法，认为需要再审的，应当提交审判委员会讨论决定。最高人民法院对地方各级人民法院已经发生法律效力的判决、裁定，上级人民法院对下级人民法院已经发生法律效力的判决、裁定，发现有《行政诉讼法》规定情形之一，或者发现调解违反自愿原则或者调解书内容违法的，有权提审或者指令下级人民法院再审。 最高人民检察院对各级人民法院已经发生法律效力的判决、裁定，上级人民检察院对下级人民法院已经发生法律效力的判决、裁定，发现有《行政诉讼法》规定情形之一，或者发现调解书损害国家利益、社会公共利益的，应当提出抗诉。地方各级人民检察院对同级人民法院已经发生法律效力的判决、裁定，发现有《行政诉讼法》规定情形之一，或者发现调解书损害国家利益、社会公共利益的，可以向同级人民法院提出检察建议，并报上级人民检察院备案；也可以提请上级人民检察院向同级人民法院提出抗诉

2）行政诉讼的执行

执行	公民、法人或者其他组织拒绝履行判决、裁定、调解书的，行政机关或者第三人可以向第一审人民法院申请强制执行，或者由行政机关依法强制执行
	公民、法人或者其他组织对行政行为在法定期限内不提起诉讼又不履行的，行政机关可以申请人民法院强制执行，或者依法强制执行

一 单项选择题

1. 下列行为中，属于人民法院行政诉讼受案范围的是（　　）。
   A. 对吊销许可证不服的
   B. 对行政机关为作出行政行为而实施的论证不服的
   C. 对行政机关针对信访事项作出的受理不服的
   D. 对行政指导行为不服的

2. 根据《行政诉讼法》，人民法院不予受理的行政争议是（　　）。
   A. 对行政拘留、暂扣或者吊销许可证和执照等行政处罚不服的
   B. 行政机关对行政机关工作人员的奖惩、任免等决定
   C. 申请行政许可，行政机关拒绝或者在法定期限内不予答复的
   D. 认为行政机关滥用行政权力排除或者限制竞争的

3. 关于行政诉讼一般地域管辖的说法，正确的是（　　）。
   A. 行政案件由最初作出行政行为的行政机关所在地人民法院管辖
   B. 经复议的案件，复议机关改变原行政行为的，应当由复议机关所在地人民法院管辖
   C. 对限制人身自由的行政强制措施不服提起的诉讼，只能由被告所在地人民法院管辖
   D. 原告向两个以上有管辖权的人民法院提起诉讼的，由最先收到起诉状的人民法院管辖

4. 根据《行政诉讼法》，因不动产提起的行政诉讼，由（　　）人民法院管辖。
   A. 原告住所地
   B. 被告住所地
   C. 原告选择被告住所地或不动产所在地
   D. 不动产所在地

5. 人民法院审理行政案件，不适用（　　）。
   A. 调解　　　　　　　　　　B. 开庭审理
   C. 公开审理　　　　　　　　D. 两审终审制

6. 关于经过行政复议案件被告的说法，正确的是（　　）。
   A. 复议机关决定维持原行政行为的，复议机关是被告
   B. 复议机关改变原行政行为的，复议机关是被告
   C. 复议机关改变原行政行为的，作出原行政行为的行政机关和复议机关是共同被告

D. 复议机关在法定期限内未作出复议决定，公民、法人或者其他组织起诉原行政行为的，复议机关是被告

7. 关于行政诉讼中被告举证责任的说法，正确的是（　　）。
   A. 被告不提供或者无正当理由逾期提供证据，由法院收集证据
   B. 在诉讼过程中，被告可以向第三人和证人收集证据
   C. 被告对作出的行政行为负有举证责任，但不必提供作出该行政行为的证据和所依据的规范性文件
   D. 被告在作出行政行为时已经收集了证据，但因不可抗力等正当事由不能提供的，经人民法院准许，可以延期提供

8. 关于行政诉讼案件审理的说法，正确的是（　　）。
   A. 行政诉讼期间，被诉行政行为停止执行
   B. 涉及商业秘密的行政诉讼案件一律不得公开审理
   C. 人民法院审理行政赔偿案件不适用调解
   D. 人民法院对行政案件宣告判决前原告申请撤诉的，是否准许，由人民法院裁定

9. 关于行政诉讼起诉的说法，正确的是（　　）。
   A. 不得口头起诉
   B. 提起诉讼要有正确的被告
   C. 当事人一并提起行政补偿诉讼的，应当有具体的补偿事项以及数额
   D. 当事人不得请求一并解决相关民事争议

10. 关于行政诉讼简易程序的说法，正确的是（　　）。
    A. 适用简易程序审理的行政案件，由审判员一人独任审理
    B. 适用简易程序审理的行政案件，应当在立案之日起 30 日内审结
    C. 人民法院在审理过程中，发现案件不宜适用简易程序的，判决转为普通程序
    D. 第一审行政案件，当事人各方同意适用简易程序的，人民法院不得适用简易程序

11. 关于行政诉讼第二审程序的说法，正确的是（　　）。
    A. 人民法院对上诉案件，应当组成合议庭，不开庭书面审理
    B. 人民法院审理上诉案件，应当对原审人民法院的判决、裁定和被诉行政行为进行全面审查
    C. 人民法院审理上诉案件，应当在收到上诉状之日起 1 个月内作出终审判决
    D. 人民法院审理上诉案件，需要改变原审判决的，不得同时对被诉行政行为作出判决

二　多项选择题

1. 下列行为，属于人民法院行政诉讼受案范围的有（　　）。
   A. 行政指导行为

B. 行政机关针对信访事项作出的复查行为

C. 行政机关为作出行政行为而实施的论证行为

D. 申请行政许可，行政机关在法定期限内不予答复的

E. 行政机关解除政府特许经营协议的

2. 根据《最高人民法院关于审理行政协议案件若干问题的规定》，下列行政协议中，公民、法人或者其他组织提起行政诉讼后人民法院应当依法受理的有（　　）。

A. 政府特许经营协议

B. 政府投资的保障性住房的租赁协议

C. 土地征收征用补偿协议

D. 行政机关之间因公务协助等事由而订立的协议

E. 行政机关与其工作人员订立的劳动人事协议

3. 对限制人身自由的行政强制措施不服提起的诉讼，由（　　）人民法院管辖。

A. 原告住所地　　　　　　　　B. 被告住所地

C. 限制人身自由地　　　　　　D. 财产所在地

E. 中级

4. 经复议的案件提起行政诉讼的管辖法院有（　　）。

A. 原告住所地　　　　　　　　B. 被告住所地

C. 复议机关所在地　　　　　　D. 最初作出行政行为

E. 中级人民法院

5. 行政诉讼期间，原则上不停止具体行政行为的执行。但具体行政行为即刻停止执行的有（　　）。

A. 被告认为需要停止执行的

B. 人民法院认为应当停止执行的

C. 原告申请停止执行，人民法院经审查裁定停止执行的

D. 被告申请停止执行，人民法院经审查裁定停止执行的

E. 原告申请停止执行的

6. 关于行政诉讼审理的说法，正确的有（　　）。

A. 涉及商业秘密的案件，当事人申请不公开审理的，可以不公开审理

B. 人民法院审理行政案件，不适用调解

C. 在行政诉讼中，人民法院认为行政案件的审理需以民事诉讼的裁判为依据的，可以裁定中止行政诉讼

D. 人民法院审理行政案件，以法律和行政法规、地方性法规为依据

E. 行政赔偿、补偿的案件不得调解

【答案与解析】

一、单项选择题

1. A;　　2. B;　　3. A;　　4. D;　　5. A;　　*6. B;　　*7. D;　　8. D;

*9. C;　　*10. A;　　11. B

【解析】

6.【答案】B

经复议的案件，复议机关决定维持原行政行为的，作出原行政行为的行政机关和复议机关是共同被告；复议机关改变原行政行为的，复议机关是被告。复议机关在法定期限内未作出复议决定，公民、法人或者其他组织起诉原行政行为的，作出原行政行为的行政机关是被告；起诉复议机关不作为的，复议机关是被告。因此，本题的正确答案是选项 B。

7.【答案】D

被告对作出的行政行为负有举证责任，应当提供作出该行政行为的证据和所依据的规范性文件。被告不提供或者无正当理由逾期提供证据，视为没有相应证据。但是，被诉行政行为涉及第三人合法权益，第三人提供证据的除外。在诉讼过程中，被告及其诉讼代理人不得自行向原告、第三人和证人收集证据。被告在作出行政行为时已经收集了证据，但因不可抗力等正当事由不能提供的，经人民法院准许，可以延期提供。因此，本题的正确答案是选项 D。

9.【答案】C

提起诉讼应当符合下列条件：（1）原告是符合规定的公民、法人或者其他组织；（2）有明确的被告；（3）有具体的诉讼请求和事实根据；（4）属于人民法院受案范围和受诉人民法院管辖。当事人单独或者一并提起行政赔偿、补偿诉讼的，应当有具体的赔偿、补偿事项以及数额；请求一并审查规章以下规范性文件的，应当提供明确的文件名称或者审查对象；请求一并解决相关民事争议的，应当有具体的民事诉讼请求。当事人未能正确表达诉讼请求的，人民法院应当要求其明确诉讼请求。起诉应当向人民法院递交起诉状，并按照被告人数提出副本。书写起诉状确有困难的，可以口头起诉，由人民法院记入笔录，出具注明日期的书面凭证，并告知对方当事人。选项 A、B、D 错误。因此，本题的正确答案是选项 C。

10.【答案】A

人民法院审理下列第一审行政案件，认为事实清楚、权利义务关系明确、争议不大的，可以适用简易程序：（1）被诉行政行为是依法当场作出的；（2）案件涉及款额 2000 元以下的；（3）属于政府信息公开案件的。除上述规定以外的第一审行政案件，当事人各方同意适用简易程序的，可以适用简易程序。发回重审、按照审判监督程序再审的案件不适用简易程序。适用简易程序审理的行政案件，由审判员一人独任审理，并应当在立案之日起 45 日内审结。人民法院在审理过程中，发现案件不宜适用简易程序的，裁定转为普通程序。因此，本题的正确答案是选项 A。

二、多项选择题

1. D、E;　　　　*2. A、B、C;　　　3. A、B;　　　　4. C、D;

*5. A、C;　　　　*6. A、B、C、D

【解析】

2.【答案】A、B、C

《最高人民法院关于审理行政协议案件若干问题的规定》（法释〔2019〕17 号）第 2 条规定，公民、法人或者其他组织就下列行政协议提起行政诉讼的，人民法院应当依法受理：（1）政府特许经营协议；（2）土地、房屋等征收征用补偿协议；（3）矿业权等国有自然资源使用权出让协议；（4）政府投资的保障性住房的租赁、买卖等协议；（5）符合规定的政府与社会资本合作协议；（6）其他行政协议。第3条规定，因行政机关订立的下列协议提起诉讼的，不属于人民法院行政诉讼的受案范围：（1）行政机关之间因公务协助等事由而订立的协议；（2）行政机关与其工作人员订立的劳动人事协议。因此，本题的正确答案是选项A、B、C。

5. 【答案】A、C

诉讼期间，不停止行政行为的执行。但有下列情形之一的，裁定停止执行：（1）被告认为需要停止执行的；（2）原告或者利害关系人申请停止执行，人民法院认为该行政行为的执行会造成难以弥补的损失，并且停止执行不损害国家利益、社会公共利益的；（3）人民法院认为该行政行为的执行会给国家利益、社会公共利益造成重大损害的；（4）法律、法规规定停止执行的。当事人对停止执行或者不停止执行的裁定不服的，可以申请复议一次。因此，本题的正确答案是选项A、C。

6. 【答案】A、B、C、D

人民法院公开审理行政案件，但涉及国家秘密、个人隐私和法律另有规定的除外。涉及商业秘密的案件，当事人申请不公开审理的，可以不公开审理。人民法院审理行政案件，不适用调解。但是，行政赔偿、补偿以及行政机关行使法律、法规规定的自由裁量权的案件可以调解。在行政诉讼中，人民法院认为行政案件的审理需以民事诉讼的裁判为依据的，可以裁定中止行政诉讼。人民法院审理行政案件，以法律和行政法规、地方性法规为依据。因此，本题的正确答案是选项A、B、C、D。

网上增值服务说明

为了给一级建造师考试人员提供更优质、持续的服务，我社为购买正版考试图书的读者免费提供网上增值服务。**增值服务包括**在线答疑、在线视频课程、在线测试等内容。

网上免费增值服务使用方法如下：

1. 计算机用户

2. 移动端用户

注：增值服务从本书发行之日起开始提供，至次年新版图书上市时结束，提供形式为在线阅读、观看。如果无法通过验证，请及时与我社联系。

客服电话：4008-188-688（周一至周五 9：00—17：00）

Email：jzs@cabp.com.cn

防盗版举报电话：010-58337026，举报查实重奖。

网上增值服务如有不完善之处，敬请广大读者谅解。欢迎提出宝贵意见和建议，谢谢！

网上增值服务说明

为了给一级建造师考试人员提供更优质、持续的服务，我社为购买正版考试图书的读者免费提供网上增值服务。**增值服务包括**在线答疑、在线视频课程、在线测试等内容。

网上免费增值服务使用方法如下：

1. 计算机用户

2. 移动端用户

注：增值服务从本书发行之日起开始提供，至次年新版图书上市时结束，提供形式为在线阅读、观看。如果无法通过验证，请及时与我社联系。

客服电话：4008-188-688（周一至周五 9：00—17：00）

Email: jzs@cabp.com.cn

防盗版举报电话：010-58337026，举报查实重奖。

网上增值服务如有不完善之处，敬请广大读者谅解。欢迎提出宝贵意见和建议，谢谢！